deutsch.kompetent

Lehrerband

5

Erarbeitet von:
Gernot Panther
Stefan Schäfer

Ernst Klett Verlag
Stuttgart · Leipzig

Inhalt

Einleitung — 6
1. Das neue Lehrwerk – Abschlussorientierung von Anfang an — 6
2. So funktioniert das Schülerbuch — 6
    - 2.1 Kompetenzorientierter Aufbau — 6
    - 2.2 Arbeiten mit dem Buch – Orientierungshilfen — 7
    - 2.3 Aufbau von Kompetenzen – Schritt für Schritt — 7
    - 2.4 Differenzierung durch Aufgaben — 8
    - 2.5 Leseförderung durch die Leseinseln — 8
    - 2.6 Selbstständiges Arbeiten mit Lerninseln — 8
3. So unterstützt Sie der Lehrerband bei der Arbeit mit **deutsch.kompetent** — 9
    - 3.1 Kompetenzrahmen und Zielsetzungen — 9
    - 3.2 Ausgangssituation der Schüler — 9
    - 3.3 Kapitelkonzeption — 9
    - 3.4 Sequenzfahrpläne — 9
    - 3.5 Kommentare zu den Aufgaben — 10
    - 3.6 Klassenarbeiten mit Erwartungshorizont und zusätzliche Arbeitsblätter — 10
    - 3.7 Weitere Materialien — 10

Ich – du – wir · Sich und andere informieren
1. Kompetenzrahmen und Zielsetzungen — 11
2. Ausgangssituation der Schüler — 11
3. Kapitelkonzeption — 11
4. Sequenzfahrplan — 12
5. Kommentare zu den Aufgaben — 14
    - 5.1 Kapitelauftaktseite – Vorwissen aktivieren — 14
    - 5.2 Modul 1: Neue Klasse, neue Freunde – Informationen sammeln und ordnen — 14
    - 5.3 Modul 2: Kinder in anderen Ländern – Informationen aus Sachtexten gewinnen — 16
    - 5.4 Modul 3: Woher wir kommen – Gezielt nach Informationen suchen — 20
    - Klassenarbeiten mit Erwartungshorizont und zusätzliche Arbeitsblätter — 21

Jetzt verstehe ich dich! · Sprachlicher Umgang mit anderen
1. Kompetenzrahmen und Zielsetzungen — 31
2. Ausgangssituation der Schüler — 31
3. Kapitelkonzeption — 31
4. Sequenzfahrplan — 32
5. Kommentare zu den Aufgaben — 34
    - 5.1 Kapitelauftaktseite – Vorwissen aktivieren — 34
    - 5.2 Modul 1: Schwein gehabt! – In Rollen schlüpfen und Gespräche führen — 35
    - 5.3 Modul 2: Vorschläge bitte! – Zuhören und aufeinander eingehen — 37
    - 5.4 Modul 3: Einander verstehen – Missverständnisse aufklären und vermeiden — 39
    - 5.5 Modul 4: Den richtigen Ton treffen – Auffordern, einladen, bitten, sich entschuldigen — 40
    - Zusätzliche Arbeitsblätter — 43

Erlebt – erdacht – erzählt · Mündlich und schriftlich erzählen
1. Kompetenzrahmen und Zielsetzungen — 45
2. Ausgangssituation der Schüler — 45
3. Kapitelkonzeption — 45
4. Sequenzfahrplan — 46
5. Kommentare zu den Aufgaben — 48
    - 5.1 Kapitelauftaktseite – Vorwissen aktivieren — 48
    - 5.2 Modul 1: Auf den Flügeln der Fantasie – Merkmale guten Erzählens erkennen — 48
    - 5.3 Modul 2: Zauberzungen – Mündlich erzählen — 49
    - 5.4 Modul 3: Schritt für Schritt – Schriftlich erzählen — 52
    - 5.5 Modul 4: Komm mit ins Abenteuerland – Eine Fantasieerzählung schreiben — 56
    - 5.6 Modul 5: Traumhaft – Eine Bildergeschichte schriftlich erzählen — 57
    - Klassenarbeiten mit Erwartungshorizont und zusätzliche Arbeitsblätter — 59

Gorilla, Okapi & Co. · Tiere, Gegenstände und Wege beschreiben

1. Kompetenzrahmen und Zielsetzungen 71
2. Ausgangssituation der Schüler 71
3. Kapitelkonzeption 71
4. Sequenzfahrplan 72
5. Kommentare zu den Aufgaben 74
   5.1 Kapitelauftaktseite – Vorwissen aktivieren 74
   5.2 Modul 1: Tierisch gut! – Tiere genau beobachten und beschreiben .. 74
   5.3 Modul 2: Ich sehe was, was ihr nicht seht – Gegenstände beschreiben .. 77
   5.4 Modul 3: Hier geht's lang! – Wege beschreiben 79
   5.5 Leseinsel: Leseerfahrungen mit Tiergeschichten machen 80
   Klassenarbeiten mit Erwartungshorizont und zusätzliche Arbeitsblätter .. 81

Tausend Worte – tausend Bilder · Kinderbücher und ihre Verfilmungen entdecken

1. Kompetenzrahmen und Zielsetzungen 91
2. Ausgangssituation der Schüler 91
3. Kapitelkonzeption 91
4. Sequenzfahrplan 92
5. Kommentare zu den Aufgaben 94
   5.1 Kapitelauftaktseite – Vorwissen aktivieren 94
   5.2 Modul 1: Wer liest, gewinnt – Bücher entdecken 95
   5.3 Modul 2: Hollywood in Mecklenburg – Ein Kinderbuch wird verfilmt .. 101
   Klassenarbeiten mit Erwartungshorizont und zusätzliche Arbeitsblätter .. 106

Abenteuer – damals und heute · Erzählende Texte untersuchen

1. Kompetenzrahmen und Zielsetzungen 111
2. Ausgangssituation der Schüler 111
3. Kapitelkonzeption 111
4. Sequenzfahrplan 112
5. Kommentare zu den Aufgaben 114
   5.1 Kapitelauftaktseite – Vorwissen aktivieren 114
   5.2 Modul 1: Durch dick und dünn – Erzählende Texte erschließen 115
   5.3 Modul 2: Die Fundnudel – einen Text wirkungsvoll vorlesen 119
   5.4 Modul 3: Es war einmal … – Märchen untersuchen 119
   5.5 Modul 4: Vom Hörensagen – Sagen erforschen 124
   Klassenarbeiten mit Erwartungshorizont und zusätzliche Arbeitsblätter .. 128

Sommerhitze – Flockenwirbel · Gedichte untersuchen

1. Kompetenzrahmen und Zielsetzungen 149
2. Ausgangssituation der Schüler 149
3. Kapitelkonzeption 149
4. Sequenzfahrplan 150
5. Kommentare zu den Aufgaben 152
   5.1 Kapitelauftaktseite – Vorwissen aktivieren 152
   5.2 Modul 1: Bunte Zeiten – Gedichte mit allen Sinnen erfassen 153
   5.3 Modul 2: Wind und Wetter – Die Form von Gedichten untersuchen .. 156
   5.4 Modul 3: Wenn Wörter malen – Sprachliche Bilder entschlüsseln 158
   5.5 Modul 4: Blitze zucken – Donner krachen – Gedichte vortragen 159
   Klassenarbeiten mit Erwartungshorizont und zusätzliche Arbeitsblätter .. 161

Inhalt

Freche Typen · Szenisch spielen

1. Kompetenzrahmen und Zielsetzungen 165
2. Ausgangssituation der Schüler 165
3. Kapitelkonzeption 165
4. Sequenzfahrplan 166
5. Kommentare zu den Aufgaben 167
   - 5.1 Kapitelauftaktseite – Vorwissen aktivieren 167
   - 5.2 Modul 1: Etwas ohne Worte sagen – Gefühle durch Gestik und Mimik ausdrücken 167
   - 5.3 Modul 2: Pippi Langstrumpf in der Schule – Einen Dialog gestalten 169
   - Klassenarbeiten mit Erwartungshorizont und zusätzliche Arbeitsblätter 172

Genial medial · Zeitschriften untersuchen und Leserbriefe schreiben

1. Kompetenzrahmen und Zielsetzungen 175
2. Ausgangssituation der Schüler 175
3. Kapitelkonzeption 175
4. Sequenzfahrplan 176
5. Kommentare zu den Aufgaben 177
   - 5.1 Kapitelauftaktseite – Vorwissen aktivieren 177
   - 5.2 Modul 1: Bunter Blätterwald – Sich in Zeitschriften zurechtfinden 178
   - 5.3 Modul 2: Meinung gefragt! – Leserbriefe untersuchen und schreiben 182
   - Klassenarbeiten mit Erwartungshorizont und zusätzliche Arbeitsblätter 185

Sprachakrobatik · Wörter bilden, Wörter erkunden

1. Kompetenzrahmen und Zielsetzungen 193
2. Ausgangssituation der Schüler 193
3. Kapitelkonzeption 193
4. Sequenzfahrplan 194
5. Kommentare zu den Aufgaben 196
   - 5.1 Kapitelauftaktseite – Vorwissen aktivieren 196
   - 5.2 Modul 1: Im Wörterlabor – Zusammensetzung und Ableitung 197
   - 5.3 Modul 2: Sagt es treffender – Wortfelder nutzen 200
   - Klassenarbeiten mit Erwartungshorizont und zusätzliche Arbeitsblätter 204

Segeln im Meer der Wörter · Wortarten unterscheiden und verwenden

1. Kompetenzrahmen und Zielsetzungen 215
2. Ausgangssituation der Schüler 215
3. Kapitelkonzeption 215
4. Sequenzfahrplan 216
5. Kommentare zu den Aufgaben 218
   - 5.1 Kapitelauftaktseite – Vorwissen aktivieren 218
   - 5.2 Modul 1: Piratengeschichten – Verben erkennen und verwenden 219
   - 5.3 Modul 2: Der endlose Ozean – Nomen und Nominalgruppen erkennen und verwenden 223
   - 5.4 Modul 3: Klein, aber oho! – Artikel, Personalpronomen und Possessivpronomen erkennen 226
   - 5.5 Modul 4: Kleiner als der kleinste Zwergpirat – Adjektive erkennen und verwenden 226
   - 5.6 Modul 5: Störtebeker – Präpositionen erkennen und verwenden 228
   - Klassenarbeiten mit Erwartungshorizont und zusätzliche Arbeitsblätter 231

Wolkenkratzer und Pyramiden · Satzglieder untersuchen und verwenden

1. Kompetenzrahmen und Zielsetzungen 241
2. Ausgangssituation der Schüler 241
3. Kapitelkonzeption 241
4. Sequenzfahrplan 242
5. Kommentare zu den Aufgaben 243
   5.1 Kapitelauftaktseite – Vorwissen aktivieren 243
   5.2 Modul 1: Clever gebaut! – Sätze und Satzglieder untersuchen 244
   5.3 Modul 2: Burggeflüster – Satzergänzungen: Objekte untersuchen 247
   5.4 Modul 3: Das Geheimnis der Pyramiden – Besondere Umstände: Adverbialbestimmungen erkennen 248
   Klassenarbeiten mit Erwartungshorizont und zusätzliche Arbeitsblätter 250

Feste feiern – feste feiern · Sätze untersuchen und Satzzeichen setzen

1. Kompetenzrahmen und Zielsetzungen 261
2. Ausgangssituation der Schüler 261
3. Kapitelkonzeption 261
4. Sequenzfahrplan 262
5. Kommentare zu den Aufgaben 264
   5.1 Kapitelauftaktseite – Vorwissen aktivieren 264
   5.2 Modul 1: Geburtstagspartys – Absichten durch Satzzeichen verdeutlichen 265
   5.3 Modul 2: Die fünfte Jahreszeit – Kommasetzung bei Aufzählungen anwenden 266
   5.4 Modul 3: Faschingsmuffel? – Satzzeichen bei der wörtlichen Rede setzen 267
   5.5 Modul 4: Süßes raus, sonst spukt's im Haus – Einfache und zusammengesetzte Sätze unterscheiden 269
   Klassenarbeiten mit Erwartungshorizont und zusätzliche Arbeitsblätter 271

Auf die Plätze, fertig, los ... · Regeln und Verfahren der Rechtschreibung anwenden

1. Kompetenzrahmen und Zielsetzungen 281
2. Ausgangssituation der Schüler 281
3. Kapitelkonzeption 281
4. Sequenzfahrplan 282
5. Kommentare zu den Aufgaben 285
   5.1 Kapitelauftaktseite – Vorwissen aktivieren 285
   5.2 Modul 1: Auf den Rollen nicht zu bremsen – Nomen und Nominalisierungen großschreiben 285
   5.3 Modul 2: Im Höhenrausch – Wörter mit gleich und ähnlich klingenden Lauten schreiben 288
   5.4 Modul 3: Die Qual der Wahl – Wörter mit kurz und lang gesprochenem Vokal schreiben 289
   5.5 Modul 4: Schuss – Tor – Sieg – Wörter mit s-Lauten schreiben 292
   5.6 Modul 5: Ab-flug-ge-schwin-dig-keit – Worttrennung am Zeilenende anwenden 294
   5.7 Modul 6: Gewusst, wo ... – Nachschlagen und Rechtschreibprüfung am Computer 295
   Klassenarbeiten mit Erwartungshorizont und zusätzliche Arbeitsblätter 297

Einleitung

1. Das neue Lehrwerk – Abschlussorientierung von Anfang an

deutsch.kompetent ist eine Lehrwerkgeneration für die Sekundarstufe I, die durch konsequente Kompetenzorientierung den Weg zum Abitur von Anfang an im Blick hat. Es führt direkt zu den im Oberstufenband von **deutsch.kompetent** angelegten Kompetenzen und ermöglicht einen Deutschunterricht, der inhaltliche Motivation und schülerorientierte Verfahren mit der schrittweisen Erarbeitung und langfristigen Sicherung von Wissen und Können verbindet. Die Konzeption ist eine Antwort auf die veränderten Herausforderungen des Faches in einer multikulturellen und zunehmend durch die neuen Medien geprägten Gesellschaft.

Schülerorientierung:
Die Schüler werden dort „abgeholt", wo sie sich in der Entwicklung ihrer Fähigkeiten und ihrer lebensweltlich beeinflussten Interessen befinden:
- Anknüpfen an das Gelernte auf den Auftaktseiten
- Inhaltlich motivierende Themen und Texte
- Verbindung analytischer und produktionsorientierter Unterrichtsverfahren
- Aufgaben für die Differenzierung von Lernprozessen

Kompetenzorientierung:
Wissen, Können, Urteilsfähigkeiten und eigenes Nachdenken werden Schritt für Schritt aufgebaut, gefestigt und vertieft:
- *induktive Erarbeitung* an Texten und Materialien
- Vermittlung von *Arbeitstechniken*
- Förderung des sprachlichen Könnens durch *Sprachtipps*
- Sicherung des Wissens und Könnens in *Kompetenzboxen*
- *Differenzierung* bei den Aufgaben zur Festigung
- *Leseinseln* zur Förderung des Lesens
- *Überprüfung des Gelernten* auf den Abschlussseiten
- zusammenfassende und übersichtliche Darstellung von Wissen und Können in den *Lerninseln*

Sachsystematisch, themenorientiert und integrativ in den Lernbereichen:
- *sachsystematischer* Aufbau in Kapiteln, die alle *lehrplanrelevanten Lernbereiche* abdecken: Schreiben, Sprechen und Zuhören, Lesen und Verstehen, Sprache und Sprachgebrauch untersuchen
- *thematischer Fokus* und ein *zentrales Lernziel* in jedem Kapitel
- *Integration* der Lernbereiche
- *modulare Teilkapitel* zur schrittweisen Vermittlung von *Teilkompetenzen*

Selbstständiges Arbeiten und Lernen:
- *Eingangstests* am Beginn eines Lernwegs
- *Lernweg* führt bis zum Festhalten des Erlernten in der Kompetenzbox
- *Integration der Kompetenzboxen* in die Erarbeitung
- *Übungen, Vertiefungs- und Festigungsaufgaben* nach der Kompetenzbox
- Individualisierung durch *Differenzierungs- und Extra-Aufgaben*
- Differenzierung und Festigung des Gelernten durch weitere *Arbeitsblätter*, die Abschlussseiten und *interaktives Training* online
- Sicherung und Wiederholung des Gelernten und systematischer Überblick durch *Lerninseln* mit altersgerechten *Visualisierungen*

Lernen in einer Medienwelt:
- in jeder Jahrgangsstufe jeweils ein *eigenes Medienkapitel*, das wichtige Kompetenzen im Umgang mit Medien vermittelt, sowie
- ein Kapitel zum *Medienverbund*, das Zusammenhänge und Bezüge zwischen den verschiedenen Medien (z. B. Literatur und Film) thematisiert
- *Medienorientierung* in der Text- und Materialauswahl
- Nutzung des Internets und Arbeit mit dem Computer in den Lernwegen

Lernen mit einem umfangreichen Online-Angebot:
- Förderung des *Hörverstehens* durch Hörtexte und Arbeitsblätter mit Hörverstehensaufgaben
- Sicherung und Überprüfung des Gelernten durch Tests und Arbeitsblätter
- interaktives Training auf den Abschlussseiten

2. So funktioniert das Schülerbuch

2.1 Kompetenzorientierter Aufbau

Kompetenzorientierter Unterricht ist dann erfolgreich,
- wenn klar ist, was die Schüler am Beginn einer Unterrichtssequenz bereits wissen und können,
- wenn Kompetenzen in die verschiedenen Bereiche (Wissen, Können, Verstehen …) und Teilfähigkeiten ausdifferenziert sind,
- wenn die erworbenen Kenntnisse und Fähigkeiten überprüft werden.

deutsch.kompetent setzt diese Anforderung in der **Grundstruktur jedes Kapitels** um:

- **Auftaktdoppelseiten** wecken Interesse am Kapitelthema, knüpfen an das Gelernte an, aktivieren erworbene Fähigkeiten und zeigen, was im Kapitel gelernt werden soll.
- Die Vermittlung der Kompetenzen erfolgt in **Teilkapiteln mit Modulcharakter**, in denen die Lernziele durch in sich abgeschlossene Lerneinheiten erreicht werden.
- **Abschlussdoppelseiten** ermöglichen eine Überprüfung des Gelernten (auch selbstständig mithilfe der Lösungen am Ende des Buches) und geben Hinweise zur Wiederholung durch die **Lerninseln** und weiteres Übungsmaterial.

Kompetenzorientierung erfordert Lernwege, bei denen immer klar ist, welche Lernbereiche abgedeckt werden und welche Ziele mit den Texten, Materialien und Aufgaben auf jeder Seite erreicht werden sollen. Darüber informiert eine Leiste am unteren Rand jeder Doppelseite mithilfe von **Symbolen für die Kompetenzbereiche** Schreiben, Sprechen und Zuhören, Lesen und Verstehen und Sprache und Sprachgebrauch untersuchen sowie der **Formulierung der Lernziele eines Moduls bzw. einer Lerneinheit**.

2.2 Arbeiten mit dem Buch – Orientierungshilfen

Selbstständiges Lernen setzt voraus, dass sich Schüler in einem Buch zurechtfinden, damit sie über Themen und Ziele der Kapitel informiert sind und die verschiedenen Angebote zur Sicherung und Wiederholung des Gelernten nutzen zu können.
- Die vorderen **Einbandinnenseiten** informieren mithilfe von Erläuterungen zu abgebildeten Doppelseiten des Buches über die Grundstruktur der Kapitel und die Funktion der Lerninseln.
- Das **Inhaltsverzeichnis** ermöglicht einen raschen Überblick über
    · Themen und Lernziele der Kapitel,
    · Aufbau der Kapitel in Modulen,
    · Autoren und Texte,

- Lehrplaninhalte und Kompetenzschwerpunkte der Kapitel
- Seiten mit Aufgaben zur Differenzierung,
- Seiten mit Kompetenzboxen,
- Leseinseln und Lerninseln.
- **Kompetenzboxen** (Wissen und Können) sind durch blaue Unterlegung gekennzeichnet.
- **Abschlussseiten** zur Überprüfung des Gelernten sind durch eine blaue Leiste am oberen Rand gekennzeichnet.
- Das **interaktive Training**, das über den deutsch.kompetent-Code auf den Abschlussseiten erreichbar ist, dient dem selbstständigen computergestützten Üben – in der Schule oder zu Hause, denn es gibt die unmittelbare Rückmeldung und einen Lösungsvorschlag für die Schüler.
- **Aufgaben zum Differenzieren** und **Extra-Aufgaben** sind besonders hervorgehoben.
- Einen Überblick über alle **Materialien des Online-Angebots** erhält man am Ende des Buches.

2.3 Aufbau von Kompetenzen – Schritt für Schritt

Die kompetenzorientierten Lernwege werden in **deutsch.kompetent** durch **Aufgaben** gesteuert, die sich einerseits aus der **Sachstruktur** der Lerninhalte ergeben, andererseits aus **schülerorientierten Schritten** bei der Vermittlung von Wissen, Können und Urteilsfähigkeiten. Der Aufbau der Lernwege ist in in der Tabelle dargestellte Phasen gegliedert, die durch unterschiedliche **Arten von Aufgaben** gesteuert werden.

Lernphase	Funktion der Aufgaben
Impuls/Wiederholung - **Aktivierung und Wiederholung** von Vorwissen	- thematische Impulse - Anknüpfen an eigene Erfahrungen - Wiederholen von Wissen und Können im Umgang mit Textimpulsen - Formulieren von Meinungen
Erarbeitung - Weitgehend **induktive Erarbeitung** von Kenntnissen und Fähigkeiten - Vermittlung und Anwendung kompetenzspezifischer **Arbeitstechniken** und Methoden - Verbesserung des sprachlichen Könnens (auch durch **Sprachtipps**) - Verknüpfung mit anderen **Modulen** und **Lerninseln**	- erste Eindrücke, Reaktionen formulieren - Untersuchung/Erschließung von Texten, Bildern, Materialien unter sachspezifischen Aspekten - Funktionen und Zusammenhänge erkennen - Wissen aus anderen Lernbereichen nutzen - Rechercheergebnisse für den Kompetenzerwerb nutzen - Arbeitsschritte beim Verfassen von Texten erarbeiten - produktiv mit Texten umgehen - selbstständige Arbeit mit Lerninseln

Festigung
- Festigung durch **Kompetenzboxen**
- individualisierte **Sicherung und Anwendung des Gelernten** durch **Aufgaben zum Differenzieren** und **Extra-Aufgaben**
- **Ergänzung durch Arbeitsblätter zur Differenzierung** (Online, Abdruck im Lehrerband)
- **Lerninseln**
	- Kompetenzboxen zur selbstständigen Erschließung nutzen
	- Individualisierung durch Unterschiede
	  · in der Berücksichtigung von Interessen,
	  · in der Offenheit oder in der Hilfestellung (Niveaudifferenzierung),
	  · in der lernertyporientierten Anlage (analytisch, produktionsorientiert, visuell, …) und
	  · Materialalternativen

- **Überprüfung des Gelernten** (Abschlussseiten)	- Erschließung von Texten und Materialien

Die Steuerung von Lernprozessen durch Aufgaben erfolgt in allen **Kompetenzbereichen** (Schreiben, Sprechen und Zuhören, Lesen und Vestehen, Sprache und Sprachgebrauch untersuchen) nach gleichen didaktischen Prinzipien, ist aber auf die spezifischen Kompetenzen des Lernbereichs zugeschnitten, z. B. sprachlicher Umgang mit anderen, informierendes Schreiben, Rechtschreibfähigkeiten etc.

2.4 Differenzierung durch Aufgaben

Innerhalb des Lernwegs werden nach der Erarbeitungsphase zur weiteren Festigung und Vertiefung **Differenzierungsaufgaben mit Niveaukennzeichnung** (○ leicht, ◔ mittel, ● schwer) angeboten, die eine **Individualisierung** des Kompetenzerwerbs ermöglichen. Sie berücksichtigen
- Unterschiede im Leistungsniveau von Lerngruppen,
- verschiedene Lernertypen,
- individuelle Interessen und Fähigkeiten.

Die auf ein Lernziel ausgerichtete Differenzierung erfolgt in den Differenzierungsaufgaben u. a. durch
- Unterschiede im Schwierigkeitsgrad der Aufgaben von konkret vorgegebenen Aspekten und Hilfen bis zu komplexeren Anforderungen,
- Wahlmöglichkeiten bei der Anwendung des Gelernten (z. B. verschiedene Kommunikationssituationen, Textsorten etc.),
- Wahl zwischen verschiedenen Kompetenzbereichen (z. B. eine Figur durch Textstellen charakterisieren, zu einer Meinung über eine Figur Stellung beziehen, Auftreten einer Figur in verschiedenen Textausschnitten vergleichen),
- Wahl zwischen verschiedenen Formen des produktiven Umgangs mit Texten und Medien (z. B. Erzählfortsetzung, Tagebucheintrag, Rollenbiografie, Bildergeschichte).
- Extra-Aufgaben können zur Förderung guter Schüler, zur Weiterführung, als Projekt oder auch als Hausaufgabe eingesetzt werden.
- Die Arbeitsblätter zur Differenzierung online bieten zudem Möglichkeiten, andere Materialien einzubinden.

2.5 Leseförderung durch die Leseinseln

Die Leseinseln enthalten längere Texte aus attraktiven Büchern und auch Aufgaben, die aber auf keine bestimmte Erschließungskompetenz abzielen. Vielmehr sollen diese Seiten **zum Lesen anregen**, die **Lesefreude** steigern und das **Lesen fördern**. Vertieft werden beispielsweise Märchentexte und Tiergeschichten. Direkt im Unterricht können die Leseinseln für leistungsstarke Schülerinnen und Schüler genutzt werden, da sie auf diesen Seiten selbstständig arbeiten können. Schwächere Schüler hingegen können einen Leseauftrag als Hausaufgabe erhalten.

2.6 Selbstständiges Arbeiten mit Lerninseln

Lerninseln sind ein wichtiges Element des innovativen Konzepts von **deutsch.kompetent**, das neue Wege bei der **Visualisierung** und bei der **Aktivierung der Schüler** geht. Sie stellen das Wissen und Können systematisch in übersichtlicher Form dar. So können sich Schüler (und Eltern) auch zu Hause informieren.

Die Lerninseln sind **operativ**, d. h., sie verdeutlichen an konkreten Beispielen noch einmal wichtige Schritte, Techniken und Verfahren der spezifischen Kompetenzen. Sie können deshalb eingesetzt werden
- bei der Erarbeitung, Sicherung und Vertiefung der Ergebnisse **im Unterricht**,
- in der **selbstständigen Arbeit der Schüler** durch Nachschlagen, Wiederholen und als Hilfestellung beim Üben,
- zur Veranschaulichung und deduktiven Betrachtung von Lernzielen.

Alle Lerninseln sind nach folgendem **Grundschema** aufgebaut:

Vorspann	zeigt die Bedeutung des Lerninhalts und macht die Kompetenzen auffindbar
Übersicht	Zeigt mit Seitenverweisen, worum es geht.
Themen und Kompetenzen	Fasst verbal Wissen und Können zusammen und zeigt in grafisch unterstützter Form auf einen Blick die Kenntnisse und Fähigkeiten, z. B. - ein Gedicht inhaltlich verstehen - die Bauelemente eines Gedichts erkennen - …
So geht's	- konkretisiert das spezifische Können an einem Beispiel - informiert übersichtlich und stichpunktartig über wichtige Fachbegriffe, Operationen, Schritte und Verfahren (die Kriterien werden blau und fett hervorgehoben)

Die **Einbindung und Aktivierung der Schüler** erfolgt durch Fragen, Überlegungen und Reaktionen in Form von Gedankenblasen, mit denen die Schüler in motivierender Weise „ins Boot geholt" werden.

3. So unterstützt Sie der Lehrerband bei der Arbeit mit deutsch.kompetent

Achtjähriges Gymnasium, Zentralabitur und kompetenzorientiertes Lernen erfordern eine langfristige, flexible und schülerorientierte Unterrichtsplanung. Der Lehrerband will Sie dabei nicht durch lange fachdidaktische Erläuterungen unterstützen, sondern durch übersichtliche Informationen, Unterrichtsvorschläge und Hinweise zu den einzelnen Aufgaben. Er bietet zu jedem Kapitel:

1. Informationen über den **Kompetenzrahmen** und die **Zielsetzungen der einzelnen Module**
2. einen Überblick über die **Ausgangssituation der Schüler** beim Übertritt ins Gymnasium, d. h. über die Kompetenzen, die sie nach den Forderungen der KMK bereits in der Grundschule erworben haben
3. einen Sequenzvorschlag für die Umsetzung der Ziele in konkreten Unterrichtsstunden (**Sequenzfahrplan**)
4. detaillierte **Kommentare** zu den Aufgaben mit Sachinformationen und Lösungen
5. weiterführende didaktische, methodische und unterrichtspraktische **Hinweise**
6. Klassenarbeitsvorschläge, Arbeitsblätter mit Lösungen

Bei der Unterrichtsplanung werden Sie unterstützt durch
- landesspezifische **Synopsen** der Lernbereiche, Lernziele und Inhalte des Lehrplans und der Kapitel und Module des Schülerbandes, die zugleich Möglichkeiten der Integration verschiedener Lernbereiche anregen,
- **Lehrplansynopsen** und **Kompetenzraster** (online), die die Umsetzung der vom Lehrplan geforderten Themen, Inhalte und Kompetenzen mithilfe der Kapitel und Lerninseln des Schülerbandes zeigen.

3.1 Kompetenzrahmen und Zielsetzungen

Am Beispiel des Kapitels „Jetzt verstehe ich dich!" soll gezeigt werden, was Sie durch den **Kompetenzrahmen** auf einer Seite im Blick haben.

Thema	- Jetzt verstehe ich dich!
Kompetenzbereich	- Sprachlicher Umgang mit anderen
Gliederung in Module mit spezifischen Kompetenzen	
1.	- In Rollen schlüpfen u. Gespräche führen - Zuhören und aufeinander eingehen
2.	- Missverständnisse aufklären und vermeiden
3.	
4.	- Auffordern, einladen, bitten, sich entschuldigen
Thematische und kompetenzbezogene Ziele der Module:	
In Rollen schlüpfen und Gespräche führen	- sich in Situationen versetzen - Meinungen begründen - Techniken und Figurencharakterisierung, Szenen improvisieren

3.2 Ausgangssituation der Schüler

Weiterführend kann hier auch das „Wiederholungsheft Grundschule" eingesetzt werden (978-3-12-316010-6).

3.3 Kapitelkonzeption

Eine Kurzbeschreibung verschafft einen ersten Überblick über Aufbau und Inhalte der einzelnen Kapitel.

3.4 Sequenzfahrpläne

Sequenzvorschläge zeigen, wie Sie die Zielsetzungen des Kapitels und der Module in einer Reihe von Unterrichtsstunden praktisch umsetzen können. Sie sind in fünf Spalten gegliedert.

1. Lernphasen	Impuls | Wiederholung | Erarbeitung | Festigung ↓
2. Material	- passende Aufgabe(n) mit Seitenzahl im SB
3. Lernschritte in den Einzelstunden	- Ziele, Methoden, Teilkompetenzen, Aufgaben - Einsatz von Zusatzmaterial - Hausaufgaben
4. Zusatzmaterial	- Eingangstest - Hörtexte mit Verstehensaufgaben - Arbeitsblätter - Training interaktiv
5. Verknüpfungsmöglichkeit, weiterführende Hinweise	- Hinweise auf Seiten des Arbeitsheftes - Verweise auf Module aus anderen Kapiteln bzw. Kompetenzbereichen, z. B. beim Lernziel „In Rollen schlüpfen" > Modul: „Erzählende Texte erschließen"

Die Hinweise auf didaktisch und methodisch ergiebige **Verknüpfungsmöglichkeiten** helfen Ihnen bei der Integration der verschiedenen Lernbereiche des Faches und ermöglichen eine kapitelüberschreitende Verzahnung von Kompetenzen.

3.5 Kommentare zu den Aufgaben

Die Aufgaben haben eine zentrale Funktion bei der schrittweisen Vermittlung von Kompetenzen. Die Kommentare zu den Aufgaben bieten
- **Informationen** zu
  - didaktisch-methodischen, pädagogischen und unterrichtspraktischen Aspekten und Sachinformationen, die bei der Bearbeitung einer Aufgabe relevant sein können,
  - Texten, Bildern und Materialien auf die sich die Aufgabe bezieht,
  - Möglichkeiten des Einsatzes von ergänzenden Hörtexten und Arbeitsblättern zur Differenzierung,
  - weiterführende Hinweise zu Inhalten und Methoden.
- **Lösungsvorschläge,** die vor allem dann detailliert sind, wenn es um
  - konkrete Ergebnisse bei der **Erschließung** von Texten, Bildern, Filmen und anderen Materialien geht und bei
  - präzisen Lösungen (z. T. in Tabellen) in den Bereichen Sprachbetrachtung, Grammatik und Rechtschreibung.

3.6 Klassenarbeiten mit Erwartungshorizont und Arbeitsblätter

Die Sicherung von Lernerfolgen, die durch die Abschlussseiten jedes Kapitels erfolgen kann, wird im Lehrerband ergänzt durch mehrere Vorschläge für Klassenarbeiten zu jedem Kapitel. Diese enthalten
- das **Aufgabenblatt** für die Schüler: **Text mit den Aufgaben** als Kopiervorlage,
- als **Korrekturhilfe** den Erwartungshorizont mit den Lösungen bzw. Anforderungen, die Zuordnung der Aufgaben zu den Anforderungsbereichen, einen Vorschlag für die Gewichtung (Punkte) der einzelnen Aufgaben.

Die **Aufgabenstellungen** beziehen sich auf einen Text zum Themenbereich des jeweiligen Kapitels. Sie überprüfen zum einen das kapitelspezifische Wissen und Können, beziehen aber kapitelübergreifend andere Lernbereiche wie z. B. sprachliches Wissen ein. Die integrative Überprüfung wird durch folgende **Arten von Aufgaben** ermöglicht:

- kompetenzbezogene Fragen zum **Textverständnis**
- Überprüfung **kapitelbezogener Kenntnisse** (Wissensfragen)
- **integrative Aufgaben** zu grammatischem Grundwissen
- knappe Formulierung von **Beurteilungen, Meinungen** etc.
- Verfassen kürzerer **Texte** (Anwendung des erworbenen Wissens über Textsorten)

Ferner finden Sie im Lehrerband ausgewählte Arbeitsblätter zur Differenzierung aus dem Schülerbuch (AB). Die entsprechenden Lösungen dazu sind im Online-Bereich verfügbar.

3.7 Weitere Materialien

Die Arbeit mit dem Schülerbuch kann verbunden werden mit weiteren Hilfen für die **selbstständige Arbeit der Schüler**, die fachdidaktisch und methodisch auf das Konzept von **deutsch.kompetent** abgestimmt sind:
- **deutsch.kompetent. Wiederholungsheft Grundschule (5./6. Klasse),** 978-3-12-316010-6
- **deutsch.kompetent. Arbeitsheft (5. Klasse),** 978-3-12-316087-5
- **deutsch.kompetent Sprachförderheft (5. Klasse),** 978-3-12-316101-8

Ergänzt wird die Reihe **deutsch.kompetent** außerdem durch Kopiervorlagen für Lehrer:
- **deutsch.kompetent. Fördermaterial Rechtschreiben (5./6. Klasse),** 978-3-12-316020-2
- **deutsch.kompetent. Fördermaterial: Besser schreiben (5.-7. Klasse),** 978-3-12-316050-9
- Die Reihe **deutsch.kompetent. Stundenblätter** für die Sekundarstufe I zu diversen Ganzschriften, z.B. **Cornelia Funke: Hände weg von Mississippi** (978-3-12-316192-6), **Andreas Steinhöfel: Rico, Oskar und die Tieferschatten** (978-3-12-316194-0) u.a.

Das **Wiederholungsheft Grundschule**
- wiederholt die Inhalte der Klassenstufe 4,
- bietet Orientierung beim Start ins Gymnasium,
- fördert das selbstorganisierte Lernen,
- gibt zahlreiche Hinweise und Tipps zur Sprache, zum Schreiben und zum Lesen.

Das **Arbeitsheft** kann sowohl begleitend im Unterricht eingesetzt werden als auch beim selbstständigen häuslichen Arbeiten. Es ist genau auf die Kapitel des Schülerbuchs abgestimmt und bietet weitere Texte, Materialien und Aufgaben zum Wiederholen, Festigen, selbstständigen Üben sowie Tests zur Vorbereitung auf Klassenarbeiten.

Verwendete Abkürzungen:

HA	Hausaufgabe
TE	Eingangstest zu den Kapiteln (Online)
AB	Arbeitsblätter zur Differenzierung (Online, in Auswahl im Lehrerband)
HT	Hörtexte (Online)
TR	Training interaktiv der Abschlussseiten der Kapitel (Online)
KA	Klassenarbeiten mit Erwartungshorizont (Online, im Lehrerband)

Die im Lehrerband vorgenommene Nummerierung bezieht sich auf den Online-Bereich.

Ich – du – wir

Sich und andere informieren

S. 8 – 23

1. Kompetenzrahmen und Zielsetzungen

Modul 1: Informationen sammeln und ordnen

S. 10/11	Informationen aus Texten entnehmen und wiedergeben; ein Interview durchführen; Informationen adressatenbezogen weitergeben
S. 12/13	Informationen recherchieren bzw. sammeln und adressatenbezogen weitergeben; einfache Formen der Visualisierung (Mindmap) nutzen

● Modul 2: Informationen aus Sachtexten gewinnen

S. 14/15, Text *Sabine Kuegler: Ich komme aus dem Urwald*	Erwartungen an einen Text formulieren; Informationen aus einem Text entnehmen und in eigenen Worten wiedergeben; Fragen an einen Text stellen; Inhalte altersgemäßer Texte erfassen
S. 16/17, Text *Wie lernen chinesische Kinder schreiben?*	Wortbedeutungen klären bzw. aus dem Kontext erschließen; Wörter erklären und erkennen
S. 18	Schlüsselwörter markieren; den Inhalt von Absätzen/Abschnitten in Überschriften zusammenfassen; gezielt Informationen aus Texten entnehmen und wiedergeben
S. 18/19	einen Text abschnittsweise erschließen; Informationen (durch einfache Recherche am Computer) beschaffen; den Inhalt eines Sachtextes zusammenfassen

Modul 3: Gezielt nach Informationen suchen

S. 20/21, Text *Der Kindermönch von Laos*	den Inhalt eines Textes erschließen; Informationen mit eigenen Erfahrungen vergleichen; Informationen durch einfache Recherche beschaffen; Informationen adressatenbezogen (als einfache Form der Präsentation) weitergeben

● 2. Ausgangssituation der Schüler

Die Standards (KMK) am Ende der 4. Klasse sehen vor, dass die Schüler folgende Lesekompetenzen erworben haben:
- Sie können Verfahren zur ersten Orientierung über einen Text nutzen.
- Sie suchen gezielt einzelne Informationen in Texten.
- Sie können Texte genau lesen.
- Sie können Texte mit eigenen Worten wiedergeben.
- Sie können zentrale Aussagen eines Textes erfassen und wiedergeben.
- Sie können eigene Gedanken zu Texten entwickeln und zu Texten Stellung nehmen.

3. Kapitelkonzeption

Das gegenseitige Kennenlernen am Schuljahresbeginn verlangt den Umgang mit Informationen (Fragen an ein Thema, Mindmap). Darauf fußen die folgenden Module mit der Erarbeitung von Sachtextinformationen.

Ich – du – wir · Sich und andere informieren

4. Sequenzfahrplan

Verknüpfungsmöglichkeit

weiterführende Hinweise

Stunde 1	Material	Vorwissen: Informationen weitergeben	Zusatzmaterial
Impuls	A1, S. 9	sich über Erlebnisse austauschen	TE 01-01 (Online-Code j6c3g8) Eingangstest Grundschule
Wiederholung	A2, S. 9	über die persönliche Bedeutung eines Gegenstandes sprechen	
Wiederholung	A3, S. 9	über Kinder mit schulischen Auslandserfahrungen berichten	

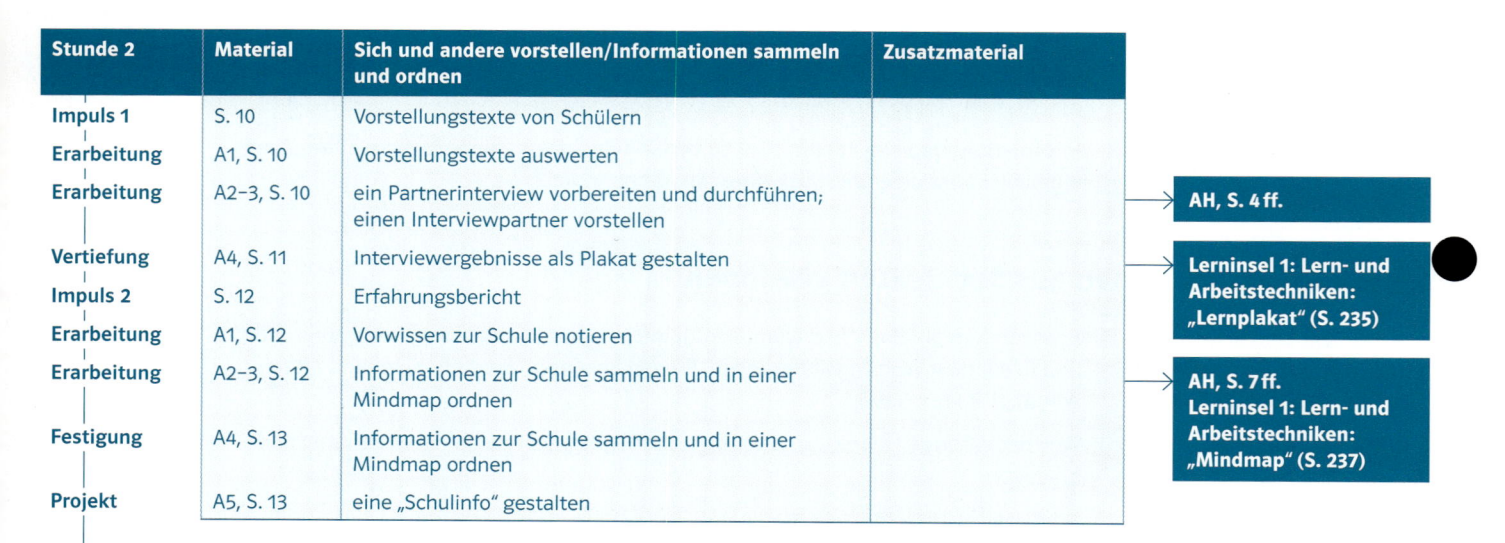

Stunde 2	Material	Sich und andere vorstellen/Informationen sammeln und ordnen	Zusatzmaterial
Impuls 1	S. 10	Vorstellungstexte von Schülern	
Erarbeitung	A1, S. 10	Vorstellungstexte auswerten	
Erarbeitung	A2–3, S. 10	ein Partnerinterview vorbereiten und durchführen; einen Interviewpartner vorstellen	→ AH, S. 4 ff.
Vertiefung	A4, S. 11	Interviewergebnisse als Plakat gestalten	→ Lerninsel 1: Lern- und Arbeitstechniken: „Lernplakat" (S. 235)
Impuls 2	S. 12	Erfahrungsbericht	
Erarbeitung	A1, S. 12	Vorwissen zur Schule notieren	
Erarbeitung	A2–3, S. 12	Informationen zur Schule sammeln und in einer Mindmap ordnen	→ AH, S. 7 ff. Lerninsel 1: Lern- und Arbeitstechniken: „Mindmap" (S. 237)
Festigung	A4, S. 13	Informationen zur Schule sammeln und in einer Mindmap ordnen	
Projekt	A5, S. 13	eine „Schulinfo" gestalten	

Stunde 3	Material	Sich und andere vorstellen/Informationen sammeln und ordnen	Zusatzmaterial
Impuls 1	A1–2, S. 14 f.	sich Leseerwartungen bewusst machen	AB 01-01 (Online-Code 26v3su) Leseerwartungen
Erarbeitung	A3, S. 15	Sachtext lesen und zusammenfassen	
Erarbeitung	A4–5, S. 15	Fragen an einen Text formulieren und aus dem Text heraus beantworten	→ AH, S. 4 ff.
Impuls 2	S. 16	Sachtext lesen	
Erarbeitung	A1, S. 17	Bedeutung unbekannter Wörter klären	→ AH, S. 4 ff. Modul „Nomen und Nominalgruppen erkennen und verwenden" (S. 176 ff.)
Festigung	A2, S. 17	Wortbedeutungen erklären und erkennen	

Stunde 4/5	Material	Abschnittsweise arbeiten/Zusammenfassen und wiederholen	Zusatzmaterial
Erarbeitung	A1, S. 18	Schlüsselwörter in einem Text markieren	
Erarbeitung	A2–3, S. 18	Abschnittsüberschriften formulieren; Informationen zusammenfassen	AB 01-02 (LB, S. 27) Text markieren → AH, S. 7 ff.
Erarbeitung	A1, S. 18	einen Sachtext mündlich zusammenfassen	
Festigung	A2–3, S. 19	Informationen recherchieren; einen Kurzvortrag zu einem Text halten	AB 01-03 (LB, S. 29 f.) AB 01-04 (Online-Code 26v3su) Kurzvortrag über einen Text halten → Lerninsel 3: Sich und andere informieren: „Informationen weitergeben" (S. 247)

Stunde 6	Material	Gezielt nach Informationen suchen	Zusatzmaterial
Erarbeitung	A1, S. 20	den Inhalt eines Textes erschließen; Informationen mit eigenen Erfahrungen vergleichen	HT 01-01/ AB 01-05 (Online-Code um359x) Hörverstehen
Erarbeitung	A2, S. 21	Informationen recherchieren; einen Kurzvortrag halten	

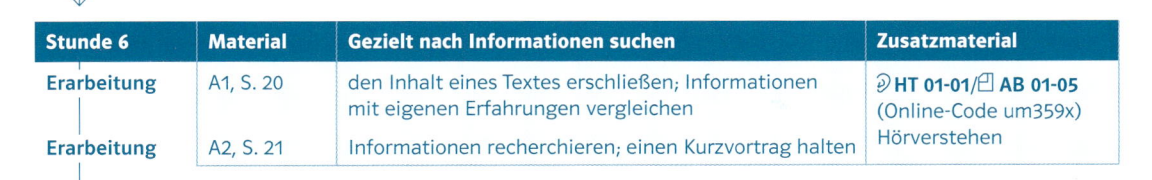

Stunde 7/8	Material	Lernerfolge sichern und ggf. bewerten	Zusatzmaterial	
selbstständige Lernkontrolle	A1–4, S. 23	Sachtexten Informationen entnehmen; Informationen recherchieren und präsentieren	TR (Online-Code 46u89m)	AH, S. 4 f. Lerninsel 3: Sich und andere informieren (S. 244 ff.)
Klassenarbeiten	KA 01-01 KA 01-02 KA 01-03 LB, S. 21 ff.	Sachtexten Informationen entnehmen		

Ich – du – wir · Sich und andere informieren

5. Kommentare zu den Aufgaben

S. 8–9   5.1   Kapitelauftaktseite – Vorwissen aktivieren

S. 9 | A1   Zu welchem Foto fällt euch etwas ein, das ihr in eurer alten Schule erlebt habt? Erzählt davon.

Info   Die Aufgabe hilft dabei, einander besser kennenzulernen. Die Fotos erzählen „Geschichten". Und die eigenen Geschichten der Schüler bekommen so ein Gesicht. Mithilfe dieser Aufgabe kann die vorhandene Erzählkompetenz der Schüler geprüft werden.

S. 9 | A2   Wählt einen Gegenstand aus, den ihr in der Schule dabei habt und erzählt der Klasse, warum er euch wichtig ist.

Info   Wie in A1 soll an vorhandene Kompetenzen angeknüpft werden, damit sich die Schüler durch den Austausch von Erlebnissen, Erfahrungen und Gefühlen besser kennenlernen.

S. 9 | A3   Kennt ihr Kinder, die schon mal in einem anderen Land zur Schule gegangen sind? Erzählt.

Info   Ziel der Aufgabe ist das informationsbasierte Sprechen. Kennen die Schüler kein Kind, das schon einmal in einem anderen Land gelebt und gelernt hat, könnten sie sich darüber austauschen, in welchem Land sie selbst gerne einmal zur Schule gehen würden und warum.

S. 10–13   5.2   Modul 1: Neue Klasse, neue Freunde – Informationen sammeln und ordnen

Sich und andere vorstellen

S. 10 | A1   Welche Informationen haben diese Fünftklässler ausgewählt, um sich vorzustellen? Erstellt eine Liste mit Gesichtspunkten, zum Beispiel Name, Aussehen, Hobbys.

Info   Könnte in Partnerarbeit (mit dem Interviewpartner aus A3) bearbeitet werden; ergänzend: Vergleich der Oberbegriffe mit eigenen Erfahrungen und Vorstellungen, wie man sich vorstellen möchte

Lösungsvorschlag   Bild 1: Hobbys, Aussehen, Geschwister – Bild 2: Name, Wünsche/Ziele, Herkunft, Hobbys – Bild 3: Lieblingsfach, Aussehen, Hobbys, Lieblingsessen – Bild 4: Name, Berufswunsch, Hobbys (Haustiere)

S. 10 | A2   Bereitet mithilfe eurer Liste ein Interview mit einem Kind aus eurer Klasse vor, das ihr noch nicht so gut kennt. Nutzt dazu die blaue Box auf Seite 11.

Info   Bearbeitung selbstständig in Kleingruppen mithilfe der Kompetenzbox; Formulierung der Fragen in geordneter Reihenfolge am besten in Stichpunkten

S. 10 | A3   Führt das Interview. Stellt euren Partner oder eure Partnerin der Klasse vor.

Lösungsvorschlag   Vor der Durchführung könnten die Hinweise (vgl. blaue Box „2. Das Interview durchführen") durch die Schüler neu formuliert werden. – Wichtig wäre, dass die Schüler im Interview auf die Antworten ihres Gegenübers eingehen. – Wenn die Schüler einander vorstellen, sollten die Informationen aus dem Interview zusammengefasst, aber nicht einfach „nacherzählt" werden.

Extra
Gestaltet Plakate mit den Ergebnissen eurer Interviews. Ergänzt sie durch Zeichnungen und Fotos. Vielleicht wollt ihr die Plakate im Klassenzimmer aufhängen? | **A4** | **S. 11**

Die Plakate können das Kennenlernen vertiefen. Fotos und Bilder helfen dabei. | Info

Informationen sammeln und ordnen

Vieles an eurer neuen Schule kennt ihr schon. Notiert, was ihr bereits wisst. Schreibt auf, was euch gut gefällt und was euch stört. | **A1** | **S. 12**

Bereitet A3 vor; selbstverständlich sollten sich die Schüler über das, was ihnen gefällt bzw. nicht gefällt, dann austauschen. | Info

Sammelt weitere Informationen über eure neue Schule, zum Beispiel im Internet.
Informiert euch über die Schülerzeitung, das Jahrbuch der Schule oder Arbeitsgemeinschaften. | **A2** | **S. 12**

Austausch über Recherchemöglichkeiten: Personen befragen (Schülersprecher, Lehrer, Sekretariat, Direktor …); Schulgebäude erkunden …; bereitet A3 vor, dient aber auch dem Einüben von Recherchestrategien; auch als Gruppenarbeit | Info

Ordnet die Informationen in einer Mindmap, damit ihr einen Überblick bekommt. | **A3** | **S. 12**

Einzelne Mindmaps könnten in der Klasse vorgestellt werden, wobei die Schüler ihre Anordnung erläutern sollten (um sich die Ordnungskriterien noch einmal bewusst zu machen). | Info

Zum Differenzieren
A Sucht Informationen zum Thema „Arbeitsgemeinschaften an unserer Schule" und ordnet sie in einer Mindmap. Denkt auch an Informationen zu Uhrzeit, Raum und zur Leitung der Arbeitsgemeinschaften.
B Informiert euch über Personen, die an eurer Schule arbeiten und ordnet sie in einer Mindmap. Schreibt nicht nur die Namen, sondern auch die Tätigkeiten der Personen auf.
C Erstellt eine Mindmap zum Thema „Aller Anfang ist schwer": Welche Schwierigkeiten können auftreten, wenn man neu an einer Schule ist? | **A4** | **S. 13**

A ○
B ◐
C ●

Durch die Aufgabe soll das Ordnen bzw. Visualisieren von Informationen weiter geübt werden; sie dient aber auch der besseren Orientierung an der Schule mit ihren Angeboten. | Info

Extra
Projekt „Schulinfo"
Für die Fünftklässler, die im kommenden Jahr neu an der Schule sein werden, könnt ihr schon jetzt eine „Schulinfo" gestalten. Diese soll ihnen helfen, sich schnell in der neuen Umgebung zurechtzufinden. Ihr wisst aus eigener Erfahrung, welche Informationen die „Neuen" dringend brauchen und was sie am meisten interessiert. | **A5** | **S. 13**

Das Projekt ist zwar zeitintensiv, fördert aber – über die eigentlichen Kompetenzen hinaus – durch die intensive Gruppenarbeit das Kennenlernen und den Zusammenhalt der Schüler. | Info

○ ◐ ● leicht – mittel – schwer   ■ analytisch   ✿ handlungs- und produktionsorientiert

Ich – du – wir · Sich und andere informieren

5.3 Modul 2: Kinder in anderen Ländern – Informationen aus Sachtexten gewinnen

S. 14–19

Im Überblick lesen, Fragen an einen Text stellen

S. 14 | A1 Beschreibt, welche Erwartungen die Überschrift des folgenden Textes in euch weckt. Was erfahrt ihr durch das Bild?

Lösungsvorschlag Sowohl das Bild als auch der Titel wecken die Erwartung, dass der Text erklärt, wieso Sabine aus dem Urwald kommt (bzw. wie es dazu kam, dass sie dort gelebt hat), und dass der Text von ihren Erfahrungen dort berichtet.

S. 15 | A2 Wärt ihr gern an Sabines Stelle gewesen? Begründet eure Antwort.

Info Die Schüler sollen ihre Antworten begründen. Sie können Vermutungen zu Sabines Lebensumständen anstellen. Die Aussagen bereiten die Textlektüre vor.

S. 15 | A3 Lest den Text und erzählt kurz, was Sabine berichtet.

Info Ein Schüler könnte den Textinhalt zusammenfassen. Anschließend ergänzen bzw. korrigieren die anderen Schüler seine Zusammenfassung.

Lösungsvorschlag Sabine hat von ihrem fünften bis zu ihrem 17. Lebensjahr im Dschungel West-Papuas unter den dort ansässigen Fayu gelebt. Die Lebensumstände waren einfach (Holzhütte ohne Strom und ohne fließendes Wasser). Sabine hat gelernt, im Dschungel zu überleben. Sie hatte sich so an ihre Umwelt gewöhnt, dass Hamburg ein „Schock" für sie war.

S. 15 | A4 Stellt Fragen zu den Informationen der einzelnen Textabschnitte.
- Legt eine Folie über den Text und notiert mit einem Folienstift die Fragen am Rand.
- Unterstreicht die Antworten im Text […]

Info Die Aufgabe kann in Partner- oder Gruppenarbeit gelöst werden.

Lösungsvorschlag Beispiele:

	Fragen	Antworten im Text
Z. 1–6	- Wie heißt der Stamm, bei dem Sabine gelebt hat? - Was lernte Sabine von den Fayu?	- Der Stamm heißt „Fayu". - „wie man im Urwald überlebt" (Z. 5f., Z. 91f.)
Z. 7–13	- Warum ist Sabine im Dschungel aufgewachsen? - Warum sind Sabines Eltern nach West-Papua ausgewandert?	- „Als ich fünf Jahre alt war, sind meine Eltern mit mir nach West-Papua ausgewandert." (Z. 7ff.) - „Meine Eltern waren Forscher und wollten die Sprache des Fayu-Stamms untersuchen." (Z. 11ff.)
Z. 14–22	- Wie ist die Familie von Sabine zu den Fayu gekommen? - Wie reagierten die Fayu auf die Familie? …	- „Um zu den Fayu zu kommen, mussten wir mit einem Hubschrauber fliegen." (Z. 14f.) - Die Fayu starrten sie an und die Kinder hatten Angst … (Z. 17f.)

Unbekannte Wörter klären

Schreibt aus dem Text die Wörter heraus, die ihr nicht kennt. Klärt ihre Bedeutung. Die blaue Box hilft euch. — **A1 S. 17**

Das Bertelsmann Kinder Länderlexikon lädt zu einer Entdeckungstour in 193 Länder ein und informiert über die Lebensumstände der Kinder (http://bildungsklick.de/pm/5616/bertelsmann-kinder-laenderlexikon/). Die Schüler sollten die ihnen nicht vollständig klaren Wörter herausschreiben; in Partnerarbeit könnte dann geklärt werden, welche der Wörter nachgeschlagen werden müssen bzw. welche aus dem Zusammenhang heraus erschlossen werden können. — **Info**

Z. 11 f.: „Begriffsschrift" – Der Begriff wurde einfach gezeichnet. (s. Kontext)
Z. 29 f.: „Schriftzeichen" – Die Zeichnungen wurden immer einfacher und bestanden schließlich aus Strichen. (s. Kontext)
Z. 64: „Symbole": Bilder;

Z. 71: „Quadrat": ein Rechteck mit vier gleich langen Seiten (hier immer gleich großer Flächen);
Z. 75: „reduzieren": verkleinern (aus dem Kontext erschließbar);
Z. 85: „komplizierteren": schwierigeren (Gegenteil von „nicht einfachen")

— **Lösungsvorschlag**

Zum Differenzieren
A Sucht Nomen (Substantive) aus dem Text heraus und findet Umschreibungen für sie. Lasst euren Sitznachbarn herausfinden, welches Wort ihr meint.
B In dem folgenden Text ersetzen die Fantasiewörter Quarki und Quarkis Wörter, die dem Text einen Sinn geben. Ermittelt aus dem Textzusammenhang die Wörter, die an die Stelle der Fantasiewörter gehören.

— **A2 S. 17**

Es können genaue Umschreibungen gegeben werden, z. B. *„das Jahr" = eine Zeiteinheit von 365 Tagen*.
Die Teilaufgabe A hat auch eine spielerische Komponente: Die Umschreibungen dürfen gern fantasievoll ausfallen: *Schildkröte = langsames Panzertier*. — **Info**

A: Beispiele: Welt: Erde, Globus – Zeichen: Symbol – Gestalt (des Zeichens): Aussehen, Form – Bedeutung: Sinn, (Zeichen-)Inhalt

B: Schriftzeichen – Pinsel – rechten – Schriftzeichen – Kinder – Aufgabe

— **Lösungsvorschlag**

Abschnittsweise arbeiten

Schreibt die ersten beiden Absätze des Textes „Wie lernen chinesische Kinder schreiben?" (Seiten 16 f.) ab. Markiert die Schlüsselwörter. — **A1 S. 18**

Bearbeitung in Partnerarbeit (lernstärkere und -schwächere Schüler); den Teams sollten Abschnitte zugewiesen werden, damit bei der anschließenden Besprechung der ganze Text erarbeitet ist.
Zu beachten ist, dass die Entscheidung darüber, was ein Schlüsselwort ist, auch vom Vorwissen der Leser, ihrem Leseinteresse und/oder der zu bearbeitenden Aufgabe abhängt; was in einem Text wichtig ist, kann also durchaus subjektiv sein. — **Info**

Beispiele:
Chinesisch ist die meistgesprochene Sprache der Welt. Über 1,3 Milliarden Menschen sprechen Chinesisch. Seit rund 3.500 Jahren kennen die Chinesen bereits die Schrift. Sie ist ganz anders aufgebaut als die unsrige. Die chinesische Schrift verwendet keine Buchstaben für einzelne Laute, sondern ein oder mehr Zeichen für ganze Wörter. Vor rund 3.500 Jahren entwickelten die Chinesen eine so genannte „Begriffsschrift". Wenn sie „Schildkröte" meinten, zeichneten sie eine Schildkröte, wenn sie „Schaf" meinten, ein Schaf. Schon früh einigte man sich darauf, dass man Schildkröte mit einem ganz bestimmten Zeichen und Schaf mit einem anderen Zeichen darstellte. Wenn die Menschen das Zeichen für „Schildkröte" sahen, wussten sie, dass sie Schildkröte sagen mussten. Aber es stand eben nicht S-c-h-i-l-d-k-r-ö-t-e in Buchstaben da, wie bei uns. Aus der Gestalt des Zeichens konnte ein Chinese, der das Wort für „Schildkröte" gerade vergessen hatte, nicht ablesen, was er für ein Wort sagen musste.

— **Lösungsvorschlag**

○ ◐ ● leicht – mittel – schwer   ■ analytisch   ✿ handlungs- und produktionsorientiert

Ich – du – wir · Sich und andere informieren

S. 18 | A2 Sucht für jeden Absatz des Textes „Wie lernen chinesische Kinder schreiben?" (Seite 16 f.) eine passende Überschrift. Ihr könnt dabei Wörter aus dem Text oder eigene Formulierungen verwenden.

Info Vgl. die Tabelle zum Lösungsvorschlag zu A3

S. 18 | A3 Schreibt jede Überschrift auf eine Karteikarte. Notiert darunter in Stichworten die wichtigsten Informationen, die ihr in den einzelnen Absätzen bekommt. Ihr könnt in Gruppen arbeiten.

Info Der Text ist sachlich vereinfacht. Das Chinesische gibt es nämlich nicht (vgl. auch Z. 46 ff.). Das sogenannte Hochchinesisch (Mandarin-Chinesisch) sprechen rund 850 Millionen Menschen. Die Ziffer 1,3 Milliarden bezieht sich auf sämtliche Sprecher sinitischer Sprachen.
Die Lösungen können unterschiedlich ausfallen; entscheidend ist, dass die Schüler sowohl ihre Überschrift als auch die Wahl der Hauptinformationen begründen können.

Lösungsvorschlag

Absatz	mögliche Überschrift	Hauptinformationen
1 (Z. 1–9)	Zur Sprache und Schrift Chinas	– Chinesisch meistgesprochene Sprache (über 1,3 Milliarden Sprecher) – Schrift seit 3.500 Jahren – Zeichen für Wörter (keine Buchstaben)
2 (Z. 10–27)	Begriffsschrift	– Zeichnung steht für Wortinhalt – Schrift nicht in unserem Sinne lesbar
3 (Z. 28–44)	Entwicklung der Schrift	– Schriftzeichen werden vereinfacht, Bildcharakter geht verloren – zusammengesetzte Zeichen entstehen
4 (Z. 45–51)	Lese- und Schreibrichtung	– früher von oben nach unten und von rechts nach links – heute oft von links oben nach rechts unten
5 (Z. 53–61)	Chinesisch als Tonsprache	– Wörter in vier Tonhöhen gesprochen – vier Töne: eben, steigend, fallend-steigend, fallend
6 (Z. 62–83)	Schreibenlernen	– zunächst einfache Zeichen – alle Zeichen auf demselben gleichgroßen Platz – komplexe Zeichen reduzieren und ausgleichen – dafür: speziell linierte Hefte
7 (Z. 84–86)	Aufbau von Schriftzeichen	– Schriftzeichen aus einzelnen Strichen

Zusammenfassen und wiederholen

S. 18 | A1 Vergleicht eure Ergebnisse von Aufgabe 2.
- Wählt für jeden Absatz eine Karteikarte aus, die die Informationen am besten wiedergibt.
- Gebt anhand eurer Karteikarten die wesentlichen Informationen aus dem Text an die Klasse weiter.

Info Das abschnittsweise Zusammenfassen der wichtigsten Informationen ist eine gute Merkhilfe. Es ist eine hilfreiche Vorarbeit, um den Inhalt eines Textes zusammenzufassen. Dabei wird das Halten von Kurzvorträgen geübt.

Extra
In Russland wird die kyrillische Schrift verwendet. Informiert euch über diese Schrift und notiert die wichtigsten Informationen. Vergleicht eure Ergebnisse.

A2 | **S. 19**

Alles Wesentliche zur kyrillischen Schrift findet sich in Wikipedia (http://de.wikipedia.org/wiki/Kyrillisches_Alphabet). Eine altersadäquate Seite für Kinder ist etwa http://www.russisch-fuer-kinder.de/de_start/box/boxtext.php?auswahl=kyrillisch. Unabhängig von Details zur Entstehung, Verbreitung usw. sollen sich die Schüler klar machen, dass es neben „unserer" (also der lateinischen) Schrift noch andere Buchstabenschriften gibt.

Info

Zum Differenzieren
A Erschließt den Text „Ich komme aus dem Urwald" (Seiten 14 f.) schrittweise mithilfe der blauen Box.
B Bereitet einen Kurzvortrag zu dem Text „Ich komme aus dem Urwald" (Seiten 14 f.) vor und haltet ihn vor euren Mitschülern.
C Sucht zu zweit im Buch einen Sachtext, der euch interessiert. Erschließt ihn schrittweise mithilfe der blauen Box. Stellt ihn dann einer anderen Zweiergruppe vor.

A3 | **S. 19**

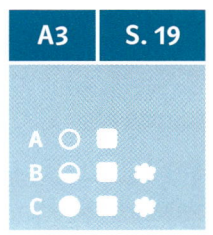

A und B ebenfalls in Partnerarbeit; weitere Texte: AB 01-01 bis 01-04.

Info

In B geht es v.a. darum, die zusammengestellten Informationen zu verbalisieren; C: über abgedruckte Sachtexte informiert das Textsortenverzeichnis (S. 301).

Lösungsvorschlag

A:

Absatz	mögliche Überschrift	Hauptinformationen
1 (Z. 1–6)	Andere Welt	– Sabine: im Dschungel bei den Fayu aufgewachsen – andere Welt: Männer nackt, Frauen Lendenschurz – lernte das Überleben im Urwald
2 (Z. 7–13)	Wie es dazu kam	– Eltern: Sprachforscher – im Alter von fünf Auswanderung nach West-Papua (Insel im Pazifischen Ozean)
3 (Z. 14–22)	Die ersten Weißen	– Fayu: niemals zuvor weiße Menschen gesehen – wurden angestarrt, Kinder hatten Angst
4 (Z. 23–34)	Leben und Ernährung auf der Insel	– Leben in kleiner Hütte – Essen zum Teil mitgebracht – Straußeneier und Fleisch gegen Messer oder Feuerzeuge eingetauscht
5/6/7 (Z. 35–55)	Sabines Freund Tuare	– Tuare weniger schüchtern als andere Kinder – schenkt Sabine einen Bogen – Sabine unternimmt viel mit Tuare – isst auch Salamander, Ratten oder Würmer
8 (Z. 56–66)	Alltag im Dschungel	– Langeweile während der Regenzeit – von ihren Eltern unterrichtet – statt Hausaufgaben: spielt lieber mit Haustieren
9 (Z. 67–80)	Umgang mit Toten bei den Fayu	– Fayu: glauben nicht an ein Wiedersehen im Jenseits – wollen so lange Zeit wie möglich mit den Toten verbringen – lassen die Toten zu Hause verwesen (Gestank)
10 (Z. 81–89)	Sabine keine Fayu	– Sabine spielte am liebsten mit Jungen – wird als Frau wahrgenommen, Kontakt bricht ab
11/12 (Z. 90–108)	Rückkehr nach Europa	– hat sich nie als Fayu gesehen – Sehnsucht nach Europa, Rückkehr nach Dtld. mit 17 – Fremdheit bei der Ankunft in Deutschland

○ ◐ ● leicht – mittel – schwer   ■ analytisch   ✿ handlungs- und produktionsorientiert

Ich – du – wir · Sich und andere informieren

S. 20–21 5.4 Modul 3: Woher wir kommen – Gezielt nach Informationen suchen

S. 20 | A1 Vergleicht einen Tag im Leben des kleinen Mönchs mit eurem Schulalltag. Welches Leben gefällt euch besser? Gebt Gründe an.

Info vgl. Titelstory „Die Kloster Kids". In: Dein Spiegel Nr. 3, 2010

vgl. 🔊 **HT 01-01** (mit Hörverstehensaufgaben):
Die inhaltliche Texterfassung steht hier im Vordergrund; ggf. Paralleltext verfassen, der typischen Tagesablauf der Schüler wiedergibt

Lösungsvorschlag Tagesablauf von Phou:
- 4 Uhr morgens: aufstehen;
- anschließend: gemeinsames Singen und Beten;
- 6 Uhr: Marsch durch die Stadt, um Frühstück zu erbetteln;
- nach dem Frühstück: Schulbesuch (Lernen der japanischen Sprache);
- nach der Schule: Putzen des Tempelplatzes;
- Mittagspause;
- 17 Uhr: gemeinsames Singen;
- nach 18 Uhr: Schlafen nach dem Einbrechen der Dunkelheit

S. 21 | A2 Informiert euch über Buddha und die buddhistische Lebensweise.
- Sucht nach Informationen in Büchern oder im Internet.
- Berichtet den anderen in der Klasse in einem Kurzvortrag darüber.

Info Vorsicht bei der Recherche. Die Abfrage ergibt stark weltanschaulich gefärbte Treffer. Eine (derzeit) verlässliche Webseite ist: http://www.wdr.de/themen/kultur/religion/buddhismus/uebersicht/kinder.jhtml.
Zum „Buddha" Siddhartha Gautama lohnt sich der Eintrag bei Wikipedia.
Der Suchauftrag ist bewusst unspezifisch gehalten, sodass die Schüler Unterschiedliches für ihre Kurzvorträge entdecken können: das Leben der Mönche, der Nonnen oder der Laien; das Leben der Buddhisten in Deutschland, Japan oder Indien; das Leben im Kloster, in der Familie usw.

Lösungsvorschlag Der erste Buddha war Siddhartha Gautama (geb. 560 in Kapilawatsu, gest. vmtl. 480 bei Kusinara) aus der Kschatrija-Kaste. Siddhartha wuchs im Luxus auf und hatte bei vier Ausfahrten Begegnungen – mit einem Alten, einem Kranken, einem Toten und einem Mönch. Er beschloss, die Familie zu verlassen und Asket zu werden, ein Dasein, das ihn der Erleuchtung nicht näherbrachte. Dahin führte ihn ein mittlerer Weg zwischen Luxus und Askese. Mit 35 erlangte er unter einem Feigenbaum bei Bodh Gaya die Erleuchtung. Nach einigem Zögern beschloss er, seinen Weg in Predigten zu verkünden.

Klassenarbeit zum Kapitel:
Ich – du – wir • Sich und andere informieren

KA 01-01

Name: Klasse: Datum:

Wenn Kinder arbeiten müssen

Die UNO[1] gibt an: Weltweit arbeiten ungefähr 250 Millionen Kinder und Jugendliche im Alter von fünf bis 17 Jahren. Meist arbeiten sie unter Bedingungen, die ihnen schaden. Auch in Indien ist das so Dort arbeiten die Kinder, weil ihre Familien arm sind. Jeder dritte Inder/jede dritte Inderin lebt unterhalb der Armutsgrenze. Die Kinder sichern durch ihre Arbeit das Überleben ihrer Familien. Doch
5 Kinderarbeit führt oft wieder in die Armut: Da die Kinder arbeiten müssen, können sie keine Schule besuchen und keinen richtigen Beruf erlernen. Als Erwachsene verdienen sie dann zu wenig, um ihre Familie ernähren zu können. Ungefähr eine Million Kinder arbeiten für die Schulden ihrer Eltern.
In Indien herrscht die Meinung, dass Mädchen besser arbeiten sollten als in die Schule zu gehen. Man glaubt, Mädchen brauchen keine Bildung, um später gute Hausfrauen und Ehefrauen zu sein.
10 So verrichten sie unbezahlt Hausarbeit. Das soll den Mädchen reichen, um fürs Leben zu lernen.
Jedes fünfte Kind in Indien, das unter 14 Jahren alt ist, arbeitet. 1991 gab es etwa elf Millionen dieser Kinderarbeiter. UNICEF[2] geht von 75 Millionen Kindern aus, die im Alter zwischen sechs und 14 Jahren nicht zur Schule gehen. All diese Kinder erleiden Gefahren und Belastungen, die sie schädigen: Manche schuften 16 Stunden täglich in einem Steinbruch, andere knüpfen Teppiche.
15 Es gibt Kinder, die Glas herstellen oder Messing verarbeiten und dabei sehr hohen Temperaturen ausgesetzt sind. Sie durchsuchen riesige Abfallberge nach Verwertbarem oder arbeiten als Hausangestellte im Verborgenen. All diese Kinder verdienen kaum Geld und können sich nicht zur Wehr setzen.

[1] UNO: die vereinten Nationen
[2] UNICEF: das Kinderhilfswerk der Vereinten Nationen

1 Erkläre aus dem Textzusammenhang heraus, was mit dem Begriff „Armutsgrenze" (Z. 4) gemeint ist.

2 Markiere im ersten Absatz des Textes alle Schlüsselwörter.

3 Formuliere für den zweiten Absatz eine passende Überschrift.

4 Beantworte die folgenden Fragen aus dem Text heraus.
   a) Wie viele Kinder gehen nach Schätzung von UNICEF in Indien nicht zur Schule?
   b) Warum ist Armut auch eine Folge von Kinderarbeit?

5 Im dritten Textabsatz sind vier Verben unterstrichen. Bilde zu diesen Verben ein Nomen und formuliere mit den Nomen jeweils einen sinnvollen Satz.

6 Bearbeite die folgenden Aufgaben zum Thema „Informationssuche" stichwortartig:
   a) Erkläre, was man unter einer „Signatur" versteht.
   b) Nenne die Adresse von drei Internet-Suchmaschinen.

Erwartungshorizont/Korrekturhilfe

Ich – du – wir · Sich und andere Informieren

KA 01-01

(vgl. Lehrerband, S. 21)

Aufgabe	Anforderung /Lösung	Anforderungs-bereich	Punkte
1	„Armutsgrenze": wenn man weniger als eine bestimmte Summe verdient, gilt man als arm	2	2
2	Die UNO[1] gibt an: **Weltweit arbeiten** ungefähr **250 Millionen Kinder und Jugendliche** im Alter von fünf bis 17 Jahren. Fast immer arbeiten sie **unter Bedingungen**, die ihnen **schaden**. Auch in **Indien** ist das so. Dort arbeiten die Kinder, **weil ihre Familien arm** sind. **Jeder dritte Inder/jede dritte Inderin** lebt unterhalb der **Armutsgrenze**. Die **Kinder sichern** durch ihre Arbeit das Überleben ihrer Familien. Doch **Kinderarbeit führt** oft wieder in die **Armut**: Da die Kinder arbeiten müssen, können sie **keine Schule** besuchen und **keinen** richtigen **Beruf** erlernen. Als **Erwachsene verdienen** sie dann **zu wenig**, um ihre Familie ernähren zu können. Ungefähr **eine Million Kinder** arbeiten für die **Schulden** ihrer Eltern.	1	6
3	Beispiel: Mädchen besonders benachteiligt	2	2
4	a) UNICEF schätzt, dass in Indien 75 Millionen Kinder nicht zur Schule gehen. b) Armut ist eine Folge von Kinderarbeit, weil die Kinder keine Schule besuchen und keinen Beruf erlernen können und dann als Erwachsene zu wenig verdienen.	a) 1 b) 2	a) 2 b) 2
5	arbeitet: Arbeit (Er hat eine nur schlecht bezahlte Arbeit.) – durchsuchen: Durchsuchung (Die Durchsuchung der Wohnung brachte kein Ergebnis.) – schädigen: Schade(n) (Der Schaden für die Gesundheit war groß.) – verdienen: der Verdienst (Ihr Verdienst war sehr gering.)	2	4
6	a) Signatur: Kombination von Zahlen und Buchstaben, die den Standort eines Buches in der Bibliothek angibt. b) Beispiele: www.blinde-kuh.de, www.wissen.de, www.google.de	a) 2 b) 1	5
	ggf. Sprachliche Darstellungsleistung	**Fehlerquote**	**Punkte**

Klassenarbeit zum Kapitel:
Ich – du – wir • Sich und andere informieren

KA 01-02

Name: Klasse: Datum:

Raphael Fiore: _____

Mädchen im Kindergartenalter geben am Barren alles. Im Trainingscenter in Beijing dürfen sich bereits Fünfjährige auf eine sportliche Zukunft vorbereiten.
Von diesen Trainingscentern gibt es in China hunderte! Hier werden die Vorschulkinder auf spätere sportliche Aufgaben vorbereitet. Nur wer sich hier beweist, wird später in eine renommierte Sport-
5 schule aufgenommen.
Die Sportschulen sind hochmoderne Komplexe. In den Sportstätten erhalten die Kinder nicht nur eine sportliche Ausbildung, sondern werden auch erzogen und in anderen Fächern unterrichtet.
Doch die erste Hürde ist für die meisten Kids bereits zu hoch. Qualvoll versuchen die Kinder, die Vorgaben der strengen Trainer zu erfüllen. An völlig veralteten Geräten und in Abbruchhäusern
10 wird trainiert, bis die Tränen fließen.
China hat 1,321 Milliarden Einwohner. Von den Arbeitsfähigen suchen sage und schreibe 174 Millionen einen Job. Um aus der Tristesse des Alltags und einem Leben in Armut zu entfliehen, schicken viele Eltern die Kinder in ein solches Trainingscenter.
Schon in jüngsten Jahren müssen die Kids also ihre körperlichen Grenzen austesten, kindlicher Spaß
15 ist [nicht] zu sehen. Das Ziel, an einer Olympiade teilzunehmen oder sogar eine Medaille zu erringen, bleibt für den Großteil nur ein Traum.

— (Quelle: Raphael Fiore: http://www.blick.ch/sport/peking08/kinder-drill-in-china-id166730.html Tränen für eine goldene Zukunft Kinder-Drill in China! – Zitiert nach: (eingesehen am 4.2.2013)

1 Lies den Text genau. Kreuze an, was die Fremdwörter jeweils bedeuten müssen.

a) renommiert – ☐ gefördert; ☐ angesehen; ☐ teuer

b) Komplexe – ☐ Lagerräume; ☐ Hallenanlagen; ☐ Gebäudeansammlungen

2 Kreuze in der Tabelle an, welche Aussagen im Text vorkommen und welche nicht.

	Aussagen kommen im Text von Raphael Fiore vor:	richtig	falsch
a)	In China gibt es hunderte Trainingscenter, in denen sich Vorschulkinder auf spätere sportliche Aufgaben vorbereiten.		
b)	Wer kein solches Trainingscenter besuchen will, besucht eine Musikschule.		
c)	In den Trainingscentern werden die Kinder auch unterrichtet.		
d)	Weil die Geräte völlig veraltet sind, fließen beim Training oft Tränen.		

3 Formuliere für den Text von Raphael Fiore eine passende Überschrift.

4 Erkläre mit eigenen Worten, warum Eltern ihre Kinder in solche Trainingscenter schicken.

5 Im Text sind vier Verben unterstrichen. Bilde zu diesen Verben ein Nomen und formuliere mit diesen Nomen jeweils einen sinnvollen Satz.

6 Bearbeite die folgenden Aufgaben zum Thema „Informationssuche" stichwortartig:

a) Erkläre, was man unter einer „Signatur" versteht.

b) Nenne die Adresse von drei Internet-Suchmaschinen.

Erwartungshorizont/Korrekturhilfe

Ich – du – wir · Sich und andere Informieren

KA 01-02

(vgl. Lehrerband, S. 23)

Aufgabe	Anforderung/Lösung	Anforderungs-bereich	Punkte
1	a) renommiert – angesehen b) Komplexe – Gebäudeansammlungen	2	4
2	a) richtig; b) falsch; c) richtig; d) falsch	1	4
3	Original-Titel: Tränen für eine goldene Zukunft: Kinder-Drill in China	2	3
4	China ist ein Land, in dem es viele arme Menschen gibt. Für diese Menschen ist der sportliche Erfolg ihrer Kinder einer der wenige Wege zu einer besseren Zukunft.	3	4
5	**vorbereiten:** die Vorbereitung (Die Vorbereitung ist anstrengend.) **fließen:** der Fluss (Sie konnte den Fluss ihrer Tränen nicht stoppen.) **suchen:** die Suche (Die Suche nach Talenten wird intensiv betrieben.) **teilzunehmen:** die Teilnahme (Die Teilnahme an der Veranstaltung ist kostenlos.)	2	4
6	a) **Signatur:** Kombination von Zahlen und Buchstaben, die den Standort eines Buches in der Bibliothek angibt. b) **Suchmaschinen:** www.blinde-kuh.de/www.wissen.de/www.google.de	a) 2 b) 1	5
	ggf. sprachliche Darstellungsweise	Fehlerquote	Punkte

Klassenarbeit zum Kapitel:
Ich – du – wir • Sich und andere informieren

KA 01-03

Name: _____ Klasse: _____ Datum: _____

Einwandererkind gewinnt US-Buchstabierwettbewerb

14-Jährige setzt sich im Finale gegen 272 Konkurrenten durch – „Spelling Bees" haben in den USA lange Tradition

Am Ende war es das Wort „s-t-r-o-m-u-h-r", das über Sieg und Niederlage entschied. Das Gerät hat Anamika Veeramani Glück gebracht. Für die 14-jährige Schülerin aus Cleveland im US-Bundesstaat
5 Ohio gereichte das für englische Ohren seltsam klingende Fremdwort zur Krönung ihres von Millionen Amerikanern live auf ABC verfolgten Siegeszugs.
Die Tochter indischer Einwanderer darf sich nun offiziell beste Buchstabiererin Amerikas nennen – und einen Scheck über 30.000 US-Dollar einlösen.
In den USA erleben derartige Wettbewerbe, Spelling Bees genannt, derzeit einen bisher nicht
10 gekannten Popularitätsschub. 273 Schüler, allesamt höchstens 14 Jahre alt, kamen vergangene Woche in einem Washingtoner Hotel zusammen, um im nationalen Finale bis zu neun Runden lang um die Wette zu buchstabieren.
Die Idee dazu ist alles andere als neu. Schon 1925 gab es das erste Spelling Bee, so viele Teilnehmer wie 2010 gab es aber noch nie.
15 „Zaibatsu" und „vibrissae" gehörten noch zu den einfacher zu buchstabierenden Wörtern, die von den Schülern korrekt widergegeben werden mussten. Nach und nach wurden die Teenager auf die Bühne gerufen und mussten vor laufenden TV-Kameras zum Buchstabieren antreten. Zwei Begriffe pro Kopf und Nase, im besten Fall acht Runden lang. Zwei Minuten und dreißig Sekunden haben die Kandidaten Zeit, die beiden Wörter zu buchstabieren.
20 Anamika Veeramani, die wenig überraschend sowohl Schriftstellerin als auch Drehbuchautorin und Herzchirurgin werden möchte, setzte sich schließlich durch.
21 der 273 Finalisten haben eine andere Muttersprache als Englisch. Die Siegerin des Vorjahres hat so wie Anamika Veeramani indische Wurzeln.

— (Quelle: der Standard.at, 7.6.2010; http://derstandard.at/1271378281971/
Spelling-Bee-Einwandererkind-gewinnt-US-Buchstabierwettbewerb (eingesehen am 4.2.2012)

1 Beantworte die folgenden Fragen aus dem Text heraus.
  a) Wer hat den Spelling Bee im Jahr 2010 gewonnen?
  b) Mit welchem Wort?
  c) Wo genau fand das Finale statt?
  d) Wie viele Teilnehmer hatte das Finale?

2 Lies den Text noch einmal. Schreibe auf, was du über den Wettbewerb und seinen Ablauf erfährst. Markiere dafür die entsprechenden Textstellen.

3 Erkläre aus dem Textzusammenhang, was „Popularitätsschub" bedeutet.

4 Erkläre, wie der Ausdruck „pro Kopf und Nase" zu verstehen ist.

5 Bearbeite die folgenden Aufgaben zum Thema „Informationssuche" stichwortartig:
  a) Erkläre, was man unter einer „Signatur" versteht.
  b) Nenne die Adresse von drei Internet-Suchmaschinen.

Erwartungshorizont/Korrekturhilfe

Ich – du – wir · Sich und andere Informieren

KA 01-03

(vgl. Lehrerband, S. 25)

Aufgabe	Anforderung/Lösung	Anforderungs-bereich	Punkte
1	a) die 14-jährige Schülerin Anamika Veeramani b) mit dem Wort „s-t-r-o-m-u-h-r" c) in einem Washingtoner Hotel d) 273 Teilnehmer	a) 2 b) 1 c) 1	4
2	- 1925 erstes Spelling Bee - Höchstalter der Teilnehmer: 14 Jahre - Vorwettkämpfe mit nationalen Finale - Finale über neun Runden - Finale wird live im Fernsehen übertragen - Spelling Bees sind sehr populär in den USA - Buchstabierer stehen auf einer Bühne - zwei Begriffe müssen je Runde in zwei Minuten und dreißig Sekunden richtig buchstabiert werden - Preisgeld: 30.000 US-Dollar - 2010: Teilnehmerrekord	2	8
3	Popularitätsschub: Beliebtheit hat stark zugenommen	2	2
4	pro Kopf und Nase: pro Teilnehmer (je Runde)	2	2
5	a) **Signatur:** Kombination von Zahlen und Buchstaben, die den Standort eines Buches in der Bibliothek angibt. b) **Suchmaschinen:** www.blinde-kuh.de/www.wissen.de/www.google.de	a) 2 b) 1	5
	ggf. sprachliche Darstellungsweise	**Fehlerquote**	**Punkte**

Arbeitsblatt zum Kapitel:
Ich – du – wir • Sich und andere informieren

AB 01-02
26v3su

Einen Text markieren

1 Lest den Text und unterstreicht unbekannte Wörter mit Blau. Klärt ihre Bedeutung und schreibt die Erklärung an den Rand.

Barbara Lich: Schnickschnack!

Fast jeder Mensch sammelt irgendetwas oder hat das in seinem Leben schon mal getan. Auch der Dichter Johann Wolfgang von Goethe (1749 – 1832) war einst von der Sammelwut gepackt: Rund 6000 Bücher füllten seine Schränke, zudem sammelte er Gemälde und Plastiken. Und für seine 18 000 Steine und Mineralien ließ er in Weimar extra einen Gartenpavillion bauen!

Zwar ufert es nicht bei jedem so aus, doch eine Leidenschaft fürs Sammeln entwickeln bereits kleine Kinder. Eine gute Sache, sagen Wissenschaftler. So lernten sie schon früh, auszuwählen und zu ordnen, und das muss man nun mal sein Leben lang tun.

Ganz abgesehen davon macht Sammeln Spaß — obwohl es meist nutzlose Dinge sind, die Menschen suchen und bewahren und vermehren. Schließlich kann man eine abgestempelte Briefmarke aus Japan nicht mehr verwenden, mit einer altrömischen Münze im Café keine Cola bezahlen. Und auch das Plastikfigürchen aus dem Überraschungsei lässt sich lediglich ins Regal oder in Setzkästen sortieren.

Wer jedoch seiner Sammlung ein begehrtes Stück hinzufügen kann, eines vielleicht, hinter dem er schon lange her war, hat ein Erfolgserlebnis und fühlt sich gut. Beliebtes Jagdrevier dafür sind Flohmärkte. Pro Jahr werden allein in Deutschland mehr als 40 000 veranstaltet. Und auch das Internet ist eine Fundgrube für Sammler: Sie durchstöbern Online-Märkte nach seltenen Stücken, begeben sich am Rechner auf Schatzsuche und tauschen sich mit Gleichgesinnten auf der ganzen Welt über ihre Leidenschaft aus. Dabei mehren sie nicht nur die Anzahl ihrer Sammelobjekte, sondern auch das Wissen über diese Dinge – sie werden zu Experten.

Darum ging es unseren Urahnen wohl kaum. Zwar waren auch sie Jäger und Sammler, doch horteten sie vor allem Nahrung für die karge Winterzeit. Neben dieser Notwendigkeit schienen sich die Neandertaler in der Steinzeit, vor 40 000 bis 60 000 Jahren, aber auch für schicken Schnickschnack zu begeistern. Darauf deutet etwa eine Sammlung von Muscheln und Fossilien hin, die Forscher in der Höhle von Hyene in Arcysur-Cure in Frankreich entdeckt haben. Brauchbar war das alles nicht — aber hübsch anzusehen. Und genau darum geht es Sammlern ja auch heute noch. […]

— (Quelle: GEOlino Nr. 5/2010, S. 64f. Hamburg: Gruner + Jahr 2010. © 1996-2011 GEOlino.de.)

2 Stellt W-Fragen und unterstreicht die Stellen, die Antworten auf die Fragen geben, mit einem Bleistift. Notiert dann in Stichpunkten die Antworten zu den W-Fragen.

_____

_____

_____

_____

_____

_____

_____

_____

Arbeitsblatt zum Kapitel:
Ich – du – wir • Sich und andere informieren

AB 01-02
26v3su

_____

3 Markiert die Schlüsselwörter im Text farbig. Gebt jedem Abschnitt eine Überschrift.

1. Abschnitt: _____

2. Abschnitt: _____

3. Abschnitt: _____

4. Abschnitt: _____

5. Abschnitt: _____

4 Fasst den Text mit eigenen Worten zusammen.

_____

_____

_____

_____

_____

_____

_____

_____

_____

_____

_____

_____

_____

Arbeitsblatt zum Kapitel:
Ich – du – wir • Sich und andere informieren

AB 01-03

Einen Kurzvortrag über einen Text halten (1)

1 Lest die Überschrift des Textes. Notiert alle wichtigen Wörter, die euch zu diesem Thema einfallen.

_____

_____

2 Überfliegt den Text und sucht nach den von euch notierten Wörtern. Markiert sie und lest jeweils den Abschnitt, der zu diesen Wörtern gehört.

Verena Linde: Seeräuber heute

Erst nach einer Stunde endete die Jagd auf das deutsche Containerschiff „Hansa-Stavanger" am 4. April 2009. Und für die Seeräuber aus Somalia war sie erfolgreich: Sie kaperten den deutschen Frachter rund 750 Kilometer vor der ostafrikanischen Küste. Und zwar mit Gewalt! Sie beschossen die Kapitänskajüte, bis sie in Flammen aufging, bedrohten die Besatzung mit ihren Maschinenpistolen, verwüsteten das Schiff und verschleppten es an die Küste vor Haradhere, einem Piratennest etwa 400 Kilometer nördlich der somalischen Hauptstadt Mogadischu. Der Ankerplatz ist berüchtigt: Mitunter werden hier zehn, 20 gekidnappte Schiffe festgehalten! Derweil stellen die Piraten ihre Lösegeldforderungen für die Besatzung, die meist auf den Schiffen ausharren muss. Polizei? Die brauchen die Seeräuber nicht zu fürchten. Denn seit gut 20 Jahren herrscht Bürgerkrieg in Somalia. Nicht einmal eine richtige Regierung gibt es mehr. Lebensmittel, Kleidung, Geld — alles ist knapp; die Menschen gehören zu den ärmsten der Welt. Deshalb ist manchem jedes Mittel recht, um an Geld zu kommen.

Früher haben viele der Piraten ihren Lebensunterhalt als Fischer verdient. Doch diese Arbeit lohnt nicht mehr. Fischer aus dem Ausland haben in den Kriegswirren die Chance genutzt und unbehelligt ihre Netze gefüllt. Nun ist vor der Küste kaum mehr etwas zu holen. Jedenfalls nicht im Wasser, dafür aber darauf: Etwa alle 30 Minuten fährt hier ein Schiff vorüber. Und wie bei der „Hansa Stavanger" pirschen sich die Piraten in Schnellbooten an die riesigen Handelsschiffe heran und gelangen über Leitern an Bord.

Die Seeleute wissen seit Jahren um die Gefahr. Auch der Kapitän der „Hansa Stavanger" ließ an jenem Apriltag alle Luken verschließen und nachts die Lichter löschen, um nicht entdeckt zu werden. Doch ein guter Schutz für Schiffe ist neben Schnelligkeit und der Fahrt in großer Entfernung zur Küste eben auch eine durchgehend hohe Bordwand — etwas, das die „Hansa Stavanger" nicht besitzt. Aus Angst vor einem Angriff umrunden viele Schiffe mittlerweile lieber die Südspitze Afrikas, als sich nördlich von Somalia durch den Golf von Aden zu wagen. Das aber kostet deutlich mehr Zeit. Von weltweit 306 Attacken, die das Internationale Maritime Büro in den ersten neun Monaten des vergangenen Jahres zählte, fanden allein 47 vor der ostsomalischen Küste statt und 100 im Golf von Aden. Frachter, aber auch Kreuzfahrtschiffe und Yachten gehören zu den Opfern.

Um die Gefahr einzudämmen, schicken europäische Staaten seit Dezember 2008 Kriegsschiffe, die vor der Küste patrouillieren. An der Operation Atlanta beteiligen sich auch bis zu drei deutsche Schiffe. Eines davon ist die Fregatte „Bremen". Mit diesem Einsatz soll aber nicht allein die Sicherheit der Seeleute gewährleistet werden. Es geht auch um Geld, viel Geld. Rund 16 Milliarden Euro im Jahr verlieren Reedereien, Händler und Staaten weltweit durch Piraterie, schätzen US-amerikanische Experten. Neben der wertvollen Fracht und der oft gut gefüllten Bordkasse verdienen die Seeräuber vor allem an den Lösegeldern, die sie für die Geiseln fordern.

Rund zwei Millionen Euro erhielten die Piraten etwa von der Reederei für die Freilassung der „Hansa Stavanger"-Besatzung – nach monatelangen Verhandlungen. Das Geld warf ein Flugzeug über Stellen ab, die die Seeräuber durch Rauchbomben gekennzeichnet hatten. Wer sie waren und wo sie heute sind, weiß niemand genau. Nur eines ist gewiss: Weil die meisten ihren Reichtum mit ihrer Familie, ihren Freunden und Bekannten teilen, schützt die Bevölkerung die Piraten – und feiert sie mancherorts als Helden.

(Quelle: GEOlino Nr. 1/2010, S. 33-37. Hamburg: Gruner + Jahr 2010. © 1996-2011 GEOlino.de)

Arbeitsblatt zum Kapitel:
Ich – du – wir • Sich und andere informieren

AB 01-03
26v3su

3 Ergänzt eure wichtigen Wörter mit Informationen aus dem Text. Notiert Stichpunkte.

_____
_____
_____
_____
_____
_____
_____
_____
_____

4 Klärt unbekannte Wörter aus dem Textzusammenhang. Ergänzt eure Stichpunkte aus den Aufgaben 1 und 3.

_____
_____
_____
_____
_____

5 Klärt unbekannte Wörter, zu denen der Text keine oder nur wenige Informationen enthält, mithilfe eines Lexikons oder dem Internet. Ergänzt eure Stichpunkte aus den Aufgaben 1 und 3.

_____
_____
_____
_____
_____
_____

Jetzt habt ihr Notizen, mit deren Hilfe ihr einen Kurzvortrag über den Text „Seeräuber heute" von Verena Linde halten könnt.

Jetzt verstehe ich dich!
Sprachlicher Umgang mit anderen

S. 24–37

1. Kompetenzrahmen und Zielsetzungen

Modul 1: In Rollen schlüpfen und Gespräche führen

S. 26–28, Texte *Uwe Timm: Rennschwein Rudi Rüssel, Irmela Wendt: Uli und ich* — sich in eine dargestellte Situation versetzen; eigene Meinungen und Vorstellungen begründen; kurze Szenen improvisieren; Techniken der Figurencharakterisierung anwenden (Sprechweise, Mimik und Gestik)

Modul 2: Zuhören und aufeinander eingehen

S. 29–31, Texte *Unterrichtsdialog, Annika Thor: Wie feiert man ein Klassenfest?* — Gesprächsverlauf und Gesprächsverhalten erkennen; Gedanken, Wünsche und Meinungen angemessen artikulieren und begründen; Gesprächsregeln einhalten; Einschätzungen begründen; ein Gespräch umschreiben

Modul 3: Missverständnisse aufklären und vermeiden

S. 32/33, Text *Karl Valentin: Im Hutladen* — eine Szene spielen; Gesprächsverlauf und Gesprächsverhalten untersuchen; über Missverständnisse in der Kommunikation reflektieren; ein Gespräch umschreiben; Gesprächsregeln einhalten; Einschätzungen begründen

Modul 4: Auffordern, einladen, bitten, sich entschuldigen

S. 34/35 — Aufforderungen und Bitten sach-, situations- und adressatenbezogen formulieren; einfache Schreibstrategien einsetzen; eine Kommunikationssituation dialogisch ausgestalten

2. Ausgangssituation der Schüler

Die Standards (KMK) am Ende der 4. Klasse sehen vor, dass die Schüler folgende Gesprächskompetenzen (Sprechen und Zuhören) erworben haben:
- Sie können sich an Gesprächen beteiligen.
- Sie können gemeinsam entwickelte Gesprächsregeln beachten: z. B. andere zu Ende sprechen lassen, auf Gesprächsbeiträge anderer eingehen, beim Thema bleiben.
- Sie können Anliegen und Konflikte gemeinsam mit anderen diskutieren und klären.
- Sie können Sprechbeiträge und Gespräche situationsangemessen planen.
- Sie hören verstehend zu.
- Sie bringen Verstehen und Nicht-Verstehen zum Ausdruck.

3. Kapitelkonzeption

Es geht darum, bestimmte Rollen in Gesprächen zu übernehmen, Gesprächsregeln anzuwenden, Missverständnisse zu thematisieren sowie das Bitten und Auffordern zu üben.

Jetzt verstehe ich dich! · Sprachlicher Umgang mit anderen

4. Sequenzfahrplan

Verknüpfungsmöglichkeit

weiterführende Hinweise

Stunde 1	Material	Vorwissen aktivieren: Über Verhalten in Gesprächen reflektieren	Zusatzmaterial
Impuls	A1, S. 24	Comic betrachten und verstehen	
Wiederholung	A2–3, S. 24	über Gespräche reflektieren	
Wiederholung	A4–5, S. 25	ein Gedicht inhaltlich erfassen	HT 02-01 (Online-Code 836m8b) Hörtext
Wiederholung	A6, S. 25	über kränkendes Gesprächsverhalten reflektieren	

→ Modul „Gedichte mit allen Sinnen erfassen" (S. 126 ff.)

Stunde 2/3	Material	In Rollen schlüpfen und Gespräche führen	Zusatzmaterial
Impuls	S. 26 f.	Text still lesen	
Erarbeitung	A1, S. 27	sich in eine literarische Figur versetzen	
Erarbeitung	A2, S. 27	ein Rollenspiel durchführen	
Erarbeitung	A3, S. 27	Gespräche gestalten	
Erarbeitung	A4, S. 28	einen literarischen Text inhaltlich erfassen	
Erarbeitung	A5, S. 28	einen Dialog gestalten	
Festigung	A6, S. 28	sich in eine literarische Figur versetzen; ein Gespräch verfassen	AB 02-01 (Online-Code b2pd3j) Gespräche führen

→ AH, S. 12 ff.

→ Modul: „Erzählende Texte erschließen" (S. 98 ff.)

Stunde 4/5	Material	Zuhören und aufeinander eingehen	Zusatzmaterial
Impuls	S. 29	Text als Hörtext präsentieren	HT 02-02 (Online-Code ax78fk) AB 02-02 (LB, S. 43) Hörverstehen
Erarbeitung	A1, S. 29	Gesprächsverhalten bewerten	
Erarbeitung	A2–3, S. 29	über Gesprächsregeln reflektieren; sich auf Gesprächsregeln verständigen	
Erarbeitung	A4–6, S. 30	Gesprächsregeln im Gespräch anwenden	
Festigung	A7, S. 31	Gesprächsverhalten bewerten; ein Gespräch umschreiben	HT 02-03/ AB 02-03 (Online-Code w5u8pg) Hörverstehen

Stunde 6	Material	Missverständnisse aufklären und verstehen	Zusatzmaterial
Impuls	A1, S. 32	Sketch lesen und szenisch spielen	
Erarbeitung	A2, S. 32	Gesprächsverlauf beschreiben	
Erarbeitung	A3–4, S. 33	über Missverständnisse und ihre Vermeidung reflektieren	
Festigung	A5, S. 33	Kommunikationsspiel; argumentieren; Gesprächsregeln einhalten	

→ Modul: „Einen Dialog gestalten" (S. 143 ff.)

Stunde 7	Material	Auffordern, einladen, bitten, sich entschuldigen	Zusatzmaterial	
Impuls	A1, S. 34	Beurteilung von Schüleräußerungen in der Abbildung		
Erarbeitung	A2, S. 34	Formulierungsvarianten finden		
Erarbeitung	A3–4, S. 34	Bedeutung des paraverbalen Sprachbereichs erfassen		
Erarbeitung	A5, S. 35	Bedeutungen von Gesprächssituationen erfassen; Aufforderungen und Bitten formulieren		
Erarbeitung	A6, S. 35	schriftliche Formulierung situations- und adressatengerechter Aufforderungen und Bitten		
Festigung	A7, S. 35	mündlich und schriftlich angemessen reagieren	AB 02-04 (Online-Code x6vu4z) Angemessen auffordern und bitten	→ Modul: „Einen Dialog gestalten" (S. 143 ff.)

Stunde 8/	Material	Lernerfolge sichern und ggf. bewerten	Zusatzmaterial	
selbstständige Lernkontrolle	A1–6, S. 36 f.	Gesprächsverhalten untersuchen und bewerten; szenisch spielen; ein Gespräch umschreiben	TR (Online-Code it754v) HT 02-04 (Online-Code i46r86) AB 02-05 (LB, S. 44) Hörverstehen	→ Lerninsel 5: Sprachlicher Umgang mit anderen (S. 260 ff.)

Jetzt verstehe ich dich! · Sprachlicher Umgang mit anderen

5. Kommentare zu den Aufgaben

S. 24–25 5.1 Kapitelauftaktseite – Vorwissen aktivieren

S. 24 | A1 Betrachtet den Comic und beschreibt Calvins Gesprächstipp.

Info Die Aufgabe soll das Verständnis des Comics sichern.

Lösungsvorschlag Calvin schlägt vor, die Gedankenpausen eines Sprechers zu nutzen, um ihn zu unterbrechen und so das Thema zu wechseln.

S. 25 | A2 Warum sollten Gespräche keine Wettkämpfe sein? Begründet Hobbes' Antwort.

Info Die Schüler sollten hier kontroverse Gesprächsformen (Diskussion, Streit) in ihre Überlegungen einbeziehen.

Lösungsvorschlag Gesprächspartner sollten immer ein gemeinsames Ziel verfolgen. Wenn sie sich streiten, sollte ihr Ziel sein, die strittige Frage zu klären und den Streit aufzulösen. Wenn ein Gespräch zum Wettkampf wird, verschwindet das gemeinsame Gesprächsziel und das Gespräch verliert seine Bedeutung.

S. 24 | A3 Sprecht über das Ende des Comics. Wie findet ihr Calvins Antwort? Nehmt Stellung dazu.

Info Die Schüler könnten gefragt werden, ob sie vergleichbare Gesprächssituationen schon einmal erlebt haben, und gebeten werden, ggf. darüber zu berichten.

Lösungsvorschlag Calvin stimmt Hobbes zu und knüpft damit an dessen Redebeitrag an. Aber sein zweiter Satz zeigt, dass er bei seiner Meinung bleibt. Der Comic stellt dar, was häufig vorkommt: Der eine stimmt dem anderen zu, sein Verhalten aber stimmt damit nicht überein.

S. 25 | A4 Formuliert mit eigenen Worten die Ratschläge, die das Gedicht gibt.

Info Gedicht evtl. als Hörtext präsentieren (⟐ **HT 02-01**); Texterschließung könnte in Partnerarbeit erfolgen.

Lösungsvorschlag Das Gedicht rät zunächst dazu, sich bei jemandem, den man gekränkt hat, zu entschuldigen (bzw. diesen zu trösten); dies wird noch einmal situationsunabhängig formuliert und damit verallgemeinert: „Ein gutes Wort ist nie verschenkt,/… überall." (Z. 13 f.) Es rät dann dazu, auf Schafe auch dort zu achten, wo man sie nicht erwartet (vgl. Lösungsvorschlag A6).

S. 25 | A5 In Vers 7 heißt es „Ihr dürft nicht ‚Na? Warum so sauer?' fragen". Findet Begründungen dafür.

Info Es geht neben der Texterschließung um den direkten Austausch: Die Schüler sollten dazu angehalten werden, ihre Ansichten zu begründen und auf andere Gesprächsbeiträge einzugehen.

Lösungsvorschlag Eine solche Frage zeugt von Mitgefühl. Immerhin ist das Schaf gekränkt. Sie kann aber auch missverstanden werden, so als wolle man diese Kränkung herunterspielen und sich über das Schaf lustig machen.

S. 25 | A6 Diskutiert darüber, welche Verhaltensweisen kränkend sein können. Formuliert eine Entschuldigung.

Info Die Aufgabe meint mit „kränkenden Verhaltensweisen" kränkendes sprachliches Handeln. Das kann nichtsprachlich ausfallen (Unpünktlichkeit, nicht eingehaltene Versprechen usw.) oder konkret, z. B. durch eine kränkende Redeweise.

5.2 Modul 1: Schwein gehabt! – In Rollen schlüpfen und Gespräche führen

S. 26–28

Was würdet ihr mit dem Ferkel machen?

A1 | S. 27

Hier sollte zwar ein Bezug zum Text gegeben sein, v. a. käme es jedoch darauf an, dass die Schüler ihre Ansicht begründet darlegen und sich untereinander austauschen.

Info

Spielt in Dreiergruppen das Gespräch zwischen Zuppi und ihren Eltern im Auto nach. Verwendet dafür die Arbeitstechnik Rollenspiel.
- Legt gemeinsam eine Situationskarte an.
- Verteilt die Rollen (Vater, Mutter, Zuppi).
- Schreibt für eure Figur eine Rollenkarte.
- Spielt nun das Gespräch der Klasse vor.

A2 | S. 27

Wichtig wäre, dass das Gespräch nicht nur einmal nachgespielt wird, sondern darüber hinaus auch andere Gesprächsverläufe erprobt werden (zumindest einmal auch mit dem Ziel der Konfliktlösung).

Info

Situationskarte

- Zuppi hat Schwein gewonnen
- möchte es mit nach Hause mitnehmen
- Vater will vor anderen Leuten nicht zeigen, dass er gegen das Schwein ist
- allein mit der Familie reagiert der Vater rücksichtslos
- Mutter versucht zu vermitteln

Rollenkarte Vater

- ist gegen Haustiere
- hält nur seine Meinung für richtig
- sucht nach Gründen, um das Schwein weggeben zu können
- nimmt auf andere in der Familie keine Rücksicht

Lösungsvorschlag

Rollenkarte Zuppi

- will das Schwein unbedingt behalten; pocht auf ihren Gewinn
- ist temperamentvoll (weint und schreit laut)

Rollenkarte Mutter

- ist um Ausgleich bemüht
- bleibt selbst dann vermittelnd, als ihr das Schwein aufs Kleid pinkelt
- kennt offenbar die Kontroversen zwischen Zuppi und ihrem Vater

Jetzt verstehe ich dich! · Sprachlicher Umgang mit anderen

S. 27 | A3 Gestaltet zwei weitere Gespräche:
- Die Mutter macht dem Vater deutlich, dass sie sein Verhalten nicht richtig findet.
- Zuppi will das Schwein unbedingt behalten. Sie versucht, Vater und Mutter zu überzeugen.

Lösungsvorschlag Gespräch zwischen Mutter und Vater:

Mutter: Wenn Zuppi das Schwein gewonnen hat, dann kannst du ihr es nicht einfach wegnehmen. Sieh mal, sie freut sich so über das Schwein. Sie ist unendlich traurig, wenn du es ihr wegnimmst. Es war der Hauptgewinn, darauf ist sie sehr stolz.

Vater: Und was schlägst du vor? Willst du es tatsächlich behalten? Das geht doch nicht. Wie sollen wir Futter bekommen? Und wo soll das Schwein leben? Im Garten?

Mutter: Wir könnten es bei Bauer Franz im Stall unterbringen. Dort kann es zusammen mit den anderen Schweinen leben und Zuppi kann es immer besuchen, füttern und streicheln, es wird ihr also nicht ganz genommen.

Vater: Und wie soll sie zu dem Bauernhof kommen? Mit dem Fahrrad? Nein, das ist auch keine Lösung. Das Schwein muss weg.

Mutter: Oder wir reden mit Zuppi, ob sie es nicht gegen ein anderes Haustier tauschen mag. Wie wäre es mit einer Katze? Diese könnte auch in unserer Wohnung in der Stadt leben. Zuppi hätte ein Haustier, um das sie sich kümmern kann und das Schwein ist auf dem Bauernhof besser versorgt. Das versteht Zuppi bestimmt.

Gespräch zwischen Zuppi und den Eltern:

Zuppi: Das Schwein kann erstmal in meinem Zimmer leben, wenn wir einen Käfig in die Ecke stellen.

Mutter: Aber wie willst du dem Schwein genügend Auslauf bieten? Und wie willst du es füttern? Wir haben zwar eine Küche, aber das Schwein benötigt sehr viel mehr zu fressen als wir in unserer Wohnung haben.

Vater: Du kannst das Schwein doch nicht in deinem Zimmer halten. Riech mal, wie das Schwein schon im Auto stinkt. Wie willst du den Käfig sauber halten? Dein Zimmer wird danach stinken.

Zuppi: Hm, aber ich will das Schwein unbedingt. Es gehört mir. Endlich habe ich auch ein Haustier wie meine Freundinnen. Es könnte ja auf dem Balkon leben, denn da ist genügend frische Luft!

Mutter: Aber deine Freundinnen haben bestimmt kein Schwein, das Stroh und Heu braucht, oder?

Zuppi: Nein, die haben kleinere Haustiere. Aber vielleicht kann das Schwein woanders leben und ich kann es behalten und immer besuchen? Dann hab ich ein anderes Haustier als alle anderen in meiner Klasse. Und das Schwein hat dort Gefährten und genügend zu fressen. Und ich kann es dann jeden Tag besuchen.

S. 28 | A4 Erklärt, warum sich die Erzählerin plötzlich von Uli wegsetzt. Beurteilt ihr Verhalten.

Info Schluss der Geschichte: Da fragt meine Lehrerin: „Was sagst denn du dazu, Petra?" Ich bringe kein Wort heraus. Da fragt sie noch mal. Ich sage: „Uli hat recht." – „Ja, und?", fragt die Lehrerin. „Heute bleibe ich hier sitzen. Morgen kann ich mich ja woanders hinsetzen", sage ich. Keiner hat weiter ein Wort dazu gesagt. Auch nicht am nächsten Tag. Und nicht die anderen Tage. Ich weiß nicht, wie lange ich schon wieder neben Uli sitze. Manchmal stößt er mich an, und verschrieben habe ich mich seinetwegen auch. Aber man kann sich auch was gefallen lassen, finde ich. Und so unruhig wie früher ist er gar nicht mehr. (Aus: Geh und spiel mit dem Riesen. 1. Jahrbuch der Kinderliteratur. Hrsg. v. H. J. Gelberg. Weinheim/Basel: Beltz und Gelberg, S. 153) Die Aufgabe dient der Verständnissicherung (als Voraussetzung für die Bearbeitung der nachfolgenden Aufgaben).

Lösungsvorschlag Uli hat die Erzählerin (= Petra) geschubst, weshalb sie einen Strich durchs Heft gezogen und keine Zwei bekommen hat. Ihre Familie hat Petra geraten, sich zur Wehr zu setzen.

Gestaltet einen Dialog zu folgender Situation: Die Erzählerin mag nicht mehr neben Uli sitzen.

A5 **S. 28**

Die Erzählerin sollte Uli ihr Verhalten so erklären, dass er es nachvollziehen kann und nicht persönlich gekränkt wird. Zur Planung des Dialogs bietet sich Gruppenarbeit an. Die Schüler sollten unterschiedliche Dialoge planen, d. h. mit verschiedenen Gesprächsverläufen experimentieren.

Info

Möglicher Dialog:
Erzählerin: „Du, Uli, ich wollte dir etwas sagen. Ich finde es schwierig, dass du immer so zappelig und wild bist. Manchmal kann ich mich gar nicht richtig auf die Stunde einlassen. Und neulich in der Arbeit habe ich einen Strich über mein Blatt gemacht, weil du mich angeschubst hast. Ich würde mich lieber mal woanders hinsetzen und schauen, ob es dann besser geht. Was meinst du?"
Uli: „Hm, also weißt du, gleich wegsetzen. Da hättest du ja schon früher mal was sagen können. Und ich will dich ja nicht ärgern, …"

Lösungsvorschlag

Zum Differenzieren
A Überlegt, was der Erzählerin und Uli nach dem Erlebnis (Zeile 37–38) durch den Kopf gehen könnte. Schreibt ihre Gedanken jeweils in der Ich-Form auf.
B Überlegt, welches Gespräch sich nach der Stunde zwischen der Erzählerin und Uli entwickeln könnte. Schreibt das Gespräch auf.

A6 **S. 28**

Bei Teilaufgabe A sollten sich die Schüler selbst eine entsprechende Textstelle aussuchen (Z. 9 bis 14 oder Z. 37 ff.).
- Im Vordergrund steht das Sich-Hineinversetzen in die Figuren.
- Beide Teilaufgaben sind als Partner- oder Gruppenarbeit sinnvoll.
- alternativ: Bearbeitung von **AB 02-01**

Info

A: Ich-Erzählerin, mögliche Gedanken:
- „So, das hat er jetzt davon …" (überzeugt von der Richtigkeit ihrer Reaktion)
- „Ach Mensch, Uli guckt gleich ganz traurig …" (schlechtes Gewissen)
- „Na ja, eigentlich müsste ich über die Sache mit Uli sprechen …" (Reflexion des eigenen Verhaltens)

Uli, mögliche Gedanken:
- „Diese blöde Ziege …" (sauer auf seine Banknachbarin)

- „Es macht mich ganz traurig, dass mich keiner mag …" (leidet unter der Ablehnung)
- „Ob ich nicht hingehen und mit ihr reden sollte …" (überlegt, die Sache selber in die Hand zu nehmen)

B: Initiative Ich-Erzählerin in Anlehnung an Teilaufgabe A oder Initiative Uli in Anlehnung an Teilaufgabe A

Lösungsvorschlag

5.3 Modul 2: Vorschläge bitte! – Zuhören und aufeinander eingehen

S. 29–31

Untersucht den Gesprächsverlauf.
- Überprüft das Gesprächsverhalten von Marcel.
- Versetzt euch in Jens. Wie fühlt er sich, wenn Marcel ihn unterbricht (Zeile 4)?
- Nennt Gesprächsregeln, die die Klasse noch lernen muss.

A1 **S. 29**

Das Gespräch könnte zunächst als Hörtext (HT 02-02) präsentiert werden. Bei den Gesprächsregeln sollten die Schüler möglichst noch nicht auf die blaue Box (SB Seite 30) zurückgreifen. Besser formulieren sie mögliche Regeln zunächst selbst.

Info

Marcel zeigt keine Kooperationsbereitschaft. Er unterbricht seinen Gesprächspartner (Jens) und beleidigt ihn. Jens wird dies genauso empfinden.

Lösungsvorschlag

○ ◐ ● leicht – mittel – schwer ■ analytisch ✿ handlungs- und produktionsorientiert

Jetzt verstehe ich dich! · Sprachlicher Umgang mit anderen

| S. 29 | A2 | Formuliert Regeln, nach denen die Lehrerin das Gespräch leitet. |

Info Vgl. zu den Gesprächsregeln Hinweis zu A1.

Lösungsvorschlag Durch ihre Ermahnungen versucht die Lehrerin deutlich zu machen, an welche Gesprächsregeln sich die Schüler halten sollten: einander nicht unterbrechen, den anderen zuhören, deutlich sprechen, beim Thema bleiben.

| S. 29 | A3 | Bildet kleine Gruppen und diskutiert Gesprächsregeln für eure Klasse. |

- Notiert jede einzelne Regel, die ihr für wichtig haltet, auf einem Kärtchen.
- Schließt euch zu größeren Gruppen zusammen, vergleicht eure Regeln miteinander und sortiert Doppelungen aus.
- Legt in der Klasse gemeinsam fest, welche Regeln auf ein Plakat geklebt und im Klassenraum aufgehängt werden sollen.

Info Vgl. zu den Gesprächsregeln den Hinweis zu A1: Die Arbeitsergebnisse können abschließend mit den Regeln der blauen Box auf S. 30 im SB verglichen werden.

| S. 30 | A4 | Findet ein Thema, das ihr in der Klasse besprechen wollt. Übt das aufmerksame Zuhören mithilfe des Echospiels (siehe Arbeitstechnik). Nutzt den Sprachtipp. |

Info Die Schüler sollten einige Minuten Vorbereitungszeit bekommen (zur Erfassung der Arbeitstechnik und der Sprachtipps). Die Gesprächsregeln sollten eingehalten werden, besonders diese: „sich auf das Gesagte beziehen".

| S. 30 | A5 | Wählt weitere Themen aus, die ihr in der Klasse besprechen wollt, zum Beispiel: |

- Wie könnte man das Klassenzimmer verschönern?
- Ist es sinnvoll, die Zeit fürs Computerspielen einzugrenzen?

Info Hier können weitere Themen vorgegeben werden, damit die Schüler tatsächlich eine Auswahl haben.

| S. 30 | A6 | Führt das Gespräch zu dem gewählten Thema. Wendet eure Gesprächsregeln an. |

- Teilt die Klasse in zwei Gruppen: Die einen sprechen, die anderen beobachten und geben Rückmeldung, was gut gemacht wurde und was verbessert werden sollte.
- Führt eine zweite Gesprächsrunde durch, in der ihr die Rollen tauscht.

Info Die Schüler sollten einige Minuten Vorbereitungszeit bekommen. Die Gesprächsregeln sollten eingehalten werden, besonders diese: „sich auf das Gesagte beziehen".

| S. 31 | A7 | **Zum Differenzieren** |

A Sucht Textstellen heraus, an denen das Gesprächsverhalten der Figuren deutlich wird. Notiert, welche Gesprächsregeln die Kinder beachten und welche sie verletzen.
B Beurteilt das Gesprächsverhalten und den Gesprächsverlauf. Macht euch Stichpunkte dazu und begründet euer Urteil.
C Macht Vorschläge, wie die Lehrerin Gunilla anders auf einzelne Äußerungen der Schüler reagieren könnte. Schreibt das Gespräch an diesen Stellen um.

Info Ausschnitt aus dem Jugendroman „Ich hätte nein sagen können" (1998) von Annika Thor, einer Schulgeschichte, in der es um Freundschaft, Pubertät, Gruppenzwänge und Mobbing geht.
Die Bearbeitung aller Teilaufgaben kann in Partner- oder Gruppenarbeit erfolgen, dabei lernstärkere Schüler mit lernschwächeren Schülern mischen.

○ ◐ ● leicht – mittel – schwer   ■ analytisch   ✿ handlungs- und produktionsorientiert

A: Insgesamt hören sich die Gesprächspartner zu, unterbrechen einander nicht (d.h. lassen die anderen ausreden) und bleiben weitgehend (vgl. etwa „Gibt's Alkohol?", Z. 4) beim Thema. Immer wieder kommt es jedoch zu persönlichen Beleidigungen, z.B.: „Müssen solche Blödmänner, die ..." (Z. 16 ff.), „Glaubst du, wir sind hier im Kindergarten oder was?" (Z. 31 ff.) oder das Auslachen von Jonas (vgl. Z. 53).

B: Vgl. Lösung A – Zusätzlich fällt auf, dass einzelne Gesprächsbeiträge nicht themenbezogen sind: So etwa der Kommentar „Ätzend" (Z. 3) von Fanny oder die Tatsache, dass die Erzählerin Fanny nach dem Mund redet (vgl. Z. 39 ff.). Außerdem sind Klein-Kalle und Jonas (der Stotterer) offenbar nicht als gleichberechtigte Gesprächspartner anerkannt.

C: Hier gibt es ganz unterschiedliche Möglichkeiten. Generell könnte Gunilla nicht themenbezogene oder beleidigende Äußerungen rügen und Klein-Kalle und Jonas stärker schützen.

Lösungsvorschlag

5.4 Modul 3: Einander verstehen – Missverständnisse aufklären und vermeiden S. 32–33

Lest das Gespräch zwischen der Verkäuferin und Karl Valentin mit verteilten Rollen und spielt die kleine Szene nach. Achtet bei der Aufführung darauf, wann die Zuschauer lachen. **A1** **S. 32**

Den Sketch nachzuspielen soll das Textverständnis sichern und den Schülern verdeutlichen, wie die Pointen gesetzt sind. Es bietet sich Partnerarbeit an. *Info*

Untersucht den Gesprächsverlauf: **A2** **S. 32**
– Welche Gesprächsregeln haben die beiden beachtet, welche verletzt?
– Findet Gründe, weshalb es wiederholt zu Missverständnissen kommt.
– „Wenn Nachrichten beim Zuhörer anders ankommen, als der Sprecher es beabsichtigt hat, kann es zu Missverständnissen kommen." Belegt diese Aussage am Text.

Die Aufgabe kann in denselben Teams wie bei A1 vorbereitet werden. *Info*

Die Gesprächsregeln werden im Wesentlichen beachtet. Allerdings bemühen sich beide Gesprächspartner nicht darum, ihr jeweiliges Gegenüber wirklich zu verstehen.

Zu Missverständnissen kommt es (vgl. die blaue Box auf Seite 33), wenn man sich unklar ausdrückt, z.B.: „Was soll das für ein Hut sein?" (siehe Z. 3 f.) anstatt: „Welche Form und Farbe soll der Hut haben?".

Ein Textbeleg zu „Wenn Nachrichten beim Zuhörer anders ankommen, als der Sprecher es beabsichtigt hat" wäre z.B.: „Ich will ihn ja nicht tragen, sondern aufsetzen." (Z. 19 f.).

Lösungsvorschlag

Bestimmt kennt ihr die Redewendung „aneinander vorbeireden." Erklärt mit eigenen Worten, was damit gemeint ist. **A3** **S. 33**

Die Schüler können eigene Beispiele nennen. *Info*

„aneinander vorbeireden" = über etwas sprechen, bei dem jeder etwas anderes meint und keiner den anderen versteht *Lösungsvorschlag*

Jetzt verstehe ich dich! · Sprachlicher Umgang mit anderen

S. 33 | A4 Wie hätten Karl Valentin und die Verkäuferin reagieren können, damit sie nicht aneinander vorbeireden? Schreibt eure Verbesserungsvorschläge für den Gesprächsverlauf auf.

Info Es kann in Partnerarbeit gearbeitet werden.

Lösungsvorschlag

Valentin: Ich suche einen modernen Hut, den man in die Stadt zum Einkaufen und zum Sonntagsspaziergang tragen kann.
Verkäuferin: Im Moment ist ein spitzer Hut modern. Wollen Sie einen weichen oder einen steifen Hut?
Valentin: Ein steifer Hut wäre mir lieber.
Verkäuferin: Welche Farbe soll der Hut haben?
Valentin: Ein hellgelber soll es sein.
Verkäuferin: Ich verstehe. Ich zeige Ihnen einmal mehrere Hüte.

Valentin: Ja, bitte zeigen Sie mir eine Auswahl an verschiedenen Hüten, dann kann ich den auswählen, der mir am besten gefällt.
Verkäuferin: Der Hut hier ist modern, schön und gut. Wie wäre es mit diesem?
Valentin: Ah, gut. Der gefällt mir. Wie viel kostet dieser? Kann ich ihn mal probieren?
Verkäuferin: Gerne. Er kostet 60 Euro.
Valentin: Ah, sehr schön. Den nehme ich. Vielen Dank für die gute Beratung. Auf Wiedersehen!

S. 33 | A5 Stellt euch vor, ihr reist mit dem Schiff auf eine einsame Insel.
- Schreibt acht persönliche Gegenstände auf, die euch persönlich so wichtig sind, dass ihr sie auf diese einsame Insel mitnehmen wollt. Achtet darauf, zunächst alleine zu arbeiten.
- Besprecht nun zu zweit eure Listen. Einigt euch gemeinsam auf sieben Gegenstände, die ihr mitnehmt.
- Diskutiert zu viert eine Liste, die nur noch sechs Gegenstände enthalten soll.
- Abschließend legt ihr als Klassengemeinschaft eine endgültige Liste mit nur noch fünf Gegenständen fest.
- Beobachtet euch während der einzelnen Phasen: Gelingt es euch, eure persönlichen Gegenstände in die Endliste einzubringen? Könnt ihr eure Gesprächsregeln einhalten? Seid ihr in der Lage, eigenständig Missverständnisse aufzuklären?

Info Mithilfe des Spiels wird geübt, argumentative Strategien anzuwenden, zielorientiert zu sprechen und die Gesprächsregeln einzuhalten.

S. 34–35 5.5 Modul 4: Den richtigen Ton treffen – Auffordern, einladen, bitten, sich entschuldigen

S. 34 | A1 Lest die verschiedenen Äußerungen der Schüler. Welche haltet ihr für angemessen, welche nicht? Begründet eure Meinung.

Info Vorbereitend zu A2 sollten die Schüler das Unangemessene möglichst genau benennen (z. B. beleidigend, unhöflich).

Lösungsvorschlag zu den nicht angemessenen Äußerungen vgl. Lösungsvorschlag A2

S. 34 | A2 Wählt drei Äußerungen aus, die ihr anders ausdrücken würdet, und formuliert sie um.

Info Hier geht es v. a. darum (vgl. A5), den der Situation angemessenen Ausdruck zu finden, also auch übertriebene Höflichkeit wäre falsch.

Lösungsvorschlag
- „Tina, hol sofort die Schere! Aber flott!" > „Tina, hol mir doch bitte schnell mal die Schere."
- „Ey, Müller, gib' schon her. Das ist meins! Spinnst wohl!" > „VORNAME, gib mir das (bitte sofort) wieder zurück, das ist meins (das gehört doch mir)!"
- „Fenster zu!" > „VORNAME, mach doch bitte mal das Fenster zu!"

Die Lehrerin sagt zu euch im Deutschunterricht: „Komm bitte in der großen Pause kurz zum Lehrerzimmer." **A3** **S. 34**
- Probiert zu zweit verschiedene Stimmlagen aus, in der die Lehrerin diesen Satz zu euch sagen könnte.
- In verschiedenen Stimmlagen und Lautstärken gesprochen, kann dieser Satz mehrere Wirkungen haben. Beschreibt diese Unterschiede.

Es sollte darauf geachtet werden, dass leistungsstärkere und leistungsschwächere Schüler zusammenarbeiten. **Info**

Der Satz könnte streng, vorwurfsvoll, wütend oder freundlich ausgesprochen werden. Er kann so z. B. Angst, Unsicherheit oder Neugierde hervorrufen. **Lösungsvorschlag**

Bittet euch gegenseitig um etwas, zum Beispiel um einen Gegenstand, um Aufmerksamkeit oder um Hilfe. Probiert dabei unterschiedliche Sprachmelodien und Formulierungen aus. **A4** **S. 34**

Der experimentelle Charakter steht im Vordergrund: Die Schüler sollen ihr Bewusstsein für die Bedeutung des paraverbalen Sprachbereichs (Lautstärke, Stimmlage, Tonhöhe, …) schärfen. **Info**

Was solltet ihr beachten, wenn ihr: **A5** **S. 35**
- die Schulleitung um etwas bittet,
- jemanden aus der Klasse auffordert, zerknülltes Papier in den Mülleimer zu werfen,
- im Sportunterricht jemandem zuruft, euch den Ball zuzuwerfen,
- jemanden bittet, an der Tafel leserlicher zu schreiben,
- mit jemandem verabredet seid und nun – wie so oft schon zuvor – unpünktlich erscheint?

Formuliert zu jeder Situation eine Bitte oder Aufforderung. Begründet, warum ihr eure Formulierung für angemessen haltet.

Die Bearbeitung könnte in Partnerarbeit erfolgen. Die Formulierungsalternativen sollten in der Klasse diskutiert und bewertet werden. **Info**

Lösungsvorschlag

Situation	Was es zu beachten gilt	konkrete Formulierung(en)
Schulleitung	Schulleiter/Schulleiterin ist erwachsen und in Schulfragen mächtig > Standardsprache, höflich-respektvolles Sprechen	- Könnten Sie sich vorstellen, … - Wären Sie so nett und … - Ich würde mich sehr freuen, wenn Sie …
Mitschüler	Man kennt sich > vertraute, umgangssprachliche Sprache; einfach, aber höflich	- (Vorname), lass ihn in Ruhe! - Komm, (Vorname), hör auf, sonst gibt's nur wieder Ärger!
im Sportunterricht	im Spiel bleibt kaum Zeit; > knappe, kurze und verständliche Ansprache	- Ich! - Zu mir! - Abspiel!
leserlich schreiben	abhängig davon, ob ein Lehrer oder Mitschüler angesprochen wird; > die Bitte/Aufforderung sollte begründet werden	- Ich kann das von hier kaum lesen. Könntest du/könnten Sie bitte deutlicher schreiben?
Unpünktlichkeit	Höflichkeit ist angebracht; > freundliche Ansprache und Entschuldigung	- (Vorname), es tut mir so leid, aber … - Entschuldige bitte, (Vorname), ich habe mich so bemüht, dieses Mal pünktlich zu sein.

Jetzt verstehe ich dich! · Sprachlicher Umgang mit anderen

S. 35 | A6 Es gibt Situationen, in denen ihr euch entschuldigen und um Verständnis bitten müsst.
Diskutiert, ob ihr euch in den Situationen 1, 2, 3 persönlich, telefonisch oder schriftlich entschuldigen würdet.
Begründet eure Entscheidung.

Info Die Aufgabe wird am besten sofort in der Klasse diskutiert, wobei ggf. die vorgegebenen Situationen zeitlich präzisiert werden könnten.
Im Vordergrund steht das Erfassen der Situation, die Reaktion muss entsprechend diskutiert werden.

Lösungsvorschlag
1: Am besten telefonisch.
2: Wenn die Einladung schriftlich erfolgt ist, sollte auch mit einem Brief geantwortet werden. Darüber hinaus könnte ein Bekannter an der Partnerschule persönlich besucht oder angerufen werden.
3: Da es eilt, am besten persönlich oder telefonisch.

S. 37 | A7 **Zum Differenzieren**
A Sucht euch eine der obigen Situationen 1, 2, 3 aus und reagiert angemessen.
Achtet dabei auch auf eine passende Begrüßung und Verabschiedung.
– Schreibt eine E-Mail.
– Notiert als Vorbereitung auf ein persönliches Gespräch oder Telefonat Stichworte.
Spielt es anschließend zu zweit durch.
B Überlegt euch weitere Situationen, in denen man sich bei jemandem entschuldigen und um Verständnis bitten muss. Entwerft einen kurzen Dialog. Spielt zu zweit eine solche Situation nach.

Info Beide Teilaufgaben können in Partner- oder Gruppenarbeit bearbeitet werden.

Lösungsvorschlag **B** weitere Situationen:
Weil man krank ist, muss man die Einladung zu einer Geburtstagsfeier absagen.

Der Zug hat Verspätung, sodass man erst später (oder gar nicht) zu einer Verabredung kommen kann.

Arbeitsblatt zum Kapitel:
Jetzt verstehe ich dich! • Sprachlicher Umgang mit anderen

AB 02-02
ax78fk

Hörverstehensaufgaben zum Hörtext:
Gespräch zum Thema „Wandertag"

1 Um welches Thema geht es bei dem Gespräch in der Klasse?

2 Mark unterbricht die Lehrerin zweimal und spricht unaufgefordert. Welches dringende Anliegen hat er?

3 Kann Sarah ihren Vorschlag im Klassengespräch äußern?

4 Woran liegt es, dass das Gespräch nicht nach dem Plan der Lehrerin abläuft?

5 Untersucht genauer:

Lassen sich die Schülerinnen und Schüler gegenseitig aussprechen? Nennt Beispiele.

Kann jeder Schüler und jede Schülerin in diesem Gespräch seine Meinung äußern? Nennt Beispiele.

Hören sich die Schülerinnen und Schüler aufmerksam zu? Nennt Beispiele.

6 „Das ist ja alles sinnlos, wenn ihr euch gegenseitig nicht versteht." Erklärt, was die Lehrerin damit meint.

7 „Also so wird das nichts, wir müssen erst …" Setzt den Satz der Lehrerin fort.

Arbeitsblatt zum Kapitel:
Jetzt verstehe ich dich! • Sprachlicher Umgang mit anderen

AB 02-05

Hörverstehensaufgaben zum Hörtext: Entschuldigung!

1 Aus welchem Grund ruft Sara ihren Trainer an?

2 Welchen Hinweis gab ihr die Mutter vor dem Telefonat?

3 Auf welche Art und Weise erklärt Sara ihrem Trainer die Situation? Versucht, ihre Argumente zu wiederholen.

4 Aus welchem Grund hätte Herr Mey gern eher von Saras Fernbleiben erfahren?

5 Wie reagiert Herr Mey auf den späten Anruf? Findet ihr sein Verhalten angemessen? Wie hätte euer Trainer reagiert?

6 Vergleicht ein solches Telefonat mit einem Telefongespräch unter Freunden. Welche Unterschiede könnt ihr erkennen?

Erlebt – erdacht – erzählt

Mündlich und schriftlich erzählen

S. 38–59

1. Kompetenzrahmen und Zielsetzungen

Modul 1: Merkmale guten Erzählens erkennen

S. 40–42, Text *Rafik Schami*; über Merkmale guten Erzählens reflektieren; ein fremdes Schreibprodukt bewerten; *Wie der Kutscher Salim …* nach Schreibimpulsen erzählen; Techniken des Erzählens anwenden

Modul 2: Mündlich erzählen

S. 43–45 den Aufbau einer Erzählung bewusst planen; Gestaltungsmittel des Erzählens untersuchen; mithilfe eines Stichwortzettels anschaulich und lebendig erzählen

Modul 3: Schriftlich erzählen

S. 46–53 bewusst den Aufbau einer Erzählung planen; fremde Erzähltexte bewerten; einen Erzähltext fortsetzen; auffällige sprachliche Merkmale unterscheiden; sinnverwandte Wörter in Wortfeldern zusammenfassen; eigene und fremde Erzähltexte überarbeiten

Modul 4: Eine Fantasieerzählung schreiben

S. 54/55 Erzählideen zu einem Bild finden; eine Erzählung bewusst planen; Merkmale einer Fantasieerzählung berücksichtigen; nach einem Schreibimpuls schreiben

Modul 5: Eine Bildergeschichte schriftlich erzählen

S. 56/57 Informationen aus Bildern entnehmen; Figuren charakterisieren; kurze Dialoge formulieren; eine Bildergeschichte erzählen und überarbeiten

2. Ausgangssituation der Schüler

Die Standards (KMK) am Ende der 4. Klasse sehen vor, dass die Schüler folgende Kompetenzen im Bereich mündliches/schriftliches Erzählen erworben haben:
- Sie können funktionsangemessen erzählen.
- Sie können verständlich, strukturiert, adressaten- und funktionsgerecht schreiben: Erlebtes und Erfundenes; Gedanken und Gefühle; Bitten, Wünsche und Vereinbarungen; Erfahrungen.
- Sie können nach Anregungen (Texte, Bilder, Musik) Texte schreiben.
- Sie klären Schreibabsicht, Schreibsituation, Adressaten und den Verwendungszusammenhang.
- Sie können sprachliche und gestalterische Mittel und Ideen sammeln: Wörter und Wortfelder, Formulierungen und Textmodelle.

3. Kapitelkonzeption

Das mündliche Erzählen bereitet das schriftliche Erzählen vor (Erzählplan, anschaulich erzählen).

Erlebt – erdacht – erzählt · Mündlich und schriftlich erzählen

4. Sequenzfahrplan

Verknüpfungsmöglichkeit

weiterführende Hinweise

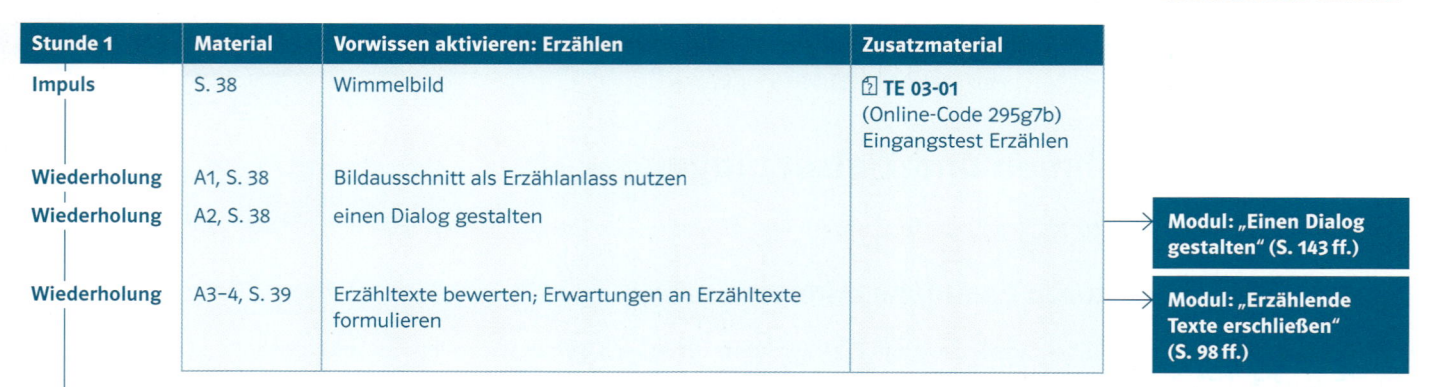

Stunde 1	Material	Vorwissen aktivieren: Erzählen	Zusatzmaterial
Impuls	S. 38	Wimmelbild	TE 03-01 (Online-Code 295g7b) Eingangstest Erzählen
Wiederholung	A1, S. 38	Bildausschnitt als Erzählanlass nutzen	
Wiederholung	A2, S. 38	einen Dialog gestalten	
Wiederholung	A3-4, S. 39	Erzähltexte bewerten; Erwartungen an Erzähltexte formulieren	

→ Modul: „Einen Dialog gestalten" (S. 143 ff.)

→ Modul: „Erzählende Texte erschließen" (S. 98 ff.)

Stunde 2	Material	Merkmale gelungenen Erzählens	Zusatzmaterial
Impuls	A1, S. 41	Text lesen und inhaltlich erfassen	
Erarbeitung	A2, S. 41	Textaussagen erläutern	
Erarbeitung	A3, S. 41	Erzähltipps sammeln	
Erarbeitung	A4, S. 42	eine Erzähltext bewerten und neu erzählen	
Festigung	A5, S. 42	nach Erzählimpulsen erzählen	

→ Modul: „Erzählende Texte erschließen" (S. 98 ff.)

→ AH, S. 28 f.

Stunde 3/4	Material	Mündlich erzählen	Zusatzmaterial
Impuls	A1, S. 43	sich über Erzählsituationen austauschen	
Erarbeitung	A2-3, S. 43	eine mündliche Erzählung planen	
Erarbeitung	A4, S. 43	mithilfe eines Stichwortzettels mündlich erzählen	
Erarbeitung	A5, S. 43	Erzählung bewerten	
Erarbeitung	A6-7, S. 44	aus Bildern Erzählschritte ableiten	
Erarbeitung	A8-9, S. 44 f.	eine mündliche Erzählung untersuchen und bewerten	
Festigung	A10-11, S. 44 f.	mithilfe eines Stichwortzettels mündlich erzählen	AB 03-01 (LB, S. 67) Mündlich erzählen

→ Modul: „Erzählende Texte erschließen" (S. 98 ff.)

Stunde 5	Material	Schriftlich erzählen: Erzählideen finden, einen Schreibplan erstellen	Zusatzmaterial
Erarbeitung	A1-2, S. 46	Erzählideen finden und bewerten	
Erarbeitung	A3, S. 46	eine Erzählidee ausarbeiten	
Erarbeitung	A1-3, S. 47	einen Erzählplan beurteilen und ergänzen	
Erarbeitung	A5, S. 47	Spannungsbogen; Einleitung und Ende gestalten	
Festigung	A6, S. 47	einen Schreibplan entwerfen	

→ Lerninsel 4: Schreiben: „Erzählideen finden" (S. 254)

→ Lerninsel 4: Schreiben: „Schreibplan aufstellen" (S. 255)

→ AH, S. 30 ff.

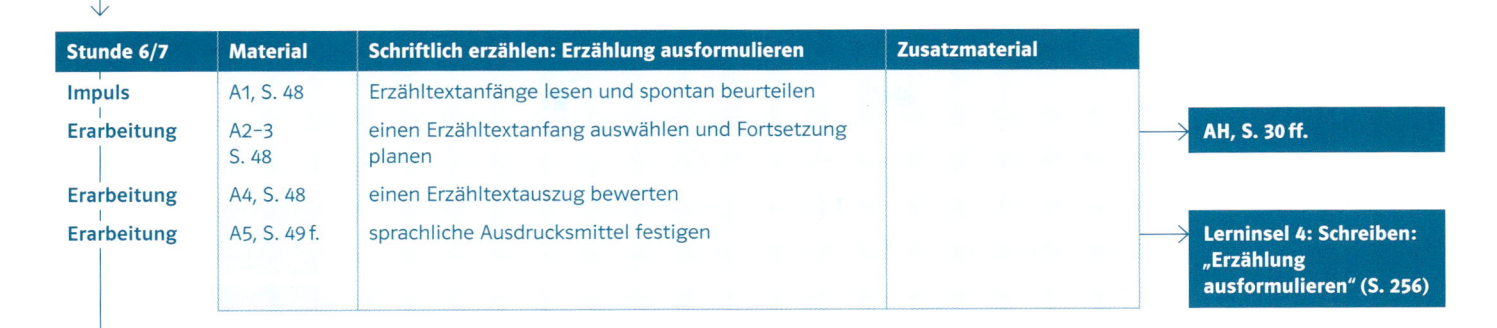

Stunde 6/7	Material	Schriftlich erzählen: Erzählung ausformulieren	Zusatzmaterial	
Impuls	A1, S. 48	Erzähltextanfänge lesen und spontan beurteilen		
Erarbeitung	A2–3 S. 48	einen Erzähltextanfang auswählen und Fortsetzung planen		→ AH, S. 30 ff.
Erarbeitung	A4, S. 48	einen Erzähltextauszug bewerten		
Erarbeitung	A5, S. 49 f.	sprachliche Ausdrucksmittel festigen		→ Lerninsel 4: Schreiben: „Erzählung ausformulieren" (S. 256)

Stunde 8	Material	Schriftlich erzählen: Erzählung überarbeiten	Zusatzmaterial	
Erarbeitung	A1, S. 51	einen Schülertext beurteilen		→ AH, S. 30 ff.
Erarbeitung	A2, S. 51	Überarbeitungshilfen kennen lernen		
Erarbeitung	A3, S. 53	Schülertext beurteilen; Rückmeldungen geben; eigene Texte überarbeiten	AB 03-02 (Online-Code tv76qv) Vorlage Kontrollbogen	→ Lerninsel 4: Schreiben: „Erzählung überarbeiten" (S. 257)
Festigung	A4, S. 53	eine Hosentaschengeschichte schreiben	AB 03-03 (LB, S. 68) Vorlage Bastelanleitung	

Stunde 9	Material	Eine Fantasieerzählung schreiben	Zusatzmaterial	
Impuls		Songtext		
Erarbeitung	A1–2, S. 54	Erzählideen finden		→ Lerninsel 4: Schreiben: „Fantasieerzählung schreiben" (S. 258)
Erarbeitung	A3, S. 54	ein Bild beschreiben; Darstellungsbereiche unterscheiden		
Erarbeitung	A4, S. 55	zwischen Erlebnis- und Fantasieerzählung unterscheiden		
Erarbeitung	A5, S. 55	Schreibplan erstellen		→ AH, S. 30 ff.
Erarbeitung	A6, S. 55	Schreibplan beurteilen		
Festigung	A7, S. 55	nach Schreibimpuls eine Fantasieerzählung schreiben	AB 03-04 (LB, S. 69) Fantasieerzählung	→ Teilmodul „Wortbildung durch Zusammensetzung" (S. 160 f.)

Stunde 10	Material	Eine Bildergeschichte schriftlich erzählen	Zusatzmaterial	
Impuls	A1–2, S. 56	Bildergeschichte inhaltlich erfassen		
Erarbeitung	A3–4, S. 56	innere Handlung ausgestalten		
Erarbeitung	A5–6, S. 56 f.	Schreibvorbereitung: Ausdrucksfähigkeit erweitern		→ AH, S. 33
Erarbeitung	A7, S. 57	selbstständiges Erzählen einer Bildergeschichte (aus veränderter Perspektive)		→ Lerninsel 4: Schreiben: „Bildergeschichte erzählen" (S. 259)

Stunde 11/12	Material	Lernerfolge sichern und ggf. bewerten	Zusatzmaterial	
selbstständige Lernkontrolle	A1–7, S. 58 f.	Erzählideen finden; einen Erzählplan erstellen; fremde Schreibprodukte bewerten und überarbeiten; eine Erzählung schreiben	TR (Online-Code tj39q6)	
Klassenarbeiten	KA 03-01 bis KA 03-04 LB, S. 59 ff.	Erzählungen schreiben		

Erlebt – erdacht – erzählt · Mündlich und schriftlich erzählen

5. Kommentare zu den Aufgaben

S. 38–39 5.1 Kapitelauftaktseite – Vorwissen aktivieren

S. 38 | A1 Wählt eine Situation aus dem Bild aus und versetzt euch in die dargestellte Situation. Erzählt dazu eine kurze Geschichte.

Info Im Zentrum steht hier das Entwickeln von Erzählideen.

S. 38 | A2 Stellt euch vor, ein heftiger Regenschauer überrascht plötzlich die Besucher des Schwimmbads. Gestaltet zu einer Situation einen spannenden oder lustigen Dialog.

Info Die Aufgabe wird am besten in Partnerarbeit bearbeitet. – Die Schüler sollten sich vor Beginn klarmachen, mit welchen Mitteln sie Spannung oder Heiterkeit erzielen wollen (ggf. könnte das gemeinsam in der Klasse besprochen werden).

Lösungsvorschlag Situationen für Dialoge:
- ein kleines Kind findet seine Eltern nicht mehr und spricht jemanden an;
- zwei Badegäste verwechseln ihre Sachen;
- zwei Freunde diskutieren, ob sie sofort nach Hause gehen oder das Ende des Schauers abwarten sollen.

S. 39 | A3 Lest die beiden Ausschnitte von zwei Siegergeschichten aus einem Erzählwettbewerb. Besprecht, was euch gefallen hat und was ihr anders erzählt hättet. Begründet eure Einschätzung.

Info Die Ausschnitte stammen aus: *Du bist drin! Geschichten aus dem Netz* (Beltz 2003); Texte eines Internet-Schreibwettbewerbs vom Beltz-Verlag und von Amazon. – Mit Blick auf die Bearbeitung von A4 sollten die Schüler angehalten werden, über das Inhaltliche hinaus zu begründen, also nicht nur Adjektive zu nennen („spannend/langweilig/lustig"), sondern sich zu Wortwahl, Satzbau, Figuren, Anschaulichkeit, Überschrift usw. äußern. – Vgl. zum Text „Ein Ausflug mit Folgen" auch A4 (SB S. 42).

S. 39 | A4 Stellt zusammen, was ihr von einer guten Geschichte erwartet.

Info Die Schüleraussagen können in einer Mindmap (u. a. mit den Ästen Inhalt/Themen, Sprache/Erzählweise, Figuren) an der Tafel gesammelt werden.

S. 40–42 5.2 Modul 1: Auf den Flügeln der Fantasie – Merkmale guten Erzählens erkennen

S. 41 | A1 Erklärt, wie es Salim gelingt, seine Zuhörer mit seinen Geschichten zu verzaubern.

Info Der Auszug stammt aus dem Buch „Erzähler der Nacht" (1989), mit dem Rafik Schami der Durchbruch als Schriftsteller gelang.

Lösungsvorschlag Salim hat eine „warme und tiefe Stimme" (Z. 5 f.), die jeden „verzauberte" (Z. 72).

„Sie brachte nicht nur Trauer, Zorn und Freude hervor, es wurden sogar Wind, Sonne und Regen für uns spürbar." (Z. 73 ff.).

Wenn Salim zu erzählen anfing, segelte er in seinen Geschichten wie eine Schwalbe. Er flog über Berge und Täler … (Zeile 75–78) Erklärt, was damit gemeint ist. Sucht weitere Beispiele im Text, die Salims Erzählkunst beschreiben.		**A2** **S. 41**
Die Aufgabe kann in Partnerarbeit vorbereitet werden.		Info
Salim ist als Erzähler allwissend. Er kann sich gut in jedes Wesen hineinversetzen und an jeden Ort. Wenn er „fliegt", kann er etwa auf dem Berg Ararat eine Wasserpfeife	rauchen (vgl. Z. 80 ff.) oder Haifische in die Flucht schlagen (vgl. Z. 94 f. und Z. 105 ff.).	Lösungsvorschlag

Kein anderer Kutscher konnte so gut erzählen wie er. Wie macht Salim das? Ergänzt die Erzähltipps.		**A3** **S. 41**
Auch diese Aufgabe könnte in Partnerarbeit erfolgen.		Info
– verschiedene Sinne ansprechen; – anschaulich und bildhaft erzählen;	– gezielt Spannung aufbauen; – das Alltägliche zum Besonderen machen.	Lösungsvorschlag

● **Extra** Untersucht mithilfe eurer Erzähltipps den Ausschnitt aus der Geschichte „Ein Ausflug mit Folgen" (Seite 39). – Tragt Verbesserungsvorschläge zusammen. – Erzählt die Geschichte so, dass eure Zuhörer euch gern zuhören.		**A4** **S. 42**
Unabhängig von den eigentlichen Erzähltipps muss angesprochen werden, dass Sophie als Figur zu spät eingeführt wird (erst in Z. 8). Der Leser erfährt viel zu spät, wer hinter dem „wir" (vgl. Z. 1) neben dem Ich-Erzähler noch steckt.		Info
Der Erzählanfang ist kaum anschaulich. Es gibt nur zwei Adjektive im Text („heißer" und „kleiner"). Verben, wie „befand sich" oder „fuhr" sind zu allgemein. – Es wird zu wenig ins Detail gegangen.	– Es bleiben Fragen offen, z. B.: Wie alt war die Frau und wie sah sie aus? Was war das für ein Junge? Wie reagiert der Hund auf den Überfall? – Im Text fehlt die wörtliche Rede, z. B. als die Frau um Hilfe ruft.	Lösungsvorschlag

Zum Differenzieren *Als Emma nach Hause kam, stand ein Koffer vor der Tür …* ● **A** Erfindet zu dem Erzählanfang eine Geschichte. Verwendet folgende Begriffe: Goldmünze, Piratenschiff, Schatztruhe **B** Erzählt, was in Emma vorgeht, als sie den Koffer sieht. Beschreibt besonders ihre Gedanken und Gefühle. **C** Erzählt die Geschichte von Emma und dem Koffer aus ihrer Sicht. Berücksichtigt besonders ihre Gedanken und Gefühle.	**A5** **S. 42** A ○ ✽ B ◐ ✽ C ● ■ ✽
Die Schüler sollen sich an den Erzähltipps orientieren (siehe Kompetenzbox); Partnerarbeit ist sinnvoll.	Info

5.3 Modul 2: Zauberzungen – Mündlich erzählen

S. 43–45

Besprecht, wie ihr erkennt, dass Zuhörer gefesselt sind. Ihr könnt euch dazu auf das Foto beziehen. Wann hört ihr gern zu?		**A1** **S. 43**
Die Schüler können von selbst erlebten Erzählsituationen berichten.		Info
Die Zuhörer sind mit ihrer Aufmerksamkeit ganz beim Erzähler. Sie hängen an seinen Lippen, schauen also nicht woanders hin. Manche haben die Augen geschlossen	oder halten den Kopf gesenkt, um sich besser konzentrieren zu können. Die Zuhörer sind still und unterhalten sich nicht miteinander.	Lösungsvorschlag

○ ◐ ● leicht – mittel – schwer   ■ analytisch   ✽ handlungs- und produktionsorientiert

Erlebt – erdacht – erzählt · Mündlich und schriftlich erzählen

---

S. 43 | A2 Wenn ihr eine spannende Geschichte erzählen wollt, könnt ihr einen Stichwortzettel anlegen, damit ihr nichts Wichtiges vergesst. Er kann z. B. so aussehen: *(Abb. siehe Schülerbuch)*
Überprüft und ergänzt die Stichwortzettel. Überlegt, welche Informationen die Zuhörer brauchen, um die Situation und das Geschehen zu verstehen:
- Was passiert?
- Wann und wo spielt die Geschichte?
- Wer ist die Hauptfigur?
- …

Info Die Bearbeitung der Aufgabe ist auch in Partnerarbeit denkbar.

Lösungsvorschlag Noch genauere Angaben wären: *Wann genau war das Sommerfest? Wie kam die Idee mit dem 5-Meter-Turm auf? Wer waren die „Freunde"?*

S. 43 | A3 Wählt ein Erlebnis, von dem ihr gern erzählen möchtet. Fertigt dazu einen Stichwortzettel an. Überlegt vorher, welche die spannendste Stelle ist und wie die Geschichte ablaufen soll.

Info Die Schüler sollten Stichworte zu den Erzählschritten notieren, die den Verlauf der Handlung und den Aufbau (Höhepunkt, Spannungskurve) festlegen. Zur Überprüfung kann die blaue Box herangezogen werden.

S. 43 | A4 Erzählt von eurem eigenen Erlebnis. Probiert dabei die folgenden Sprachtipps aus.

Info Kommentierungen wie in den „Sprachtipps" können auch die Einleitung von einer Erzählung bilden: „Also gestern ist mir etwas wirklich Komisches passiert! Ich geh' wie immer zur Schule, als plötzlich …" Nicht immer werden sie also beim eigentlichen Höhepunkt verwendet. Die Schüler sollten sich, mit Blick auf A5, kurze Notizen machen.

S. 43 | A5 Wertet eure Erzählungen aus. Beginnt mit dem, was euch gefallen hat.
Gebt euch dann Tipps, wie ihr noch besser erzählen könnt. Nutzt die blaue Box auf Seite 42.

Info Die Entwicklung der Erzählfähigkeit und das Erlernen eines angemessenen Feedbackverhaltens stehen im Fokus.

S. 44 | A6 Betrachtet die einzelnen Bilder: Was ist hier wohl passiert?

Info Der Darlegung, was passiert ist, könnte jeweils eine genaue Beschreibung der Bilder vorausgehen.

Lösungsvorschlag siehe die Beschreibungen im Lösungsvorschlag unter A7.

S. 44 | A7 Sucht für die Bilder Überschriften und notiert einzelne Erzählschritte in Stichpunkten.
Orientiert euch an dem folgenden Beispiel. *(siehe Schülerbuch)*

Info Die Geschichte kann arbeitsteilig in Gruppen erarbeitet werden.

Lösungsvorschlag
Bild 1: „Der offene Zaun": Stier entdeckt Lücke im Zaun seiner Weide;

Bild 2: „Ausflug ins Wohngebiet": Stier nutzt die Freiheit und rennt drauflos – kommt in ein Wohngebiet – wird durch die ungewohnte Umgebung neugierig;

Bild 3: „Ein einladendes Haus": im Wohngebiet ist die Gartentür zu einem Grundstück offen – im Garten steht ein rot-weißer Sonnenschirm – vor dem Grundstück sind Handwerker mit einer Leiter beschäftigt;

Bild 4: „Wettrennen": Felix fährt vom Einkaufen nach Hause – Handwerker mit Leitern weichen plötzlich in Panik zur Seite aus – Stier kommt angaloppiert – … (siehe SB)

Bild 5: „Im Haus": Stier betritt das offene Haus – verwüstet die Küche

Lest den folgenden Schülertext. Nennt Textstellen, die ihr besonders gelungen findet.		**A8** **S. 44**
Mit Blick auf A9 sollte die Einschätzung am Text belegt werden.		Info
vgl. Lösungsvorschlag unter A9		Lösungsvorschlag

Untersucht, mit welchen Formulierungen der Schüler (Seite 44 unten) die Hörer fesselt.		**A9** **S. 45**
Die unterschiedlichen Mittel des anschaulichen Erzählens an der Tafel festhalten.		Info
Weitere Mittel: „da höre ich plötzlich" (Wechsel ins Präsens, Zeitangabe): steigert die Spannung;	„irres Getrappel und Geschnaube" (bildkräftige Nomen): steigern die Anschaulichkeit; „Ich kriegte natürlich voll die Panik" (Darstellung der eigenen Gefühle): steigert die Spannung.	Lösungsvorschlag

A10 **S. 45**

● Setzt mithilfe eines Stichwortzettels die Stiergeschichte fort.
- Benutzt den Sprachtipp, um anschaulich zu formulieren.
- Wertet aus, was euch gefallen hat und was euch noch schwerfiel. Verwendet dazu die blaue Box.

Möglichkeiten: Die Schüler erzählen Teile der Geschichte nach dem gleichen Stichwortzettel im Kreis; einzelne Schüler erzählen in Kleingruppen nach ihren Stichwortzetteln. – Die Schüler sollten sich zu den erzählten Passagen kurze Notizen machen, um genaue Bewertungen abgeben zu können.

Info

Hinweis: Die markierten Wörter ersetzen den geforderten Stichwortzettel.

● Der Stier durchbrach mit voller Wucht die Haustür und **stand im Flur** neben dem großen Regal mit dem wertvollen Geschirr meiner Mutter, das durch den ungewöhnlichen Einbrecher neben dem selbst gezeichneten Bildern an der Wand vollständig zerborsten war. Dort angekommen lief er geradeaus auf die Treppe zu und **stürmte** mit meiner roten Lieblingstasse an seinem Horn hängend **in die erste Etage**. Ich folgte erschrocken der braunen Spur, die sich durch unser Haus zog, und sah den Riesen **in mein Kinderzimmer eintreten**. Was wollte der Stier dort? Vorsichtig und mit zitternden Schritten folgte ich dem Ungeheuer. Ich blieb vor der Tür zu meinem Zimmer stehen und **beobachtete den seltsamen Gast**. Ich begann zu überlegen, weshalb er in mein Zimmer gerannt war: Ich neigte mich ein wenig nach vorn, um zu sehen, was er dort suchte. Er stand, die Ohren angelegt und traurig blickend vor einem **Foto**, das eine große, **weiß schimmernde Kuh zeigte**, die vor einigen Jahren am Ortsrand auf der Weide gestanden hatte. Es war seine Mutter, die er gesucht und schließlich gefunden hatte. Ich beobachtete das **Tier, wie es andächtig vor dem Bild stand**. Schließlich **stürmte der Stier davon**.

Lösungsvorschlag

A11 **S. 45**

Zum Differenzieren
A Erzählt mithilfe eines Stichwortzettels eine Fortsetzung von Mias Ballonfahrt.
B Bereitet eine mündliche Erzählung vor (blaue Box, Schritt 1 und 2). Erzählt von Mias Ballonfahrt. Beachtet die Tipps in der blauen Box (Schritt 3).
C Erzählt die Stiergeschichte auf Seite 44 aus der Sicht der Frau, deren Küche der Stier verwüstet hat.

Alternativ kann auch AB 03-01 (vgl. LB, S. 67) bearbeitet werden.

Info

○ ◐ ● leicht – mittel – schwer   ■ analytisch   ✱ handlungs- und produktionsorientiert

Erlebt – erdacht – erzählt · Mündlich und schriftlich erzählen

S. 46–53 5.4 Modul 3: Schritt für Schritt – Schriftlich erzählen

Schritt 1: Erzählideen finden

S. 46 | A1 Tragt alle Ideen zusammen, die euch zu den Bildern oder der Zeitungsnotiz einfallen. Ihr könnt dafür die Arbeitstechniken Brainstorming, Cluster oder automatisches Schreiben verwenden.

Info In die Arbeitstechniken wäre ggf. kurz einzuführen; vgl. Lerninsel 1 „Lern- und Arbeitstechniken", S. 234. Auch als Gruppenarbeit denkbar, die in A2 fortgesetzt werden könnte.

S. 46 | A2 Besprecht, welche eurer Ideen sich für eine Geschichte eignen.

Info Die von den Schülern genannten Beurteilungskriterien könnten an der Tafel gesammelt und dann diskutiert werden: Welche Kriterien halten alle oder viele der Schüler für wichtig, welche dagegen nicht? Warum? Mögliche Kriterien: Eignung der einzelnen Ideen für
- einen erzählenswerten Handlungskern (Plot)
- Einleitung, Höhepunkt und Ende der Geschichte
- überraschende Wendungen der Handlung
- Darstellung von Gefühlen, Gedanken …

S. 46 | A3 Eine Schülerin hat die Erzählideen auf Karteikarten übertragen. Ergänzt weitere Karteikarten mit euren eigenen Einfällen.

Info Wichtig: Die Schüler sollten unterschiedliche Handlungsmuster erkennen, die sich verschiedenen Erzählgenres zuordnen lassen: 1) Schatzsuche; 2) Stollen als Versteck (Kriminalgeschichte); 3) Rettungsaktion (Tiergeschichte); 4) Reiz des Verbotenen und der Gefahr.

Schritt 2: Den Schreibplan aufstellen

S. 47 | A1 Damit aus den Erzählideen auf den Karteikarten eine spannende Geschichte wird, müsst ihr sie in eine logische Reihenfolge bringen. Entwerft einen Schreibplan, der aus einzelnen Erzählschritten besteht. Beurteilt den folgenden Entwurf einer Erzähltreppe: *siehe Schülerbuch*

Info Vgl. zum Erstellen eines Schreibplans auch Lerninsel 4: Schreiben: „Den Schreibplan aufstellen" (S. 255).

Lösungsvorschlag Der Aufbau der Erzähltreppe ist gelungen: Die Reihenfolge ist sinnvoll. Der rote Faden wird deutlich. Die einzelnen Angaben könnten dagegen ausführlicher sein, z. B.: Was für Stimmen hören die Kinder? Was denken und fühlen sie dabei?

S. 47 | A2 Ergänzt zusätzliche Gesichtspunkte, auf die man beim Entwurf einer Erzähltreppe achten muss.

Info Vgl. zu dieser Aufgabe auch A4.

Lösungsvorschlag Die Ausgangssituation und der Einstieg müssen klar sein. Man kann zu den Erzählschritten auch schon treffende, anschauliche Wörter, Wendungen oder die wörtliche Rede notieren. Außerdem sollte der Erzählhöhepunkt deutlich hervorgehoben werden.

| | | A3 | S. 47 |

Fügt in der Erzähltreppe weitere Erzählschritte hinzu. Überprüft die Abfolge der Erzählschritte.

Info — Hier können die Schüler ihrer Fantasie folgen (zu den Karteikarten auf Seite 46 vgl. A6).

| | | A4 | S. 47 |

Markiert die spannendste Stelle auf eurer Erzähltreppe. Zeichnet einen Spannungsbogen ein.

Info — Die Schüler markieren die spannendste Stelle im Handlungsverlauf. Dieser spiegelt den Spannungsaufbau wider, der mithilfe eines Spannungsbogens dargestellt werden kann.

| | | A5 | S. 47 |

Überlegt, wie ihr den Anfang der Geschichte interessant gestalten und die Handlung am Ende abrunden könnt. Ergänzt euren Schreibplan um eine Einleitung und einen Schluss.

Info — Vgl. zu dieser Aufgabe wieder A2.

Lösungsvorschlag

Anfang: In schriftlichen Erzählungen wird oft die Ausgangssituation kurz beschrieben, dabei werden die W-Fragen beantwortet: *Wer, was, wo, wann?* Der Erzähler kann die Geschichte bereits bewerten. Manchmal wirft der Anfang den Leser mitten ins Geschehen, z. B. durch eine wörtliche Rede.

Ende: Schriftliche Erzählungen werden oft „aufgelöst", d. h. nach dem Höhepunkt wird der Leser in die Gegenwart zurückgeführt („Und wenn sie nicht gestorben sind …"). Die Erzählung kann auch mit einer Lehre oder einer Bewertung enden.

| | | A6 | S. 47 |

Zum Differenzieren
A Entwerft einen Schreibplan zur grünen Karteikarte auf Seite 46. Orientiert euch an den Arbeitsschritten in den Aufgaben 1 bis 5 (hier auf dieser Seite).
B Wählt auf Seite 46 eine Karteikarte aus und formuliert einen Schreibplan. Erläutert den anderen die Abfolge der Erzählschritte.
C Erstellt zu der Geschichte um Leon mithilfe der Karteikarten auf Seite 46 verschiedene Schreibpläne. Erklärt euch gegenseitig eure Schreibpläne.

Info — Die Schüler sollten sich an ihren bisherigen Arbeitsergebnissen (A1–A5) orientieren. – Vgl. zu dieser auch A4 auf Seite 53.

Schritt 3: Die Erzählung ausformulieren

| | | A1 | S. 48 |

Vergleicht die drei Anfänge von Erzählungen. Begründet, welcher euch am besten gefällt.

Info — Die Schüler begründen natürlich ihre Einschätzungen.

Lösungsvorschlag — Text A liest sich durch die Andeutungen am spannendsten. Er ist sprachlich sehr gelungen und flüssig zu lesen. Das liegt daran, dass ein ganz normaler Abend beschrieben wird (Wiederholung „normalerweise"), dem Leser aber klar gemacht wird, dass dieser Abend ganz anders verlaufen war.

| | | A2 | S. 48 |

Entscheidet, welchen der Erzählanfänge ihr spannend fortführen könnt.

Lösungsvorschlag — Am einfachsten weitererzählen lässt sich der Text C. Er ist in der Ich-Perspektive geschrieben. Hier kann man sich gut in den Ich-Erzähler hineinversetzen, der das Geschehen aus Sicht einer beteiligten Figur erzählt. Bei A und B (Erzählung aus der Perspektive von Moritz) müsste zu Leon als Ich-Erzähler gewechselt werden, da nur dieser wissen kann, was er im Stollen erlebt hat.

○ ◐ ● leicht – mittel – schwer   ■ analytisch   ✿ handlungs- und produktionsorientiert

Erlebt – erdacht – erzählt · Mündlich und schriftlich erzählen

| S. 48 | A3 | Haltet die Fortsetzung in Stichworten fest und findet eine passende Überschrift. |

Info Die Schüler sollten wörtliche Reden einplanen, durch Andeutungen Erwartungen wecken und die W-Fragen beantworten.

| S. 48 | A4 | Untersucht den folgenden Ausschnitt einer Schülerarbeit. Achtet dabei auf |

- den Aufbau der Spannung,
- die Darstellung der Gedanken und Gefühle,
- die Wiedergabe der wörtlichen Rede,
- die sprachliche Gestaltung (treffende Adjektive und Verben, Erzähltempus, Satzanfänge und Satzbau).

Info Die Aufgabe könnte in Partnerarbeit durchgeführt werden.

Lösungsvorschlag Der Ausschnitt ist gelungen, denn:
- Die Spannung wird durch Andeutungen gesteigert: „… merkte, wie *etwas* auf ihn fiel".
- Es werden Gedanken und Gefühle dargestellt: „Voller Angst …"
- Es gibt wörtliche Rede.
- Die sprachliche Gestaltung ist gelungen: Der Wortschatz ist anschaulich. („voller Angst"; „behutsam").
- Die Zeitform Präteritum ist einheitlich.
- Die Satzanfänge unterscheiden sich („Plötzlich …"; „Er merkte …"; „Leon wagte nicht …")

| S. 49 | A5 | **Zum Differenzieren** |

Bearbeitet in Gruppen die Aufgaben an den Stationen. Stellt eure Ergebnisse vor und ergänzt eure Erzähltipps von Seite 41.

- **A** Station: Mit allen Sinnen wahrnehmen
- **B** Station: Sprachschätze entdecken
- **C** Station: Mit dem Körper sprechen
- **D** Station: Mit Sprache Spannung erzeugen
- **E** An deinem Platz: Eine Erzählung schreiben

Info Für die Bearbeitung der Aufgaben sollte mindestens eine 1 UE eingeplant werden. – Für die Stationen B und C kann ein Wörterbuch zur Verfügung gestellt werden. – Zur Station E ergänzende Übung; vgl. die Vorlage „Bastelanteilung Hosentaschenbuch" (LB, S. 68).

Lösungsvorschlag **B:** Wortfelder:

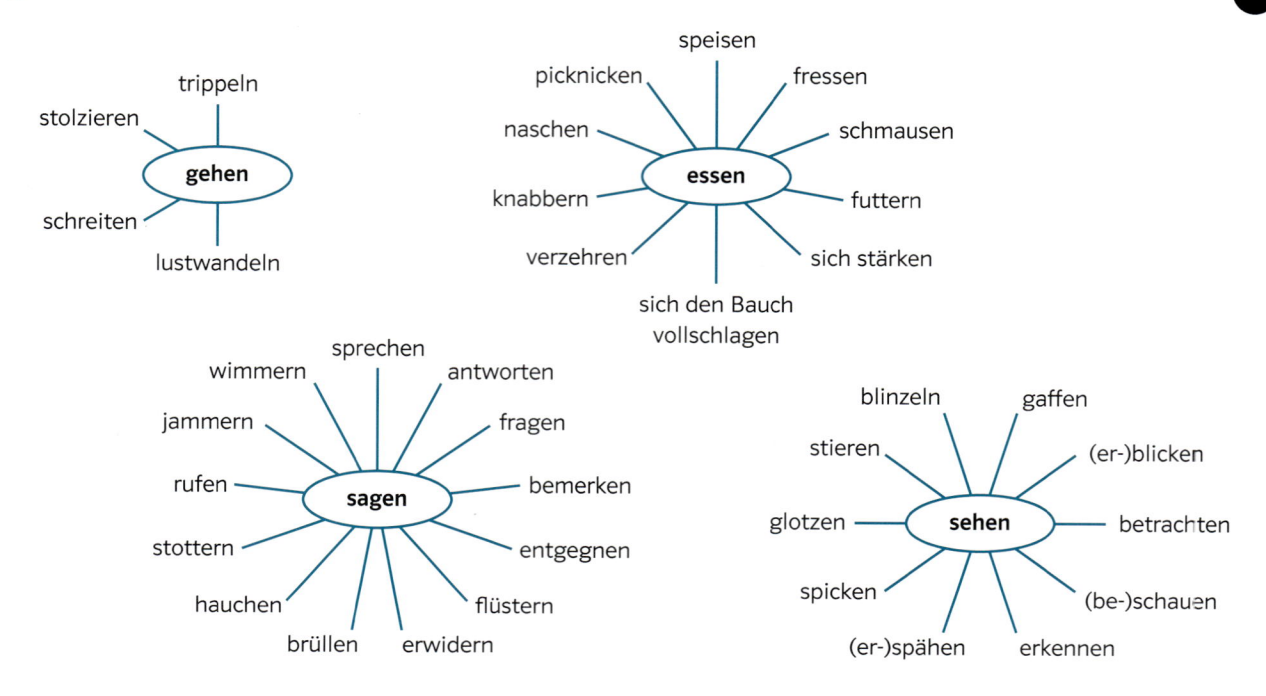

gehen: trippeln, stolzieren, schreiten, lustwandeln

essen: speisen, picknicken, naschen, fressen, schmausen, knabbern, futtern, verzehren, sich stärken, sich den Bauch vollschlagen

sagen: sprechen, wimmern, antworten, jammern, fragen, rufen, bemerken, stottern, entgegnen, hauchen, flüstern, brüllen, erwidern

sehen: blinzeln, gaffen, stieren, (er-)blicken, glotzen, betrachten, spicken, (be-)schauen, (er-)spähen, erkennen

○ ◐ ● leicht – mittel – schwer ■ analytisch ✤ handlungs- und produktionsorientiert

C: Mit dem Körper sprechen

Gefühl/ Empfindung	Körperreaktion	Beispiel
Angst	Herzklopfen	Mein Herz pochte bis zum Hals.
Freude	Augen leuchteten, umarmen, Hände reiben	Seine Augen leuchteten und er umarmte ihn stürmisch.
Ärger	roter Kopf, angespannte Muskulatur, geballte Fäuste	Rot vor Zorn stampfte ich mit dem Fuß auf den Boden.
Erleichterung	Lachen, entspannte Muskulatur, Ausatmen	Er atmete erleichtert aus und ließ sich im Gras nieder.
Anstrengung	Schwitzen, schweres Atmen, Herzklopfen, große Körperanspannung	Schweißüberströmt wuchtete sie sich mit neuer Kraft gegen das Hindernis.
Neugier	Herzklopfen, Zappligkeit, Körperanspannung	Mein Herz raste, als ich voller Ungeduld den Deckel anhob.

D: Mit Sprache Spannung erzeugen (Mehrfachzuordnungen sind möglich):

Satzanfänge	Jetzt/Doch/Laut/Plötzlich ...
Tempuswechsel	Plötzlich, ich kann es kaum fassen, knackt es im Gebüsch, mein Herz macht fast einen Luftsprung. ... So schnell wir konnten ...
Verzögerungen	Ein Blick auf die Uhr ... Doch ich ließ mir nichts anmerken, ...
Gedanken/Gefühle	die ersten Zweifel; immer unsicherer; ein mulmiges Gefühl; ließ ich mir nichts anmerken; Herz macht fast einen Luftsprung
wörtliche Rede	„Wo sind wir nur?", „Jetzt nur keine Panik, ...", „Lasst uns ..."
Fragen	Wie viel Zeit war bereits verstrichen? „Wo sind wir nur?", schoss es mir durch den Kopf. Sind sie das endlich?
anschauliche/treffende Wortwahl	Blick auf die Uhr; ein mulmiges Gefühl; knackt es, Herz macht fast einen Luftsprung; rannten wir los, stolperten

Schritt 4: Die Erzählung überarbeiten

Besprecht den Schülertext. Was ist gelungen, was weniger gut? Macht Überarbeitungsvorschläge.

A1 **S. 51**

Die Aufgabe könnte in Partnerarbeit bearbeitet werden.

Info

Gelungen ist der Aufbau der Erzählung, der Text ist rechtschreiblich korrekt und der Inhalt ansprechend. Schwächen hat der Text im Bereich „Sprache" (vgl. „Checkliste"). – Eine überarbeitete Fassung könnte so aussehen (veränderte Stellen sind unterstrichen):

Lösungsvorschlag

Wir waren gerade beim Stollen angekommen, als wir ein leises Wimmern hörten. „Was ist denn das?", fragte Benni. „Keine Ahnung, lass uns nachschauen!", erwiderte ich. Benni nickte nur und wir holten unser Seil. Wir liefen bis zum Stolleneingang, das Jammern wurde immer deutlicher, immer lauter. Wir bekamen Angst und unsere Knie wurden weich. Benni packte meine Hand und hielt sie so sehr fest, dass es mir schon wehtat, doch als der Ältere ließ ich mir nichts anmerken. Langsam, ganz langsam gingen wir in den Stollen hinein. Es wurde immer dunkler. Plötzlich verstummte das Geräusch und eine unheimliche Stille umgab uns. Wir hörten nur noch unseren Atem, unsere Hände wurden nass. Auf einmal sagte Benni: „Dort! Zwei Augen! Lass uns verschwinden! Bloß weg hier!"

Erlebt – erdacht – erzählt · Mündlich und schriftlich erzählen

| S. 51 | A2 | Überlegt, welche Gesichtspunkte euch bei der Beurteilung des Textausschnitts besonders wichtig waren. Vergleicht eure Kriterien mit der Checkliste. Ergänzt. |

Info Die Bearbeitung der Aufgabe erfolgt am besten in Gruppenarbeit.

Lösungsvorschlag Ergänzungen:
1. Inhalt: Titel knapper formulieren; prüfen, wo bzw. wie Interesse geweckt wird.
2. Aufbau: Erzählschrittfolge überprüfen; wichtige Stellen markieren (und ggf. überarbeiten).
3. Sprache: auf Wörter wie „dann", „danach", „anschließend" achten und sie ggf. ersetzen.
4. Sprachrichtigkeit: Text mit „Textlupe" lesen.

| S. 53 | A3 | Gebt euch Rückmeldungen zu den Erzählungen, die ihr zu den Karteikarten auf Seite 46 oder zu Leon aus Aufgabe aus Aufgabe 5E auf der Seite 49–50 geschrieben habt. Verwendet dafür eine der Arbeitstechniken aus dem Kasten. Überarbeitet eure Erzählungen. |

Info Vor dem Überarbeiten der Aufsätze sollten sich die Schüler mit den Kriterien und Techniken (Checkliste, Textlupe, Schreibkonferenz) der Überarbeitung vertraut machen. Das Überarbeiten kann so nach und nach zum festen Bestandteil des Schreibprozesses werden.

| S. 53 | A4 | **Extra** Wählt ein Thema, zu dem ihr Hosentaschengeschichten schreiben wollt, z. B. Zirkus, Gespenster oder Weihnachten. Dann schreibt jeder eine Geschichte zu dem Thema: *siehe Schülerbuch* |

Info Ergänzende Übung vgl. die Vorlage „Bastelanteilung Hosentaschenbuch" (LB, S. 68).

S. 54–55 5.5 Modul 4: Komm mit ins Abenteuerland – Eine Fantasieerzählung schreiben

| S. 54 | A1 | Schließt die Augen und erkundet euer Abenteuerland. Wie sieht es aus? Was kann dort alles passieren? |

Info Impuls könnte zunächst der Begriff „Abenteuerland", evtl. in Verbindung mit dem Bild (SB, S. 54), sein. – Ggf. könnten die Gedanken der Schüler als Schreib- bzw. Formulierungshilfen (vgl. A7) an der Tafel festgehalten werden.

| S. 54 | A2 | Vergleicht die Bilder, Vorstellungen und Gefühle, die euch durch den Kopf gingen, mit denen eurer Mitschülerinnen und Mitschüler. |

Info Die Schüler können gegenseitig von ihren Ideen profitieren.

| S. 54 | A3 | Betrachtet das Bild und beschreibt, was ihr seht. Besprecht, wie in dem Bild Wirkliches und Fantastisches miteinander verknüpft werden. |

Info Die Beschreibung des Bildes könnte in Partnerarbeit vorbereitet werden, wobei sich die Schüler in Stichworten wichtige Bildinhalte notieren sollten.

Lösungsvorschlag Verknüpfung von Wirklichkeit und Fantastischem: Auf den ersten Blick erweckt das Bild einen recht normalen Eindruck. Es sieht aus wie ein Stück „Wirklichkeit". Beim weiteren Betrachten aber wird deutlich, dass hier fantastische Elementen (der riesige Fisch) mit einer echten Landschaft vermischt wurden. In der Rückenflosse/ der Wasseroberfläche treffen diese beiden Bereiche gelungen aufeinander.

| | A4 | S. 55 |

Findet zu dem Bild auf Seite 54 Ideen für eine Fantasieerzählung. Benennt, was in einer Fantasieerzählung anders sein muss als in einer Erlebniserzählung. Notiert wichtige Unterschiede.

Zunächst könnten die Merkmale einer Fantasieerzählung besprochen werden. Anschließend werden dann gemeinsam Ideen gesammelt. — **Info**

Merkmale: Fantasieerzählungen unterscheiden sich von Erlebniserzählungen nur durch zwei Merkmale:
1) Es können Figuren auftreten, die es nicht gibt.
2) Dinge geschehen, wie sie sonst nicht möglich sind. — **Lösungsvorschlag**

| | A5 | S. 55 |

Erstellt Schreibpläne und wertet sie aus.

Die Schüler könnten die Schreibpläne in Partner- oder Kleingruppenarbeit erstellen und dann untereinander tauschen. — **Info**

| | A6 | S. 55 |

Beurteilt den Schreibplan einer Schülerin.

Die Aufgabe kann zum Anlass genommen werden, die Gestaltung von Schreibplänen zu wiederholen (vgl. auch SB, S. 255). — **Info**

Der Schreibplan ist kein „Plan", sondern nur eine Ideensammlung: Es fehlt die Einteilung in Anfang, Hauptteil und Schluss. Die Schülerin hat die einzelnen Erzählschritte nicht ausformuliert und den Erzählhöhepunkt nicht hervorgehoben. — **Lösungsvorschlag**

Zum Differenzieren
A Beschreibt den riesigen Fisch. Erzählt, wie es zu der Bebauung seiner Rückenflosse gekommen sein könnte.
B Schreibt zu euren Schreibplänen (Aufgabe 5) eine Fantasieerzählung und überarbeitet sie.
C Denkt euch eine eigene Fantasieerzählung aus und schreibt sie auf.

| | A7 | S. 55 |
A ○ ■
B ◐ ■ ✽
C ● ■ ✽

Wenn die Aufgabe nicht Hausaufgabe ist, könnte sie in Partner- oder Gruppenarbeit bearbeitet werden. — **Info**

5.6 Modul 5: Traumhaft – Eine Bildergeschichte schriftlich erzählen
S. 56–57

Besprecht, was auf den Bildern dargestellt ist. Sucht eine passende Überschrift. — **A1 S. 56**

Der Besprechung des Inhalts könnte ggf. eine genauere Beschreibung der Bilder durch die Schüler vorangehen. — **Info**

Mögliche Überschriften: *Abgestürzt; Nur geträumt; Raketentraum; Wunsch und Wirklichkeit; Bettrakete* — **Lösungsvorschlag**

Notiert die Erzählschritte. Beachtet auch das Geschehen zwischen den Bildern. — **A2 S. 56**

Die Erarbeitung der Erzählschrittfolge kann in Partnerarbeit erfolgen. — **Info**

Erzählschritte:
1. Max geht mit seinem Hund Gagarin Gassi. Plötzlich sieht er eine Rakete, deren Tür offen ist.
2. Neugierig beschließt Max, die Rakete zu erforschen. Mit seinem Hund steigt er ein.
3. Max gelangt ins Cockpit und ist fasziniert von den vielen Schaltern und Hebeln. Einige probiert er aus.
4. Max' Spielerei hat zur Folge, dass die Rakete startet.
5. Die Rakete setzt ihren Weg nicht fort, sondern stürzt ab.
6. Max wacht neben seinem Bett auf. Er hat nur geträumt und ist aus dem Bett gefallen. An der Zimmerdekoration ist zu erkennen, dass Max sich für Raumfahrt interessiert. — **Lösungsvorschlag**

○ ◐ ● leicht – mittel – schwer   ■ analytisch   ✽ handlungs- und produktionsorientiert

Erlebt – erdacht – erzählt · Mündlich und schriftlich erzählen

S. 56 | A3 Betrachtet die Mimik, Gestik und Köperhaltung des Jungen. Beschreibt, was er tut, denkt und fühlt. Übernehmt die Tabelle und ergänzt sie.

Info Die Erarbeitung der Tabelle kann in Partnerarbeit (wie die Teams aus A2) erfolgen.

Lösungsvorschlag

Äußere Handlung	Gedanken/Gefühle	Wörtliche Rede
1. Erzählschritt (vgl. Lösung A2)	Max ist überrascht.	„Wahnsinn, wie kommt die denn hierher?"
2. Erzählschritt (vgl. Lösung A2)	Max ist neugierig und aufgeregt.	„Komm, Gagarin, du darfst auch rein."
3. Erzählschritt (vgl. Lösung A2)	Max ist begeistert und staunt.	„Na, Gagarin, wofür die Schaltknöpfe wohl sind? Ich werde sie mal ausprobieren."
4. Erzählschritt (vgl. Lösung A2)	Max und Gagarin sind überrascht und ängstlich.	„Oh, was habe ich nur gemacht!?!"
5. Erzählschritt (vgl. Lösung A2)	Max und Gagarin haben panische Angst.	„Lieber Gott, hilf uns!"
6. Erzählschritt (vgl. Lösung A2)	Max ist froh, nicht abgestürzt zu sein, aber ärgerlich, dass er aus dem Bett gefallen ist.	„Was für ein Traum!"

S. 56 | A4 Entwerft zu den letzten drei Bildern kurze Texte. Schreibt Max' Gedanken auf und lasst ihn mit seinem Hund sprechen.

Info Das ist eine Schreibvorbereitung für A7; die Schüler sollten ihre Vorarbeiten nutzen (A3). Ggf. könnten je zwei Teams (aus A2–A3) eine Gruppe bilden.

S. 56 | A5 Überarbeitet das folgende Schülerbeispiel, indem ihr die Sätze verknüpft. Nutzt dazu den Sprachtipp.

Info Man kann den Schülern freie Hand lassen, wenn sie über die sprachliche Überarbeitung hinaus inhaltliche Erweiterungen vornehmen wollen.

Lösungsvorschlag Beispiel: Max konnte es nicht fassen: Nachdem er den Hebel nach hinten gedrückt hatte, hob die Rakete mit Donnergetöse vom Erdboden ab. Sie stieg so steil nach oben, dass Max ein flaues Gefühl im Magen bekam.

S. 57 | A6 Gestaltet das Beispiel aus, indem ihr Max und seinen Hund näher beschreibt. Fügt passende Redebegleitsätze ein. Verwendet Adjektive, Adverbien und treffende Verben, um das Geschehen anschaulicher zu machen und die Stimmung zu vermitteln. Orientiert euch an dem folgenden Beispiel: *siehe Schülerbuch*.

Info Schreibvorbereitung für A7; die Schüler könnten noch einmal in Teams arbeiten und sollten mit den sprachlichen Mitteln bewusst experimentieren.

S. 57 | A7 **Zum Differenzieren**
A Schreibt eine vollständige Erzählung zu der Bildergeschichte auf Seite 56 und überarbeitet sie.
B Versetzt euch in den Hund Gagarin und erzählt schriftlich die Bildergeschichte aus seiner Sicht. Überarbeitet die Geschichte.
C Max schreibt seinem Großvater einen Brief und erzählt ihm von seinem Traum. verfasst diesen Brief.

Info Das Überarbeiten sollte als wichtige Phase des Schreibprozesses im Bewusstsein der Schüler verankert werden. Deshalb könnte eine Schreibkonferenz (vgl. S. 52) durchgeführt werden.

Klassenarbeit zum Kapitel:
Erlebt – erdacht – erzählt • Mündlich und schriftlich erzählen

KA 03-01

Name:　　　　　　　　　　　　　Klasse:　　　　Datum:

Wolfgang und Heike Hohlbein: Das Ungeheuer

Wieder ertönte das splitternde Geräusch aus dem Wald. Timo sah auf, schob die Schleuder wieder unter den Gürtel und spähte neugierig über den Fluss. Drüben reichte der Wald unmittelbar bis ans Ufer heran, eine dichte grüne Wand, deren Wurzeln bis ins Wasser krochen. Ein Fischvogel stob mit zornigem Kreischen aus dem Unterholz und klatschte in den Fluss.

5　Für einen Moment wurde es ruhig, dann ertönte das Geräusch wieder, begleitet von einem lauten Poltern, dem ein Splittern folgte, als stürze ein Baum.

Timo richtete sich erschrocken auf, kroch auf Händen und Knien ein Stück zurück und presste sich wieder gegen den heißen Felsen, um nicht sofort gesehen werden zu können. […]

Das unheimliche Geräusch kam beständig näher. Irgendetwas ungemein Großes und Starkes musste
10　dort drüben durch das Unterholz brechen, und wenn es seine Richtung beibehielt, dann würde es ziemlich genau auf der gegenüberliegenden Seite des Flusses aus dem Wald kommen.

Ein ganzer Schwarm grellbunter Honigvögel flatterte jetzt vom jenseitigen Ufer hoch und stob zeternd und schimpfend davon, dann teilte sich das Unterholz, und etwas Riesiges und Schwarzes schob sich hervor.

15　Timo unterdrückte im letzten Augenblick einen Schreckensschrei. Ein Koloss aus schwarz glänzenden Schuppen, der wie die Ausgeburt eines Fiebertraums wirkte, brach aus dem Wald. Timo hatte ein solches Tier – wenn es überhaupt ein Tier und kein Dämon war – noch nie zuvor gesehen. Und er wusste, dass er den Anblick nie wieder vergessen würde.

Das Ungeheuer musste an die vier Meter groß sein. Es erinnerte ihn entfernt an eine Kröte, eine
20　schwarze, gepanzerte Kröte mit Drachenzähnen und winzigen, tückischen Augen, deren Blicke misstrauisch über die ruhige Wasseroberfläche huschte.

— (Quelle: Wolfgang und Heike Hohlbein, "Elfentanz", © 2007, Verlag Carl Ueberreuter, Wien.)

1 Lies zunächst den Textauszug. Welche sprachlichen Mittel des spannenden und anschaulichen Erzählens werden in der Geschichte verwendet? Nenne vier Mittel und gib jeweils ein Beispiel aus dem Text dafür an.

2 Schreibe aus dem Text zehn Adjektive mit ihrem Bezugswort heraus, die die Schilderung anschaulich werden lassen.

3 Erkläre, wie im Text „Das Ungeheuer" deutlich wird, dass Timo Angst hat.

4 Was könnte Timo nun machen? Schreibe die Geschichte ein Stück (ein oder zwei Erzählschritte) weiter, und zwar so, dass sie möglichst spannend (gruselig) wird.

5 Nenne fünf Kriterien, nach denen du eine Erzählung überarbeiten kannst.

Erwartungshorizont/Korrekturhilfe

Erdacht – erlebt – erzählt · Mündlich und schriftlich erzählen

KA 03-01

(vgl. Lehrerband, S. 59)

Aufgabe	Anforderung /Lösung	Anforderungs-bereich	Punkte
1	Beispiele: anschauliches Wort: „spähte" (Z. 2) – Zeitangabe: „Für einen Moment" (Z. 5) – Vergleich: „als stürze ein Baum" (Z. 6) – unbestimmtes Wort: „Irgendetwas" (Z. 9)	2	8
2	„splitternde Geräusch" (Z. 1); „grüne Wand" (Z. 3); „zornigem Kreischen" (Z. 4); „lauten Poltern" (Z. 5 f.); „heißen Felsen" (Z. 8); „unheimliche Geräusch" (Z. 9); „ungemein Großes und Starkes" (Z. 9); „grellbunter Honigvögel" (Z. 12); „letzten Augenblick" (Z. 15); „schwarz glänzenden Schuppen" (Z. 15 f.); „schwarze, gepanzerte Kröte" (Z. 20); „winzigen, tückischen Augen" (Z. 20)	1	10
3	Im Text heißt es zunächst, dass Timo sich „erschrocken" (Z. 7) aufrichtet. Um sich zu verstecken, drückt er sich gegen einen heißen Felsen. Schließlich ist der Anblick des Ungeheuers so, dass er eine „Schreckensschrei" (Z. 15) unterdrücken muss und es „nie wieder vergessen würde" (Z. 18).	2	6
4	- gelungen: sehr anschaulich; häufiger Einsatz verschiedener Mittel der Spannung; flüssiger Stil - in Ordnung: anschaulich; gelegentlicher Einsatz von Mitteln der Spannung; weitgehend flüssiger Stil - nicht gelungen: wenig anschaulich; kaum Einsatz von Mitteln der Spannung; stilistisch fehlerhaft	3	12
5	mögliche Kriterien: erzählenswertes Erlebnis – spannende Überschrift – klarer Erzählplan – Verwendung der wörtlichen Rede – Verwendung anschaulicher Sprache – Rechtschreibung – Grammatik	1	5
	ggf. Sprachliche Darstellungsleistung	**Fehlerquote**	**Punkte**

Klassenarbeit zum Kapitel:
Erlebt – erdacht – erzählt • Mündlich und schriftlich erzählen

KA 03-02

Name: _____ Klasse: _____ Datum: _____

1 Lies den Textauszug.

Otfried Preußler: Krabat

Vergebens hielt Krabat Ausschau nach einer Mühle. Ein alter Mann, der ein Bündel Reisig trug, kam die Straße herauf: Den fragte er.
„Wir haben im Dorf keine Mühle", erhielt er zur Antwort.
„Und in der Nachbarschaft?"
5 „Wenn du *die* meinst ..." Der Alte deutete mit dem Daumen über die Schulter. „Im Koselbruch hinten, am Schwarzen Wasser, da gibt es eine. Aber ..." Er unterbrach sich, als habe er schon zu viel gesagt. Krabat dankte ihm für die Auskunft, er wandte sich in die Richtung, die ihm der Alte gewiesen hatte. Nach wenigen Schritten zupfte ihn wer am Ärmel; als er sich umblickte, war es der Mann mit dem Reisigbündel.
10 „Was gibt's?", fragte Krabat.
Der Alte trat näher, sagte mit ängstlicher Miene: „Ich möchte dich warnen, Junge. Meide den Koselbruch und die Mühle am Schwarzen Wasser, es ist nicht geheuer dort ..."
Einen Augenblick zögerte Krabat, dann ließ er den Alten stehen und ging seines Weges, zum Dorf hinaus. Es wurde rasch finster, er musste Acht geben, dass er den Pfad nicht verlor, ihn fröstelte. [...]
15 Krabat tappte ein Stück durch den Wald wie ein Blinder im Nebel, dann stieß er auf eine Lichtung. Als er sich anschickte, unter den Bäumen hervorzutreten, riss das Gewölk auf, der Mond kam zum Vorschein, alles war plötzlich in kaltes Licht getaucht.
Jetzt sah Krabat die Mühle.
Da lag sie vor ihm, in den Schnee geduckt, dunkel, bedrohlich, ein mächtiges, böses Tier, das auf
20 Beute lauert.

– (Quelle: Otfried Preußler: Krabat. Stuttgart, Wien: Thienemann 1981, S. 13f.)

2 Welche sprachlichen Mittel verwendet der Autor, um die Geschichte spannend und anschaulich zu erzählen? Nenne fünf davon mit je einem Beispiel aus dem Text.

3 Übertrage in die Tabelle alle Adjektive und Vergleiche, welche die Mühle beschreiben.

Adjektive	Vergleiche

4 Erstelle den Einleitungsteil eines Erzählplans für diese Geschichte.

5 Was könnte Krabat in der Mühle passieren? Schreibe die Geschichte ein oder zwei Erzählschritte weiter. Gestalte deine Fortsetzung spannend und gruselig.

6 Nenne fünf Kriterien, nach denen du eine Erzählung überarbeiten kannst.

Erwartungshorizont/Korrekturhilfe

Erdacht – erlebt – erzählt · Mündlich und schriftlich erzählen

KA 03-02

(vgl. Lehrerband, S. 62)

Aufgabe	Anforderung/Lösung	Anforderungs-bereich	Punkte
2	direkte Rede („Ich möchte dich warnen, Junge.") Zeitangaben („Einen Augenblick", „plötzlich") unterstützende Satzzeichen („…") Vergleiche („wie ein Blinder im Nebel") unvollständige Sätze („Aber …") anschauliche Wörter („tappte …")	2	10
3	**Adjektive:** „nicht geheuer", „finster", „kalt", „geduckt, dunkel, bedrohlich" **Vergleiche:** „wie ein Blinder im Nebel", „(wie) ein mächtiges, böses Tier, das auf Beute lauert"	1	7
4	**Setting:** Personen: Krabat, ein alter Mann. **Zeit:** unbestimmt in der Vergangenheit (Präteritum). **Ort:** auf der Straße, bei einem Dorf. **Handlungsansatz:** Krabat sucht eine bestimmte Mühle. **1. Erzählschritt:** Krabat erkundigt sich bei einem alten Mann, wo er die Mühle finden kann; dieser sagt es ihm, warnt ihn aber zugleich. **2. Erzählschritt:** Krabat findet nach einigem Suchen die Mühle, sie sieht sehr bedrohlich aus …	2	8
5	**gelungen:** sehr anschaulich; häufiger Einsatz verschiedener Mittel der Spannung; flüssiger Stil **in Ordnung:** anschaulich; gelegentlicher Einsatz von Mitteln der Spannung; weitgehend flüssiger Stil **nicht gelungen:** wenig anschaulich; kaum Einsatz von Mitteln der Spannung; stilistisch fehlerhaft	3	12
6	mögliche Kriterien: erzählenswertes Erlebnis – spannende Überschrift – klarer Erzählplan – Verwendung der wörtlichen Rede – Verwendung anschaulicher Sprache – Rechtschreibung – Grammatik	1	5
	ggf. sprachliche Darstellungsweise	Fehlerquote	Punkte

Klassenarbeit zum Kapitel:
Erlebt – erdacht – erzählt • Mündlich und schriftlich erzählen

KA 03-03

Name: Klasse: Datum:

Monika Feth: Bahnhofsgeister

Sie waren lange auf der Suche gewesen. Nach einem Haus, urig und gemütlich, einer aufgegebenen Mühle vielleicht, einer ehemaligen Schule oder Scheune. Mele gefielen moderne Häuser besser, solche wie die, in denen ihre Freundinnen wohnten. Aber die Eltern hatten schon immer einen Hang zum Besonderen gehabt. Und dann hatte der Vater den kleinen alten Landbahnhof entdeckt, weitab vom
5 Schuss. In einem der Nachbarorte war ein größerer gebaut worden und nun stand das Gebäude zum Verkauf.

Josse war von der Idee, in einem Bahnhof zu wohnen, hellauf begeistert gewesen. Er war ein Zugfreak und das Kursbuch war das einzige Buch, in dem er freiwillig las. Die Seiten waren schon ganz abgegriffen.

10 Mele hatte sich erbittert gewehrt. Sie wollte nicht aufs Land ziehen und vor allem die Schule nicht wechseln. Erst recht nicht für einen ollen Bahnhof.

Doch dann hatte sie ihn gesehen und sich auf den ersten Blick, widerstrebend, aber rettungslos, in ihn verliebt. Sie war über die stillgelegten Gleise spaziert. Zwischen den Schwellen wuchsen längst Gras und Kamille, schaukelte sacht wilder Mohn.

15 Der Kaufvertrag wurde unterschrieben. Trupps von Arbeitern rückten an, um Wände einzureißen und neue hochzuziehen. Mörtelstaub legte sich auf den roten Mohn. Ein halbes Jahr später zog die Familie um.

In der zweiten Nacht im neuen Haus schreckte Mele aus dem Schlaf. Etwas hatte sie aufgeweckt, aber sie wusste nicht, was es gewesen war. Noch ganz benommen taumelte sie hinunter in die Küche, um
20 etwas zu trinken. Sie hatte ihren Lieblingsbecher eben mit Milch gefüllt und den Kühlschrank wieder zugemacht, da hörte sie das Pfeifen eines Zugs. Ihre Nackenhärchen richteten sich auf. Der letzte Zug war doch, wie ihnen die Leute aus dem Ort erzählt hatten, vor fünf Jahren an diesem Bahnhof vorbeigefahren …

Mele kniff sich vorsichtig in den Arm. Wahrscheinlich träumte sie. Lag oben in ihrem kuscheligen
25 Bett, zusammengerollt wie eine Katze in der Sonne, und träumte. Es war unmöglich, dass sie hier in der Küche stand und einen Zug hörte …

– (Quelle: Ich schenke dir eine Geschichte. Hrsg. v. Stiftung Lesen u.a. München 1997. S. 47f.)

1 Erkläre die beiden folgenden Wörter nach ihrer Bedeutung im Text.

a) hellauf (Z. 7)   b) Zugfreak (Z. 7)

2 Wie gelingt es dem Erzähler, Spannung zu erzeugen? Belege deine Antwort mit Beispielen.

3 Erläutere, weshalb die markierten Wörter jeweils groß- bzw. kleingeschrieben werden müssen.

a) Aber die Eltern hatten schon immer einen Hang zum Besonderen gehabt.

b) Und dann hatte der Vater den kleinen alten Landbahnhof entdeckt, weitab vom Schuss. In einem der Nachbarorte war ein größerer gebaut worden und nun stand das Gebäude zum Verkauf.

4 Schreibe die Geschichte von Mele und ihrem Erlebnis weiter und gestalte einen Schluss.
Halte dich dabei an den Text.

5 Nenne fünf Kriterien, nach denen du eine Erzählung überarbeiten kannst.

Erwartungshorizont/Korrekturhilfe

Erdacht – erlebt – erzählt · Mündlich und schriftlich erzählen

KA 03-03

(vgl. Lehrerband, S. 63)

Aufgabe	Anforderung/Lösung	Anforderungs-bereich	Punkte
1	a) **hellauf:** im Sinne von „sehr", „total", „überaus"; b) **Zugfreak:** im Sinne von „verrückt nach allem, was mit Zügen zu tun hat"	1	4
2	**Inhalt:** das Erlebnis und die damit verbundene Unsicherheit **Adjektive und anschaulichen Wörter** (z. B.: „benommen", „Nackenhärchen richteten sich auf") **unbestimmte Ausdrücke** („etwas", „es") **Unmöglichkeit des Erlebten** („Es war unmöglich, dass …")	2	8
3	a) **Nominalisierung** (Substantivierung) mit dem Artikelwort „zum" (= zu dem) b) **Adjektiv:** das eigentliche Bezugswort, nämlich „Landbahnhof", wird ausgelassen, da es bereits im vorherigen Satz steht	2	4
4	**gelungen:** sehr anschaulich; häufiger Einsatz verschiedener Mittel der Spannung; flüssiger Stil **in Ordnung:** anschaulich; gelegentlicher Einsatz von Mitteln der Spannung; weitgehend flüssiger Stil **nicht gelungen:** wenig anschaulich; kaum Einsatz von Mitteln der Spannung; stilistisch fehlerhaft	3	12
5	**mögliche Kriterien:** erzählenswertes Erlebnis – spannende Überschrift – klarer Erzählplan – Verwendung der wörtlichen Rede – Verwendung anschaulicher Sprache – Rechtschreibung – Grammatik	1	5
	ggf. sprachliche Darstellungsweise	Fehlerquote	Punkte

Klassenarbeit zum Kapitel:
Erlebt – erdacht – erzählt • Mündlich und schriftlich erzählen

KA 03-04

Name: _____ Klasse: _____ Datum: _____

1. 2.

3. 4.

1 Betrachte die Bildergeschichte genau. Beschreibe, was der Vater und die Kinder im 3. und 4. Bild tun, denken, fühlen und sagen. Nutze die Tabelle.

	äußere Handlung	Gedanken/Gefühle	wörtliche Rede
Bild 3		Vater: Sohn: Tochter:	Vater: Sohn: Tochter:
Bild 4		Vater: Sohn: Tochter:	Vater: Sohn: Tochter:

2 Versetze dich in die Person des Sohnes. Erzähle die Handlung aus seiner Sicht.

3 Nenne fünf Kriterien, nach denen du eine Erzählung überarbeiten kannst.

Erwartungshorizont/Korrekturhilfe

Erdacht – erlebt – erzählt · Mündlich und schriftlich erzählen

KA 03-04

(vgl. Lehrerband, S. 65)

Aufgabe	Anforderung/Lösung	Anforderungs-bereich	Punkte
1	**Kriterien:** – Handlung voll erfasst – Gedanken stimmen mit der Handlung und den dargestellten Gefühlen überein – wörtliche Reden stimmen mit den Gedanken überein	2/3	14
2	**gelungen:** Perspektive eingehalten; alle Handlungsschritte erfasst; sehr anschaulich; flüssiger Stil **in Ordnung:** Perspektive eingehalten; Handlungsschritte im Wesentlichen erfasst; anschaulich; weitgehend flüssiger Stil **nicht gelungen:** Perspektive nicht durchgängig eingehalten; Handlungsschritte nur lückenhaft erfasst; wenig anschaulich; stilistisch fehlerhaft	3	12
3	**mögliche Kriterien:** erzählenswertes Erlebnis – spannende Überschrift – klarer Erzählplan – Verwendung der wörtlichen Rede – Verwendung anschaulicher Sprache – Rechtschreibung – Grammatik	1	5
	ggf. sprachliche Darstellungsweise	Fehlerquote	Punkte

Arbeitsblatt zum Kapitel:
Erlebt – erdacht – erzählt • Mündlich und schriftlich erzählen

AB 03-01

Mündlich erzählen

1 Lest den Text. Schreibt auf, von welchem Erlebnis ihr gern erzählen möchtet. Beantwortet dazu schriftlich die W-Fragen.

Anna-Lina: „Ich höre gerne zu, wenn es richtig schöne, spannende Geschichten sind."
Lara: „Ich höre meinem Opa gern zu, wenn er Witziges erzählt oder Erlebnisse aus seinem Alltag, und meiner Mama, wenn sie von ihrer Klarinettenstunde erzählt:"
Julia: „Wenn es nicht so langweilig ist und betont ist:"
Sebastian: „Die Story darf sich nicht so lang ziehen:"
Sabine: „Wenn ich was Tolles erlebt habe, beziehungsweise was ganz Schönes gesehen oder gehört habe, erzähle ich das meiner Freundin."
Luise: „Ich erzähle gern von meinen Ferienerlebnissen."
Robin: „Wenn ich etwas Interessantes, Lustiges, Trauriges oder Blödes weiß, erzähle ich das meinen Freunden."
Assal: „Im Unterricht, wenn ich drankomme, erzähle ich."
Iris: „Wir erzählen uns über die Schule, Spielzeug, Filme, Sendungen, PC-Spiele, Gruselgeschichten, unseren Tag, …"

Mein Erlebnis: _____

W-Fragen: _____

2 Notiert euch Stichpunkte zu den einzelnen Erzählschritten eurer Geschichte.

3 Schreibt mindestens fünf Formulierungen auf, mit denen ihr eure Zuhörer fesseln könnt.

4 Erzählt eure Geschichte einem Partner. Nutzt dabei eure Notizen aus den Aufgaben 1 und 2. Verwendet auch Formulierungen aus Aufgabe 3.

Arbeitsblatt zum Kapitel:
Erlebt – erdacht – erzählt • Mündlich und schriftlich erzählen

AB 03-03
p8b5gi

Bastelanleitung für ein Hosentaschenbuch

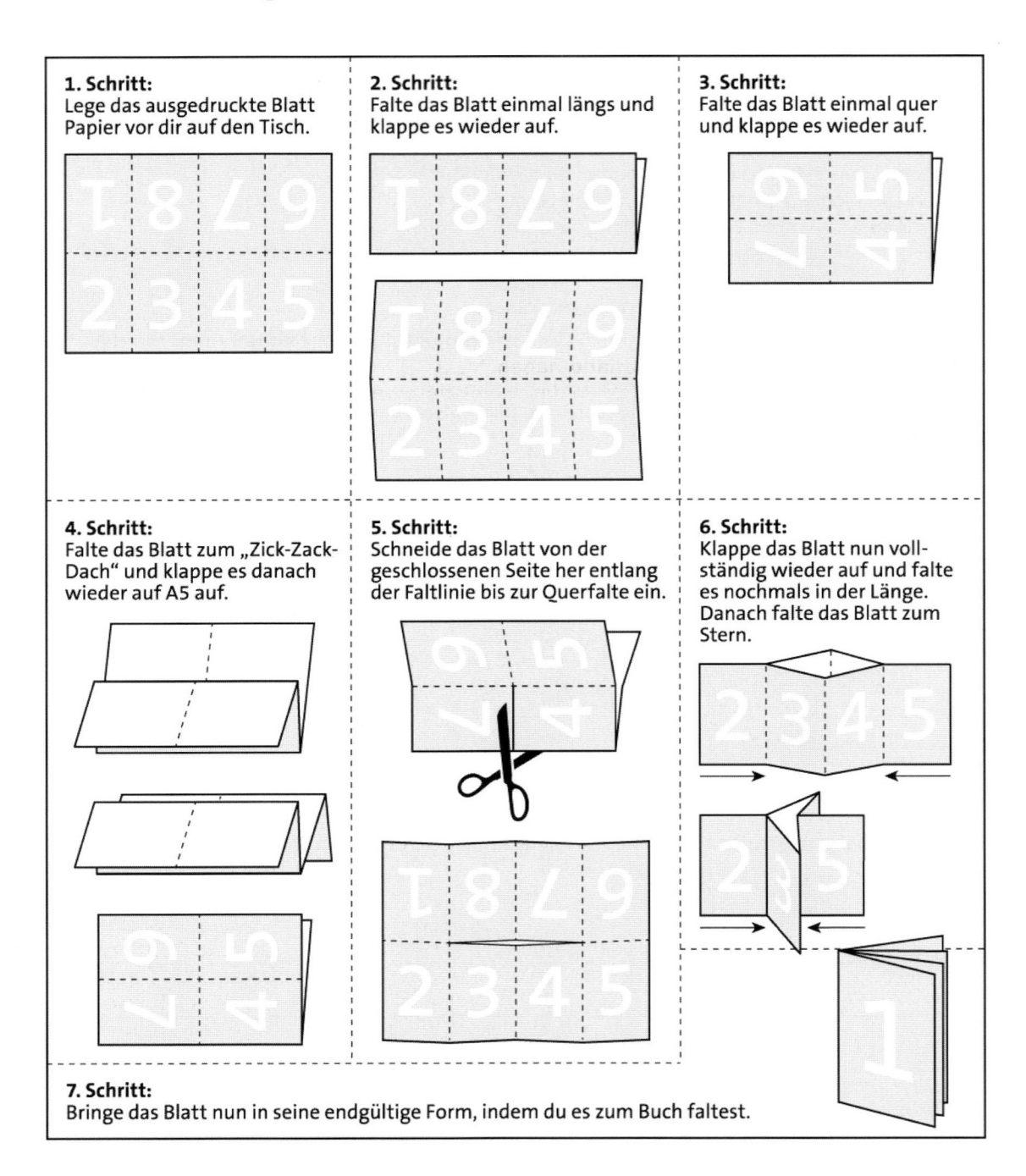

1. Schritt:
Lege das ausgedruckte Blatt Papier vor dir auf den Tisch.

2. Schritt:
Falte das Blatt einmal längs und klappe es wieder auf.

3. Schritt:
Falte das Blatt einmal quer und klappe es wieder auf.

4. Schritt:
Falte das Blatt zum „Zick-Zack-Dach" und klappe es danach wieder auf A5 auf.

5. Schritt:
Schneide das Blatt von der geschlossenen Seite her entlang der Faltlinie bis zur Querfalte ein.

6. Schritt:
Klappe das Blatt nun vollständig wieder auf und falte es nochmals in der Länge. Danach falte das Blatt zum Stern.

7. Schritt:
Bringe das Blatt nun in seine endgültige Form, indem du es zum Buch faltest.

Arbeitsblatt zum Kapitel:
Erlebt – erdacht – erzählt • Mündlich und schriftlich erzählen

AB 03-04

Merkmale einer Fantasieerzählung erkennen

1 Lest den Textausschnitt. Schreibt in einem Satz auf, wie der Text auf euch wirkt.

_____

_____

Alexander Wolkow: Der schlaue Urfin und seine Holzsoldaten (Ausschnitt)

Am nächsten Abend sagte der Löwe: „Bald werden wir in meinem heimatlichen Wald sein, wo ich Elli zum ersten Mal erblickte. Dort werden wir auf **prächtigem Moos ausruhen, unter prächtigen hohen Bäumen, neben einem prächtigen tiefen Teich, in dem prächtige Frösche leben, die die lautesten Stimmen im ganzen Wunderland haben.**" […]

Zwei Tage später kamen sie zu dem Wald, in dem die Säbelzahntiger hausten. **Dumpfes Gebrüll** schlug an ihr Ohr, das sich **wie ferner Donner** anhörte. **Kalte Schauer liefen ihnen über die Rücken.** […] Der Seemann nahm das Tuch aus dem Sack, blies es ein wenig auf und breitete es am Straßenrand aus. Dann nahm er aus einer der vielen Taschen seines Rucksacks ein Fläschchen Farbe und einen Pinsel und begann das Tuch zu bemalen. […] Das Ungeheuer war so schrecklich anzusehen, dass **selbst der Löwe Angst bekam.** Totoschka **kroch winselnd** unter den Bauch seines großen Freundes, und Kaggi-Karr **kniff vor Schreck die Augen zu. „Bei allen Hexen und Zauberern! Ihr sollt noch was anderes zu sehen bekommen"**, rief der Seemann schmunzelnd. Als die Nacht hereinbrach, begann der gemalte Kopf zu leuchten, und mit zunehmender Dunkelheit wurde er immer unheimlicher. Es war, als ob die Augen Funken sprühten und der Rachen Flammen spie, Blitze umzuckten die Mähne und Hörner des Ungeheuers. „Onkel Charlie, was ist das?", fragte Elli entsetzt. „Keine Angst, Kindchen, das ist alles sehr einfach. Die Farbe enthält Phosphor, der im Dunkeln leuchtet." Elli beruhigte sich. Doch der Löwe, Totoschka und Kaggi-Karr hatten nichts begriffen, und das Tier schien ihnen nach wie vor ungeheuerlich. „Ich glaube, das Bildchen wird uns die Säbelzahntiger vom Leib halten", sagte Charlie. „Und jetzt lasst uns weitergehen." Er entnahm seinem Rucksack zwei Hörner aus biegsamer Baumrinde und reichte eines Elli mit den Worten: „Blase aus Leibeskräften, sobald wir in den Tigerwald kommen!"

Charlie Black ging voran, Elli hinter ihm. Sie hielten die Stangen in der rechten, so dass der eine Kopf auf dem Tuch nach rechts, der andere nach links blickte. Die Hörner, in die Charlie und Elli bliesen, machten einen schrecklichen Lärm. Es war, wie wenn ein Schakal bellt, eine Hyäne lachte, ein Nashorn röhrte und andere wilde Tiere heulten. Zu diesen furchterregenden Lauten gesellte sich das Brüllen des Löwen, das Krächzen der Krähe und das Winseln des Hündchens. Die Gesellschaft lärmte so entsetzlich und das funkensprühende Ungeheuer blickte so grimmig drein, dass die Säbelzahntiger, die am Wegrand in den Büschen lauerten, an allen Gliedern zu zittern begannen, die Schwänze einzogen und ins Dickicht flüchteten.

Das nächtliche Abenteuer war von Erfolg gekrönt, und am Morgen erreichten unsere Wanderer den reißenden Fluss, in dem einst der Scheuch fast umgekommen wäre. Hier machten die Erschöpften halt, nahmen etwas zu sich und legten sich hin. Sie waren so müde, dass sie nicht einmal das Zelt aufschlugen.

— (Quelle: Alexander Wolkow: Der schlaue Urfin und seine Holzsoldaten. Dtsch. Übers. v. Leonid Steinmetz. 13. Auflage. Leipzig: leiv Leipziger Kinderbuchverlag 2011, S.140ff. © 2011 by leiv kinderbuchverlag.

Arbeitsblatt zum Kapitel:
Erlebt – erdacht – erzählt • Mündlich und schriftlich erzählen

AB 03-04
pr4g6p

2 Woran erkennt ihr das Fantastische in dem Textausschnitt? Notiert Stichpunkte.

_____

_____

_____

_____

3 Tragt das **fett Gedruckte** im Text entsprechend in die Tabelle ein. Ergänzt weitere Textbeispiele.

äußere Handlung	innere Handlung: Gedanken und Gefühle	Beschreibungen	anschauliche Wortwahl

Gorilla, Okapi & Co.
Tiere, Gegenstände und Wege beschreiben

S. 60–77

1. Kompetenzrahmen und Zielsetzungen

Modul 1: Tiere genau beobachten und beschreiben

S. 62/63	Beschreibungen vergleichen; allgemeine Merkmale der Textsorte ableiten
S. 64–67, Text *Der Nasenbär*	Informationen aus Bildern entnehmen und wiedergeben; Textgliederung erstellen; Tiere in einfacher Weise beschreiben

Modul 2: Gegenstände beschreiben

S. 68/69	Gegenstände in einfacher Weise mündlich beschreiben; Zusammenhänge zwischen Funktion, Inhalt und Gestaltung eines Textes benennen; Gegenstandsbeschreibungen verfassen und überarbeiten

Modul 3: Wege beschreiben

S. 70/71	eine Wegbeschreibung untersuchen und beurteilen; Merkmale einer Wegbeschreibung zusammenstellen; Wege schriftlich beschreiben

Leseinsel: Leseerfahrungen mit Tiergeschichten machen

S. 72–75, Texte Herbert Heckmann: *Wie Pit zu einem Hund kommt*, Ursula Wölfel: *Die Geschichte von den Grasköpfen*, Jack London: *Die Wette*	Erzähltexte erschließen; eine Fantasieerzählung schreiben; Tiere beschreiben

2. Ausgangssituation der Schüler

Die Standards (KMK) am Ende der 4. Klasse sehen vor, dass die Schüler folgende Schreibkompetenzen erworben haben, die auch für das Verfassen von Beschreibungen relevant sind:
- Sie können Erfahrungen und Sachverhalte verständlich, strukturiert, adressaten- und funktionsgerecht darstellen.
- Sie beachten die Schreibabsicht und den Verwendungszusammenhang.
- Sie können Texte auf ihre Verständlichkeit und Wirkung überprüfen.
- Sie können Texte in Bezug auf die äußere und sprachliche Gestaltung und auf die sprachliche Richtigkeit hin optimieren.

3. Kapitelkonzeption

Es werden die Merkmale der jeweiligen Beschreibung (Tier, Gegenstand, Weg) erarbeitet.
Ein wesentlicher Schwerpunkt liegt auf dem Überarbeiten fremder und eigener Texte.

Gorilla, Okapi & Co. · Tiere, Gegenstände und Wege beschreiben

4. Sequenzfahrplan

Verknüpfungsmöglichkeit

weiterführende Hinweise

Stunde 1	Material	Vorwissen aktivieren: Beschreiben	Zusatzmaterial
Impuls	S. 60	Text und Bilder	TE 04-01 (Online-Code 9y74cf) Eingangstest Beschreiben
Wiederholung	A1, S. 60	über artgerechte Haltung von Affen nachdenken	
Wiederholung	A2, S. 60	ein (ideales) Gebäude beschreiben	
Wiederholung	A3, S. 61	einen Weg beschreiben	

Stunde 2	Material	Merkmale einer Tierbeschreibung kennenlernen	Zusatzmaterial
Impuls	S. 62	Bild Okapi	
Erarbeitung	A1, S. 63	Beschreibungen vergleichen	
Erarbeitung	A2, S. 63	Bedeutung der Beschreibung des Aussehens erfassen	
Erarbeitung	A3, S. 63	Aufbau einer Tierbeschreibung erfassen	
Erarbeitung	A4, S. 63	Details einer Beschreibung erfassen	

→ AH, S. 36 f.

Stunde 3/4	Material	Tierbeschreibung planen, verfassen und überarbeiten	Zusatzmaterial
Impuls	A1, S. 64	besondere Merkmale eines Nasenbären benennen	
Erarbeitung	A2-3, S. 64	äußere Merkmale eines Tiers genau beschreiben	
Erarbeitung	A4, S. 65	Gestaltungsweise eines Textes beschreiben	
Erarbeitung	A5, S. 65	einen Sachtext gezielt auswerten	
Erarbeitung	A6, S. 65	eine Beschreibung planen	
Erarbeitung	A7, S. 65	eine Beschreibung verfassen	
Erarbeitung	A8-10, S. 66	Texte überarbeiten	
Festigung	A11, S. 67	Infoblatt gestalten; ein Tier beschreiben	AB 04-01 (LB, S. 89) Tiere beschreiben

→ AH, S. 36 f. Modul „Adjektive erkennen und verwenden" (S. 182 ff.)

→ Lerninsel 4: Schreiben: „Ein Tier beschreiben" (S. 252)

→ Modul „Verben erkennen und verwenden" (S. 170 ff.)

Stunde 5	Material	Gegenstände beschreiben	Zusatzmaterial
Impuls	A1, S. 68	Gegenstand mündlich beschreiben	
Erarbeitung	A2-3, S. 68	ein Gespräch erfassen	
Erarbeitung	A4, S. 68	Verlustanzeige ausfüllen	
Erarbeitung	A5, S. 68	Merkmale von Gegenstandsbeschreibungen	
Erarbeitung	A6, S. 69	Gegenstandsbeschreibung verfassen und überarbeiten	AB 04-02 (Online-Code p84j8d) Gegenstände beschreiben

→ AH, S. 38

→ Lerninsel 4: Schreiben: „Einen Gegenstand beschreiben" (S. 251)

Stunde 6	Material	Wege beschreiben	Zusatzmaterial
Impuls	A1, S. 70	Wegbeschreibung lesen und beurteilen	
Erarbeitung	A2, S. 70	Merkmale einer Wegbeschreibung zusammenstellen	
Erarbeitung	A3-4, S. 71	Wegbeschreibung verfassen	
Festigung	A5, S. 71	Wegbeschreibung verfassen	AB 04-03 (Online-Code k5uw9j) Wege beschreiben

→ AH, S. 39

Stunde 7	Material	Leseerfahrungen mit Tiergeschichten machen	Zusatzmaterial	
Impuls	S. 72 f.	Text lesen		
Erarbeitung	A1, S. 73	eine Fantasiegeschichte schreiben; ein Tier beschreiben		Lerninsel 4: Schreiben: „Fantasieerzählung schreiben" (S. 258)
Erarbeitung	A1, S. 75	einen literarischen Text verstehen		Modul: „Erzählende Texte erschließen" (S. 98 ff.)
Erarbeitung	A2, S. 75	mithilfe von Textinformationen einen Hund beschreiben		Lerninsel 4: Schreiben: „Ein Tier beschreiben" (S. 252)

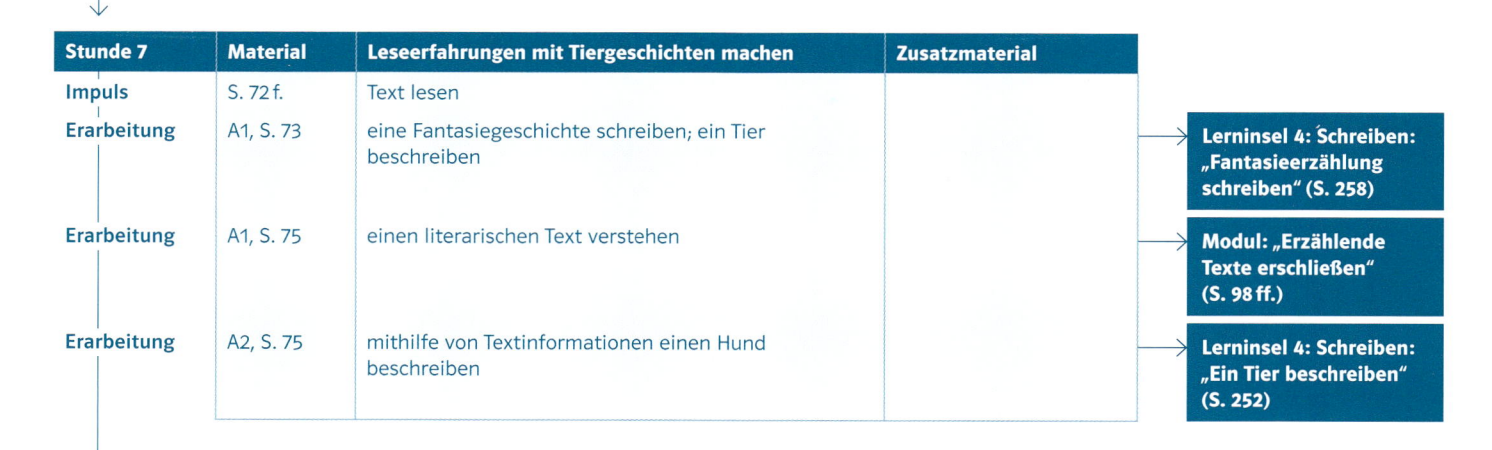

Stunde 8/9	Material	Lernerfolge sichern und ggf. bewerten	Zusatzmaterial	
selbstständige Lernkontrolle	A1–7, S. 76 f.	Tiere und Gegenstände beschreiben	🌐 TR (Online-Code mr9wz8)	AH, S. 66 f.
Klassenarbeiten	KA 04-01 bis KA 04-04 LB, S. 81 ff.	Beschreibungen verfassen		

Gorilla, Okapi & Co. · Tiere, Gegenstände und Wege beschreiben

5. Kommentare zu den Aufgaben

S. 60–61 5.1 Kapitelauftaktseite – Vorwissen aktivieren

S. 60 | A1 Im Menschenaffenhaus der Wilhelma wird auf artgerechte Haltung Wert gelegt. Das bedeutet, auf die natürlichen Bedürfnisse der Tiere Rücksicht zu nehmen. Überlegt, welche besonderen Bedürfnisse die Affen haben.

Info Vor der Bearbeitung sollte der Text über das Gorillakind Tebogo gelesen werden, daraus lassen sich einzelne Bedürfnisse der Tiere ableiten.

Lösungsvorschlag
- Affen müssen mit ihren Artgenossen gehalten werden.
- Die Jungtiere brauchen erwachsene Tiere als Vorbilder.
- Sie brauchen ausreichende Kletter- und Spielmöglichkeiten.
- Sie müssen artgerecht ernährt werden.
- Sie brauchen Rückzugszonen, wo sie ihre Ruhe haben.

S. 60 | A2 Wie stellt ihr euch ein Affenhaus vor, in dem sich Affen wohlfühlen?

Info Ziel dieser Aufgabe ist eine erste Gegenstandsbeschreibung. Einige Schüler werden sicher schon in einem Zoo (und vielleicht sogar in der Wilhelma) gewesen sein und können aus eigener Anschauung beschreiben.

S. 61 | A3 Sucht auf der Karte, wo die Gorillas wohnen. Beschreibt, wie ihr vom Eingang Pragstraße zum Gorilla-Kindergarten kommt.

Info In Erweiterung der Aufgabe könnten noch ein, zwei weitere einfachere Wege beschrieben werden (z. B. vom Eingang Pragstraße zu den Geparden (Nummer 13) oder zu den Giraffen (Nummer 12).

Lösungsvorschlag Man betritt den Zoo durch den Eingang Pragstraße und nimmt sofort den rechten Hauptweg. An der ersten großen Gabelung bleibt man weiter rechts und passiert das Raubkatzengehege weiter bis zum Elefantenhaus (ebenfalls rechts gelegen). Am Ende des Elefantenhauses befindet sich auf der linken Seite der Eingang in den Gorilla-Kindergarten (Nummer 10).

S. 62–67 5.2 Modul 1: Tierisch gut! – Tiere genau beobachten und beschreiben

Merkmale einer Tierbeschreibung kennenlernen

S. 63 | A1 Untersucht, worin sich die Beschreibungen unterscheiden.

Info Die Aufgabe könnte in Partnerarbeit zur Besprechung vorbereitet werden: Die Schüler könnten sich dabei stichwortartige Notizen zu den inhaltlichen Schwerpunkten der drei Beschreibungen machen.

Lösungsvorschlag Die drei Beschreibungen setzen unterschiedliche Schwerpunkte:

Text 1 beschreibt das Aussehen des Tieres, dabei werden Kopf und Fell detailliert beschrieben.

Text 2 ordnet zunächst die Art ein (biologische Abstammung) und nennt dann Größe und Gewicht. Weiter geht er auf die Unterschiede zwischen Männchen und Weibchen, die Ernährung der Tiere sowie ihre Verhaltensweisen ein.

Text 3 beschreibt, was den Schreiber ganz persönlich an den Tieren fasziniert.

Welche Merkmale der Tiere kann ein Zoo-Besucher auf Anhieb erkennen?		**A2** **S. 63**
Sofort zu erkennen sind alle äußerlichen Merkmale, also das Aussehen.		Lösungsvorschlag

Untersucht, wie in Text 1 das Okapi nach und nach beschrieben wird. Leitet daraus Regeln für den Aufbau einer Tierbeschreibung ab.	**A3** **S. 63**
Auch diese Aufgabe könnte in Partnerarbeit erfolgen.	Info
Der Text beschreibt zunächst, wie ein Okapi aussieht. Anschließend wird genauer auf das Aussehen von Kopf und Fell eingegangen.	Lösungsvorschlag

Notiert alle Stellen aus Text 1, in denen das Fell des Okapis beschrieben wird. Übernehmt dabei die genauen Formulierungen.	**A4** **S. 63**
Die Schüler können darauf hingewiesen werden, dass es beim Beschreiben besonders auf die treffenden Adjektive ankommt.	Info
kurzes, glänzendes Fell – am Hals dunkelbraun – an Kopf und Bauch kastanienbraune Stellen – Vorder- und Hinterläufe mit zebraartigen weißen Querstreifen – Fesseln einfarbig hell – über den Hufen dunkle Färbung	Lösungsvorschlag

Eine Tierbeschreibung planen, verfassen und überarbeiten

Bei einem Ausflug in den Zoo war eine Klasse besonders von den Nasenbären begeistert. Schaut euch die Abbildung genau an. Nennt äußere Merkmale und besondere Kennzeichen dieses Tieres.	**A1** **S. 64**
Bereitet A2 und A3 sowie A5 vor; Beschreibungsaspekte und treffende Ausdrücke können bereits an der Tafel notiert werden.	Info
vgl. Lösungsvorschlag A2	Lösungsvorschlag

Übernehmt die Tabelle und ergänzt eure Beobachtungen von Aufgabe 1. Sucht möglichst genaue Angaben und Formulierungen.	**A2** **S. 64**
Als Partner- oder Gruppenarbeit sinnvoll. Auch wenn zunächst nur Angaben zum Körperbau und Fell zu ergänzen sind, können die Schüler die Tabelle schon hier in ihre Hefte übernehmen (vgl. A5).	Info
Lernschwächere Schüler können diese Aufgabe überspringen und A3 bearbeiten; die wichtigsten Informationen zum Körperbau liefert dann der Text (vgl. Seite 65, A5).	

– Körperbau: langgestreckter Kopf mit verlängerter Schnauze und kurzen, abgerundeten Ohren; kompakter Rumpf mit zwei kräftigen Hinterpfoten und etwas schwächeren Vorderpfoten; langer, steil aufstehender Schwanz mit auffälligen schwarzen Ringelstreifen	– Fell: dichte, weiche Struktur von brauner bzw. schwarzer Farbe (an Schnauze, Nase und den Ohren gibt es außerdem weiße Zeichnungen)	Lösungsvorschlag

Gorilla, Okapi & Co. · Tiere, Gegenstände und Wege beschreiben

---

| S. 64 | A3 | Seht euch die Beschaffenheit und Farbe des Fells genau an und wählt geeignete Ausdrücke aus dem Sprachtipp aus. Ergänzt eure Tabelle. |

Info vgl. Hinweise zu A2

Lösungsvorschlag Für das Fell passen die Ausdrücke: samtweich, glatt, hell- bis rötlich braun, nicht einheitlich gefärbt, dunkel geringelt, dicht.

| S. 65 | A4 | Überfliegt den Text. Beschreibt, wie es dem Verfasser gelingt, Interesse an dem Tier zu wecken. |

Info Text der Website des Zoos in Hannover, leicht verändert

Lösungsvorschlag Der Text bietet sachliche Information, will jedoch durch die Gestaltungsweise Interesse wecken.
- pointierte, originell formulierte Zwischenüberschriften („Immer der Nase nach", Z. 6)
- gewisse Vermenschlichung („haben die Frauen das Sagen", Z. 35 f.; „Frauenpower", Z. 34; „bei den Damen gern gesehen", Z. 37 f.; „der Auserwählte", Z. 40 f.)
- Ellipse/Parallelismus („Gerochen – gefunden.", Z. 14 f.)
- umgangssprachliche Wörter („ruckzuck", Z. 25, „Hinterteil", Z. 27)

| S. 65 | A5 | Lest den Text genau. Sucht weitere äußere Merkmale des Nasenbären heraus. Achtet auf besonders treffende Formulierungen.
– Ergänzt eure Tabelle (Seite 64, Aufgaben 2 und 3).
– Überprüft, ob ihr wirklich nur solche Informationen festgehalten habt, die für eine Tierbeschreibung notwendig sind. |

Info Die Überprüfung der Informationen kann in Partnerarbeit erfolgen.

Lösungsvorschlag Angaben zu äußeren Merkmalen im Text:
„langen, buschigen, gestreiften Schwanz, den er meist steil aufragend trägt" (Z. 7 ff.);
„lange, rüsselartige Nase" (Z. 9 f.);
„kräftige Krallen" (Z. 15 f.);
„starke Arme und noch kräftigere Hinterbeine" (Z. 22 f.);
„große Eckzähne" (Z. 45)
„können sie ihre Gelenke der Vorder- und Hinterpfoten besonders gut dehnen" (Z. 30 ff.)

| S. 65 | A6 | Bringt die Notizen eurer Tabelle (Seite 64, Aufgaben 2 und 3) in eine sinnvolle Reihenfolge. Nummeriert die einzelnen Stichpunkte. Orientiert euch an der blauen Box auf Seite 67. |

Info Die Gliederungen könnten in Partnerarbeit (ein lernstärkerer und ein lernschwächerer Schüler) erstellt werden.

Lösungsvorschlag biologische Einordnung des Tiers: Familie der Kleinbären – Gesamteindruck: putziges Aussehen – auffällige Besonderheiten: rüsselartige Schnauze – äußere Merkmale des Tiers vgl. Lösungsvorschlag A2 (vgl. Kompetenzbox, S. 65 und Lerninsel, S. 252)

| S. 65 | A7 | Beschreibt den Nasenbären in einem ersten Entwurf. |

Info In Stillarbeit oder als HA; Entwürfe können in Gruppen (Schreibkonferenzen) überarbeitet werden.

| | A8 | S. 66 |

Ein Schüler hat seinen ersten Entwurf (1) mit der Textlupe untersucht und begonnen, ihn zu überarbeiten (2). Welche Fehlerschwerpunkte hat er gefunden? Setzt die Überarbeitung fort.

Lernschwächere Schüler können die erste Teilaufgabe (Erkennen der Fehlerschwerpunkte) überspringen und sofort nach besseren Formulierungen suchen.

Info

- Fehlerschwerpunkte: Wortschatz (Suche nach treffenderen Ausdrücken; Vermeiden von Wiederholungen), Wortstellung im Satz, Satzverknüpfung
- Fortsetzung der Überarbeitung: … Körper mit kurzen Beinen und einem langen, buschigen Schwanz. Sein Fell ist rötlich braun, der Schwanz ist gleichmäßig dunkel geringelt. Die Schnauze des Tiers läuft nach vorn spitz zu und hat so ein rüsselartiges Aussehen.

Lösungsvorschlag

| A9 | S. 66 |

Überprüft in folgenden Sätzen die Verbformen. Findet abwechslungsreichere Formulierungen und schreibt die Sätze auf.

Schüler, deren Muttersprache nicht Deutsch ist, nehmen ein zweisprachiges Wörterbuch zu Hilfe.

Info

a) Sein Körper streckt sich ins Längliche/weist eine längliche Form auf.
b) Der Schwanz misst/erstreckt sich über etwa dieselbe Länge wie der Körper.
c) Sein langer, buschiger Schwanz weist schwarze Streifen auf.
d) Der Nasenbär besitzt kleine Ohren.
e) Er verfügt über kurze und kräftige Beine.
f) Der Kopf läuft in einer langen, rüsselartigen Nase aus.
g) Alle vier Füße sind mit je fünf Krallen ausgestattet.
h) Die Zehen sind mit scharfen Krallen versehen.

Lösungsvorschlag

| A10 | S. 66 |

Überarbeitet euren eigenen Entwurf (Seite 65, Aufgabe 7) mithilfe der Textlupe.

Arbeitstechnik Textlupe: Partner- bzw. Kleingruppenarbeit, wobei die Schüler gegenseitig auch konkrete Verbesserungsvorschläge machen sollten.

Info

| A11 | S. 67 |

Zum Differenzieren
A Beim Zoobesuch haben einer Schülerin die Echsen gut gefallen. Einige Arten kann man als Haustiere halten, zum Beispiel die Bartagame. Um die Eltern von ihrem ehrlichen Interesse zu überzeugen, gestaltet die Schülerin ein Infoblatt über Bartagamen.
- Fertigt mithilfe der Notizen der Schülerin eine Tierbeschreibung an.
- Gestaltet das Infoblatt auch mit Bildern von der Bartagame.
B Wählt euer Lieblingstier aus, gestaltet zu diesem ein Infoblatt mit Text und Bildern.

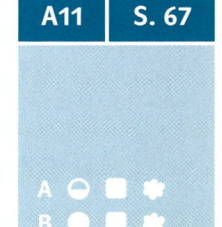

Alternativ: AB 04-01, siehe LB, S. 89

Info

5.3 Modul 2: Ich sehe was, was ihr nicht seht – Gegenstände beschreiben

S. 68–69

| A1 | S. 68 |

Beschreibt einen Gegenstand, der sich im Klassenzimmer befindet. Tragt eure Beschreibung vor, ohne den Gegenstand zu nennen. Wer errät zuerst, was gemeint ist?

Info

- Die Information über die Merkmale sollte so erfolgen, dass sich das Rätsel schrittweise löst.
- Der spielerische Charakter sollte gewahrt bleiben, evtl. auch als Spiel mehrerer Gruppen. Im Rahmen des Spiels sollten die Einordnung des Gegenstandes (vgl. Tierbeschreibung) vermieden werden und die Merkmale gerade nicht sachsystematisch genannt werden.

○ ◐ ● leicht – mittel – schwer   ■ analytisch   ✿ handlungs- und produktionsorientiert

Gorilla, Okapi & Co. · Tiere, Gegenstände und Wege beschreiben

| S. 68 | A2 | Lest das Telefonat zwischen Hanna und Frau Schmidt mit verteilten Rollen. |

Info Es bietet sich hier Partnerarbeit an, wobei die Partner jeweils das Gespräch nicht nur lesen, sondern auch vorbereiten sollten, z. B. die Sprechweisen der Gesprächspartner überlegen etc.

| S. 68 | A3 | Erklärt, warum die Zoo-Mitarbeiterin Hanna nicht helfen konnte. |

Info Informationsgehalt und Adressatenbezug einer Beschreibung bewerten

Lösungsvorschlag Hanna macht zu ihrem Rucksack keine genauen Angaben.

| S. 68 | A4 | Im Info-Punkt wird Hanna gebeten, eine Verlustanzeige auszufüllen. Übernehmt das Formular und füllt es aus. |

Info Der abgebildete Rucksack dient nur der Orientierung und muss nicht beschrieben werden. Die Schüler können ihren eigenen Rucksack oder den eines Mitschülers beschreiben.

Lösungsvorschlag Gegenstandsbeschreibung: (Tages-)Rucksack
- Marke/Typ: Fantasia Pack Basic
- Größe/Farbe/Material: 49 H x 32 B x 25 T; hellblau; Polyester
- Besondere Kennzeichen: Delfin-Sticker auf der Vortasche
- Inhalt: blaue Jeansjacke, Portmonee (mit ca. 12 €), Thermoskanne …

| S. 68 | A5 | Was macht eine gute Gegenstandsbeschreibung aus? Begründet. |

Info Funktion einer Beschreibung bewusstmachen, z. B. etwas beschreiben, damit man sich einen Gegenstand gut vorstellen kann, oder etwas beschreiben, damit man einen Gegenstand schnell erkennen bzw. eindeutig identifizieren kann. Bei Beschreibungen in Verlustanzeigen sollten v. a. unverwechselbare Besonderheiten eines Gegenstandes benannt werden. Die Begründung könnte schriftlich in Stichwörtern notiert werden. Die Schüler können anschließend eine Selbstüberprüfung mithilfe der Kompetenzbox auf Seite 67 vornehmen. Lernschwächere Schüler sollten sofort auf die Darstellung in der Kompetenzbox zurückgreifen.

| S. 69 | A6 | **Zum Differenzieren**
A Damit die Vögel in der Wilhelma nicht durch die Klingeltöne eurer Handys beim Brüten gestört werden, werden diese eingesammelt und in eine Kiste gelegt. Um später sein eigenes Handy zurückzubekommen, muss man es ganz genau beschreiben können. Legt ein Handy vor euch hin und verfasst eine Beschreibung. Welche besonderen Merkmale unterscheidet es von anderen? Geht auf die Farbe, die Form, das Material und die Größe ein und erwähnt Einzelheiten (Firmenlogo, Handytasche, Kratzer auf dem Display).
B Beschreibt ein Handy, das ihr gerne hättet. Überlegt, was es an Besonderheiten haben soll.
C Bestimmt habt ihr schon einmal einen Gegenstand verloren, der euch viel bedeutet hat. Erzählt kurz, wie es dazu kam, und beschreibt den verlorenen Gegenstand so genau, dass die Leser ihn vor Augen haben. |

Info Die Schüler sollten ihre Beschreibungen nicht nur verfassen, sondern auch überarbeiten (vgl. Seite 66). – Alternativ kann hier auch **AB 04-02** (Online-Code p84j8d) bearbeitet werden.

○ ◐ ● leicht – mittel – schwer   ■ analytisch   ✿ handlungs- und produktionsorientiert

5.4 Modul 3: Hier geht's lang! – Wege beschreiben

S. 70–71

Ob Paul den Weg zum Okapi wohl finden konnte? Überprüft Sinas Wegbeschreibung anhand des Ausschnitts aus dem Zooplan.

A1 **S. 70**

Der zweite Teil des Textes ist ein Muster für eine gelungene Wegbeschreibung. Die Schüler sollen konkret benennen, was gelungen ist.

Info

Es werden eindeutige Orientierungshilfen gegeben, z. B.:
- eine klare Ausgangsposition: „aus der Wilhelmaschule raus …" (Z. 4)
- auffällige Punkte: „am WC vorbei" (Z. 4 f.); „auf das Kakteenhaus zu" (Z. 8)
- vorhandene Hinweise: „folgst du am besten den Schildern zum Bistro Belvedere" (Z. 12 f.)
- Angaben zu Entfernungen: „der etwa 25 m lang ist" (Z. 6); „aber nur wenige Meter" (Z. 7 f.)
- Richtungsangaben: „biegst du bei der nächsten Möglichkeit links ab" (Z. 6); „die Treppen nach unten" (Z. 11)

Lösungsvorschlag

Stellt in Stichpunkten Merkmale für eine gute Wegbeschreibung zusammen.

A2 **S. 70**

Die Schüler können die Merkmale mithilfe der Kompetenzbox auf S. 71 selbst überprüfen. Lernschwächere Schüler sollten sofort auf die Darstellung in der Kompetenzbox zurückgreifen.

Info

Ausgangs- und Zielpunkt benennen, Angaben in der richtigen Reihenfolge machen, Orts-, Straßennamen sowie auffällige Punkte als Orientierungshilfe nennen, Richtungsänderungen angeben, Zeit- und/oder Entfernungshinweise geben

Lösungsvorschlag

Sucht auf dem Zooplan auf Seite 70 den Weg von den Korallenfischen zu den Klammeraffen. Beschreibt euch den Weg dorthin.

A3 **S. 71**

Auch als Partnerarbeit sinnvoll; es könnten dann jeweils ein lernstärkerer und ein lernschwächerer Schüler zusammenarbeiten.

Info

Wenn du direkt vor den Korallenfischen stehst, gehst du links den Weg weiter. Du kommst an den Schildkröten und Krokodilen vorbei, die sich rechts von dir befinden. Danach siehst du, ebenfalls auf deiner rechten Seite, die Aquarien der gemäßigten Zone. Der Weg beschreibt dann eine starke Linkskurve (eigentlich einen Halbkreis), der du folgst. Du läufst einen Viertelkreis mit und verlässt diesen bei der ersten Möglichkeit, indem du rechts abbiegst. Schon nach wenigen Metern musst du wieder links abbiegen. Wenn du den Weg nun geradeaus läufst, kommst du direkt auf das Haus der Gibbons zu. Kurz davor ist auf der linken Seite das Affenhaus mit den Klammeraffen.

Lösungsvorschlag

Verfasst mithilfe des Plans die Wegbeschreibung von der Flüstergalerie zu den Greifvögeln. Nutzt die Formulierungshilfen aus dem Sprachtipp.

A4 **S. 71**

Partnerarbeit ist auch hier sinnvoll, jeweils zwischen einem lernschwächeren und einem leistungsstärkeren Schüler.

Info

Von der Flüstergalerie aus folgst du dem bogenförmigen Weg in westlicher Richtung, bis du auf einen langen, nach Süden führenden Weg kommst. Diesem Weg folgst du, bis links von dir die tropischen Seerosen auftauchen. In gleicher Höhe nimmst du die Treppe nach rechts in das Haus der Tropenvögel. Du durchquerst es. Wenn du es verlassen hast, wendest du dich unmittelbar nach links in südlicher Richtung. Der Weg wird bald schmaler und macht einen leichten Bogen nach links. Du folgst ihm bis kurz vor die Wilhelmaschule. Von dort zweigt ein Weg nach rechts ab. Diesem Weg folgst du, wobei du dich immer links hältst. Nach einer scharfen Linkskurve siehst du schon die Greifvögel.

Lösungsvorschlag

Gorilla, Okapi & Co. · Tiere, Gegenstände und Wege beschreiben

---

S. 71	A5	Sucht euch auf dem Plan auf Seite 61 ein Ziel aus, das ihr gerne besuchen würdet, und verratet es niemandem. Beschreibt den Weg vom Eingang Pragstraße bis zu diesem Ziel so genau, dass eure Leser das Ziel anhand der Wegbeschreibung herausfinden können.
	Info	Aufgabe bietet sich als Hausaufgabe an; im Unterricht könnte die Aufgabe auch mündlich bearbeitet werden. – Alternativ kann hier auch ⬜ **AB 04-03** (Online-Code k5uw9j) bearbeitet werden.

S. 72–75 5.5 Leseinsel: Leseerfahrungen mit Tiergeschichten machen

S. 73	A1	Erzählt die Geschichte, wie das Riesenkänguru dem Mann den Kopf kahl frisst Beschreibt dabei das Känguru.
	Info	Bei der Geschichte können die Schüler ihrer Fantasie freien Lauf lassen. – Vgl. zum Riesenkänguru die Informationen und Abbildungen auf der Seite http://www.tierchenwelt.de/beuteltiere/104-riesenkaenguru.html (Stand Februar 2016).

S. 75	A1	Erklärt, warum die Leute John Thornten und den Hund allein lassen.
Lösungsvorschlag		Die Menschen möchten Thornten in dieser besonderen Situation nicht stören.

S. 75	A2	Sammelt im Text Informationen und beschreibt den Hund.

Lösungsvorschlag Angaben zum Hund im Text:
Schlittenhund (einleitender, kursiv gesetzter Text);
„er war vorzüglich in Form" (Z. 43 f.)
„sein Fell glänzte wie Seide" (Z. 44 f.); (Wiederholung)
„dem seidigen Fell" (Z. 104)
„er hatte nicht ein Gramm Fleisch zu viel oder zu wenig" (Z. 45 f.);
„all seine Muskeln schienen zu beben" (Z. 49)
„das lange Fell" (Z. 71)

Klassenarbeit zum Kapitel:
Gorilla, Okapi & Co. • Tiere, Gegenstände und Wege beschreiben

KA 04-01

Name: _____ Klasse: _____ Datum: _____

Alice Herdan-Zuckmayer: Das Scheusal

Die Erzählerin erbt von ihrer Tante einen Hund, den sie in dieser Szene beschreibt:
Der Hund streckte sich, richtete sich auf, spreizte die krummen Beine. Er hatte ein glattes, gelbes Fell, spitze Ohren, einen unförmigen Leib.
Ich sah ihn an und ekelte mich.

5 Der Hund hatte seine Augen auf mich gerichtet: die Augen hatten keine Iris, keine farbenbildende Traubenhaut unter der Iris, keine Pupillen, nur die weiße, harte Hornhaut überzog die Augen.
Er begann die weißen Kugeln in seinen Augenhöhlen zu rollen, er knurrte und entblößte seine Zahnstummel.

— (Quelle: Aus: Das Scheusal. © S. Fischer Verlag GmbH, Frankfurt am Main 1983.)

1 Notiere aus dem Text fünf Adjektive, mit denen das Aussehen des Hundes beschrieben wird.

2 Ersetze in den beiden folgenden Sätzen das markierte Verb durch eine abwechslungsreichere Formulierung.

a) Er <u>hatte</u> ein glattes, gelbes Fell …

b) die Augen <u>hatten</u> keine Iris …

3 Verfasse eine Gegenstandsbeschreibung von einem Gegenstand deiner Wahl.

a) Unterstreiche vier Adjektive/Attribute, die du verwendet hast.

b) Wähle drei weitere Adjektive aus und stelle dazu Wortfelder mit drei weiteren Begriffen zusammen.

c) Welche Aussagen über Wegbeschreibungen treffen zu, welche nicht? Kreuze entsprechend an.

	Aussagen über Wegbeschreibungen	richtig	falsch
a)	In Wegbeschreibungen sollte sowohl der Ausgangs- als auch der Zielpunkt benannt werden.		
b)	Beim Beschreiben eines Wegs sollte man auffällige Punkte als Orientierungshilfe angeben.		
c)	Wegbeschreibungen werden stets im Futur verfasst, da der Weg ja noch vor dem liegt, dem der Weg beschrieben wird.		
d)	Beim Beschreiben eines Weges sollte man immer auch Angaben zur Entfernung bzw. der Dauer eines Weges machen.		

4 Lies noch einmal den Textausschnitt oben. Halte stichpunktartig fest, wie diese Beschreibung von den Tierbeschreibungen abweicht, die du im Unterricht kennengelernt hast.

Erwartungshorizont/Korrekturhilfe KA 04-01

Gorilla, Okapi & Co. · Tiere, Gegenstände und Wege beschreiben

(vgl. Lehrerband, S. 81)

Aufgabe	Anforderung /Lösung	Anforderungs-bereich	Punkte
1	**Adjektive im Text** krummen, glattes, gelbes, spitze, unförmigen, farbenbildende, weiße, harte	1	4 (zu Teilnote 1)
2	a) Beispiel: Er besaß ein glattes, gelbes Fell … b) Beispiel: Man konnte keine Iris erkennen …	2	2 (zu Teilnote 1)
3	**Gegenstandsbeschreibung** − alle wesentlichen Angaben zum Gegenstand erfasst (Art und Funktion, Größe, Farbe, Form, Material, auffällige Besonderheiten); Beschreibung gegliedert (z. B. vom Auffälligen zum Unauffälligen); Präsens, Verwendung treffender, abwechslungsreicher Ausdrücke, Verwendung Fachausdrücke, Anschaulichkeit − wesentliche Angaben zum Gegenstand erfasst; Beschreibung weitgehend gegliedert; Präsens, Verwendung abwechslungsreicher Ausdrücke, Anschaulichkeit − wesentliche Angaben zum Gegenstand fehlen; Beschreibung nicht gegliedert; kein Präsens; fehlerhafter Stil bzw. andere gravierende sprachliche Defizite	2	10 (zu Teilnote 2)
3a	vier Adjektive unterstrichen	1	4 (zu Teilnote 1)
3b	Wortfelder zu drei Adjektiven mit drei weiteren Begriffen	2	6 (zu Teilnote 1)
3c	a) richtig; b) richtig; c) falsch; d) richtig	1	4 (zu Teilnote 1)
4	**Abweichungen von Tierbeschreibungen** Text ist nicht im Präsens verfasst – Text ist nicht sachlich, sondern wertend und gefühlsgeprägt – Text nimmt keine biologische Einordnung des Tiers vor – Text beschreibt das Tier nicht vollständig (z. B. keine Angaben über die Beine oder den Schwanz)	3	8 (zu Teilnote 1)
	ggf. Sprachliche Darstellungsleistung	**Fehlerquote**	**Punkte**

Klassenarbeit zum Kapitel:
Gorilla, Okapi & Co. • Tiere, Gegenstände und Wege beschreiben

KA 04-02

Name:　　　　　　　　　　　　　　　Klasse:　　　　　Datum:

1 Bewerte die folgende Wegbeschreibung.

Um zum Bahnhof zu kommen, gehst du hier einfach geradeaus. An der dritten Kreuzung biegst du links ab. Dann an der nächsten Kreuzung wieder links. Die Straße gehst du weiter, bis du den Hauptbahnhof siehst. Daneben bist du dann da.

2 Markiere im folgenden Text alle Adjektive.

Der Deutsche Schäferhund ist eine der beliebtesten Hunderassen in Deutschland. Mit 55 bis 65 cm Widerristhöhe (= Schulterhöhe) zählt der Schäferhund zu den mittelgroßen Hunden. Die Hündinnen sind etwas kleiner und werden bis zu 60 cm hoch. Der Schäferhund hat kräftige Muskeln und wird 30 bis 40 kg schwer. Die durchschnittliche Lebenserwartung Deutscher Schäferhunde ist 13 Jahre.

3 Ersetze in den beiden folgenden Sätzen das markierte Verb durch eine passendere Formulierung.

a) Der Schäferhund <u>hat</u> kräftige Muskeln.

b) Die durchschnittliche Lebenserwartung Deutscher Schäferhunde <u>ist</u> 13 Jahre.

4 Verfasse eine Gegenstandsbeschreibung des hier abgebildeten Fahrrads.

– shutterstock.com (Regien Paassen), New York, NY

Erwartungshorizont/Korrekturhilfe

Gorilla, Okapi & Co. · Tiere, Gegenstände und Wege beschreiben

KA 04-02

(vgl. Lehrerband, S. 83)

Aufgabe	Anforderung/Lösung	Anforderungs-bereich	Punkte
1	**Bewertung:** – sachlich korrekte Angaben – keine Entfernungs- bzw. Zeitangaben – keine Orientierungspunkte – keine Straßennamen	2	6
2	**Adjektive:** Deutsche, beliebtesten, mittelgroßen, kleiner, hoch, kräftige, schwer, durchschnittliche, Deutscher	1	9
3	**Beispiele:** a) besitzt, weist auf b) beträgt, liegt bei	2	4
4	**gelungen:** alle wesentlichen Angaben zum Gegenstand erfasst (Art und Funktion, Größe, Farbe, Form, Material, auffällige Besonderheiten); Beschreibung gegliedert (z. B. vom Auffälligen zum Unauffälligen); im Präsens; Verwendung treffender, abwechslungsreicher Ausdrücke, Verwendung Fachausdrücke, Anschaulichkeit **in Ordnung:** wesentliche Angaben zum Gegenstand erfasst; Beschreibung weitgehend gegliedert; im Präsens; Verwendung abwechslungsreicher Ausdrücke, Anschaulichkeit **nicht gelungen:** wesentliche Angaben zum Gegenstand fehlen; Beschreibung nicht gegliedert; kein Präsens; fehlerhafter Stil bzw. andere gravierende sprachliche Defizite	3	12
	ggf. sprachliche Darstellungsweise	Fehlerquote	Punkte

Klassenarbeit zum Kapitel:
Gorilla, Okapi & Co. • Tiere, Gegenstände und Wege beschreiben

KA 04-03

Name: Klasse: Datum:

1 Lies den Text. Notiere in einer Tabelle alle Angaben zum Aussehen des Maulwurfs. Verwende folgende Stichwörter: *Körpermaße, Gewicht, Körperform, Fell/Behaarung*.

Der Maulwurf

Der Maulwurf gehört zu der Ordnung der Insektenesser, einer der großen Säugetierordnungen mit mehr als 350 Arten in über 50 Gattungen und sechs Familien. Weitere bei uns heimische Vertreter der Insektenfresser sind beispielsweise der Igel, Otter oder die Spitzmaus. […]
Seinen Namen hat der Maulwurf von dem alten Begriff „Molte = Erde" erhalten und [er] hat nichts mit
5 dem Begriff Maul zu tun. […] Bis auf Irland und Island ist der europäische Maulwurf in ganz Europa vertreten. Seine typischen Lebensräume sind Äcker, Wiesen, Wälder. Er meidet steinige, übersäuerte oder zu wässrige Böden. […]
Maulwürfe leben vollständig unterirdisch, d.h., alle Körpervorgänge können ablaufen, ohne dass sie das Erdinnere verlassen müssen. An diese Umgebung sind Maulwürfe perfekt angepasst. Maulwürfe
10 besitzen eine Körperlänge von 12–19 cm, wobei der Schwanz selten mehr als 3 cm misst. Angepasst an sein Lebensumfeld besitzt der Maulwurf nur eine Körperhöhe von ca. 2 cm. Entsprechend wiegt er auch nur 50–140 Gramm. Sein kleiner zylindrischer, walzenartiger Körper ist von einem grau-schwarz, samtigen Fell ohne Strich umgeben. Die Augen und Ohren sind im dichten Fell fast ganz verborgen. Die Ohren besitzen keine Ohrmuscheln und können mit einer Haut verschlossen werden. Die Augen
15 sind nur wenige Millimeter groß und besitzen eine nur geringe Sehkraft. Sie liegen im dichten Fell und sind von der Lidspalte fast ganz verschlossen. Maulwürfe können daher nur hell und dunkel unterscheiden, ohne genaues zu erkennen.
An der kleinen Schnauze und dem Schwanz besitzt er feine Tasthaare. Sein Hauptsinnesorgan ist der empfindliche kleine Rüssel, mit welchem er sehr gut riechen und tasten kann. Die Schnauze ist eng
20 besetzt mit Sinneszellen […]. Der Hals ist sehr kurz, so dass sein Kopf direkt auf dem Rumpf zu sitzen scheint. Seine Vorderfüße sind zu kleinen Grabschaufeln umgestaltet und die Innenflächen sind nach außen gedreht. […] Die Vordergliedmaßen werden durch sehr kräftige Muskeln unterstützt. Er kann damit Erdmassen vom 20-fachen seines Körpergewichtes bewegen. Sein Fell besitzt keinen Strich, sodass er vorwärts wie rückwärts gut laufen kann.

— (Quelle: http://www.natur-lexikon.com/Texte/MZ/001/00065-Maulwurf/MZ00065-Maulwurf.html (aufgerufen am 11.2.2013); Text leicht modifiziert)

2 Kreuze an, welche Aussagen über Wegbeschreibungen zutreffen und welche nicht.

	Aussagen über Wegbeschreibungen	richtig	falsch
a)	In Wegbeschreibungen sollte sowohl der Ausgangs- als auch der Zielpunkt benannt werden.		
b)	Beim Beschreiben eines Wegs sollte man auffällige Punkte als Orientierungshilfe angeben.		
c)	Wegbeschreibungen werden stets im Futur verfasst, denn der Weg liegt noch vor einem.		
d)	Bei einer Wegbeschreibung sollte man immer etwas zu den Entfernungen bzw. zur Zeitdauer sagen.		

3 Verfasse eine Beschreibung zu einem Gegenstand deiner Wahl.

Erwartungshorizont/Korrekturhilfe

Gorilla, Okapi & Co. · Tiere, Gegenstände und Wege beschreiben

KA 04-03

(vgl. Lehrerband, S. 85)

Aufgabe	Anforderung/Lösung	Anforderungs-bereich	Punkte
1	**Körpermaße:** Körperlänge von 12–19 cm, Schwanz selten mehr als 3 cm, Körperhöhe von ca. 2 cm **Gewicht:** 50–140 Gramm **Körperform:** kleiner zylindrischer, walzenartiger Körper; Hals sehr kurz; Kopf scheint direkt auf dem Rumpf zu sitzen; Vorderfüße wie Grabschaufeln; Vordergliedmaßen mit kräftigen Muskeln **Fell/Behaarung:** grau-schwarz, samtig, ohne Strich; Fell bedeckt Augen und Ohren; Schnauze und Schwanz mit Tasthaaren	2	12
2	a) richtig; b) richtig; c) falsch; d) richtig	1	4
3	**gelungen:** alle wesentlichen Angaben zum Gegenstand erfasst (Art und Funktion, Größe, Farbe, Form, Material, auffällige Besonderheiten); Beschreibung gegliedert (z. B. vom Auffälligen zum Unauffälligen); im Präsens; Verwendung treffender, abwechslungsreicher Ausdrücke, Verwendung Fachausdrücke, Anschaulichkeit **in Ordnung:** wesentliche Angaben zum Gegenstand erfasst; Beschreibung weitgehend gegliedert; im Präsens; Verwendung abwechslungsreicher Ausdrücke, Anschaulichkeit **nicht gelungen:** wesentliche Angaben zum Gegenstand fehlen; Beschreibung nicht gegliedert; kein Präsens; fehlerhafter Stil bzw. andere gravierende sprachliche Defizite	3	12
	ggf. sprachliche Darstellungsweise	Fehlerquote	Punkte

Klassenarbeit zum Kapitel:

Gorilla, Okapi & Co. • Tiere, Gegenstände und Wege beschreiben

KA 04-04

Name:　　　　　　　　　　　Klasse:　　　　Datum:

1 Markiere im folgenden Text alle Adjektive.

> Hauskatzen haben eine Körperlänge von etwa 40 cm. Ihr Fell ist schwarz, weiß, rot oder gelb und kann Streifen und Flecken haben. Das Fell wird im Winter dichter.
> Katzen können sehr gut hören und sehen. Die Pupillen ihrer großen Augen sind tagsüber schlitzförmig. Wenn es dunkel ist, werden die Pupillen groß und rund, damit die Tiere trotz der Dunkelheit gut sehen können.

2 Ersetze in den folgenden Sätzen das markierte Verb durch eine passendere Formulierung.

a) Hauskatzen <u>haben</u> eine Körperlänge von etwa 40 cm.

b) Ihr Fell kann Streifen und Flecken <u>haben</u>.

3 Verfasse eine Beschreibung der hier abgebildeten Katze. Nutze dazu die Informationen aus dem Text aus Aufgabe 1.

— Fotolia.com (luzpower), New York

4 Kreuze an, welche Aussagen über Weg- und Gegenstandsbeschreibungen zutreffen und welche nicht.

	Aussagen über Weg- und Gegenstandsbeschreibungen	richtig	falsch
a)	In Wegbeschreibungen sollte sowohl der Ausgangs- als auch der Zielpunkt benannt werden.		
b)	Bei einer Wegbeschreibung sollte man auffällige Punkte als Orientierungshilfe nennen, jedoch keine Orts- und Straßennamen.		
c)	Bei einer Wegbeschreibung sollte man immer etwas zu den Entfernungen bzw. zur Zeitdauer sagen.		
d)	Bei einer Gegenstandsbeschreibung geht man vom Unauffälligen zum Auffälligen oder vom Unwichtigen zum Wichtigen.		
e)	In einer Gegenstandsbeschreibung sollten immer Art und Funktion		

Erwartungshorizont/Korrekturhilfe KA 04-04

Gorilla, Okapi & Co. · Tiere, Gegenstände und Wege beschreiben

(vgl. Lehrerband, S. 87)

Aufgabe	Anforderung/Lösung	Anforderungs-bereich	Punkte
1	**Adjektive:** schwarz, weiß, rot, gelb, dichter, gut, großen, schlitzförmig, dunkel, groß, rund, gut	1	12
2	**Beispiele** a) erreichen b) aufweisen, besitzen	2	4
3	**gelungen:** alle wesentlichen Angaben erfasst; Beschreibung im Präsens, Verwendung treffender, abwechslungsreicher Ausdrücke, Verwendung Fachausdrücke, Anschaulichkeit **in Ordnung:** wesentliche Angaben erfasst; Beschreibung weitgehend gegliedert; im Präsens, Verwendung abwechslungsreicher Ausdrücke, Anschaulichkeit **nicht gelungen:** wesentliche Angaben fehlen; Beschreibung nicht gegliedert; kein Präsens; fehlerhafter Stil bzw. andere gravierende sprachliche Defizite	3	12
4	a) richtig; b) falsch; c) richtig; d) falsch; e) richtig	1	5
	ggf. sprachliche Darstellungsweise	**Fehlerquote**	**Punkte**

Arbeitsblatt zum Kapitel:
Gorilla, Okapi & Co. • Tiere, Gegenstände und Wege beschreiben

AB 04-01
c4628b

Eine Tierpatenschaft übernehmen – Tiere beschreiben

1 Der Zoo unterstützt den Erhalt und die Vermehrung bedrohter Tierarten unter anderem dadurch, dass man Tierpatenschaften übernehmen kann. Eure Schule möchte ein Jahr lang eine Patenschaft für ein Tier übernehmen. Folgende Tiere sind in die engere Wahl gekommen: Visaya-Pustelschwein, Brillenpinguin und Flamingo.
  − Macht euch in Lexika oder im Internet über diese Tiere kundig.
  − Sammelt mithilfe einer Mindmap Informationen zu ihrem Aussehen, ihren besonderen Merkmalen und verdeutlicht ihre Notlage.

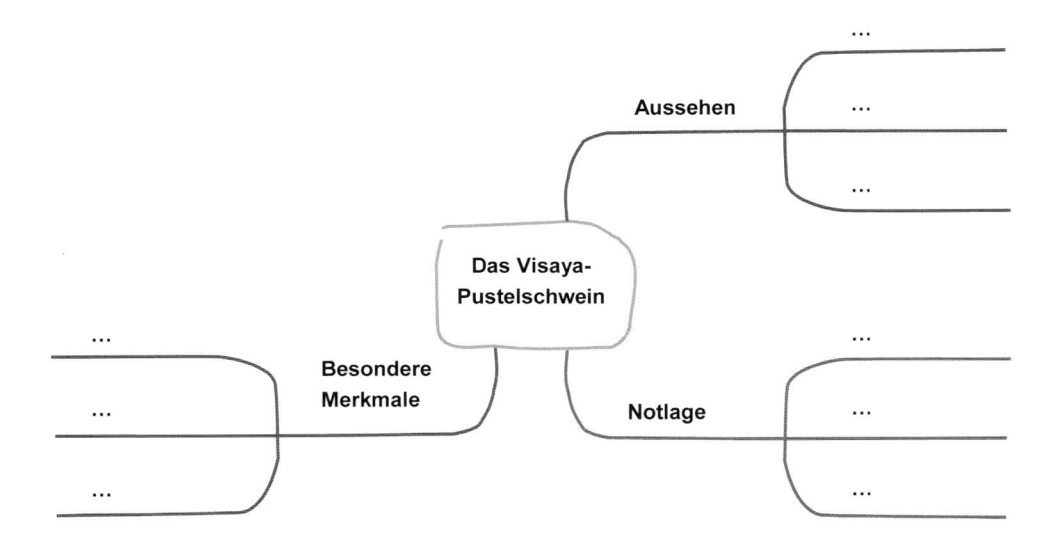

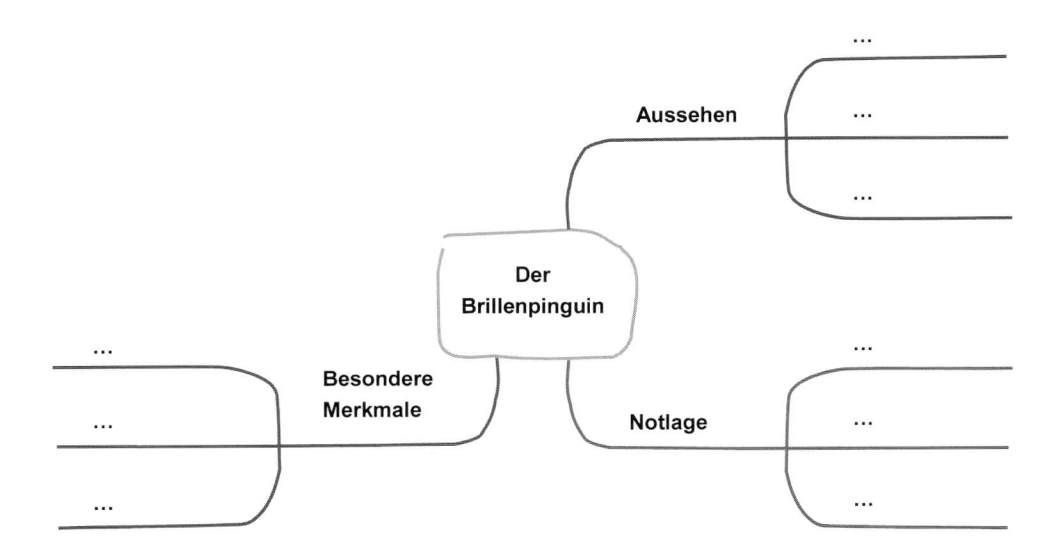

● **Das Visaya-Pustelschwein**
- Aussehen: ..., ..., ...
- Besondere Merkmale: ..., ..., ...
- Notlage: ..., ..., ...

● **Der Brillenpinguin**
- Aussehen: ..., ..., ...
- Besondere Merkmale: ..., ..., ...
- Notlage: ..., ..., ...

Arbeitsblatt zum Kapitel:
Gorilla, Okapi & Co. • Tiere, Gegenstände und Wege beschreiben

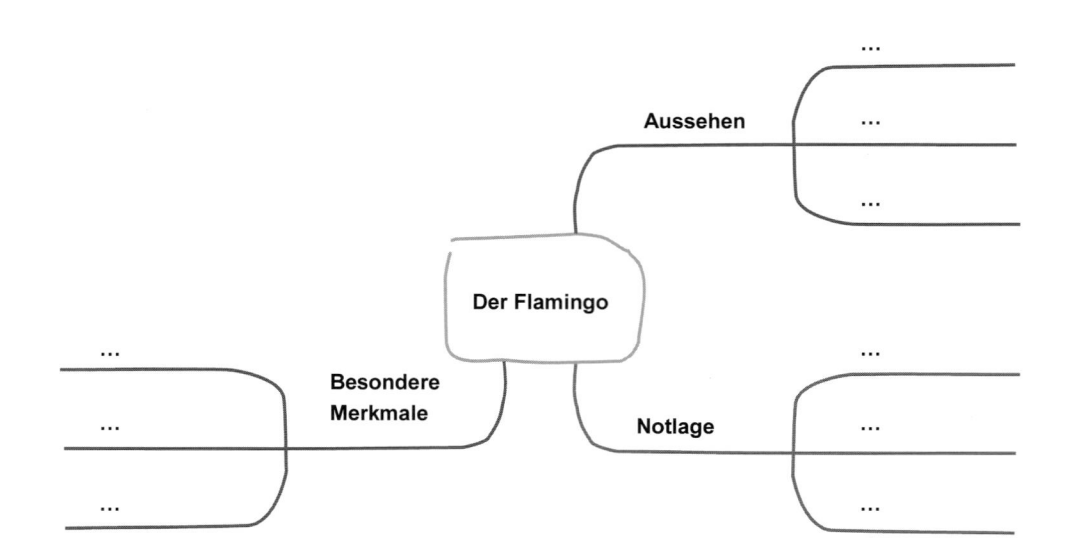

AB 04-01
c4628b

```
                    ... 
              Aussehen  ...
                        ...

        Der Flamingo

  ...                   ...
      Besondere         
  ...  Merkmale  Notlage ...
                        ...
  ...
```

2 Wählt nun das Tier aus, für das eure Schule eine Patenschaft übernehmen sollte, und schreibt einen kurzen Artikel über das Tier für die Schülerzeitung. Nutzt dafür die in Aufgabe 1 gesammelten Informationen. Macht auch deutlich, warum ihr gerade dieses Tier ausgewählt habt.

_____
_____
_____
_____
_____
_____
_____
_____
_____
_____
_____
_____
_____
_____
_____

Tausend Worte – tausend Bilder

Kinderbücher und ihre Verfilmungen entdecken

S. 78–95

1. Kompetenzrahmen und Zielsetzungen

Modul 1: Bücher entdecken

S. 80, *Rico, Oskar und die Tieferschatten*	Titel, Cover und Klappentext untersuchen; bei der Buchauswahl kriteriengeleitet vorgehen
S. 81, *Die drei???*	Romananfänge untersuchen und die Fortsetzung der Geschichten antizipieren
S. 82–83, *Stiftung Lesen, Dt. Jugendliteraturpreis*	sich über Bücher informieren und vorstellen bzw. weiterempfehlen
S. 84, *Lesetagebuch*	ein Lesetagebuch gestalten
S. 85, *Hände weg von Mississippi*	einen Buchausschnitt erschließen

Modul 2: Ein Kinderbuch wird verfilmt

S. 88, *Interview mit dem Regisseur*	ein Interview auswerten
S. 89, *Hände weg von Mississippi (Drehbuch)*	Unterschiede zwischen Jugendbuch und Drehbuch erkennen; Kameraperspektiven untersuchen

2. Ausgangssituation der Schüler

Die Standards (KMK) am Ende der 4. Klasse sehen vor, dass die Schüler folgende Kompetenzen im Bereich Umgang mit Texten (insbesondere von Büchern) und Medien erworben haben:
- Sie können altersgemäße Texte sinnverstehend lesen.
- Sie können lebendige Vorstellungen beim Lesen und Hören literarischer Texte entwickeln.
- Sie kennen Kinderliteratur: Werke, Autoren, Figuren, Handlungen.
- Sie können Texte begründet auswählen.
- Sie können sich in einer Bücherei orientieren.
- Sie können Angebote in Zeitungen/Zeitschriften, in Hörfunk/Fernsehen, auf Ton-/Bildträgern sowie im Netz nutzen und begründet daraus auswählen.
- Sie können die eigene Leseerfahrung beschreiben und einschätzen.
- Sie können ein Kinderbuch selbst auswählen und vorstellen.

3. Kapitelkonzeption

Das Kapitel geht aus von der Faszination der Schülerinnen und Schüler für Jugendbücher und deren Themen, die gerade als Verfilmungen auf großes Interesse stoßen. Es geht darum, sich im Angebot von Büchern zu orientieren, eine Auswahl zu treffen bzw. eine Buchvorstellung vorzubereiten. Abschließend wird die Umsetzung eines Jugendbuchs im Film untersucht.

Tausend Worte – tausend Bilder · Kinderbücher und ihre Verfilmungen entdecken

4. Sequenzfahrplan

Verknüpfungsmöglichkeit
weiterführende Hinweise

Stunde 1	Material	Sich über Kinderbücher und deren Verfilmungen austauschen	Zusatzmaterial	
Impuls	A1, S. 78	Bilder zu bekannten Kinder- und Jugendbüchern Aussagen von Figuren zuordnen, Episoden aus Kinderbüchern erzählen	TE 05-01 (Online-Code 9yb24u) Eingangstest Kinderbücher	→ AH, S. 28 ff.
Wiederholung	A2, S. 78	Figuren aus Kinderbüchern und Verfilmungen durch Zitate und prägnante Sätze charakterisieren		
Wiederholung	A3, S. 78	Über eigene Erfahrungen mit Kinderbüchern und ihren Verfilmungen diskutieren		

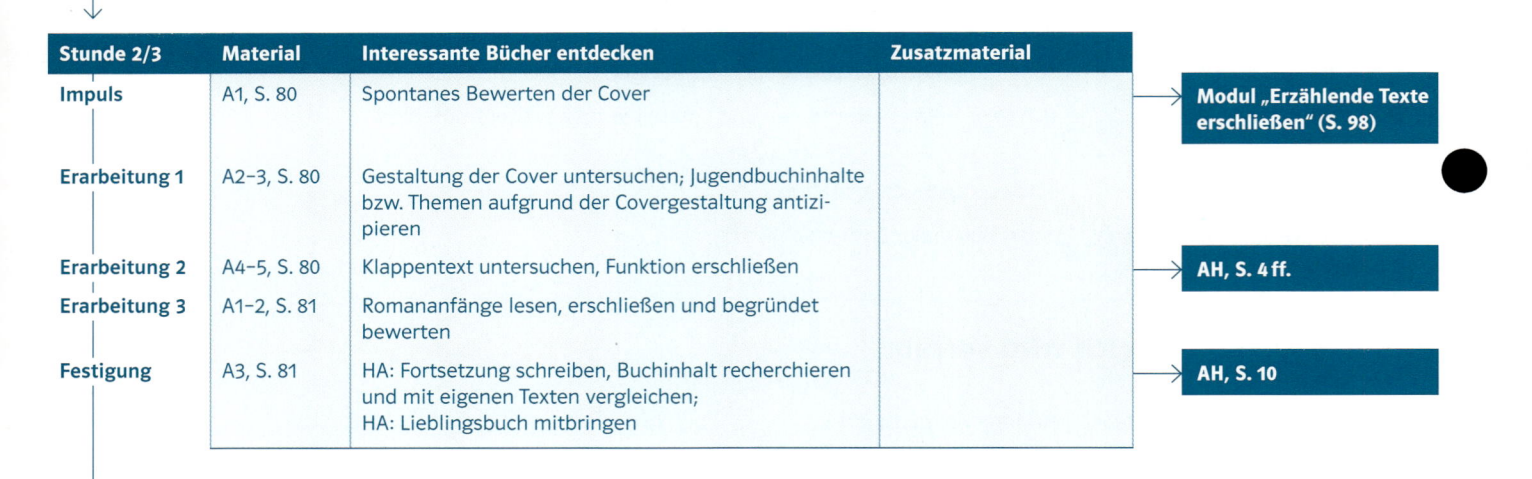

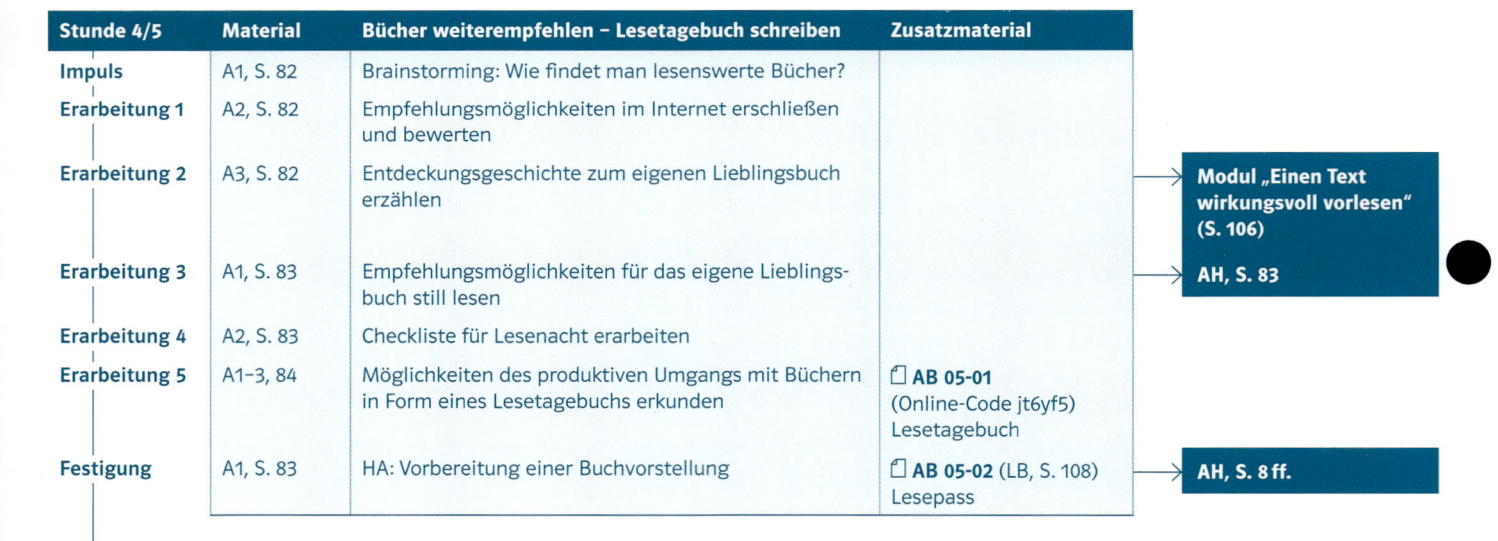

Stunde 2/3	Material	Interessante Bücher entdecken	Zusatzmaterial	
Impuls	A1, S. 80	Spontanes Bewerten der Cover		→ Modul „Erzählende Texte erschließen" (S. 98)
Erarbeitung 1	A2–3, S. 80	Gestaltung der Cover untersuchen; Jugendbuchinhalte bzw. Themen aufgrund der Covergestaltung antizipieren		
Erarbeitung 2	A4–5, S. 80	Klappentext untersuchen, Funktion erschließen		→ AH, S. 4 ff.
Erarbeitung 3	A1–2, S. 81	Romananfänge lesen, erschließen und begründet bewerten		
Festigung	A3, S. 81	HA: Fortsetzung schreiben, Buchinhalt recherchieren und mit eigenen Texten vergleichen; HA: Lieblingsbuch mitbringen		→ AH, S. 10

Stunde 4/5	Material	Bücher weiterempfehlen – Lesetagebuch schreiben	Zusatzmaterial	
Impuls	A1, S. 82	Brainstorming: Wie findet man lesenswerte Bücher?		
Erarbeitung 1	A2, S. 82	Empfehlungsmöglichkeiten im Internet erschließen und bewerten		
Erarbeitung 2	A3, S. 82	Entdeckungsgeschichte zum eigenen Lieblingsbuch erzählen		→ Modul „Einen Text wirkungsvoll vorlesen" (S. 106)
Erarbeitung 3	A1, S. 83	Empfehlungsmöglichkeiten für das eigene Lieblingsbuch still lesen		→ AH, S. 83
Erarbeitung 4	A2, S. 83	Checkliste für Lesenacht erarbeiten		
Erarbeitung 5	A1–3, 84	Möglichkeiten des produktiven Umgangs mit Büchern in Form eines Lesetagebuchs erkunden	AB 05-01 (Online-Code jt6yf5) Lesetagebuch	
Festigung	A1, S. 83	HA: Vorbereitung einer Buchvorstellung	AB 05-02 (LB, S. 108) Lesepass	→ AH, S. 8 ff.

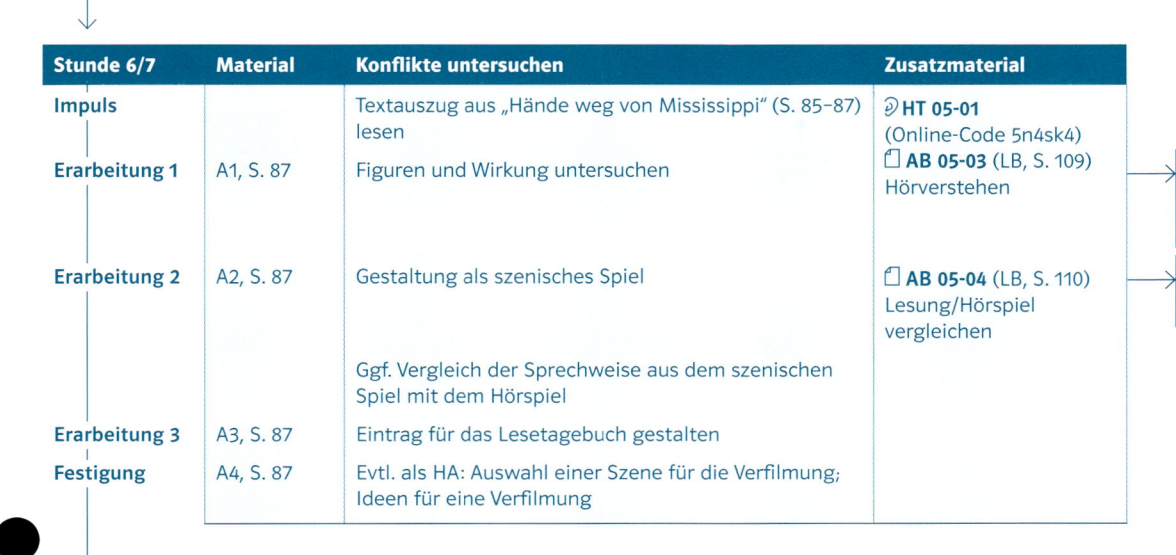

Stunde 6/7	Material	Konflikte untersuchen	Zusatzmaterial	
Impuls		Textauszug aus „Hände weg von Mississippi" (S. 85–87) lesen	♪ HT 05-01 (Online-Code 5n4sk4)	
Erarbeitung 1	A1, S. 87	Figuren und Wirkung untersuchen	⬜ AB 05-03 (LB, S. 109) Hörverstehen	→ Modul „Gefühle durch Gestik und Mimik ausdrücken" (S. 140)
Erarbeitung 2	A2, S. 87	Gestaltung als szenisches Spiel	⬜ AB 05-04 (LB, S. 110) Lesung/Hörspiel vergleichen	→ Modul „Einen Dialog gestalten" (S. 143)
		Ggf. Vergleich der Sprechweise aus dem szenischen Spiel mit dem Hörspiel		
Erarbeitung 3	A3, S. 87	Eintrag für das Lesetagebuch gestalten		
Festigung	A4, S. 87	Evtl. als HA: Auswahl einer Szene für die Verfilmung; Ideen für eine Verfilmung		

Stunde 8–10	Material	Die Verfilmung eines Kinderbuchs untersuchen	Zusatzmaterial
Impuls	A1, S. 88	Brainstorming zum Thema „Filme aus Hollywood"	
Erarbeitung 1	A2, S. 88	Gemeinsamkeiten und Unterschiede in der Wirkung von Filmen und Büchern diskutieren	
Erarbeitung 2	A3–5, S. 89	Interview still lesen und Text auswerten; Filmplakat untersuchen; Geschichte zum Filmplakat erzählen	♪ HT 05-02/ ⬜ AB 05-05 (Online-Code f9v3ta) Hörverstehen
Erarbeitung 3	A1–4, S. 90 f.	Drehbuch lesen und mit Kinderbuch vergleichen; Szenenfotos dem Drehbuch zuordnen; Einzelszene untersuchen	
Erarbeitung	A1–4, S. 92	Kameraperspektive und ihre Wirkung bestimmen	
Festigung	A1–2, S. 93	Berufe und Tätigkeiten bestimmen	

Stunde 11	Material	Lernerfolge sichern und ggf. bewerten	Zusatzmaterial
Selbständige Lernkontrolle	A1–4, S. 94 f.	Gedicht „Fröhlicher Regen" als Hörtext präsentieren und inhaltlich erschließen; gemeinsame Besprechung	🌐 TR (Online-Code vg63ah)
Klassenarbeit	📄 KA 05-01 LB, S. 106		

Tausend Worte – tausend Bilder · Kinderbücher und ihre Verfilmungen entdecken

5. Kommentare zu den Aufgaben

S. 78–79 **5.1 Kapitelauftaktseite – Vorwissen aktivieren**

S. 78 | A1 Wer sagt was? Ordnet den abgebildeten Figuren eine passende Aussage zu.
Erzählt, welche Abenteuer sie erleben.

Info Bild 1 (S. 78): Juli „Huckleberry" Fort Knox aus der Kinderbuchserie „Die wilden Fußballkerle"
v. Joachim Masannek und Jan Birk (Bd. 4, 2002); Verfilmung der Buchserie ab 2003 – http://www.dtv-kinderbuch.de/special/die_wilden_fussballkerle/885/

Bild 2 (S. 79 oben links): Figur aus: Jeff, Kinney, „Gregs Tagebuch". Von Idioten umzingelt! (Bd. 1, 2011) – http://www.gregstagebuch.de/index.cfm

Bild 3 (S. 79 oben rechts): Abbildung der Buchausgabe von Eoin Colfer, „Artemis Fowl" (Bd. 6, 2009) – http://www.fowl.de/buecher

Bild 4 (S. 79 Mitte): Ausschnitt aus dem Filmplakat „Die wilden Hühner und die Liebe" (2007); nach der Buchreihe „Die wilden Hühner" von Cornelia Funke (6 Bände ab 2001) – http://www.wildehuehner.de/hauptnavigation/banden/die-wilden-huehner.html

Bild 5 (S. 79 unten): Bildausschnitt aus der Verfilmung (2001) von J. K. Rowlings „Harry Potter und der Stein der Weisen" (1997); mit Daniel Radcliff als Titelfigur – http://www.carlsen-harrypotter.de/

Lösungsvorschlag **Zuordnung der Zitate:**
- „Jede von uns hat als Erkennungszeichen eine Hühnerfeder um den Hals": „Die wilden Hühner" von Cornelia Funke
- „Das Erdvolk muss mit allen Tricks bekämpft werden": „Artemis Fowl" von Eoin Colfer
- „Jungs schreiben keine Tagebücher! Oder etwa doch?": „Gregs Tagebuch" von Jeff Kinney
- „Wenn es um Fußball geht, kann ich mitreden": Buchreihe „Die wilden Fußballkerle" von Joachim Masannek
- „Ich bin Schüler des britischen Zauberinternats Hogwarts": „Harry Potter" von J. K. Rowling

S. 78 | A2 Wählt Figuren aus Kinderbüchern oder Verfilmungen und findet einen Satz, an dem man sie erkennen kann.
Lasst eure Mitschülerinnen und Mitschüler die Figuren erraten.

Info Die Erkennungssätze könnten auch in Gruppen formuliert werden (dann mehrere Sätze pro Gruppe). Der Lehrer könnte Erkennungssätze zu seinen Jugendbuch-Favoriten mitbringen.

S. 78 | A3 „Ich lese lieber ein Buch." – „Ich schaue mir lieber eine Verfilmung an."
Diskutiert, welcher Meinung ihr euch anschließt, und begründet dies mit euren Erfahrungen.

Info Interessant wäre auch folgender Impuls: Wer hat ein Buch schon mehrfach (einmal, zweimal, dreimal) gelesen; wer hat einen Film schon mehrmals gesehen? Mit welchem „Ergebnis"?

Lösungsvorschlag **Mögliche tabellarische Darstellung:**

Buch lesen	Verfilmung anschauen
– regt die Fantasie an – kann man länger genießen – man kann zurück und vorwärts blättern – fördert die Herstellung von Zusammenhängen im eigenen Kopf – „funktioniert" auch ohne Strom	– ist bequemer, vielleicht entspannender – geht schneller – schafft einen Gesamteindruck durch die vielen Bilder – spricht auch das Hören an

5.2 Modul 1: Wer liest, gewinnt – Bücher entdecken

S. 80–87

Interessante Bücher finden

A1 | **S. 80**

Welche Titel und welche Cover sprechen euch am meisten an? Begründet kurz.

- Cover links: Jugendbuch von Marjolijn Hof; Übersetzung aus dem Niederländischen, Berlin 2008
- Cover Mitte: Buchcover einer Ausgabe von Max von der Grüns Jugendbuch (zuerst 1976)
- Cover rechts: Schlüters erstes Jugendbuch (1994)

Info

Die Schüler sollen Cover und Titel als erste wichtige Leseanreize wahrnehmen. Vermutlich werden die Vorlieben geschlechtsspezifisch sein. Es wäre darauf zu achten, dass alle Meinungen respektiert werden. Die Gründe könnten in Gruppenarbeit diskutiert werden und sollten sich auf das Titelblatt beziehen oder auf Details.

A2 | **S. 80**

Untersucht die Gestaltung der Cover. Achtet dabei auf Farben, Zeichnungen und Bildelemente, die auf die Figuren oder Handlungen neugierig machen.

Lösungsvorschlag

- „Tote Maus": im Vordergrund Nahaufnahme eines Mädchens (Gesicht, Schulter mit Maus); Hintergrund unscharf; Foto und Titel stehen im Gegensatz
- „Vorstadtkrokodile": Zeichnung einer Kindergruppe (mit Rollstuhlfahrer) vor einer riesigen Backsteinmauer; vermittelt Spannung, weil man nicht sieht, worauf die Kinder blicken.
- „Level 4": Computerbildschirm vor einem Fenster, der einen Teil der wirklichen Welt (Häuser, Straßen) zeigt: beiden Welten gehen ineinander über; macht neugierig

A3 | **S. 80**

Überlegt, worum es in diesen Büchern gehen könnte. Informiert euch näher über die Handlung und vergleicht mit euren Ideen.

Info

siehe folgende Webseiten:
„Tote Maus …": http://www.kinderbuch-couch.de/hof-marjolijn-tote-maus-fuer-papas-leben.html
„Vorstadtkrokodile": http://de.wikipedia.org/wiki/Vorstadtkrokodile
„Level 4": http://www.zum.de/Faecher/D/BW/gym/KJL/schlueter.htm

A4 | **S. 80**

Untersucht den Klappentext und das Cover: Was erfahrt ihr über den Inhalt? Was weckt euer Interesse?

Info

„Rico, Oskar und die Tieferschatten" wurde 2009 mit dem Jugendliteraturpreis ausgezeichnet.

Lösungsvorschlag

Hinweise aus dem Klappentext:
Rico soll ein Ferientagebuch führen/er kommt schnell durcheinander/lernt Oskar kennen/beide kommen dem Entführer Mister 2000 auf die Spur/Rico fürchtet sich vor den Tieferschatten, aber Oskar kann ihm helfen/die beiden werden Freunde

Hinweise aus dem Cover:
die beiden Freunde bewegen sich zusammen durch eine Stadt/der eine Junge ist groß und spielt mit einem Jojo (Rico)/der andere ist klein (Oskar) und trägt einen Helm mit Visier

Was Interesse wecken könnte:
- Die beiden Jungen sind sehr unterschiedlich. Wie kommt es genau zu ihrer Freundschaft?
- Warum muss Rico ein Ferientagebuch führen?
- Es wird angedeutet, dass es um einen spannenden Kriminalfall geht. Bekannte ähnliche Handlungen (Erich Kästner „Emil und die Detektive"/Uwe Timm „Der Schatz auf Pagensand") lassen einen fragen, was genau passieren wird.
- Was die „Tieferschatten" sind, bleibt vorerst im Dunkeln und macht zusätzlich neugierig.

Tausend Worte – tausend Bilder · Kinderbücher und ihre Verfilmungen entdecken

| S. 80 | A5 | Erklärt, warum Klappentexte geschrieben werden. |

Info Die Schüler könnten ihre Lieblingsbücher mitbringen: So stünden mehr Klappentexte zur Verfügung und es gäbe neue Leseanregungen.

Lösungsvorschlag Klappentexte geben erste Informationen zu den Figuren und der Handlung. Oft werden Fragen aufgeworfen oder eine Entwicklung angedeutet. Klappentexte sollen die Leser neugierig machen, damit sie das Buch kaufen (und lesen).

Romananfänge untersuchen

| S. 81 | A1 | Die ersten Seiten eines Buches verraten viel von dem, was die Leser erwartet. Begründet, welches der beiden Bücher euch interessieren könnte. |

Info
- „Seeschlangen-Spuk": Aus der Kultreihe „Die drei???" (über 30 Bände); Aktivierung des Lesers, kann verschiedenen Spuren folgen
- „Alle meine Monster": Abenteuerserie, die mit dem Band „Das Geheimnis der grünen Geisterbahn" (1998) begann.

Die Aufgabe kann in Gruppen bearbeitet werden. Die Begründungen sollten durch Zitate belegt werden.

| S. 81 | A2 | Welche Merkmale muss ein Buch aufweisen, damit ihr es lest? Stellt eure Erwartungen auf einem Lernplakat zusammen. |

Info Das Lernplakat sollte Kriterien für die Beurteilung von (guten) Büchern formulieren und damit Lesererwartungen bewusst machen. Hier könnten bereits Genres (z. B. Fantastik, Abenteuer, Kriminalgeschichte, …) unterschieden werden. Die Schüler sollten ihre Einschätzung begründen und Beispiele (Leseempfehlungen) nennen.

Lösungsvorschlag **Mögliche Erwartungen an ein gutes Buch:**
- interessantes Thema, ungewöhnliche Helden bzw. Charaktere, fernab von Klischees,
- spannende Handlung, etwas Unvorhergesehenes passiert,
- die Motive der Figuren werden deutlich und öffnen das Verständnis für tieferliegende Ursachen,
- lesefreundlicher und angemessener Schreibstil, der zum Inhalt passt,
- Glaubwürdigkeit der Handlung, ein gewisser Tiefgang, löst Gefühle aus, Humor.

| S. 81 | A3 | **Extra** Überlegt, wie die Geschichten oben weitergehen könnten. |

- Schreibt zu einem der Anfänge eine kleine Fortsetzung.
- Informiert euch in der Bibliothek oder im Internet über den Inhalt der Bücher.
- Vergleicht eure Fortsetzungen mit der tatsächlichen Handlung.

Info
- „Seeschlangen-Spuk": http://lbib.de/Die-drei-kids-und-du-Seeschlangen-Spuk-Boris-Pfeiffer-48667 –
- „Alle meine Monster": http://de.wikipedia.org/wiki/Alle_meine_Monster

Die Textvorgaben müssen umgesetzt werden. Die Erarbeitung (Recherche) ist in Gruppen möglich.

Lösungsvorschlag „Seeschlangen-Spuk": Peter hat wohl wirklich etwas Ungewöhnliches entdeckt. Die Jungen werden sich aufmachen, es zu erforschen. Sie werden dabei fantastische Abenteuer (vgl. Titel) erleben.

„Alle meine Monster": Die schrecklichen Gedanken von Max (vgl. Z. 17 f.) werden sich wohl bewahrheiten, Max wird also gegen Karla Kätscher und Adonis Amselhirn kämpfen müssen.

Bücher finden und beschaffen

Führt ein Brainstorming durch und klärt, auf welche Weise und wo ihr lesenswerte Bücher finden könnt. Diskutiert: Sollte man Bücher kaufen oder ausleihen? — **A1 S. 82**

Die Ergebnisse könnten als Mindmap strukturiert an der Tafel aufgenommen werden. — **Info**

Mögliche Ideen aus dem Brainstorming: — **Lösungsvorschlag**
durch Freunde, Bekannte, Geschwister, Nachbarn usw./Kulturredaktionen im Radio/Rezensionen im Feuilleton (auf den Jugendbuchseiten) der großen überregionalen Zeitungen/Internetforen für Literatur/in Buchläden und Bibliotheken/durch Werbung (vor allem bei Buchreihen)

Mögliche tabellarische Gegenüberstellung:

Bücher kaufen	Bücher ausleihen
- Eigentum zeigt: Wertschätzung des Autors - Buch kann jederzeit wieder gelesen werden - man kann über das Buch verfügen, z. B. wichtige Textstellen anstreichen, Zettel reinlegen	- ist billiger, Geld für andere Anschaffungen bleibt übrig - enger Kontakt mit Büchereien, - kann dort Lesungen besuchen - Empfehlungen durch gut informiertes Personal

Informiert euch auf den abgebildeten Webseiten über Bücher, die euch interessieren. Welche Vorteile haben die Webseiten, welche Nachteile haben sie gegenüber anderen Möglichkeiten? — **A2 S. 82**

Mit Schülern, die noch wenig Erfahrung mit dem Internet haben, kann hiermit gut das Navigieren geübt werden. — **Info**

Mögliche tabellarische Gegenüberstellung: — **Lösungsvorschlag**

Vorteile der Webseiten	Nachteile der Webseiten
- Vorauswahl aus einer Flut von Jugendbüchern - lesenswerte Bücher mit Anspruch - pädagogische Auswahl - Suche nach Vorschlägen zu konkreten Themen, die man interessant findet - Suche nach altersgerechten Empfehlungen - Suche nach Genres (Lustiges, Krimis, Klassiker, Mädchenbuch usw.)	- Beratung in Buchhandlung/Bibliothek ist persönlicher - Vorlieben lassen sich im Gespräch besser beschreiben, die bisherige Lektüre dient als Anhaltspunkt - Buchhandlungen/Bibliotheken stellen die Bücher aus, man kann sie anschauen, anfassen und anlesen

Wie oder wo habt ihr euer Lieblingsbuch entdeckt? Bringt es mit in die Schule. Leiht euch die Bücher gegenseitig aus. Ihr könnt dafür einen Verleihschein entwerfen. — **A3 S. 82**

Zur Vorbereitung der Präsentation des Lieblingsbuches vgl. S. 83, A1 — **Info**

Bücher weiterempfehlen

Wählt eine Möglichkeit aus und stellt so eure Lieblingsbücher vor. — **A1 S. 83**

Egal ob Bücherkiste oder Plakat. Die Durchführung einer Lesenacht ist in jedem Fall möglich. Ideal wäre, wenn alle Schüler ihre Bücher (zumindest kurz) vorstellen würden. — **Info**

Tausend Worte – tausend Bilder · Kinderbücher und ihre Verfilmungen entdecken

S. 83 | A2 Erstellt mithilfe der Informationen aus dem Text eine Checkliste, die alle wichtigen Vorbereitungen für die Durchführung einer Lesenacht enthält. Notiert Regeln, die für die Lesenacht gelten sollten.

Info Tipps zur Gestaltung und Vorbereitung einer Lesenacht: http://bildungsserver.berlin-brandenburg.de/index.php?id=lesenacht und http://www.schule-bw.de/unterricht/paedagogik/lesefoerderung/lesefreude/aktivit/lesenacht/lesenacht.pdf

Lösungsvorschlag

Checkliste für die Vorbereitung einer Lesenacht:
- Termin festlegen (am nächsten Tag sollte schulfrei sein)
- Leselampen, Schlafsachen organisieren/mitbringen
- evtl. einen Büchertisch von der Bibliothek aufbauen lassen
- Buchvorstellungen der Lieblingsbücher durch die Schüler vorbereiten
- Gäste zum Vorlesen einladen (Eltern, Lehrer, Autoren)
- das Frühstück für den nächsten Morgen vorbereiten (und vorbeibringen lassen)

Mögliche Regeln für die Lesenacht:
- aufmerksam zuhören, offen sein
- freie Phasen für die eigene entdeckende Lektüre einplanen
- eigene Buchvorstellung vorbereiten, dafür das Vorlesen einüben

Mit Vergnügen lesen

S. 84 | A1 Sucht weitere kreative Gestaltungsmöglichkeiten für ein Lesetagebuch.

Info Literatur:

Hintz, Ingrid: Das Lesetagebuch: intensiv lesen, produktiv schreiben, frei arbeiten: Bestandsaufnahme und Neubestimmung einer Methode zur Auseinandersetzung mit Kinder- und Jugendliteratur im Deutschunterricht. Baltmannsweiler 2002.

Langemarck, Liselotte: Das Lesetagebuch. Ein Tip für den Deutschunterricht der Klassen 5–10. In: Pädagogik 3/1989.

vgl. Nix, Daniel (2007): Das Lesetagebuch als Methode des Lese- und Literaturunterrichts. Ein Forschungsbericht. In: Didaktik Deutsch, H. 23, Jg. 13, 2007, S. 67–94.

Die Schüler sollen sich zunächst einmal bewusst werden, dass man Texte bzw. Bücher auch produktiv lesen kann.

Lösungsvorschlag

Was man sonst noch machen kann in einem Lesetagebuch:
- eine spannende, witzige, traurige oder verrückte Stelle aus dem Buch abschreiben und erklären;
- Figuren des Buches beschreiben, Steckbriefe von ihnen anfertigen, sie zeichnen;
- eine Figurenkonstellation zeichnen;
- ein Interview mit einer Figur erfinden;
- aufschreiben, welche Figur einem besonders gut und welche nicht gefallen hat, seine Meinung begründen;
- etwas malen oder zeichnen, das zum Buch passt, z. B. einen Comic;
- eine Karte oder einen Plan zu den Orten und Landschaften im Buch zeichnen;
- aufschreiben, was einem am Buch gefallen hat und was gar nicht gut ankam, begründen;
- eine Buchkritik schreiben;
- einen anderen Schluss für das Buch erfinden;
- schreiben, welche Figur aus dem Buch man selber sein möchte und erklären, weshalb;
- einen Brief oder eine Mail an eine Figur aus dem Buch schreiben;
- Tagebucheinträge oder einen Brief an eine Figur aus dem Buch schreiben;
- sich vorstellen, dass man selbst im Buch vorkommt, und erzählen, was man zu den Buchfiguren sagen oder was man tun würde;
- aufschreiben, was einem beim Lesen in den Sinn gekommen ist, z. B. Erinnerungen, Fragen, Wünsche;
- Bilder aufkleben, die zum Buch passen;
- Informationen zum Autor bzw. zur Autorin recherchieren und aufschreiben;
- etwas aufschreiben, was man beim Lesen gelernt hat und nicht mehr vergessen will.

Gestaltet ein Lesetagebuch zu eurer Schullektüre (allein oder arbeitsteilig). **A2** **S. 84**
Ihr könnt auch ein anderes Buch wählen, das euch im Moment besonders beeindruckt.

Zur Gestaltung des Lesetagebuchs vgl. die Vorlage **AB 05-02** „Lesepass" (siehe LB, S. 108) Info

Extra **A3** **S. 84**
Stellt euch vor, ihr seid eine der Figuren in eurem Lieblingsbuch. Schreibt einen Text,
in dem ihr aus Sicht dieser Figur das Lesen des Buches empfehlt.

Das ist auch eine gute Aufgabe für ein Lesetagebuch: Überlege, wem du das Buch empfehlen würdest. Info
Schreibe eine Empfehlung in Form eines Briefs.

Konflikte, die Spannung erzeugen

Klärt, worum es in dem Buchausschnitt auf den Seiten 85–87 geht. **A1** **S. 87**
- Sucht Textstellen heraus, die die Figuren und ihr Verhalten zeigen.
- Welche Absichten haben die Figuren und wie setzen sie ihre Interessen durch?
  Belegt eure Aussagen anhand von Textstellen.
- Wie ändert sich das Verhalten von Gansmann während des Gesprächs?
  Sucht Stellen, an denen das deutlich wird.

Präsentation auch als Hörtext **HT 05-01** (Online-Code 5n4sk4); zum Vergleich die Lesung/das Hörspiel **HT 05-02** Info
(Online-Code wf7nf6)

Textstellen, die die Figuren und ihr Verhalten sowie ihre Absichten zeigen: Lösungsvorschlag
- Emma reagiert betroffen und ahnt Böses (S. 85, Z. 11 f.: „Emma ließ bei seinem Anblick vor Schreck fast den Eimer fallen. Der Besuch konnte nichts Gutes bedeuten.")
- Auch Oma Dolly reagiert vorsichtig (S. 85, Z. 14 f: „Dolly dachte wohl dasselbe. Misstrauisch musterte sie den unerwarteten Gast.")
- Dolly und Emma lehnen das Angebot Gansmanns ab, das Pferd zurückzukaufen. Sie halten zusammen und machen das durch ihr Verhalten und ihre Gesten deutlich (S. 86, Z. 84 f.: „Emma sah ängstlich zu Dolly hinüber. Aber die lachte nur. Schallend laut."; S. 86, Z. 88 f.: „Sie [Dolly] legte Emma den Arm um die Schultern.")
- Emma geht auf die Kaufangebote von Gansmann nicht ein. Das wird durch ihre ablehnenden Gesten deutlich (S. 86, Z. 103: „Emma zuckte die Schultern"; S. 87, Z. 154 f.: „Emma erwiderte seinen Blick. So finster sie konnte.")

- Gansmann wirkt unsympathisch durch negative Beschreibungen (S. 85, Z. 31: „Krokodilslächeln"), die herablassende Art des „Alligators" (S. 85, Z. 34 f.: „Da könnte man was draus machen."; Z. 51: „Ach, wissen Sie …") durch sein Auftreten bzw. die Körperhaltung bei der Inbesitznahme des Zauns (S. 85, Z. 51 ff.: „Albert Gansmann stellte einen blank geputzten Schuh auf den Koppelzaun. Emma hätte am liebsten draufgespuckt.")

Änderung von Gansmanns Verhalten während des Gesprächs:
- Gansmann ist anfangs freundlich, er zeigt sein „Krokodilslächeln" und grinst (Vergleich S. 86, Z. 79). Nach der ersten Ablehnung des Angebots reagiert er „ungeduldig" (S. 86, Z. 96), das „Krokodilslächeln" wird ziemlich blass (vgl. S. 86, Z. 110 ff.); er brüllt (vgl. S. 86, Z. 133) und hat einen „düsteren Blick" (S. 87, Z. 151).

Tausend Worte – tausend Bilder · Kinderbücher und ihre Verfilmungen entdecken

---

S. 87 | A2 Gestaltet den Buchausschnitt als szenisches Spiel.
- Teilt den Text in Gesprächsabschnitte ein.
- Beschreibt die einzelnen Figuren und überlegt, wie ihr sie besonders treffend spielen könnt. Notiert dies in Stichworten.
- Sucht im Text Hinweise auf Sprechweise, Mimik und Gestik der Figuren. Probiert aus, wie ihr das spielen könnt.

Lösungsvorschlag **Einteilung in Gesprächsabschnitte:**
Z. 1–46: Gansmann hat den Wunsch, das Tier zurückzukaufen;
Z. 47–92: Dolly lehnt das Angebot ab und verweist darauf, dass sie das Pferd Emma geschenkt hat und er daher nun mit Emma verhandeln müsse;
Z. 93–134: Die Verhandlung scheitert, Gansmann brüllt zum ersten Mal.
Z. 135–167: Emma brüllt zurück, Gansmann verlässt den Hof mit einer Drohung.

S. 87 | A3 Schreibt für diesen Textausschnitt einen Eintrag in ein Lesetagebuch.
- Emma ist durch das Verhalten Gansmanns sehr aufgeregt. Schreibt aus ihrer Sicht einen Tagebucheintrag, der ihre Stimmung verdeutlicht.
- Schreibt eine Rollenbiografie zu Emma.
- Gestaltet eine Seite als Bildergeschichte.
- Schreibt eine kurze Fortsetzung der Geschichte von Emma und Mississippi.

Lösungsvorschlag **Möglicher Tagebucheintrag von Emma:**
Kommt dieser aufgeblasene Typ ohne sich anzumelden auf den Hof. War ich vielleicht erschrocken. Zuerst war er sehr freundlich. Aber dann hat er sich richtig aufgeplustert, hat seine komischen geputzten Schuhe auf dem Koppelzaun abgestellt. Kam sich wohl mächtig cool vor. Als ihm Oma sagte, er müsse nun mit mir verhandeln, Mississippi gehört ihr nicht mehr, da ist er ganz blass geworden. Und ungeduldig war der! Will mir mein tolles Pferd abkaufen, wo er doch gar kein Interesse hat. Er wollte das Pferd doch schlachten lassen!!! Habe ich ein Glück, dass Oma sich von dem nicht unterkriegen lässt! Sie hat mich unterstützt und dem Gansmann deutlich gemacht, dass wir zusammengehören. Und als er dann brüllte und außer sich war vor Wut, da habe ich einfach zurückgebrüllt. Obwohl ich schon Schiss hatte irgendwie. Der hat so düster geschaut, da ist mir ganz kalt geworden. Aber ich werde Mississippi nicht hergeben! Für kein Geld der Welt! Hoffentlich hat er das verstanden und lässt uns von nun an in Ruhe.

S. 87 | A4 Stellt euch vor, ihr dürftet diesen Romanausschnitt verfilmen und hättet nur eine Szene zur Verfügung, um die Auseinandersetzung zu verdeutlichen.
- Um welchen Konflikt geht es in eurer Filmszene? Formuliert einen einzigen Satz, der das Wichtigste enthält.
- Welche Figuren könntet ihr weglassen, welche einfügen, damit das Ganze kurz, aber trotzdem spannend wird?
- Stellt euch vor, die Szene soll den Zuschauer zum Lachen bringen. Formuliert eine Regieanweisung, die dies verdeutlicht.

Lösungsvorschlag Auswahl der Filmszene:
Der wichtigste Satz kommt von Emma: „Ich werd Ihnen Missi nie verkaufen", …, „Nicht mal für hundert Millionen Euro." (S. 87, Z. 156 ff.)

- Konflikt: Es geht darum, dass jemand einen Besitzanspruch stellt und ein anderer diesen ihm gegenüber verteidigt. Das geschieht, indem sympathische Figuren (Emma, Dolly) auf einen unsympathischen Charakter (Gansmann) treffen.

5.3 Modul 2: Hollywood in Mecklenburg – Ein Kinderbuch wird verfilmt

S. 88–93

Ein Film braucht einen Regisseur

A1 | S. 88

An was denkt ihr, wenn ihr im Zusammenhang mit Filmen von „Hollywood" hört?

Lösungsvorschlag

Möglicher Tafelanschrieb:
- Filme mit „Happy End";
- „Großes Kino": perfektes Kino mit tollen Darstellern;
- „Traumfabrik": massenhaftes Verfilmen von traumhaften Geschichten mit traumhaftem Kulissen.

A2 | S. 88

Die Autorin Cornelia Funke sagte: „Die Magie der Leinwand ist für mich mindestens so stark wie die des Buchs. Der Augenblick, wenn der Vorhang aufgeht oder wenn es dunkel wird, der ist genauso aufregend wie der, in dem man die erste Seite eines Buches aufschlägt."
Sprecht darüber, wie Bücher und Filme auf euch wirken.

Info

Die Schüler könnten von „magischen" Momenten im Kino oder bei der Buchlektüre berichten. Das Gespräch über die Wirkung von Büchern und Filmen könnte in Gruppen geführt werden. Vgl. mit Lösungsvorschlag zu S. 78, A3.

A3 | S. 89

Tragt zusammen, was dem Regisseur Detlev Buck bei seinem Film wichtig war (Interview auf Seite 88).

Info

Kinostart: 22. März 2007; gewann den Deutschen Filmpreis; vgl. das Interview mit Detlev Buck von Bettina Hohmann auf Spiegel-Online: http://www.spiegel,de/kultur/kino/0,1518,473467,00.html

Lösungsvorschlag

Möglicher Tafelanschrieb:
Was dem Regisseur wichtig war:
- mehr zu zeigen als die Rettung eines Pferdes
- prägende schöne Kindheitserlebnisse einzufangen (Sommerferien auf dem Land)
- schöne Landschaft darzustellen (Schönheit des Drehortes)
- als Regisseur: eine Idee umzusetzen und zu Ende zu bringen; Beharrlichkeit zu zeigen

A4 | S. 89

Diskutiert, wie die Ideen des Regisseurs in dem Plakat auf Seite 88 zum Ausdruck kommen.

Lösungsvorschlag

Der Ritt zweier Kinder auf einem Pferd erinnert an Indianerabenteuer. Es zeugt von der Unbeschwertheit während der Sommerferien. Ungewöhnlich ist, dass die Kinder durch ein Weizenfeld reiten. Das ist ein Hinweis auf das Märchenhafte der Geschichte.

Tausend Worte – tausend Bilder · Kinderbücher und ihre Verfilmungen entdecken

S. 89 | A5 Erzählt eine spannende Geschichte, die zu dem Filmplakat passen könnte.

Info Es sollte ausreichend Zeit und Raum für das kreative Erzählen gegeben werden. Möglicher Impuls: Erfindung einer Fantasiegeschichte.

Lösungsvorschlag Patrick träumte schon immer von einer Reise mit dem sonderbaren Pferd Mississippi, das nur selten ausgeritten wurde. Denn Mississippi gehorchte seinem Reiter nicht. In einem Moment, als die Eltern unachtsam waren, bestieg er das Pferd zusammen mit seiner Schwester Lisa und die Reise durch die weite Steppe der Heimat begann. Am Rand eines großen Waldgebietes hielt Mississippi ruckartig an, da die Stille des Waldes durch ein immer lauter werdendes galoppierendes Geräusch durchbrochen wurde. Woher kam das Geräusch? Die Gesichter der beiden Kinder erbleichten. Was sollten sie nun machen? Das Pferd war von den Kindern nicht beherrschbar. Sie hatten sich auf die Zielstrebigkeit und Klugheit des Pferdes verlassen. Plötzlich scheute das von den Geräuschen aufgeschreckte Pferd und warf die beiden Kinder ab. Es folgte dem Lärm des näherkommenden Hufschlags und ließ die Kinder allein zurück. Sie spürten plötzlich die ihnen entgegenströmende Kälte und hielten sich fest an den Händen. War ein Ungeheuer im Wald, das sie fressen wollte? Wie sollten sie jemals den Weg zurückfinden? Wie sollten sie sich wehren? Verängstigt und kreidebleich standen die Kinder da, als mit einem Mal Mississippi mit einem großen Sprung aus dem Gebüsch neben ihnen wieder auftauchte und mit ihm eine riesige Herde wildgewordener Pferde, die neugierig auf Patrick und Lisa blickten. Die Kinder waren überrascht und zugleich erleichtert. Nachdem sich Mississippi von der übrigen Herde mit lautem Wiehern verabschiedet hatte, ließ es die Kinder wieder aufsteigen und kehrte mit ihnen zufrieden nach Hause zurück. Die übrigen Pferde brausten mit lautem Hufschlag davon.

Vom Kinderbuch zum Drehbuch

S. 90 | A1 Vergleicht den Auszug aus dem Kinderbuch (Seite 85–87) mit dem Auszug aus dem Drehbuch zum Film (Seite 89–90). Beachtet folgende Fragen:
- Welche Textstellen wurden aus dem Buch direkt ins Drehbuch übernommen, welche Stellen wurden weggelassen? Stellt Vermutungen über die Gründe an.
- Welche Textstellen im Drehbuch unterscheiden sich vom Kinderbuch? Stellt auch hier Vermutungen über die Gründe an.

Info Hörverstehen unter Online-Code f9v3ta. Die Hörspielfassung ist fast identisch mit dem Drehbuchausschnitt; in der Hörspielfassung gibt es noch ergänzende Kommentare aus Emmas Sicht. Diese werden als Nebentext gesprochen und richten sich, erzählerisch kommentierend, an den Rezipienten. Sie können als innerer Monolog der Figur gelesen werden können.

Lösungsvorschlag
- Der Drehbuchdialog entspricht sinngemäß dem Geschehen im Erzähltext. Weitgehend übernommen wurde nur die Passage S. 86, Z. 73–83. Sie entspricht im Drehbuch S. 90, Z. 64–72, dort aber versehen mit der Interjektion „hä". Daneben finden sich zahlreiche kleinere Entsprechungen, bei denen oft nur Kleinigkeiten geändert wurden.
- Einschneidende Änderungen gibt es nur am Szenenbeginn. Im Drehbuch begrüßt Gansmann mit einem gezwungen-fröhlichen „Hallöle" (S. 89, Z. 13). Im Erzähltext bringt Ganzmann schnell und deutlich sein Anliegen vor: „Ich bin hier, um Mississippi zurückzukaufen.", S. 85, Z. 45 f.). Im Drehbuch ist er zurückhaltender, nicht sofort so deutlich: „Ich wollte, ich wollte mal fragen, ob ich das Pferd noch mal sehen darf." (S. 89, Z. 31 f.)
- Die Regieanweisungen im Drehbuch sind Handlungsanweisungen. Dadurch tritt der Charakter einer Figur oft früher hervor als durch die Beschreibungen im Erzähltext. Im Drehbuch wird also das aufgesetzte und berechnende Verhalten von Gansmann schneller deutlich (S. 89, Z. 36: „täuscht Trauer vor"; Z. 53 f.: „sein Weinen geht in ein hinterhältiges Lachen über").

| A2 | S. 91 |

Ordnet die Szenenfotos den entsprechenden Stellen aus dem Drehbuch zu. Achtet dabei auf die Regieanweisungen im Drehbuch, die dargestellten Situationen, Figuren und Gegenstände sowie die Haltung und Mimik der Figuren.

Info

Nicht alle Bilder sind eindeutig zuzuordnen. Deshalb kommt es auf die Begründung an (Zuordnungen evtl. mithilfe des Filmausschnittes überprüfen).

Lösungsvorschlag

- **Bild 1:** Z. 1f. (nicht eindeutig; Gansmann vor Scheune, noch nicht gestolpert)
- **Bild 2:** Z. 19 (vgl. Regieanweisung „grinst Emma und Max an und beugt sich …")
- **Bild 3:** Z. 52 (vgl. Regieanweisung „sieht den Vertrag auf dem Küchenregal")
- **Bild 4:** Z. 58 (alle sind an der Koppel, vor der Einblendung der Stute)
- **Bild 5:** Z. 59 (Regieanweisung „Mississippi wird eingeblendet")
- **Bild 6:** zwischen Z. 64 und 72 (nicht eindeutig; Gansmanns Gesprächsverhalten scheint aber eindringlicher geworden zu sein)
- **Bild 7:** Z. 99f. (vgl. Regieanweisung „blickt Emma durchdringend an")
- **Bild 8:** Z. 117ff. (nicht eindeutig; Emma spricht aggressiv)
- **Bild 9:** nach Z. 128 (vgl. Regieanweisung, die im Schülerbuch weggefallen ist: „einer von Dollys Hunden knurrt und zerrt an Gansmanns Lederjacke")

| A3 | S. 91 |

Stellt euch vor, aus dem Drehbuch soll ein Text entstehen, der den Schauspielern und der Kamerafrau genau erläutert, wie das Ganze ablaufen soll. Erstellt einen solchen Text, zum Beispiel aus den Zeilen 63–72.

Lösungsvorschlag

- Für die Schauspieler: „Ihr müsst euch überlegen, ob es besser ist, wenn sich die Figuren gegenüberstehen (Vgl. S. 91, Bild 8), was auf Sicherheit der Standpunkte schließen lässt, oder ob sie voneinander abgewandt stehen (vgl. S. 91, Bild 6), was auf den Ausdruck von Unsicherheit schließen lässt. Lasst uns das einmal ausprobieren."
- Für die Kamerafrau (und die Schauspieler): „Du musst auf Augenhöhe filmen. Wähle den Ausschnitt so, dass diejenige Figur voll bzw. größer zur Geltung kommt, die glaubt, das Gespräch zu führen. Gansmann will ja dominieren. Und zeigt dann anschließend (Vgl. S. 91, Bild 6), wie Dolly sich zurückhält. Wie sie das Gespräch bewusst nicht so dominant führen will wie Gansmann, aber doch der sachlichere, gelassenere Gesprächspartner ist."

| A4 | S. 91 |

Bild 1 leitet im Film die Szene ein. Untersucht die Einzelheiten:
- Aufteilung des Bildes,
- Beleuchtung, Farben
- Kameraperspektive,
- Beziehungen der Figuren,
- Gegenstände.

Erzählt eine spannende und zugleich lustige Geschichte, die Einzelheiten des Bildes enthält.

Lösungsvorschlag

Die Kinder waren in der Scheune beschäftigt, als ein Herr mit Krawatte und einer sehr hellen Hose im Tor der Scheune erschien. Erschrocken drehten sich die Kinder um und erkannten den Mann sofort. Es war Gansmann, der sich unangekündigt auf dem Grundstück aufhielt und in die Scheune schaute, um mit den Kindern über den Kaufpreis für Mississippi zu verhandeln. Da weder Dolly noch Emma bereit waren, den Kaufpreis zu senken, gestikulierte Gansmann wild. Die Kinder bekamen Angst, als der Ton rauer wurde. Würde er als nächstes handgreiflich werden, wenn sein Plan nicht in Erfüllung ging? Die Kinder wichen trotz des Abstands noch einmal zurück und rückten näher zusammen. In dem Moment, als Gansmann auf die Kinder losstürmen wollte, stolperte er vom grellen Sonnenlicht geblendet über den Balken, am Eingang der Scheune. Er schrie auf und schlug wild um sich. Die Kinder waren erstaunt und lachten über die Situation, die sich ihnen bot. Denn zeitgleich eilte der schwarze Hofhund herbei und stürzte sich auf den Angreifer, so dass sich dieser nicht mehr bewegen konnte.

Tausend Worte – tausend Bilder · Kinderbücher und ihre Verfilmungen entdecken

Wie die Kamera erzählt

S. 92 | A1 Bestimmt bei den Filmbildern, aus welcher Kameraperspektive sie aufgenommen wurden.

Info Bevor die Schüler die blaue Box lesen, könnten sie die Wirkung der Bilder beschreiben.

Lösungsvorschlag
- Bild 1: Normalsicht (natürliche Wahrnehmung, Mimik der Figuren gut zu erkennen, auf Augenhöhe)
- Bild 2: Aufsicht (Unterlegenheit der zentralen Figur wird betont)
- Bild 3: Untersicht (verleiht den Figuren eine bedrohliche Wirkung)

S. 92 | A2 Beschreibt die Wirkung der Kameraperspektive bei Bild 1.

Lösungsvorschlag Die beiden Kinder machen einen wachsamen Eindruck. Der Zuschauer begegnet ihnen durch die Kamera auf Augenhöhe. Er ist dadurch mitten im Geschehen und kann die Spannung hautnah miterleben.

S. 92 | A3 In dem Film „Mississippi" ist die Normalperspektive meist auf Augenhöhe der Kinder eingestellt. Warum ist diese besondere Einstellung für einen Kinderfilm gut geeignet?

Lösungsvorschlag Die Normalperspektive aus Sicht der Kinder ist am besten geeignet, um deren Geschichte zu erzählen. Der Zuschauer erlebt ihre Sicht auf die Erwachsenen. Er kann besser nachempfinden, wie die Reaktionen der Erwachsenen auf die Kinder sind und welche Probleme sich daraus ergeben. Der Zuschauer steht so auch auf der Seite der Kinder.

S. 92 | A4 **Zum Differenzieren**
A Bestimmt die Kameraperspektive bei den Filmbildern auf Seite 91.
B Wie beeinflusst die Kameraperspektive die Wirkung der Bilder und damit die Wirkung der Geschichte?
C Nennt die Möglichkeiten, die es für die Kameraführung noch gibt, um einen Film für die Zuschauer interessant und abwechslungsreich zu gestalten.

Lösungsvorschlag
A Kameraperspektiven
- Normalsicht: Bild 2, 4, 6, 8 (auf Augenhöhe der Kinder)
- Aufsicht: Bild 3, 5
- Untersicht: Bild 1, 7, 9

B Die Kameraperspektive auf Augenhöhe der Kinder passt zur Perspektive des Films: Es geht darum, die Besitzansprüche eines Erwachsenen aus Kindersicht zu beschreiben und zu erzählen, wie Kinder dem begegnen. Die Wirkung der Bilder wird stark beeinflusst von der Einstellungsgröße.

C Weitere Möglichkeiten: Zoom, Schwenk, Kamerafahrten, Vogelperspektive, POV-Shot (Point-of-View; subjektive Kamera)

Eine Filmproduktion ist Teamarbeit

Schaut euch die Bilder vom Abspann des Films und das Drehbuch nochmals an.
- Beschreibt, welche Berufe und Tätigkeiten für die Produktion des Films gebraucht wurden.
- Welche Aufgaben haben die Berufe, damit ein spannender Film gedreht werden kann?
- Von welchen Tätigkeiten eines Filmteams nehmen die Zuschauer während des Anschauens eines spannenden Films meist nichts wahr? Begründet.

A1 S. 93

Die Besprechung der Berufe könnte mit einer Internetrecherche (in Partnerarbeit) verknüpft werden.

Info

- Kostümbildner/Kostümbildnerin: entwirft die Kostüme in enger Zusammenarbeit mit der Herstellung durch eine Schneiderei
- Maskenbildner/Maskenbildnerin: schminkt und frisiert die Darsteller; verwandelt sie in eine andere Gestalt (z. B. von jung zu alt) oder legt ihnen eine Maske an (Monster)
- Kameramann/Kamerafrau: ist verantwortlich für die Kameraführung und Bildgestaltung
- Tontechniker/Tontechnikerin: ist verantwortlich für sämtliche Tonaufnahmen
- Komponist/Komponistin: komponiert eigens Musik, um die Bilder zu veranschaulichen und zu untermalen; gestaltet Gefühle und Eindrücke; arbeitet eng mit dem Regisseur zusammen
- Schnittmeister/Schnittmeisterin: bearbeitet die Aufnahmen und setzt die aufgenommenen Bilder zu Sequenzen zusammen; gibt dem Film seine endgültige Gestalt

- Szenenbildner/Szenenbildnerin: entwickelt und gestaltet die besondere Filmwelt durch die entsprechende Ausstattung (Räume, Gegenstände, Fahrzeuge, Nahrungsmittel, Geräte usw.)
- Regisseur/Regisseurin: hat die Zentralgewalt und Spielleitung; trifft alle Entscheidungen; gibt allen Beteiligten am Filmset Anweisungen und Arbeitsaufträge; beantwortet Anfragen zur Filmgestaltung.

Die Zuschauer nehmen von den Tätigkeiten oft nichts wahr. Sie sehen die Bilder, die gedreht wurden, hören die Töne und die Musik, betrachten die eigens gestalteten Räume und Kostüme. Wenn all das gut zusammenpasst, wenn alle gut gearbeitet haben, gelingt es, eine perfekte Filmwelt zu gestalten. Niemand denkt dann mehr daran, dass z. B. unter der Maske nur ein Schauspieler steckt, dass der Regisseur immer wieder laut Anweisungen gegeben hat oder dass manche Szenen zehnmal gedreht wurden, bis sie „im Kasten" waren.

Lösungsvorschlag

Extra
Die Hauptdarstellerin des Films „Hände weg von Mississippi" hatte drei Stuntgirls. Überlegt, warum sie nicht immer alle Szenen selber spielt.

A2 S. 93

Die Gründe könnten in Gruppenarbeit erarbeitet werden.

Info

Vielleicht kann die Hauptdarstellerin nicht gut genug reiten oder einige Szenen waren zu gefährlich oder zu anstrengend für sie. Um ihre Gesundheit nicht zu gefährden, übernimmt dann ein Profi diese Szenen, jemand der körperlich geschult ist und bestimmte Techniken (richtiges Fallen) beherrscht.

Lösungsvorschlag

Klassenarbeit zum Kapitel:
Tausend Worte – tausend Bilder • Kinderbücher und ihre Verfilmungen entdecken

KA 05-01

Name: _____ Klasse: _____ Datum: _____

Peter Pohl: Ich bin Malin

Unsichtbarkeit war wohl etwas, das einem anhaftete und einen sogar nach Hause begleitete. Eine andere Erklärung gab es kaum – bevor sie in die Schule gekommen war, war Malin nämlich noch klar und deutlich sichtbar gewesen. Aber jetzt konnte es vorkommen, dass Martin nach Hause kam und Malin mitten ins Gesicht fragte: „Ist niemand daheim?"

5 „Ich bin daheim!", schleuderte Malin ihm dann entgegen. Wenigstens einen Unterschied zwischen den Klassenkameraden und der Familie gab es noch: Hier daheim konnte man wütend werden und es auch zeigen, man konnte schreien, um seine Anwesenheit deutlich zu machen. In der Schule war das ja ausgeschlossen.

Allerdings half das Schreien auch nicht viel. Martin grinste nur, ging in die Küche und machte sich ein
10 Brot, worauf er sich mit dem Brot und seinen Hausaufgaben in seinem Zimmer einschloss – das heißt, mit seinen angeblichen Hausaufgaben. In Wirklichkeit hockte er in seinem Zimmer und schraubte und lötete an einer Erfindung, die ihn bald zum berühmtesten Genie der Welt machen würde. Das wusste Malin, aber sie behielt ihr Wissen für sich, weil sie auch wusste, dass Martins Traum vom großen Ruhm sehr geheim und sehr brennend war.

15 Dann kamen Mama und Papa mit Lelle nach Hause und fragten Malin ebenfalls, ob niemand da sei. Schließlich hatte sich diese Szene so oft wiederholt, dass Malin sich damit begnügte, resigniert zu antworten: „Doch, Martin." Oder wenn er noch nicht da war: „Nein, niemand." Oder manchmal, vielleicht höchstens: „Nur ich."

„Ja, streck dich ein bisschen, damit man dich sieht!", sagte Papa dann und klopfte Malin vorsichtig auf
20 die schmalen Schultern.

An und für sich hatte er ja recht. Das Gefühl, unsichtbar zu sein, ließ Malin zusammensacken und mit hängendem Kopf und gesenktem Blick herumlaufen – was alles dazu beiträgt, dass man tatsächlich klein und grau bis zu Unscheinbarkeit wird. Aber das Schulterklopfen half kein bisschen. Malin wurde nur noch trauriger, weil es ihr so vorkam, als hätte Papa in Wirklichkeit gesagt, dass sie so, wie sie
25 war, nichts taugte. Wenn der Schultag trostlos gewesen war, ließ sich dieses Schulterklopfen fast nicht mehr ertragen. Wenn dann auch noch Mama mit ihrem ewigen: „Mach doch ein fröhlicheres Gesicht!" ankam, war die Grenze erreicht. Malin stürzte in ihr Zimmer, warf sich auf ihr Bett und heulte. O Elend über Elend! Warum musste sie ausgerechnet Malin sein, während alle anderen es so einfach hatten und sie selbst sein durften.

(Quelle: © Peter Pohl. Aus dem Schwedischen übers. v. Brigitta Kicherer. Ravensburg: Ravensburger Buchverlag Otto Maier 1992, S. 20ff.)

1 Erläutere, was Malin an der Frage „Ist niemand daheim/da?" stört. Erkläre in diesem Zusammenhang auch, wie die Frage eigentlich gemeint ist.

2 Bestimme anhand des Ausschnitts, was das Thema des ganzen Romans von Peter Pohl ist. Begründe deine Antwort.

3 Würdest du das ganze Buch lesen wollen? Gehe in deiner Begründung darauf ein, was dir an Büchern allgemein wichtig ist.

4 Nenne vier Möglichkeiten, dich kreativ oder produktiv mit einem Text auseinanderzusetzen.

5 Wie könnte Malin einer Freundin in einem Brief ihren Kummer schildern? Schreibe aus der Sicht von Malin.

6 Nenne drei Kameraperspektiven und erläutere knapp ihre Wirkung.

Erwartungshorizont/Korrekturhilfe

Tausend Worte – tausend Bilder · Kinderbücher und ihre Verfilmungen entdecken

KA 05-01

(vgl. Lehrerband, S. 106)

Aufgabe	Anforderung /Lösung	Anforderungs-bereich	Punkte
1	Die Frage „Ist niemand daheim/da?" ist eigentlich im Sinne der Frage „Ist außer dir noch jemand daheim/da?" gemeint. Malin stört die Frage trotzdem, weil sie sich übersehen fühlt bzw. unsichtbar vorkommt.	2	2 + 2
2	In dem Buch wird es v. a. um Malin gehen, da sie auch in dieser Szene die Hauptrolle spielt. In der Episode wird geschildert, wie Malin unter ihrer Unsichtbarkeit leidet. Es ist deshalb wahrscheinlich, dass das Buch erzählt, wie Malin nach und nach „sichtbar" wird (vgl. auch den Titel: „Ich bin Malin").	3	2 + 2
3	klare Aussagen + Begründung (Kriterien: Spannung, Unterhaltung, Neues erfahren …)	2	1 + 2
4	z. B. Fotogeschichte gestalten, einen Brief an eine Figur schreiben, neue Figur einfügen, Interview mit einer Figur führen	1	4
5	- gelungen: Perspektive von Malin eingehalten; Inhalt des Ausschnitts korrekt erfasst; Malins Gefühle geschildert; flüssiger Stil - in Ordnung: Perspektive eingehalten; Inhalt des Ausschnitts weitgehend korrekt erfasst; weitgehend flüssiger Stil - nicht gelungen: Perspektive nicht immer eingehalten; Inhalt des Ausschnitts nicht korrekt erfasst; fehlerhafter Stil	3	10
6	- Normalsicht: Kamera beobachtet aus Augenhöhe; versucht eine natürliche Wahrnehmung zu ermöglichen - Untersicht: Kamera blickt von unten; lässt Filmfiguren groß und bedrohlich erscheinen - Aufsicht: Kamera blickt von oben; betont die Unterlegenheit und Schutzbedürftigkeit einer Figur	2	3
	ggf. Sprachliche Darstellungsleistung	**Fehlerquote**	**Punkte**

Arbeitsblatt zum Kapitel:
Tausend Worte – tausend Bilder • Kinderbücher und ihre Verfilmungen entdecken

AB 05-02
jt6yf5

Lesepass

- Titel des Buches:
- Autor:
- Erscheinungsjahr:
- Verlag:
- Kurzinhalt:
- Diese Textpassage hat mich beeindruckt:
- Bewertung:
- Note (von 1 bis 6):
- Begründung:

Lesepass

- Name:
- Klasse:
- Schuljahr:

Arbeitsblatt zum Kapitel:
Tausend Worte – tausend Bilder • Kinderbücher und ihre Verfilmungen entdecken

AB 05-03

Hörverstehensaufgaben zum Hörtext:
Cornelia Funke: Hände weg von Mississippi

1. Welche Gründe gibt Gansmann an, warum er noch im Dorf ist?

2. Warum kommt Gansmann zu Dolly?

3. Warum will Gansmann Mississippi zurückkaufen?

4. Wie viel Geld bietet Gansmann Emma für Mississippi?

5. Warum will Emma Mississippi nicht verkaufen?

6. Wie hoch ist das letzte Angebot von Gansmann?

7. Welche Eigenschaften würdet ihr Gansmann zuschreiben?

8. Überlegt und notiert, warum Gansmann auch Alligator genannt wird.

Arbeitsblatt zum Kapitel:
Tausend Worte – tausend Bilder • Kinderbücher und ihre Verfilmungen entdecken

AB 05-04
wf7nf6

Lesung und Hörspiel vergleichen

1 Hört euch den Ausschnitt aus dem Buch „Hände weg von Mississippi" von Cornelia Funke als Lesung an (deutsch.kompetent-Code 9q68p3, HT 05-03).

2 Hört euch den Ausschnitt aus dem Hörspiel zum Film „Hände weg von Mississippi" an (deutsch.kompetent-Code c2j2fv, HT 05-04).

3 Vergleicht, wie die gleiche Situation in der Lesung und im Hörspiel dargestellt wird.
– Achtet auf den Text. Welche Stellen werden im Hörspiel übernommen, verändert oder weggelassen? Überlegt euch Gründe dafür.

_____
_____
_____

– Untersucht, wie die Figuren im Hörspiel dargestellt werden.

_____
_____

– Welche Funktion hat die Erzählerin im Hörspiel?

_____

– Zählt mindestens drei Geräusche auf, die im Hörspiel verwendet werden. Welche Wirkung soll erreicht werden?

_____
_____
_____

4 Fasst zusammen, welche Gemeinsamkeiten und Unterschiede zwischen Lesung und Hörspiel bestehen.

Gemeinsamkeiten:

_____
_____

Unterschiede:

Lesung	Hörspiel

Abenteuer – damals und heute

Erzählende Texte untersuchen

S. 96–123

1. Kompetenzrahmen und Zielsetzungen

Modul 1: Erzählende Texte erschließen

S. 98–104, Texte: *Rico, Oskar und die Tieferschatten*, *Der Freund*

Handlungsschritte und Spannungsbogen analysieren; Figurengestaltung untersuchen

Modul 2: Einen Text wirkungsvoll vorlesen

S. 106/107, Text: *Die Fundnudel*

einen Text wirkungsvoll vorlesen

Modul 3: Märchen untersuchen

S. 108–112, Texte: *Rumpelstilzchen*, *Indianermärchen*, *Das Zwerglein auf der Autobahn*

den Aufbau von Märchen untersuchen; Märchen vergleichen

Modul 4: Sagen erforschen

S. 114–117, Texte: *Sage von der Sibylle von der Teck*, *Die Wettenburg*, *Epple von Gailingen*

Merkmale von Sagen erkennen; Sagen und Märchen vergleichen; eine Sage nach analysiertem Muster selbst schreiben; eine Sage umschreiben in ein Märchen

2. Ausgangssituation der Schüler

Die Standards (KMK) am Ende der 4. Klasse sehen vor, dass die Schüler folgende Kompetenzen im Bereich Umgang mit erzählenden Texten erworben haben:
- Sie können altersgemäße Texte sinnverstehend lesen und entwickeln lebendige Vorstellungen beim Lesen und Hören literarischer Texte.
- Sie lesen Texte genau und können gezielt einzelne Informationen suchen.
- Sie können Texte mit eigenen Worten wiedergeben.
- Sie können zentrale Aussagen eines Textes erfassen und wiedergeben.
- Sie können eigene Gedanken zu Texten entwickeln, zu Texten Stellung nehmen und mit anderen über Texte sprechen.
- Sie können Unterschiede und Gemeinsamkeiten von Texten finden.
- Sie können handelnd mit Texten umgehen: z. B. illustrieren, inszenieren, umgestalten, collagieren.

3. Kapitelkonzeption

Das Thema erzählende Literatur wird repräsentiert durch die literarischen Formen Jugendbuch, Märchen und Sagen. Es geht darum, die Inhalte von längeren Texten zu erfassen, Handlung und die Figuren zu untersuchen, die Merkmale von Märchen und Sagen zu erkennen.

Abenteuer – damals und heute · Erzählende Texte untersuchen

4. Sequenzfahrplan

Verknüpfungsmöglichkeit

weiterführende Hinweise

Stunde 1	Material	Erzählende Texte untersuchen – an Vorwissen anknüpfen	Zusatzmaterial
Impuls	A1, S. 96	Sich über die Bedeutung von Büchern austauschen	**TE 06-01** (Online-Code cg99en) Eingangstest Erzählende Texte
Wiederholung	A2, S. 97	Sich darüber austauschen, inwiefern die Texte von Swift und Preußler zum Weiterlesen anregen	
Wiederholung	A3, S. 97	Geschichten zu einem Bildimpuls in einem bestimmten Genre erzählen	

→ Lerninsel 6: „Umgang mit erzählenden Texten" (S. 263)
→ Modul „Mündlich erzählen" (S. 43 ff.)
→ AH, S. 18 ff.

Stunde 2	Material	Spannungsaufbau erarbeiten	Zusatzmaterial
Impuls	A1, S. 99	Text (S. 98 f.) lesen, sich über den ersten Eindruck unterhalten	**HT 06-01** (Online-Code e5d7ck) **AB 06-01** (LB, S. 135) Hörverstehen
Erarbeitung 1	A2, S. 99	Fragen zum Text formulieren	
Erarbeitung 2	A3, S. 99	Spannungsaufbau untersuchen	
Festigung	A4, S. 100	Mittel der Spannungssteigerung differenziert erarbeiten	**AB 06-02** (Online-Code 9b92yt) Spannungsaufbau

→ AH, S. 14 f.
→ Modul „Schriftlich erzählen" (S. 46 ff.)

Stunde 3/4	Material	Figuren verstehen	Zusatzmaterial
Impuls	A1, S. 104	Text (S. 101 ff.) lesen; erste Eindrücke zur Hauptfigur formulieren	**AB 06-03** (Online-Code 275k6b) Figuren verstehen
Erarbeitung 1	A2–3, S. 104	Figuren bewerten und Rollenbiografie bzw. Steckbrief verfassen	
Erarbeitung 2	A4, S. 105	Text mit verteilten Rollen lesen, Figuren durch Sprechweisen charakterisieren	
Festigung 1	A5–6, S. 105	Figuren intuitiv und produktiv verstehen	
Festigung 2	A7, S. 105	HA: eine eigene Geschichte über einen Schüler wie Bull schreiben	

→ AH, S. 16 f.
→ AH, S. 28 ff.

Stunde 5	Material	Texte wirkungsvoll vorlesen	Zusatzmaterial
Impuls	A1, S. 107	Text (S. 102 f.) still lesen, Wirkung beschreiben, sich über mögliche Sprechweisen austauschen	**HT 06-02** (Online-Code 7hk2cs) **AB 06-04** (LB, S. 136) Hörverstehen
Erarbeitung	A2, S. 107	Einen Text vorlesen und evtl. mit Hörtext vergleichen	
Festigung	A3, S. 107	Eine Lesung pantomimisch unterstützen	

→ Text: „Konflikte, die Spannung erzeugen" (S. 85)

Stunde 6-8	Material	Märchen untersuchen	Zusatzmaterial	
Impuls	A1, S. 108	Collage betrachten, Märchen erkennen		AH, S. 18 f.
Wiederholung	A2, S. 108	Typische Märchenelemente erkennen		
Erarbeitung 1	A3, S. 108	Recherche zu den Brüdern Grimm	**AB 06-05** (Online-Code h6r7tr) Märchenmerkmale	
Erarbeitung 2	A4–7, S. 110	Text „Rumpelstilzchen" laut vorlesen und über seine Wirkung sprechen; Märchen nacherzählen, den Aufbau erarbeiten, mit anderen Märchen vergleichen, Figur des Rumpelstilzchens bewerten	**HT 06-03** (Online-Code 68y8vn) **AB 06-06** (LB, S. 137) Hörverstehen	
Festigung	A8, S. 110	Ein Märchen szenisch umsetzen	**HT 06-04** (Online-Code 6f84ax) **AB 06-07** (LB, S. 139) Hörverstehen	
Erarbeitung 3	A9–10, S. 113	Durch Vergleichen Merkmale von Märchen, aber auch deren Unterschiede erkennen	**HT 06-05** (Online-Code ru6gh7) **AB 06-08** (LB, S. 141) Hörverstehen	
Festigung	A12, S. 113	Ggf. ein Märchenspiel basteln (als Anregung zum Erzählen von Märchen)	**HT 06-06** (Online-Code sm97gp) **AB 06-09** (LB, S. 142) Hörverstehen	
Festigung	A11, S. 113	HA: selbst ein Märchen schreiben	**AB 06-10** (LB, S. 143) Märchen weitererzählen	

Stunde 9/10	Material	Sagen erforschen	Zusatzmaterial	
Impuls	A1, S. 114	Text (S. 114) lesen und Textinhalt nacherzählen	**HT 06-07** (Online-Code 3mh9br) **AB 06-11** (LB, S. 144) Hörverstehen	AH, S. 28 ff.
Erarbeitung 1	A2–3, S. 114	Typische Merkmale einer Sage benennen		AH, S. 19
Erarbeitung 2	A4, S. 115 A5–6, S. 115 A8, S. 115	über Gründe für eine Sagenüberlieferung nachdenken und vergleichen; Unterschiede zwischen Märchen und Sagen erarbeiten	**HT 06-08** / **AB 06-12** (Online-Code vp83me) **HT 06-09** (Online-Code uu3462) **AB 06-13** (LB, S. 145) Hörverstehen	
Erarbeitung 3	A9, S. 116 A10, S. 117	Eine Sage zu einem Zeitungstext erfinden; Produktiv mit einem Sagentext umgehen	**AB 06-14** + **AB 06-15** (Online-Code my54y8) Sage untersuchen **AB 06-16** (LB, S. 146) Merkmale Ortssage	
Festigung	A11, S. 117	Sagenprojekt zu Heimatsagen durchführen	**AB 06-17** (LB, S. 147) Sage nacherzählen	

Stunde 11	Material	Lernerfolge sichern und ggf. bewerten	Zusatzmaterial
Selbstständige Lernkontrolle	A1–6, S. 122 f.	Analyse verschiedener Genres	**TR** (Online-Code dq27t6)
Klassenarbeiten	**KA 06-01** bis **KA 06-03** LB, S. 128 ff.	Klassenarbeiten zum Kapitel 6	

Abenteuer – damals und heute · Erzählende Texte untersuchen

5. Kommentare zu den Aufgaben

S. 96–97 **5.1 Kapitelauftaktseite – Vorwissen aktivieren**

S. 96 | A1 Was bedeuten euch Bücher?

Info Vor der Bearbeitung der Aufgabe sollte der Cartoon und seine Aussageabsicht besprochen werden. Calvins Freundin Susi vertritt die hohe Wertschätzung des Lesens seit der Aufklärung und die Auffassung vom Buch als „Freund" (seit der Empfindsamkeit; vgl. in Goethes „Werther": „Lass das Büchlein deinen Freund sein").
Wichtig wäre, dass auch nicht-literarische Bücher einbezogen werden. In einem weiteren Schritt könnte herausgestellt werden, dass fiktive Literatur informierende Züge haben kann, etwa historischer Roman oder Sciencefiction (vgl. Sachbuch). Die Frage nach der Bedeutung von Büchern könnte in Gruppenarbeit diskutiert werden.

Lösungsvorschlag **Mögliche Antworten:**
- Hilfe beim Erwachsenwerden, Mittel der Ich-Findung
- Zuspruch/Trost/Zuversicht
- wie ein guter Freund,
- Mittel zur Entschleunigung und Entspannung
- man lernt etwas dabei
- Möglichkeit zur Information und Meinungsbildung

S. 97 | A2 Lest die Textausschnitte.
- Regen sie euch zum Weiterlesen an?
- Welche Figur weckt das größte Interesse bei euch? Begründet.
- Formuliert Fragen, die sich beim Lesen der Textausschnitte ergeben.

Info Jonathan Swift: Mit diesem Schiffbruch beginnen die Abenteuer Gullivers auf der Insel „Liliput".
Beide Bücher wurden verfilmt.

Lösungsvorschlag **Weiterlesen:**
Die Situation ist vergleichbar: Beide Helden kommen an einen Ort, an dem sie sich nicht auskennen. Für beide ist es spannend, wie es weitergeht. Deshalb regen beide Bücher prinzipiell dazu an, weiterzulesen.

Größtes Interesse:
Das größere Interesse weckt wahrscheinlich das Buch „Krabat": Die Anreise ist zwar nicht so aufregend. Aber der Held traut sich, aus freien Stücken zu der fremden Mühle zu gehen und dort zu klopfen. Und er ist auch dann noch mutig, als er den Meister in seinem Arbeitszimmer antrifft, wo eine Kerze auf einem Totenschädel steht.
Die „Anreise" von Gulliver ist aufregend. Aber der Held ist der Situation ausgeliefert, er handelt nicht aus freien Stücken.

Fragen:
Krabat: Welche Rolle spielt das angekettete Buch? Warum brennt die Kerze auf einem Totenschädel? Wird der Held in der neuen Umgebung bleiben? Wird er sich eingliedern?
Gulliver: Wo ist er gelandet? Was wird er erleben, erleiden, erdulden? Was wird er können?

S. 97 | A3 Welche Geschichten hört oder lest ihr am liebsten? Erzählt zu diesem Bild
- eine Abenteuergeschichte,
- ein Märchen,
- eine Science-Fiction-Geschichte.

Info Vor der Bearbeitung sollte das Bild von Seite 97 unten von den Schülern genau beschrieben werden. So ergeben sich Impulse für einen Plot, z. B. Figuren, Gegenstände, Ort, Zeit, Perspektive, der Schatten, die Fledermaus etc.

Die Schüler sollen nur eine Geschichte zu ihrem favorisierten Genre ausgestalten. Die Aufgabe bietet sich zur Gruppenarbeit an, wobei Schüler mit gleichen Interessen zusammenarbeiten sollten. Vorab sollten die Kennzeichen der drei zur Auswahl stehenden Genres wiederholt werden. Die Schüler können nach dem Vorlesen raten, welche Art von Geschichte jeweils vorgelesen wurde. Nach der Vorstellung ihrer Geschichten sollten die Schüler begründen, weshalb sie das Genre interessant finden.

5.2 Modul 1: Durch dick und dünn – Erzählende Texte erschließen

S. 98–105

Den Spannungsaufbau einer Geschichte erkennen

Wie gefällt euch die Geschichte? Begründet euren Eindruck.

A1 | **S. 99**

Präsentation als Hörverstehen Online-Code e5d7ck. Wichtig wäre, dass die Schüler ihre Einschätzungen möglichst genau am Text belegen. Sie sollten eingehen auf: Situation, Figuren, Erzählweise, Thema usw.

Info

Mögliche Schülerantworten:

1) Die Geschichte wird gut erzählt. Man kann sich alles gut vorstellen, weil die Sprache so bildhaft ist. Es gibt Personifikationen und Vergleiche, um die Stimmung und die Situation zu verdeutlichen, z. B. Z. 2 f.: „Die Tür flog auf. Bleiches Mondlicht ergoss sich wie Milch ins Treppenhaus" oder Z. 18 ff.: „[…] ein Aufschrei erklang, als der Marrak über mich stolperte und wie ein gefällter Baum zu Boden krachte."

2) Die Geschichte ist einfach spannend! Es ist eine Verfolgungsgeschichte, die in immer neuen Räumen spielt und wo immer neue Figuren (der Polizist/Nachbar Bühl, vgl. Z. 49 ff.) und Dinge hinzukommen, von denen der Leser noch nicht weiß, was sie zu bedeuten haben (Z. 67 ff.: „Das Letzte, was ich sah, waren zwei Dinge, die vom Himmel runterkamen, […]").

3) Rico und Oskar sind sehr unterschiedlich. Aber sie sind ein gutes Team: Jeder unterstützt den anderen, z. B. Z. 20 ff.: „Neben mir rappelte Oskar sich auf und streckte eine Hand nach mir aus. Ich packte danach und kam stöhnend hoch."; Z. 59 f.: „Ich legte Oskar schützend meine Hände um den Kopf, […]". Das schafft Nähe zum Leser, der ja auch seine Stärken und Schwächen hat.

Lösungsvorschlag

Formuliert Fragen zum weiteren Verlauf der Geschichte.

A2 | **S. 99**

Diese Aufgabe bietet sich für Partnerarbeit an.

Info

Mögliche Fragen:
- Kann Marrak anschließend überhaupt noch aufstehen?
- Was sind das für Dinge, die „vom Himmel runterkamen"?
- Werden die beiden von der Polizei gerettet?
- Werden die beiden belohnt, weil sie den Entführer Marrak gefunden haben?

Lösungsvorschlag

Untersucht den Spannungsaufbau dieses Textausschnitts.
- Teilt den Ausschnitt in Handlungsschritte ein.
- Sucht für die einzelnen Handlungsschritte Überschriften.
- Zeichnet einen Spannungsbogen. Dabei hilft euch die blaue Box auf Seite 100.

A3 | **S. 99**

Auch hier bietet sich Partner- oder Gruppenarbeit an.

Info

Einteilung in Handlungsschritte:
- Z. 1–11: Die Flucht beginnt
- Z. 12–24: Marraks Sturz
- Z. 25–40: Die klemmende Tür
- Z. 41–48: Marrak, ein tobsüchtiger Stier
- Z. 49–55: Die Polizei greift ein
- Z. 56–70: Einschüchterungsversuch misslingt

Zu diskutieren wäre, ob der Höhepunkt im Spannungsbogen vielleicht schon in Z. 58 f. (vgl. „ein schreckliches Gebirge aus Kraft und Zorn") anzusetzen wäre. Die Zeilen 41–55 könnten auch zu einem einzigen Erzählschritt zusammengefasst werden.

Lösungsvorschlag

Abenteuer – damals und heute · Erzählende Texte untersuchen

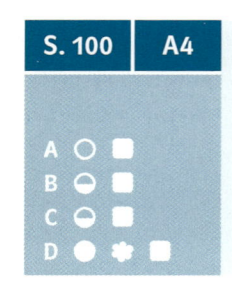

S. 100 | A4

Zum Differenzieren

A Sucht in dem Textausschnitt auf den Seiten 98–99 Stellen, in denen die Spannung dadurch steigt, dass Ricos Gedanken oder Gefühle beschrieben werden.

B Sucht in dem Textausschnitt auf den Seiten 98–99 Stellen, in denen die Spannung durch Andeutungen gesteigert wird. Orientiert euch an der blauen Box.

C Schreibt auf, was Rico durch den Kopf geht, als er merkt, dass die Tür klemmt.

D Zeichnet das Geschehen als Comic. Schreibt die Gedanken der Figuren als Gedankenblasen.

Info Aufgabe D: Fächerübergreifende Arbeit mit Kunst möglich.

Lösungsvorschlag

A Rico ist der Ich-Erzähler. Seine Gefühle fließen also unmittelbar ein. Sie werden u.a. durch Adjektive (z. B. „schmerzhaft", Z. 17) und ausdrucksstarke Verben deutlich: „Ich schoss" (Z. 4); „schlitterte" (Z. 14); „Wir jagten wieder los" (Z. 25). Gedanken werden vermittelt in den Textzeilen Z. 5 ff. sowie 27 ff. Genauer zu erkennen sind sie an Ricos Bewertungen, wie „tobsüchtiger Stier" (Z. 48) oder „schreckliches Gebirge aus Kraft und Zorn"(Z. 58 f.).

B: Diese Textstelle: „An der großen *klemmenden* Tür!" (Z. 33) hat ein kursiv gedrucktes Wort, so als gäbe es dazu eine Vorgeschichte, ein Erlebnis in der Vergangenheit. Bühl, der neue Nachbar, entpuppt sich als Polizist (Z. 49–55). Die Textpassage ab Zeile 67 deutet auf ein schicksalhaftes Ereignis hin: „Das Letzte, was ich sah, waren zwei Dinge, die vom Himmel runterkamen, eins über mir und das andere über dem Marrak". Es klingt, als könnte das gut für Rico sein, aber schlecht für den Marrak …

C Mögliche Gedanken Ricos, als die Tür klemmt: Blöde Tür! Die bekomme ich ja nie auf, der kleine Oskar erst recht nicht, jetzt sind *wir in der Klemme*: dem Marrak ausgeliefert, oh, Mann, was sollen wir bloß tun?

Figuren verstehen

S. 104 | A1

Beschreibt eure Eindrücke von Bull. Sucht im Text Stellen, die euch Auskunft über ihn geben.

Info Wichtig ist, dass die Schüler ihre Vermutungen am Text belegen bzw. durch den Text stützen. Sie sollten aber erkennen, dass Geschichten einen offenen Schluss haben können, also keine „Problemlösung" anbieten.

Lösungsvorschlag Wesentlich für Bull ist seine Zuverlässigkeit, seine Gegenwart vor der Gärtnerei, was Therese freut und worauf sie sich verlassen kann. Er bringt ihr Fahrrad wieder zurück, wo sie doch Angst hat, dass er mit ihrem Fahrrad nicht zurückkommen werde: „Er kam aber. Von da an trafen sie sich fast jeden Tag." (Z. 92 ff.). Er ist unbekümmert und witzig (vgl. etwa Z. 115: „Ich werd Seifenblasenfabrikant").

Auf der anderen Seite hat er Eigenschaften, die mit Thereses Verständnis eines guten bürgerlichen Lebens nicht vereinbar sind: „Bull machte nichts. Jedenfalls nichts von dem, was man meinen sollte.", Z. 24 ff.). Bull stiehlt (Therese wusste, dass sie den Schal nicht finden würden (Z. 140 f.) und lügt (Z. 159 f.). Er stammt aus einem schwierigen sozialen Umfeld (vgl. Z. 81 ff., 221 ff.).

S. 104 | A2

Versetzt euch in die Rolle von Therese. Schildert aus ihrer Sicht, was ihr an Bull gefällt und was nicht.

Lösungsvorschlag Als ich Bull zum ersten Mal mit seiner Mundharmonika im langen Gras liegen sah, war ich neugierig, was das für ein Junge sein muss, der sich auf die Wiese hinter der Gärtnerei meines Vaters legt und musiziert. Nachdem ich erfahren hatte, dass Bull in den Silos am Stadtrand wohnt, war ich mir nicht mehr sicher, ob es eine gute Idee war, mein Fahrrad an ihn auszuleihen. Doch er brachte das Fahrrad zurück, was ich toll fand. Seit diesem Zeitpunkt verbrachten wir immer öfter lustige und unbeschwerte Stunden miteinander, da mit ihm alles „anders, leichter, fröhlicher" (Z. 121 f.) ist. Als er dann den Schal klaute, war ich enttäuscht von ihm, aber ich dachte zunächst, dass er das nie wieder machen würde, da er mein Freund ist (Z. 173/175). Dennoch häuften sich die Diebstähle trotz meiner Aufforderungen, es nicht mehr zu tun (Z. 187). Doch was sollte ich tun? Meinen Eltern konnte ich von diesem Jungen nicht erzählen, er ist viel älter als ich und zudem hatte er die Sonnenblumenkerne aus der Gärtnerei geklaut.

Schreibt eine Rollenbiografie oder einen Steckbrief zu Bull. Nutzt dazu die Arbeitstechnik auf dieser Seite. Vergleicht eure Ergebnisse und sprecht über die Unterschiede.

A3 | S. 104

Wird zum ersten Mal eine Rollenbiografie geschrieben, könnte dies auch in Partnerarbeit geschehen. Ansonsten bietet sich die Aufgabe auch als HA an.

Info

Lösungsvorschlag

Steckbrief	Rollenbiografie
Name: Bull Spitzname: „Rumpelstilzchen" Alter: 14 (sieht aber ein bisschen älter aus) Aussehen: lang und dünn, breite Schultern Typische Eigenschaften: genießt das Leben, führt nette Unterhaltungen, lässt sich von anderen nicht einschüchtern, spielt Mundharmonika, sitzt auf Bäumen und liegt im Gras Besonderheiten: Schule war gestern – jetzt wird nichts gemacht – nichts, was die anständigen Leute sich vorstellen!	Ich nenne mich Bull und ich bin 14 Jahre alt. Den Namen habe ich mir selbst gegeben. Bull heißt Stier. Und das bin ich: unabhängig und stark! Auch wenn ich eher schmal bin. Ich will meine Herkunft vergessen. Ich stamme aus dem „Silo" aus einem der großen Hochhäuser, die die anständigen Leute verächtlich „Wohnmaschinen" nennen. Manchmal nenne ich mich Rumpelstilzchen, wenn ich witzig sein will bei Therese … Ich gehe unbekümmert durch die Welt. Allerdings gehe ich nicht gerne in die Schule. Viel lieber bin ich in der freien Natur und lasse es mir gutgehen. Ich spiele dann Mundharmonika oder sitze auf einem Baum. Wenn ich was zum Anziehen brauche, dann gehe ich mal kurz rüber zur Schule und suche mir dort was aus. Die Kinder dort, denen geht's doch gut. Was kümmert es die, wenn mal ein Schal verschwunden ist oder eine Jacke? Ich bin ein netter Kerl und unterhalte mich gern. Aber wehe, es versucht jemand, mir ein schlechtes Gewissen zu machen und mich zu ändern. Dann wachsen mir Hörner. Mir, Bull, dem Stier!

Lest einen Ausschnitt aus dem Text (Seite 101–103) mit verteilten Rollen vor. Bringt die Eigenschaften der Figuren durch eure Gestaltung beim Vorlesen zum Ausdruck.

A4 | S. 105

Die Aufgabe bereitet das nachfolgende Modul vor. Vorbereitend sollten die Schüler den Text noch einmal still lesen, geeignete Textstellen heraussuchen und ihre Wahl begründen. In Dreiergruppen (Erzähler, Bull, Therese) sollte die ausgewählte Passage zumindest einmal geübt werden.

Info

Geeignete Ausschnitte sind: Z. 146–160 sowie Z. 181–191.

Lösungsvorschlag

Besprecht, warum Therese zum Weinen zumute ist.

A5 | S. 105

Diese Aufgabe wurde schon vorbereitet durch Seite 104, A2.

Info

Therese mag Bull, kann und will aber sein Verhalten (Stehlen und Lügen) nicht billigen. Sie findet ihn toll, kann sich aber nicht ausmalen, ihn ihren Eltern vorzustellen. Als sie zur Lehrerin geht, weiß sie, dass sie ihren Freund Bull verraten und dadurch verlieren wird.

Lösungsvorschlag

Abenteuer – damals und heute · Erzählende Texte untersuchen

S. 105 A6

Zum Differenzieren

A „Dann fuhr sie, und während des ganzen Weges dachte sie sich Entschuldigungen für Bull aus." (Zeile 220–222) Sucht Argumente, die Bull entschuldigen oder belasten könnten. Notiert diese stichwortartig und diskutiert sie.

B Schreibt einen Dialog, in dem Therese der Lehrerin über ihren Freund berichtet.

C „Ich klaue doch nicht." (Zeile 159–160) Überlegt, was in dieser Situation in Bull vorgeht. Schreibt seine Gedanken in der Ich-Form auf.

Lösungsvorschlag

A: Entschuldigend wirken sich seine soziale Herkunft sowie seine Unbekümmertheit (vgl. Lösungsvorschlag A3) aus. Belastend wirkt, dass Bull schon zweimal von Therese aufgefordert wurde, die gestohlenen Sachen zurückzugeben bzw. nicht mehr zu stehlen (vgl. „Bleib ein anständiger Mensch", Z. 188).

B: Therese: Ich weiß, wer die Sachen genommen hat.
Lehrerin: Du weißt das, Therese?
Therese: Es fing alles so schön an, als ich ihn zum ersten Mal auf der Wiese hinter der Gärtnerei meines Vaters traf.
Lehrerin: Und wie kommt er jetzt an unsere Schule?
Therese: Ich weiß nicht. Wir trafen uns immer öfter, da ich am Anfang sehr glücklich war, als ich ihn sah. Doch dann fing es an: Ich bemerkte, dass er die Sonnenblumenkerne meines Vaters geklaut hat und einen Tag später fehlte der Wollschal von Brigitte in der Schule. Genau an diesem Tag habe ich Bull auch vom Fenster des Klassenzimmers gesehen, als er auf dem Schulhof stand. Da wusste ich Bescheid. Aber Frau Müller, Sie müssen mir glauben, er kann nichts für sein Verhalten, er wohnt in den Wohnsilos am Rand der Stadt. Ich habe ihn bereits ermahnt, so etwas nie wieder zu tun und gehofft, dass er es nie wieder tun würde, weil wir befreundet sind.
Lehrerin: Und dann hat er es wieder getan?
Therese: Ja, leider. Den Janker hat er ebenfalls geklaut. Und das schlimmste an dieser Sache ist, dass er es nicht einmal bereut, sondern mich auslacht, wenn ich ihm meine Enttäuschung mitteile.

C: Ich kann es vor Therese nicht zugeben, dass ich den Schal geklaut habe. Was denkt sie von mir? Sie will mich nie wieder sehen. Aber was soll ich machen? Die Eltern der Schulkinder statten sie mit den besten Klamotten aus, die man bekommen kann. Und ich? Ich kann mir nicht einmal ein T-Shirt kaufen, das mir gefällt, weil meine Eltern kein Geld für Klamotten haben. Aber das versteht Therese ja nicht. Und da ich ohne Sachen zu stehlen kaum leben kann, war es mir beim Diebstahl des Jankers egal, was Therese von mir denkt. Ich kann nicht ständig alles vor ihr verheimlichen, wie ich es beim Stehlen des Schals versucht habe.

S. 105 A7

Extra

Stellt euch vor, ein Schüler wie Bull taucht plötzlich in eurer Klasse auf. Schreibt darüber eine Geschichte. Haltet danach eine kurze Schreibkonferenz ab, in der ihr euch Rückmeldung zur Figurengestaltung und zum Spannungsaufbau gebt.

Info Das Verfassen der Texte kann in Partnerarbeit erfolgen.

Lösungsvorschlag Es war kurz nach halb zehn, die erste Pause war soeben zu Ende, als dieser Junge zusammen mit unserem Rektor in der Tür unseres Klassenraumes stand. Er hieß Sam und saß ab sofort neben mir. Sam wohnte in den Wohnanlagen am Stadtrand, seine Eltern waren sehr arm. Da mein Weg nach Hause in dieselbe Richtung ging, konnten wir gemeinsam Einkäufe für unsere Eltern erledigen. Eines Tages bemerkte ich bei einem Einkauf, wie Sam neben mir eine Tafel Schokolade in seinem Rucksack verschwinden ließ. Ich konnte es nicht fassen. Lautstark forderte ich ihn auf, diese wieder zurück in den Einkaufswagen zu legen. Mein Gesicht war rot vor Wut. Gerade noch rechtzeitig konnte ich einen Diebstahl verhindern. Ich war enttäuscht vom Verhalten meines neuen Freundes. Doch beim nächsten Einkauf sollte es schlimmer kommen: Er missachtete meine Aufforderung und flüchtete mit dem Diebesgut aus dem Supermarkt. Das Herz pochte mir bis zum Hals. Ich war schuld. Rot und zugleich blass vor Angst und Wut blieb ich im Supermarkt zurück. Was würde nun passieren? Würde die Polizei Sam fassen? Hätte ich es nicht tun sollen? Es dauerte nur eine halbe Minute, da kam Sam in Begleitung eines großen, kräftigen Mannes wieder. Dieser forderte ihn auf, die Sachen auf die Ablage zu legen, die er nicht bezahlt hat. Sam musste seine komplette Adresse der Polizei geben. Nach diesem Erlebnis trennten sich unsere Wege. Bald darauf war der Platz neben mir in der Schule wieder frei.

5.3 Modul 2: Die Fundnudel – einen Text wirkungsvoll vorlesen

S. 106–107

A1 | **S. 107**

Beschreibt, wie Rico und Oskar euch gefallen. Notiert stichwortartig, wie sie reden könnten. Probiert aus, wie sich ihre Stimmen anhören könnten.

Info

Auch als Hörverstehensaufgabe möglich ⟶ **HT 06-02** (Online-Code 7hk2cs). Der Test kann der Verständnissicherung dienen. Anhand der Hörsequenz könnte besprochen werden, ob der Sprecher die Figuren adäquat darstellt.

Lösungsvorschlag

Der Satz „Kann es sein, dass du ein bisschen doof bist?" (Z. 47f.) charakterisiert beide Jungen gleichermaßen: Rico ist tatsächlich „ein bisschen doof". Oskar wirkt hier selbstbewusst und wird folglich auch so sprechen. Rico könnte aufgrund seiner Körpergröße, eine tiefere Stimme haben und eher unsicher und langsam sprechen. Oskars Stimme dürfte höher sein. Er spricht vermutlich nicht laut, dafür aber klar und deutlich.

A2 | **S. 107**

Lest den Text so vor, dass sich eure Zuhörer die Situation und die Figuren gut vorstellen können. Die blaue Box zeigt euch, worauf ihr achten müsst.

Info

Zunächst sollten die Inhalte der blauen Box besprochen werden. Dann kann der Text in Partnerarbeit vorbereitet werden. Die Schüler diskutieren zuvor, wie welche Stelle gelesen werden könnte.

A3 | **S. 107**

Extra
Spielt die Szene als Pantomime vor der Klasse. Bringt die Gefühle von Rico und Oskar durch Mimik und Gestik zum Ausdruck. Ein anderer Schüler liest parallel dazu den Text vor.

Info

Einleitend könnte besprochen werden, wie die Figuren darzustellen wären. Die Pantomime kann sich auf die Zeilen 16–52 beschränken. Vor der „Aufführung" sollten die Darsteller die Szene proben. Zusätzlich zum Vorleser könnte ein vierter Schüler als Beobachter fungieren und Verbesserungsvorschläge machen.

Lösungsvorschlag

Oskar ist sehr lebendig in seinen Bewegungen und schnell im Denken. Rico ist eher langsam und schüchtern.

5.4 Modul 3: Es war einmal ... – Märchen untersuchen

S. 108–113

A1 | **S. 108**

Welche Märchen erkennt ihr auf dem Bild? Erzählt sie nach.

Info

Nacherzählt werden sollten die weniger bekannten Märchen, wie: „Der gestiefelte Kater", „Frau Holle".

Lösungsvorschlag

Dargestellt sind (von links nach rechts): „Der Froschkönig", „Frau Holle", „Der gestiefelte Kater", „Rapunzel", „Hänsel und Gretel", „Rotkäppchen".

A2 | **S. 108**

Klärt, welche Teile der Collage typisch für Märchen sind. Ordnet eure Ergebnisse nach Orten, Figuren und märchenhaften Dingen.

Info

Aufgabe auch als Partnerarbeit sinnvoll

Lösungsvorschlag

Orte	Brunnen, Wald(-Weg), Himmel, Turm
Figuren	Frosch, Königstocher (Prinzessin), Frau Holle (Mensch mit übernatürlichen Fähigkeiten), Kater (Tier mit übernatürlichen Eigenschaften), Kinder
Märchenhafte Dinge	Brunnen, goldene Kugel, Wolke, Siebenmeilenstiefel, Degen, unnatürlich langer Zopf

Abenteuer – damals und heute · Erzählende Texte untersuchen

S. 108 | A3 — Informiert euch über die Brüder Grimm.

Info Gruppenarbeit mit Rechercheaufträgen, z. B. zu Leben der Brüder Grimm, ihre Märchen und Sagen, Verdienst um das Deutsche Wörterbuch.
Es sollte nicht nur im Internet (am besten mit www.blinde-kuh.de starten), sondern auch in der Bücherei recherchiert werden. Auch jedes ältere enzyklopädische Lexikon (Meyers Lexikon, Brockhaus) bietet verlässliche Informationen. Die Ergebnisse sollten in Form von Infoplakaten vorgestellt werden.

Lösungsvorschlag

Das Leben der Brüder Grimm:
- Jacob Grimm (geb. 1785 in Hanau, gest. 1863 in Berlin); war Sprach- und Literaturwissenschaftler; ab 1830 Professor und Bibliothekar in Göttingen; politisch aktiv innerhalb der *Göttinger Sieben*; das führte 1837 zu seiner fristlosen Entlassung und zur Landesverweisung; betrieb als Wissenschaftler sehr genaue Quellen- und Detailforschung; ist berühmt durch die Arbeiten an der *Deutschen Grammatik* (Entdeckungen der Gesetzmäßigkeiten des Lautwandels, des Ablautes, des Umlautes, der Lautverschiebungen und Erkenntnisse zur Verwandtschaft der germanischen und indogermanischen Sprachen); ab 1854 Arbeit am *Deutschen Wörterbuch*.
- Wilhelm Grimm (geb. 1786 in Hanau, gest. 1859 in Berlin); Literaturwissenschaftler; ab 1831 Professor in Göttingen; ebenfalls Mitglied der *Göttinger Sieben*; wurde daher 1837 seines Amts enthoben; arbeitete meist mit seinem Bruder Jacob zusammen; hatte großen Anteil an der sprachlichen Gestaltung der „Kinder- und Hausmärchen"; arbeitete am *Deutschen Wörterbuch* mit

Leidenschaft für Sagen und Märchen

Die Brüder Grimm sammelten ab 1806 für die Anthologie *Des Knaben Wunderhorn* (Sammlung deutscher Volkslieder, ins Leben gerufen durch den Romantiker Clemens Brentano) Lieder und bald auch Märchen. Zunächst nahmen sie als Quellen andere literarischen Werke, später schrieben sie mündlich überlieferte Märchen auf. Zu deren Herkunft bzw. Gewährsleuten fertigten die Gebrüder Grimm Notizen an.
Brentano nutzte die Aufzeichnungen für seine Sammlung aber nicht. Daher veröffentlichten die Brüder Grimm die gesammelten Märchen selbst. Die ersten Exemplare erschienen im Dezember 1812; eine zweite Auflage (mit weiteren Märchen) kam 1819 heraus.
Wilhelm Grimm übernahm ab der zweiten Auflage das Sammeln und Überarbeiten der Texte. Jacob besorgte nur noch einige Texte für die zweite und dritte Auflage, nahm aber weiter Einfluss auf die wissenschaftlichen Anmerkungen. Ab der 3. Auflage veränderten sie das Märchenprojekt: Wilhelm Grimm entschied sich dafür, die gesammelten Märchen aufzubereiten und schön zu erzählen. Dafür arbeitete er die Figuren genauer heraus, vereinfachte die Sprache und gab den Märchen eine christliche Ausrichtung. Auch hob er die Rolle des Bösen im Vergleich zum Familienidyll besonders hervor.

S. 110 | A4 — Lest das Märchen laut vor. Besprecht, was euch gefallen oder nicht gefallen hat.

Info Die Schüler sollten ihre Einschätzungen auch kontrovers diskutieren können (langweilig/spannend; grausam/lustig; verständlich/verworren etc.). Sie sollten ihre Auffassung aber stets am Text belegen. Diese Aufgabe ist gut geeignet, Verständnisfragen einzubringen. Oft meint: *„Das gefällt mir nicht!"* eigentlich *„Das versteh ich nicht!"*. Auch kann formal und inhaltlich Durchdachtes gewürdigt werden.

Möglicher Tafelanschrieb (als Sammlung und Ausgangspunkt für Texterarbeitungsfragen): Lösungsvorschlag

Mir hat gut gefallen:	Mir hat nicht gefallen:
- dass der Vater mit einer netten Redewendung auf die besonderen Fähigkeiten seiner Tochter hinweist.	- dass der Vater von Fähigkeiten seiner Tochter prahlt, von denen sie (noch) gar nichts weiß. - dass der Vater seine Tochter einer schwierigen Situation und Prüfung ausliefert.
- dass ein bisschen offen bleibt, wer oder was *Rumpelstilzchen* genau ist und dass ein Bezug zum König ziemlich deutlich ist.	- dass ein bisschen offen bleibt, wer oder was *Rumpelstilzchen* genau ist. - dass unklar ist, in welcher Beziehung er zum König steht.
- dass die Müllerstochter zur Königin aufsteigt.	- dass der König sich nicht schützend vor die Königin (= seine Frau) stellt, um die Ansprüche von Rumpelstilzchen abzuwehren. (Ist Rumpelstilzchen ein Komplize des Königs?)
- dass die Müllerstochter sich als Königin nicht mehr so einfach einschüchtern lässt. - dass sie Rumpelstilzchen am Ende sogar mit erfundenen Namen foppt, bevor sie den Zauber um dessen Namen löst.	- dass sich Rumpelstilzchen am Ende selbst grausam bestraft und vernichtet, weil sein Plan nicht aufgegangen ist.

Erzählt das Märchen mit eigenen Worten nach. **A5** **S. 110**

Die Schüler sollen Stichpunkte aus dem Text notieren und bei geschlossenem Buch frei und zusammenhängend Info
erzählen. Als Überleitung von A4 zu A5 und zur nächsten Aufgabe A6 wären auch Verständnisfragen zu den
einzelnen Phasen denkbar:

1. Müller und König
Wie wird Stroh zu Gold"?
Wer hat Stroh? Was ist Stroh? Wofür wird es verwendet?
Wer hat Gold? Wofür wird es gebraucht?
Was könnte den König veranlasst haben, den Müller zu treffen?
Was könnte den Müller veranlasst haben, von den Fähigkeiten seiner Tochter zu prahlen?

2. *Müllerstochter* und König
Wo befinden sich die beiden?
Wann findet die Begegnung statt? Unter welchen Bedingungen?
Wie fühlt sich die Müllerstochter?
Wie reagiert der König? Was bedeutet, er werde immer goldgieriger?

3. Müllerstochter und *Rumpelstilzchen*
Wie kommt das kleine Männchen durch die Tür? Wie kommt er überhaupt ins Schloss? Ist er ein Komplize des Königs, der die Tür doch abgeschlossen hat? Was macht das Mädchen die ganze Nacht? Schaut sie Rumpelstilzchen zu? Worüber unterhalten sie sich?

4. *Königin* und Rumpelstilzchen
Warum verweigert die Königin Rumpelstilzchen ihr Kind? Warum hält sie ihr Versprechen nicht? Warum bekommt das Männchen Mitleid, als die Königin weint? Warum ist ihm etwas Lebendiges lieber als Besitz?
Wie kommt das Männchen wieder ins Schloss? Welchen Zweck hat das Namenrätsel? Warum fragt die Königin nur nach dem Namen und nicht danach, wer denn das kleine Männchen gesehen hat und wisse, wie es heißt?

Abenteuer – damals und heute · Erzählende Texte untersuchen

S. 110 | A6 Überprüft anhand der blauen Box, wie das Märchen aufgebaut ist. Vergleicht mit anderen Märchen, die ihr kennt.

Info Die Schüler sollten hier auf die blaue Box zurückgreifen. Die Aufgabe bietet sich zur Partnerarbeit an. Vgl. zum Aufbau der Märchen: SWR2 Wissen (http://www.swr.de/swr2/programm/sendungen/wissen/swr2-wissen-es-war-einmal/-/id=660374/did=2753626/nid=660374/33b22p/index.html): „Es war einmal … Die Bedeutung der Märchen". Eine Sendung von Peggy Fuhrmann vom 5.12.2007 (auch als Audiodatei zum Nachhören).

Bei aller Verschiedenheit haben fast alle Märchen weltweit eine ähnliche Grundstruktur:

(1) Der Anfangsteil: Es beginnt mit einer Notsituation, einem Mangel, etwas Böses geschieht, die Märchenheldin/der Märchenheld muss das Haus verlassen.

(2) Märchenhandlung: Abenteuer werden erlebt/Rätsel gelöst. Nachdem diese bestanden wurden – meist mit der Hilfe von anderen (fantastischen/märchenhaften) Personen oder (fantastischen/märchenhaften) Tieren oder fantastischen bzw. märchenhaften Dingen – kommt die Märchenheldin/der Märchenheld zurück in die ursprüngliche Lebensumgebung.

(3) Märchenende: Meistens werden die Märchenheldinnen und Märchenhelden mit einem sozialen Aufstieg belohnt (Geld, Heirat, Königsschloss …).

Die Deutung der Psychologen: Märchen finden weltweit so große Beachtung, weil sie – wenn auch geheimnisvoll umschrieben – oft zeigen, wie sich sogenannte Übergangssituationen (von einer Lebensphase in die nächste) bewältigen lassen, also: von der Kindheit in die Jugend (Pubertät), dann von der Jugend ins Erwachsensein (die Adoleszenz, Heirat, die Geburt eines Kindes). Und die sind für Menschen besonders interessant und auch besonders schwierig. Weil der Mensch da etwas Vertrautes verlassen und neue Fähigkeiten erwerben muss. Er muss übergehen in eine neue Zeit. Viele Psychologen sehen in der phantasievollen Schilderung solcher Übergangssituationen sogar Handlungsanweisungen für den Leser/Zuhörer: Die Helden zeigen exemplarisch, wie sich der schwierige Wechsel von einer Lebensphase in die nächste bewältigen lässt: Geh, wie die Märchenhelden, erst einmal allein los, irgendwo am Wegesrand steht schon jemand, der dir hilft. Oft besitzen die Protagonisten Gegenstände mit magischen Fähigkeiten, die weiterhelfen. Sie symbolisieren eine verborgene innere Stärke, die viele Menschen in sich entdecken, wenn sie sich schwierigen Situationen stellen.

Lösungsvorschlag Märchenanfang: Vater bringt seine Tochter in eine Notlage – sie hat dreimal eine schwere Prüfung zu bestehen (die drei Kammern mit Stroh) – bekommt unverhofft Hilfe – wird scheinbar errettet und belohnt (Heirat mit dem König) – kommt in neue Notlage (Rumpelstilzchen will das Kind) – sie hat drei Möglichkeiten, diesem Unglück zu entgehen (zweimal scheitert sie) – dann erneute unverhoffte Errettung – die Bedrohung endet (Tod von Rumpelstilzchen). Es gibt also jeweils zwei Situationen der „Hindernisse" und die dritte bringt dann die Erlösung. Das Märchen ist aufgebaut nach dem Dreierschema.

S. 110 | A7 „Rumpelstilzchen hat mir immer leid getan." (Irmela Brender) Seht ihr das auch so? Diskutiert, ob Rumpelstilzchen „gut" oder „böse" ist.

Info Die Aufgabe kann kontrovers bearbeitet werden. Vertiefend kann der Text von Brender herangezogen werden. Der vollständige Text steht hier: www.neue-zeitung.hu/dokumentumok/NZj_37-2003.pdf

Lösungsvorschlag Rumpelstilzchen ist nur ein „gar zu lächerliches Männchen" (Z. 133 f.). Es kann nicht auf normalem Weg zu einem Kind kommen und bezahlt seinen Wunsch auf grausame Weise: Es stirbt bzw. tötet sich selbst). Das kann Mitleid erwecken. Die eigene Hässlichkeit oder ein Kinderwunsch (vgl. Z. 101 f.) ist noch lange keine Entschuldigung dafür, die Notlagen anderer auszunutzen oder einer Mutter ihr Kind wegzunehmen.

| | A8 | S. 110 |

Extra
Spielt das Märchen. Ihr könnt noch zusätzliche Figuren erfinden.

Info: Die Erfindung neuer Figuren kann in Einzelarbeit oder Partnerarbeit stattfinden, dann aber braucht es Gruppenarbeit.

Lösungsvorschlag: Neue Figuren: eine kleine Maus, die im Stroh wohnt und der Müllerstochter Mut zuspricht; eine mutige Schwester des Königs, der sich die junge Königin anvertraut; …

| | A9 | S. 113 |

Vergleicht das Indianermärchen (Seiten 111–112) und „Das Zwerglein und die Autobahn" (S. 112).
- Überlegt, was an den beiden Texten „märchenhaft" ist und was nicht.
- Untersucht, welche Figuren auftreten, welche Eigenschaften sie haben und wie sie sich verhalten.
- Verwendet die blauen Boxen auf Seite 110 und auf dieser Seite.

Info: Die Aufgabe bietet sich als Partnerarbeit an. Das Indianermärchen kann als Entwicklungs- und Emanzipationsgeschichte des Jungen verstanden werden. Er kann sich mithilfe märchenhafter Kräfte aus seiner untergeordneten Position befreien. Vermutlich kommt ihm zufällig die Sonnenfinsternis zur Hilfe, was er intuitiv zu seinem Vorteil nutzt.

Lösungsvorschlag:

Indianermärchen: Märchenhaft ist, dass es dem Indianerjungen gelingt, die Sonne zu fangen, die dann mit ihm spricht und ihm hilft. Der Text weist den typischen Handlungsverlauf (Aufgabe, Lösung, glückliches Ende) auf. Auch das Dreierschema ist erkennbar: Der Indianerjunge ist der jüngste von drei Brüdern. Er möchte seinen Brüdern gleichgestellt sein und wie ein richtiger Indianer jagen und kämpfen. Dass er das erreicht, verdankt er einem Zufall sowie seinem Scharfsinn und seinen besonderen Fähigkeiten (vgl. das Pfeifchen, mit dem er Mäuse anlocken kann).

Modernes Märchen: Märchenhaft ist der Text durch die Figur des Zwergleins und den typischen Handlungsverlauf. Das Zwerglein hat Zauberkräfte (vgl. Z. 18 ff.) kann aber wenig ausrichten. Sprachlich ist das Ende hervorzuheben: „… verschwand im Wald und ward nicht mehr gesehen."

| | A10 | S. 113 |

Märchen haben einen eigenen „Märchen-Ton". Schreibt aus den drei Märchen (Seite 108–112) Formulierungen heraus, die für euch nach einem Märchen klingen.

Info: Wilhelm Grimm hat durch seine sprachlich-stilistische Bearbeitung der Märchen (durch Redewendungen, Attribuierungen der Figuren als Spieler und Gegenspieler etc.) für diesen Märchenton gesorgt. Durch einen Vergleich der 1. und 3. Fassung lässt sich das zeigen (die 1. Fassung ist inzwischen auch online verfügbar).

Lösungsvorschlag:

Rumpelstilzchen:
Einleitung: „Es war einmal …"
Spruch: „Heute back' ich, morgen brau' ich"
besonderer Wortschatz: „und ihre Angst ward immer größer" (Z. 25 f., statt „wurde"), „riss sich selbst mitten entzwei" (Z. 154, statt „in der Mitte auseinander")

Indianermärchen:
Einleitung: „Es war einmal …"
besonderer Wortschatz (z. B. „Kraft verleihen", Z. 94, statt „geben")

Modernes Märchen:
besonderer Wortschatz: „grässliche Verwünschung" (Z. 19)
Verkleinerungsformen: „Zwerglein", „Töpflein"), bilden zugleich einen Kontrast zu den riesigen Maschinen: „Bagger, Lastwagen, Dampfwalzen", Z. 13 f.

Abenteuer – damals und heute · Erzählende Texte untersuchen

S. 113 | A11

Zum Differenzieren

A Erzählt moderne Märchen. Nutzt dafür folgende Wörter: *Königin, Hexe, Giftpilz, Hubschrauber* oder *Brüder, Wald, Zauberspruch, Handy*.

B Denkt euch selbst ein Märchen aus. Schreibt es auf und achtet auf den „Märchen-Ton".

Info Die Schüler sollten bei aller Fantasie und freier Gestaltung die Textsorte und ihre Merkmale im Blick behalten. Teilaufgaben könnten in Partnerarbeit erarbeitet werden.

S. 113 | A12

Extra

- Bastelt ein Märchenspiel für fünf Personen. Überlegt euch drei Oberbegriffe, die mit Märchen zu tun haben, zum Beispiel *Spruch*, *Figur* und *Gegenstand*.
- Ordnet jedem Oberbegriff eine Farbe zu und markiert je fünf Karten mit dieser Farbe, zum Beispiel fünfmal rot für Karten mit Sprüchen, fünfmal grün für Karten mit Figuren, fünfmal blau für Karten mit Gegenständen.
- Auf der Rückseite notiert ihr passende Märchenmerkmale mit Einzelheiten.
- Mischt eure Spielkarten. Jeder darf drei verschiedene Karten ziehen und erzählt ein Märchen, indem er die Angaben von diesen Karten verwendet.
- Beachtet dabei, was ihr über Handlung und Bauweise von Märchen erfahren habt.

Info A12 festigt A11. Sie bietet sich zur Bearbeitung v. a. dann an, wenn die Schüler mit der Bearbeitung von A11 Schwierigkeiten hatten, denn sie ermöglicht einen stark spielerisch-kreativen Umgang mit der Gattung.

S. 114–117 5.5 Modul 4: Vom Hörensagen – Sagen erforschen

S. 114 | A1 Erzählt die Sage mit eigenen Worten nach.

Info Bei der Nacherzählung ist auf einen Erzählton zu achten, der den Gegensatz betont: zwischen Sibylle (die Gutes tut und allen Menschen in der Not hilft) und ihren missratenen Söhnen (die Bauern plagen und die Wagenzüge der Kaufleute plündern).

S. 114 | A2 Was ist das Sagenhafte an diesem Text? Nutzt die blaue Box auf Seite 116.

Info Diese Aufgabe ist für Einzel- und Partnerarbeit geeignet.

Lösungsvorschlag Der Text erwähnt bestimmte Burgen und einen Ort mit einer realen Umgebung und einer historische Geschichte. Das Sagenhafte an diesem Text ist: die Flucht der weisen und hilfsbereiten Sibylle mit ihrem märchenhaften Gefährt aus ihrem unterirdischen Schloss. Und dass in jedem Jahre ihr Fluchtweg wieder deutlich wird, weil dort die Wiesen, Ackerpflanzen und Obstbäume üppiger und fruchtbarer blühen und tragen.

S. 114 | A3 Im letzten Absatz wird eine wissenschaftliche Erklärung gegeben. Erklärt, wie die Sage entstanden sein könnte.

Lösungsvorschlag Die Leute mögen sich gefragt haben, warum ein bestimmter Streifen Erde mit einer parallelen Spur fruchtbarer ist als das umliegende Ackerland. Jemand kam auf die Idee, die Spur als Fahrrinne eines Wagens/einer Kutsche zu deuten. Erst archäologische Funde kamen 1982 dem Geheimnis auf die Spur: Zwei Gräben, die zum Limes gehörten, einer Grenzbefestigung der Römer, verursachten diese Spur. Das konnten die Menschen, die früher in dieser Gegend lebten, nicht wissen und so entstand schon vor langer Zeit die Sage von der „Silbyllenspur".

Vergleicht die Geschichten, die in den beiden Sagen erzählt werden. Beschreibt die Eigenschaften der beiden Frauen, die jeweils durch die Sage deutlich gemacht werden.

A4 | **S. 115**

Lösungsvorschlag

	Die Sage von der Sibylle von der Teck	Die Wetteburg
Eigenschaften, die den Frauen in den Sagen zugeschrieben werden	Schöne und weise Frau im Tal unterhalb der Burg, die den Menschen viel Gutes getan hat	Geizige und hartherzige Gräfin, die Bettler an ihrem Burgtor gehasst hat
Handeln in einer problematischen Akt	Aus Kummer über ihre missratenen Söhne beschließt Sibylle ihre Flucht mit einem Wagen und hinterlässt eine Spur	Sie beschließt, sich von dem „Gesindel" abzugrenzen, indem sie den Fluss auch um die vierte Seite ihrer Burg leiten lässt.
Das Sagenhafte	Die zwei parallelen Streifen, die die Kutsche bei ihrer Flucht im Boden hinterließ, sind fruchtbarer sind als das umgebende Ackerland. Sie wird heute noch „Sibyllenspur" genannt.	Die Burg soll im Main versunken sein. Nur alle sieben Jahre soll man sie am Grunde des Mains noch sehen können und sich an der Stelle, wo sie einst stand, eine Höhle öffnen.

Sucht nach Gründen, warum sich Menschen die Sagen erzählt haben könnten.

A5 | **S. 115**

Hier kommt es auf die intensive Auseinandersetzung mit dem Text an.

Info

Einerseits haben Menschen das Bedürfnis, einander von historischen Ereignissen und Geschichten um Baudenkmäler zu berichten. Andererseits brauchen sie Erklärungen, um bestimmte Veränderungsprozesse in der Natur erklären zu können, was Ängste mindert.

Lösungsvorschlag

Erforscht das Körnchen Wahrheit, das in der Sage liegen könnte.

A6 | **S. 115**

Es gibt bei Wettenburg tatsächlich eine Stelle im Main, die nur in großen Abständen (z. B. alle sieben Jahre) Reste einer früheren Burg freilegt.

Info

Was ist typisch für Bewohner eures Ortes? Erfindet Sagen, die diese Eigenschaften erklären.

A7 | **S. 115**

Die Vorbereitung erfolgt am besten in Partnerarbeit. Das Schreiben der Sage ließe sich auch in kleinen Gruppen organisieren. Die Sage sollte dem typischen Aufbau entsprechen und glaubwürdig sein. Sollten den Schülern die Eingrenzung auf Bewohner zu eng sein oder ihnen nichts einfallen, können sie auf andere Ideen ausweichen (siehe unten). Auch das Vorgeben eines Ortsnamens kann helfen (Bösenhausen, Halbhusten, Kirschentzwei, Elend, Fuchsruf, Nachtschrei, Handlach).

Info

Die **Bewohner** sind z. B.: sehr jung/alt; mundfaul; fahren alles mit dem Auto; tragen ähnliche Kleidung oder ähnliche Farben; lieben Lärm oder Stille; arbeiten fast alle in der gleichen Firma; mögen eine bestimmte Sportart besonders; singen fast alle im Chor oder sind Mitglied bei der Freiwilligen Feuerwehr/dem Verein für Kaninchenzüchter; haben einen Garten; vergeben jährlich einen Pokal für … usw.

Weitere Vorschläge zur Ideenfindung:
- Ortsname/Ortswappen/Lage des Ortes/Einbettung in die Landschaft
- Bauwerk oder Naturschöpfung (Ruine, öffentliches Kunstwerk, Baum, Kirche, Turm, Brunnen, Marktplatz, Parkplatz, …)
- „Töchter und Söhne" des Ortes
- besondere Dienstleistungen: Tierheim, Puppendoktor, Straußenfleischanbieter, Orgelbauer usw.

Lösungsvorschlag

Abenteuer – damals und heute · Erzählende Texte untersuchen

S. 115 | A8 Stellt Unterschiede zwischen Märchen und Sagen zusammen. Überlegt zunächst, was ihr untersuchen wollt. Übernehmt den Anfang der Tabelle.

Lösungsvorschlag Mögliche Ausarbeitung der Tabelle:

Untersuchungsgegenstand	Märchen	Sagen
Ausgangssituation	Notlage, Bedrängnis; Ereignisse aus einer nicht wirklichen Welt	Unerklärliche Vorgänge oder Handlungen
Aufbau der Handlung	Ausgangssituation ⟶ Proben und Aufgaben ⟶ Lösung ⟶ glückliches Ende (Belohnung des Guten; Bestrafung des Bösen)	Eine herausfordernde Aufgabe für den Helden, der ausgestattet mit einer höheren Macht, die Aufgaben erfüllen kann;
Typische Formulierungen	Es war einmal…, Ebenso der Schlusssatz: Und wenn sie nicht gestorben sind…	
Zeit der Handlung	unbestimmte Zeit	bestimmte historische Ereignisse
Ort der Handlung	unbekannte Orte	Bestimmte reale Orte (Lage und Geschichte des Ortes, der Landschaft oder einer historischen Person)
Figuren	Keine individuelle Eigenschaften, sondern Typen; Lebewesen aus einer nicht wirklichen Welt: Hexe, Prinz	Fantastische Figuren: Riesen, Hexen, Zwerge, Geister

S. 116 | A9 Erfindet eine Sage, die das Abrutschen des Felsstücks erklärt.

Lösungsvorschlag **Mögliche Bearbeitung:**

Auf dem markanten Felsen am Rand der schwäbischen Alb über dem Lautertal thronte einst ein Nebengebäude zur danebenliegenden Burg. Heute weiß keiner mehr richtig zu sagen, was damals geschah. Es wird erzählt, der frühere Burgherr sei der Magie verfallen. In dem Gebäude neben seiner Burg habe er sich ein Labor eingerichtet, um Gold herzustellen. Nachts verließ er im Schein einer Öllampe das Hauptgebäude, um nebenan zu experimentieren und zu forschen.

Eines Nachts erwachte die ganze Burggemeinschaft. Alle wurden aus den Betten geworfen, als es eine Erschütterung gab und ohrenbetäubend knallte. Die Menschen rannten zum Ort des Geschehens und sahen bald die Verwüstung. Das Nebengebäude war verschwunden, ein Großteil der Sandsteinplatte weggesprengt. Die herabgefallenen Gesteinsmassen hatten eine rund 200 Meter lange Schneise in den darunterliegenden Hangwald geschlagen.

Zum Differenzieren
A Zeichnet die Sage als Comic
B Kopiert den Text „Epple von Gailingen". Markiert die Teile, die typisch für eine Sage sind, rot und den „wahren Kern" grün. Beschreibt, was die Leute sich mit dieser Sage erklären wollten.
C Schreibt die Sage in ein Märchen um.

A10 | **S. 117**

Info

Zu **A**: Fächerverbindender Unterricht mit Kunst ist möglich.

B: Sagentypisch (rot markiert):
- „Raubritter, Epple genannt; der stammte aus dem Geschlecht der Gailingen von Illesheim. Er trieb sein Wesen zwischen Crailsheim und Nürnberg" (Z. 1 ff. = Informationen zur historischen Figur, die im Zentrum der Sage steht);
- Zeilen 9–22: Auszug zum Überfall nach Erkenbrechtshausen, Verfolgung durch den dortigen Freiherrn, Darstellung der Flucht vor ihm bis in eine Talschlucht;
- ab Zeile 23–34: Bund mit dem Teufel, Rettung auf einen Felsen mit dem Namen Beierlesstein, beherzter Absprung mit dem Pferd über den Fluss Jagst (Hier fängt das eigentlich „Sagenhafte" an)

Wahrer Kern (grün markiert):
„Auf dem Felsblock in der Mitte des Flusses zeigte man noch nach Jahrhunderten die Spuren des Hufeisens, das Epples Ross beim Absprung in den Felsen gedrückt hatte." (Z. 34–38)

C: Es war einmal ein mächtiger Ritter, der auf Wanderschaft ging, um sein Herrschaftsgebiet zu erweitern. An einer Anhöhe in der Nähe eines reißenden Flusses traf er auf den grausamen Herrscher des Gebietes, der die Anwesenheit des anderen Ritters nicht dulden wollte und die Bewohner gewaltsam unterwarf. Als es schließlich nach drei Kämpfen erneut zu einer Auseinandersetzung zwischen den beiden kam, zeigte sich schnell, dass der Freiherr des Landes seine ganze Macht nutzen konnte, um den Angreifer in die Flucht zu schlagen. Der Kampf schien verloren, als der mächtige Ritter gegen den reißenden Fluss gedrängt wurde. Genau in dem Moment als der Landesherr den Ritter in den Abgrund stürzen ließ, tauchte aus den Fluten des Flusses ein pechschwarzes Ross auf, das den Ritter über die Fluten des hinabstürzenden Wassers hinwegtrug. Der Ritter konnte so erneut einen Angriff starten und mit Hilfe des kraftvollen, schwarz-glänzenden Pferdes den Landesherrn im Kampf besiegen und das Land einnehmen. Der Ritter wurde von der Bevölkerung gefeiert und war von nun an ein gütiger Herrscher. Und wenn er nicht gestorben ist, dann lebt er noch heute.

Lösungsvorschlag

Extra
Sammelt Sagen aus eurer Gegend und dokumentiert sie in einem Sagenprojekt.
- Nehmt eine möglichst große Landkarte oder zeichnet eine und hängt sie im Klassenzimmer auf.
- Beschriftet kleine Fähnchen mit den Sagentiteln und einer kleinen Zeichnung. Steckt sie an die Orte der Karte, an denen die Sage spielt.
- Kopiert eure Sagen und ordnet sie um eure Karte. Zieht Fäden vom Ort der Sage zum Text.
- Erkundet geschichtliche Hintergründe der Sage und fügt diese Informationen stichwortartig hinzu.
- Sagenhafte Deutschstunde: Stellt eure Sage der Klasse vor und informiert über den Ort der Sage.

A11 | **S. 117**

Die Vorbereitung erfolgt am besten in Partnerarbeit. Die Schüler sollten dazu angehalten werden, verschiedene Sagen zusammenzutragen, die zeigen, dass es auch an ihrem Ort für historische Stätten und Ereignissen eine Sage gibt.

Info

○ ◐ ● leicht – mittel – schwer   ■ analytisch   ✤ handlungs- und produktionsorientiert

Klassenarbeit zum Kapitel:
Abenteuer – damals und heute • Erzählende Texte untersuchen

KA 06-01

Name: Klasse: Datum:

Brüder Grimm: Der süße Brei

Es war einmal ein armes frommes Mädchen, das lebte mit seiner Mutter allein, und sie hatten nichts mehr zu essen. Da ging das Kind hinaus in den Wald, und es begegnete ihm da eine alte Frau, die wusste seinen Jammer schon und schenkte ihm ein Töpfchen, zu dem sollt es sagen „Töpfchen, koche", so kochte es guten süßen Hirsebrei, und wenn es sagte: „Töpfchen, steh", so hörte es wieder auf zu kochen. Das Mädchen brachte den Topf seiner Mutter heim und nun waren sie ihrer Armut und ihres Hungers ledig und aßen süßen Brei, sooft sie wollten.

Auf eine Zeit war das Mädchen ausgegangen, da sprach die Mutter „Töpfchen, koche", da kocht es, und sie isst sich satt; nun will sie, dass das Töpfchen wieder aufhören soll, aber sie weiß das Wort nicht. Also kocht es fort, und der Brei steigt über den Rand heraus und kocht immerzu, die Küche und das ganze Haus voll, und das zweite Haus und dann die Straße, als wollt's die ganze Welt satt machen, und ist die größte Not, und kein Mensch weiß sich da zu helfen. Endlich, wie nur noch ein einziges Haus übrig ist, da kommt das Kind heim, und spricht nur: „Töpfchen, steh", da steht es und hört auf zu kochen; und wer wieder in die Stadt wollte, der musste sich durchessen.

— (Quelle: Kinder- und Hausmärchen. Gesammelt durch die Brüder Grimm. München: Winkler, S. 508 f.)

1 Lies den Text aufmerksam durch. Woran erkennst du, dass es sich hier um ein Märchen handelt? Nenne die Merkmale.

2 Woran kann man dagegen Sagen erkennen? Nenne ihre Merkmale.

3 Untersuche den Anfang des Märchens „Der süße Brei" (Z. 1–6) anhand der Tabelle.

Ort	Zeit	Personen	Ereignis/Thema

4 Charakterisiere kurz das Mädchen aus dem Märchen. Erläutere, wie sich die Figur des Mädchens von Figuren aus Kinderbüchern oder anderen modernen Erzähltexten, die du in der Schule kennen gelernt hast, unterscheidet.

5 Untersuche das Tempus der Verbformen im Text. Was fällt dir auf?

6 Schreibe eine Nacherzählung des Märchens.

Erwartungshorizont/Korrekturhilfe

Abenteuer – damals und heute · Erzählende Texte untersuchen

KA 06-01

(vgl. Lehrerband, S. 128)

Aufgabe	Anforderung /Lösung	Anforderungs-bereich	Punkte
1	- Einleitungsformel („Es war einmal …") - Märchenspruch/Wiederholung („Töpfchen, koche") - magische Dinge/nicht-alltägliche Erzählwelt (das Töpfchen)	1	6
2	- oft örtliche und zeitliche Lokalisation - wollen für wahr gehalten werden („Beweise, Belege", Berichtscharakter) bzw. haben einen wahren Kern - weisen ähnlich wie Märchen fantastische Figuren oder Handlungen auf	1	6
3	- Ort: das Zuhause der beiden; Wald - Zeit: unbestimmte Vergangenheit („Es war einmal …"); Tempus: Präteritum - Personen: Tochter, Mutter, alte Frau - Ereignis/Thema: große Armut, ihre Überwindung durch das „Töpfchen"	2	8
4	- Charakteristik Mädchen: arm, fromm (vgl. Z. 1); selbstständig (geht allein für längere Zeit außer Haus) - Märchenfiguren: sind meist sparsam charakterisiert bzw. haben keinen individuellen Charakter (Typen)	3	3 + 2
5	Tempus: Es kommt etwa in der Mitte des Textes zu einem Tempuswechsel vom Präteritum zum Präsens	2	4
6	- gelungen: Ereignisfolge in richtiger Abfolge; Erzähltempus korrekt; keine Wertung; eigene Wortwahl; flüssiger, textnaher Stil - in Ordnung: Ereignisfolge in richtiger Abfolge; Erzähltempus korrekt; in Teilen wertend; weitgehend eigene Wortwahl; weitgehend flüssiger Stil - nicht gelungen: Ereignisfolge fehlerhaft oder falsches Erzähltempus; wertend; stilistisch unangemessen oder nicht in eigenen Worten	3	10
	ggf. Sprachliche Darstellungsleistung	**Fehlerquote**	**Punkte**

Klassenarbeit zum Kapitel:
Abenteuer – damals und heute • Erzählende Texte untersuchen

KA 06-02

Name: Klasse: Datum:

Brüder Grimm: Fundevogel

Es war einmal ein Förster, der ging in den Wald auf die Jagd, und wie er in den Wald kam, hörte er schreien, als ob's ein kleines Kind wäre. Er ging dem Schreien nach und kam endlich zu einem hohen Baum, und oben darauf saß ein kleines Kind. Es war aber die Mutter mit dem Kinde unter dem Baum eingeschlafen, und ein Raubvogel hatte das Kind in ihrem Schoße gesehen; da war er hinzu geflogen, hatte es mit seinem Schnabel weggenommen und auf den hohen Baum gesetzt.

Der Förster stieg hinauf, holte das Kind herunter und dachte: Du willst das Kind mit nach Haus nehmen und mit deinem Lenchen zusammen aufziehen. Er brachte es also heim, und die zwei Kinder wuchsen miteinander auf. Das aber, das auf dem Baum gefunden worden war, und weil es ein Vogel weggetragen hatte, wurde Fundevogel geheißen. Fundevogel und Lenchen hatten sich so lieb, nein, so lieb, und wenn eins das andere nicht sah, ward es traurig.

Der Förster hatte aber eine alte Köchin, die nahm eines Abends zwei Eimer und fing an Wasser zu schleppen und ging nicht einmal, sondern viele Mal hinaus an den Brunnen. Lenchen sah es und sprach: „Hör einmal, alte Sanne, was trägst du denn so viel Wasser zu?" „Wenn du's keinem Menschen wieder sagen willst, so will ich dir's wohl sagen." Da sagte Lenchen nein, sie wollte es keinem Menschen wiedersagen; so sprach die Köchin: „Morgen früh, wenn der Förster auf die Jagd ist, da koche ich das Wasser, und wenn's im Kessel siedet, werfe ich den Fundevogel hinein und will ihn darin kochen."

Des andern Morgens in aller Frühe stand der Förster auf und ging auf die Jagd, und als er weg war, lagen die Kinder noch im Bett. Da sprach Lenchen zum Fundevogel: „Verlässt du mich nicht, so verlass' ich dich auch nicht"; so sprach der Fundevogel: „Nun und nimmermehr." Da sprach Lenchen: „Ich will es dir nur sagen, die alte Sanne schleppte gestern Abend so viel Eimer Wasser ins Haus, da fragte ich sie, warum sie das täte, so sagte sie, wenn ich's keinem Menschen sagen wollte, so wollte sie es mir wohl sagen. Sprach ich, ich wollte es gewiss keinem Menschen sagen; da sagte sie, morgen früh, wenn der Vater auf die Jagd wäre, wollte sie den Kessel voll Wasser sieden, dich hineinwerfen und kochen. Wir wollen aber geschwind aufstehen, uns anziehen und zusammen fortgehen."

Also standen die beiden Kinder auf, zogen sich geschwind an und gingen fort. Wie nun das Wasser im Kessel kochte, ging die Köchin in die Schlafkammer, wollte den Fundevogel holen und ihn hineinwerfen. Aber als sie hineinkam und zu den Betten trat, waren die Kinder alle beide fort; da wurde ihr grausam angst, und sie sprach vor sich: „Was will ich nun sagen, wenn der Förster heimkommt und sieht, dass die Kinder weg sind? Geschwind hinten nach, dass wir sie wieder kriegen!"

Da schickte die Köchin drei Knechte nach, die sollten laufen und die Kinder einfangen. Die Kinder aber saßen vor dem Wald, und als sie die drei Knechte von Weitem laufen sahen, sprach Lenchen zum Fundevogel: „Verlässt du mich nicht, so verlass' ich dich auch nicht." So sprach Fundevogel: „Nun und nimmermehr." Da sagte Lenchen: „Werde du zum Rosenstöckchen und ich zum Röschen darauf!"

Wie nun die drei Knechte vor den Wald kamen, so war nichts da als ein Rosenstrauch und ein Röschen oben drauf, die Kinder aber nirgends. Da sprachen sie: „Hier ist nichts zu machen", und gingen heim und sagten der Köchin, sie hätten nichts in der Welt gesehen als nur ein Rosenstöckchen und ein Röschen oben darauf. Da schalt die alte Köchin: „Ihr Einfaltspinsel, ihr hättet das Rosenstöckchen sollen entzweischneiden und das Röschen abbrechen und mit nach Haus bringen, geschwind und tut's!" Sie mussten also zum zweiten Mal hinaus und suchen. Die Kinder sahen sie aber von Weitem kommen; da sprach Lenchen: „Fundevogel, verlässt du mich nicht, so verlass' ich dich auch nicht." Fundevogel sagte: „Nun und nimmermehr." Sprach Lenchen: „So werde du eine Kirche und ich die Krone darin!" Wie nun die drei Knechte dahin kamen, war nichts da als eine Kirche und eine Krone darin. Sie sprachen also zueinander: „Was sollen wir hier machen? Lasst uns nach Hause gehen!" Wie sie nach Haus kamen, fragte die Köchin, ob sie nichts gefunden hätten. Da sagten sie: Nein, sie hätten

Klassenarbeit zum Kapitel:
Abenteuer – damals und heute • Erzählende Texte untersuchen

KA 06-02

nichts gefunden als eine Kirche, da wäre eine Krone darin gewesen. „Ihr Narren", schalt die Köchin, „warum habt ihr nicht die Kirche zerbrochen und die Krone mit heimgebracht?" Nun machte sich die alte Köchin selbst auf die Beine und ging mit den drei Knechten den Kindern nach. Die Kinder sahen aber die drei Knechte von Weitem kommen, und die Köchin wackelte hinten nach. Da sprach Lenchen:
50 „Fundevogel, verlässt du mich nicht, so verlass' ich dich auch nicht." Da sprach der Fundevogel: „Nun und nimmermehr." Sprach Lenchen: „Werde zum Teich und ich die Ente drauf!" Die Köchin aber kam herzu; und als sie den Teich sah, legte sie sich drüber hin und wollte ihn aussaufen. Aber die Ente kam schnell geschwommen, fasste sie mit ihrem Schnabel beim Kopf und zog sie ins Wasser hinein; da musste die alte Hexe ertrinken. Da gingen die Kinder zusammen nach Haus und waren herzlich froh;
55 und wenn sie nicht gestorben sind, leben sie noch.

— (Quelle: Vgl. Kinder- und Hausmärchen, gesammelt durch die Brüder Grimm. Vollständige Ausgabe auf der Grundlage der dritten Auflage (1837). Hrsg. von Heiz Rölleke. Frankfurt am Main: Deutscher Klassiker Verlag, 3. Aufl. 2003, Seite 228–231.)

1 Untersuche den Aufbau des Märchens.

2 Beschreibe, wie die zwei Kinder dargestellt werden. Wie bewältigen sie die Gefahren?

3 Erläutere und deute, welche Rolle der Förster und die Köchin jeweils für die Entwicklung der beiden Kinder spielen.

Erwartungshorizont/Korrekturhilfe

Abenteuer – damals und heute · Erzählende Texte untersuchen

KA 06-02

(vgl. Lehrerband, S. 130)

Aufgabe	Anforderung/Lösung	Anforderungs-bereich	Punkte
1	**Vorgeschichte:** Ein Förster findet ein schreiendes Kind auf einem Baum, er nimmt es mit nach Hause und zieht es zusammen mit seiner Tochter Lenchen auf. Es wird „Fundevogel" genannt, weil es ein Vogel seiner Mutter entrissen und auf dem Baum ausgesetzt hatte. **Märchenanfang:** Die Köchin des Försters verrät Lenchen ihren Plan, den Fundevogel in Wasser kochen zu wollen. **Märchenhandlung:** dreifache Prüfungsaufgabe: Lenchen verrät Fundevogel den Plan der Köchin und flüchtet mit ihm aus dem Haus. Als die Köchin ihr Verschwinden bemerkt, schickt sie ihnen drei Knechte hinterher. Aber dreimal schwören sich die Kinder die Treue und entkommen, indem sie sich verwandeln: (1) in ein Rosenstöckchen mit einem Röschen darauf; (2) in eine Kirche und mit einer Krone darin; (3) in einen See mit einem Entchen darin; Die Knechte erkennen die verwandelten Kinder zweimal nicht. Schließlich macht die Köchin sich selbst auf den Weg. Sie versucht, den See auszutrinken (also Fundevogel zu fressen), doch sie wird von der Ente (also Lenchen) in den See gezogen und ertrinkt.	1, 2	10
2	**Fundevogel** ist das Findelkind, das nur zufällig überlebt, weil es der Förster mitnimmt. Es kann mit Lenchen (wohl ebenfalls ohne Mutter) aufwachsen. Fundevogel hält sich stark an seine Schwester. **Lenchen** weist sich und Fundevogel märchenhaft den Weg! Sie erkennt die Bedrohung durch den Plan der Köchin, ist aber relativ unbesorgt. Sie stimmt den Treueschwur an: „*Fundevogel, verlässt du mich nicht, so verlass' ich dich auch nicht.*" und geht mit ihm in den Wald im Vertrauen auf ihre Kräfte. Sie bewältigen die Gefahr, indem sie zusammenhalten und sich verwandeln. Dabei nehmen sie jeweils eine zusammengehörige Form an, ihre Verschiedenheit bleibt also erhalten. Die Bedrohung bewältigen sie erst, als Lenchen Fundevogel nicht mehr nur beschützt, sondern (als Ente) die Köchin (das Böse) in den See zieht und ersäuft.	2, 3	10
3	Der **Förster** denkt menschlich und hilfsbereit. Ihn interessiert nicht, woher das Kind kommt. Er will es retten und sucht nach einer Lösung. Da er selbst ein Kind hat, entscheidet er, dass beide zusammen aufwachsen können. Offensichtlich haben beide Kinder keine Mutter. So haben sie wenigstens einander. Die **Köchin** kann Fundevogel nicht leiden und will es beseitigen. Sie ist vielleicht eifersüchtig, immerhin gesteht sie Lenchen ihren Plan, Fundevogel kochen zu wollen. Dadurch vertreibt sie die Kinder aus ihrem Zuhause. Zugleich schweißt sie die zwei durch die Not zusammen. Die Entwicklung der Kinder wird durch sie vorangetrieben: Sie werden selbständig und (psychisch) stark, handeln unabhängig und bewältigen ihre Ängste. Es gelingt ihnen, die Köchin/Hexe zu bezwingen, um weiter zusammen in Frieden aufwachsen zu können.	3	14
	ggf. sprachliche Darstellungsweise	**Fehlerquote**	**Punkte**

Klassenarbeit zum Kapitel:
Abenteuer – damals und heute • Erzählende Texte untersuchen

KA 06-03

Name:　　　　　　　　　　　　　　Klasse:　　　　Datum:

Die Teufelsglocke

In Rottenburg lebte einst ein frommer Bauer. Wenn er draußen beim Pflügen war, und er hörte die Glocke der nahen Sülchenkirche zur Messe rufen, da ließ er die Arbeit stehen und ging ins Gotteshaus, um zu beten. Als er zurückkam, sah er, dass jemand für ihn zu Ende gepflügt hatte. Da dachte er, nur Gottes Engel könnte das gewesen sein. Zum Dank ließ er an seinem Feld eine Kapelle bauen, die dem
5　heiligen Theodor geweiht wurde. Die „Todris" steht heute noch an der Straße von Rottenburg nach Seeheim.

Als der Bauer noch ein Glöcklein stiften wollte, fehlte ihm das Geld dazu. Darüber war er sehr traurig. Da erschien ihm eines Nachts der Teufel und bot an, eine Glocke aus Rom zu holen. Der Bauer erkannte gleich, mit wem er es zu tun hatte, und fragte nach dem Preis. Der Teufel forderte, die erste
10　Seele, die in die Kapelle komme, sollte ihm gehören. Der Bauer willigte ein, stellte aber die Bedingung, dass die Glocke aufgehängt sein müsse, ehe die erste heilige Messe zu Ende sei.

Der Teufel sauste los, aber der fromme Bauer bat den Pfarrer, eilends in der Todris die Messe zu feiern. Als der Teufel gerade über den Bodensee flog, entriss ihm Petrus die geraubte Glocke und warf sie in den See, so dass sie der Teufel nicht mehr finden konnte. Da stahl er kurzerhand die Glocke
15　vom Ravensburger Mehlsackturm, aber er kam zu spät. Die Messe war längst zu Ende. Voller Wut schleuderte er die Glocke gegen den Kirchengiebel, dass sie einen Sprung bekam. Hört man sie heute läuten, so kann man es deutlich vernehmen.

— (Quelle Matthias Drengk/Wikipedia Commons, unter: http://www.baden-wuerttemberg.de/de/unser-land/traditionen/sagen-und-legenden/die-teufelsglocke/ (abgerufen am 11.07.2016))

1　Fasse kurz zusammen, worum es in der Sage geht.

2　Untersuche die Sage genauer und stelle die Sagenmerkmale heraus.

3　Überlege, was an der Sage wahr sein könnte. Begründe, woran du das festmachen kannst.

Erwartungshorizont/Korrekturhilfe KA 06-03

Abenteuer – damals und heute · Erzählende Texte untersuchen

(vgl. Lehrerband, S. 133)

Aufgabe	Anforderung/Lösung	Anforderungs-bereich	Punkte
1	Ein Bauer erlebt bei der Feldarbeit ein Wunder und stiftet daraufhin eine Kapelle an seinem Feld. Leider fehlt ihm das Geld für eine Glocke. Als ihm der Teufel erscheint und ihm eine Glocke aus Rom verspricht, lässt er sich scheinbar auf einen Handel ein. Auf dem Rückweg von Rom entreißt dem Teufel aber Petrus die Glocke. Daraufhin stiehlt der Teufel eine andere. Aber er kommt zu spät: Der schlaue Bauer hat die Vereinbarung umgangen. So geht der Teufel leer aus. Wütend knallt er die Glocke gegen den Giebel der Kapelle, sodass sie einen Sprung bekam.	1	10
2	**Sagenmerkmale:** **historischer Kern:** Ort (Rottenburg) und Gebäude (Kapelle „Todris") **fantastische Figuren/unerklärliche Handlungen und Vorgänge:** – Ein Feld wird unsichtbar zu Ende gepflügt. – Der Teufel erscheint und bietet einen Handel an. – Der Heilige Petrus greift in das Geschehen ein. Die Menschen versuchten früher, durch Sagen außergewöhnliche Ereignisse und örtliche Begebenheiten zu erklären; dabei haben sie oft übersinnliche Mächte einbezogen, da sich die Menschen diese Erscheinungen nicht erklären konnten.	1, 2	10
3	**Wahr:** Die Kapelle „Todris" steht heute noch an der Straße von Rottenburg nach Seeheim. Wenn deren Glocke läutet, hört man deutlich, dass sie einen Sprung hat. (Auch die Sülchenkirche in Rottenburg gibt es noch.)	2, 3	10
	ggf. sprachliche Darstellungsweise	**Fehlerquote**	**Punkte**

Arbeitsblatt zum Kapitel:
Abenteuer – damals und heute • Erzählende Texte untersuchen

AB 06-01
e5d7ck

Hörverstehensaufgaben zum Hörtext:
Andreas Steinhöfel: Rico, Oskar und die Tieferschatten

1. Wo spielt der Ausschnitt?

2. Zu welcher Zeit spielt der Ausschnitt?

3. Welche Personen sind beteiligt?

4. In welcher Situation befinden sich Oskar und der Ich-Erzähler?

5. Auf welche Weise versucht der Ich-Erzähler Oskar und sich zu schützen?

6. Wie wird Oskar in dem Ausschnitt beschrieben? Notiert Eigenschaften.

7. Wie wird der Ich-Erzähler in dem Ausschnitt beschrieben? Notiert Eigenschaften.

Arbeitsblatt zum Kapitel:
Abenteuer – damals und heute • Erzählende Texte untersuchen

AB 06-04
7hk2cs

Hörverstehensaufgaben zum Hörtext:
Andreas Steinhöfel: Rico, Oskar und die Tieferschatten

1 Welche Kleidung trägt der Junge? Wie sieht er aus?

_____
_____
_____

2 Welches auffällige Schmuckstück erblickt der Ich-Erzähler am Hemd des Jungen?

_____
_____

3 Wonach sucht der Ich-Erzähler?

_____

4 Was antwortet der Ich-Erzähler auf die Frage des Jungen, ob er ein bisschen doof sei?

_____

5 Mit welcher gegensätzlichen Eigenschaft beschreibt sich der Junge?

_____

6 Was konnte das hochbegabte Mädchen bei „Wetten, dass …"?

_____
_____
_____

Arbeitsblatt zum Kapitel:
Abenteuer – damals und heute • Erzählende Texte untersuchen

AB 06-06

Märchen untersuchen

1 Lest den Text. Schreibt auf, welche Formulierungen für euch nach einem Märchen klingen.

_____

_____

_____

_____

_____

Die drei Federn

Es war einmal ein König, der hatte drei Söhne; davon waren zwei klug und gescheit, aber der dritte sprach nicht viel, war einfältig und hieß nur der Dummling. Als der König alt und schwach ward und an sein Ende dachte, wusste er nicht, welcher von seinen Söhnen nach ihm das Reich erben sollte. Da sprach er zu ihnen: „Ziehet aus, und wer mir den feinsten Teppich bringt, der soll nach meinem Tode König sein." Und damit es keinen Streit unter ihnen gab, führte er sie vor sein Schloss, blies drei Federn in die Luft und sprach: „Wie die fliegen, so sollt ihr ziehen." Die eine Feder flog nach Osten, die andere nach Westen, die dritte aber flog geradeaus und flog nicht weit, sondern fiel bald zur Erde. Nun ging der eine Bruder rechts, der andere ging links, und sie lachten den Dummling aus, der bei der dritten Feder, da, wo sie niedergefallen war, bleiben musste.

Der Dummling setzte sich nieder und war traurig. Da bemerkte er auf einmal, dass neben der Feder eine Fallttüre lag. Er hob sie in die Höhe, fand eine Treppe und stieg hinab. Da kam er vor eine andere Türe, klopfte an und hörte, wie es inwendig rief:

„Jungfer grün und klein,
Hutzelbein,
Hutzelbeins Hündchen,
hutzel hin und her,
lass geschwind sehen, wer draußen wär."

Die Türe tat sich auf, und er sah eine große, dicke Kröte dort sitzen und rings um sie eine Menge kleiner Kröten. Die dicke Kröte fragte, was sein Begehren wäre. Er antwortete: „Ich hätte gerne den schönsten und feinsten Teppich." Da rief sie eine junge Kröte und sprach:

„Jungfer grün und klein,
Hutzelbein,
Hutzelbeins Hündchen,
hutzel hin und her,
bring mir die große Schachtel her."

Die junge Kröte holte die Schachtel, und die dicke Kröte machte sie auf und gab dem Dummling einen Teppich daraus, so schön und so fein, wie oben auf der Erde keiner konnte gewebt werden. Da dankte er ihr und stieg wieder hinauf. Die beiden andern hatten aber ihren jüngsten Bruder für so albern gehalten, dass sie glaubten, er würde gar nichts finden und aufbringen. „Was sollen wir uns mit Suchen groß Mühe geben", sprachen sie, nahmen dem ersten besten Schäfersweib, das ihnen begegnete, die groben Tücher vom Leib und trugen sie dem König heim. Zu derselben Zeit kam auch der Dummling zurück und brachte seinen schönen Teppich, und als ihn der König sah, erstaunte er und sprach: „Wenn es dem Recht nach gehen soll, so gehört dem Jüngsten das Königreich." Aber die zwei andern ließen dem Vater keine Ruhe: Unmöglich könnte der Dummling, dem es in allen Dingen an Verstand fehlte, König werden, und baten ihn, er möchte eine neue Bedingung machen.

Arbeitsblatt zum Kapitel:
Abenteuer – damals und heute • Erzählende Texte untersuchen

AB 06-06

Da sagte der Vater: „Der soll das Reich erben, der mir den schönsten Ring bringt", führte die drei Brüder hinaus und blies drei Federn in die Luft, denen sie nachgehen sollten. Die zwei ältesten zogen wieder nach Osten und Westen, und für den Dummling flog die Feder geradeaus und fiel neben der Erdtüre nieder. Da stieg er wieder hinab zu der dicken Kröte und sagte ihr, dass er den schönsten Ring brauchte. Sie ließ sich gleich ihre große Schachtel holen und gab ihm daraus einen Ring, der von Edelsteinen glänzte und so schön war, dass ihn kein Goldschmied auf der Erde hätte machen können. Die zwei ältesten lachten über den Dummling, der einen goldenen Ring suchen wollte, gaben sich gar keine Mühe, sondern schlugen einem alten Wagenring die Nägel aus und brachten ihn dem König. Als aber der Dummling seinen goldenen Ring vorzeigte, so sprach der Vater abermals: „Ihm gehört das Reich."

Die zwei Ältesten ließen nicht ab, den König zu quälen, bis er noch eine dritte Bedingung machte und den Ausspruch tat: der sollte das Reich haben, der die schönste Frau heimbrächte. Die drei Federn blies er nochmals in die Luft, und sie flogen wie die vorigen Male. Da ging der Dummling ohne weiteres hinab zu der dicken Kröte und sprach: „Ich soll die schönste Frau heimbringen. „Ei", antwortete die Kröte, „die schönste Frau! Die ist nicht gleich zur Hand, aber du sollst sie doch haben." Sie gab ihm eine ausgehöhlte gelbe Rübe, mit sechs Mäuschen bespannt. Da sprach der Dummling ganz traurig: „Was soll ich damit anfangen?" Die Kröte antwortete: „Setze nur eine von meinen kleinen Kröten hinein." Da griff er auf Geratewohl eine aus dem Kreis und setzte sie in die gelbe Kutsche, aber kaum saß sie darin, so ward sie zu einem wunderschönen Fräulein, die Rübe zur Kutsche und die sechs Mäuschen zu Pferden. Da küsste er sie, jagte mit den Pferden davon und brachte sie zu dem König. Seine Brüder kamen nach, die hatten sich gar keine Mühe gegeben, eine schöne Frau zu suchen, sondern die ersten besten Bauernweiber mitgenommen. Als der König sie erblickte, sprach er: „Dem Jüngsten gehört das Reich nach meinem Tod."

Aber die zwei Ältesten betäubten die Ohren des Königs aufs Neue mit ihrem Geschrei: „Wir können's nicht zulassen, dass der Dummling König wird", und verlangten, der sollte den Vorzug haben, dessen Frau durch einen Ring springen könnte, der da mitten in dem Saal hing. Sie dachten: Die Bauernweiber können das wohl, die sind stark genug, aber das zarte Fräulein springt sich tot. Der alte König gab das auch noch zu. Da sprangen die zwei Bauernweiber, sprangen auch durch den Ring, waren aber so plump, dass sie fielen und ihre groben Arme und Beine entzweibrachen. Darauf sprang das schöne Fräulein, das der Dummling mitgebracht hatte, und sprang so leicht hindurch wie ein Reh, und aller Widerspruch musste aufhören. Also erhielt er die Krone und hat lange in Weisheit geherrscht.

Quelle: Die drei Federn. In: Jacob und Wilhelm Grimm: Kinder- und Hausmärchen. 2 Bände. Band 1. Berlin, 1812/15, S. 299 - 303.

2 Zeichnet einen Comic in drei Bildern zum Märchen.

Arbeitsblatt zum Kapitel:
Abenteuer – damals und heute • Erzählende Texte untersuchen

AB 06-07

Märchen untersuchen

1. Lest den Text. Unterstreicht alle Formulierungen, die den typischen „Märchen-Ton" ausmachen.

2. Untersucht den Aufbau des Märchens, indem ihr die passenden Stichpunkte in die Kästen schreibt.

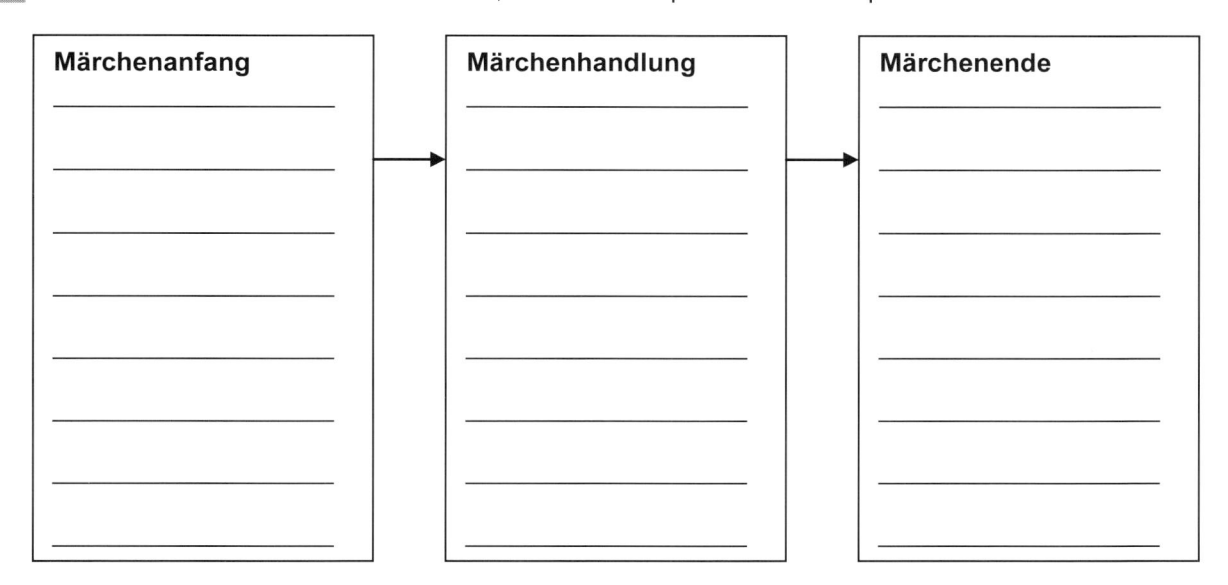

Märchenanfang	Märchenhandlung	Märchenende

Der Froschkönig und der eiserne Heinrich

In den alten Zeiten, wo das Wünschen noch geholfen hat, lebte ein König, dessen Töchter waren alle schön, aber die jüngste war so schön, dass die Sonne selber, die doch so vieles gesehen hat, sich verwunderte so oft sie ihr ins Gesicht schien. Nahe bei dem Schlosse des Königs lag ein großer dunkler Wald, und in dem Walde unter einer alten Linde war ein Brunnen: wenn nun der Tag recht heiß war, so ging das Königskind hinaus in den Wald und setzte sich an den Rand des kühlen Brunnens: und wenn sie Langeweile hatte, so nahm sie eine goldene Kugel, warf sie in die Höhe und fing sie wieder; und das war ihr liebstes Spielwerk.

Nun trug es sich einmal zu, dass die goldene Kugel der Königstochter nicht in das Händchen fiel, das sie in die Höhe gehalten hatte, sondern vorbei auf die Erde schlug und geradezu ins Wasser hinein rollte. Die Königstochter folgte ihr mit den Augen nach, aber die Kugel verschwand, und der Brunnen war tief, so tief dass man keinen Grund sah. Da fing sie an zu weinen und weinte immer lauter und konnte sich gar nicht trösten. Und wie sie so klagte, rief ihr jemand zu: „Was hast du vor, Königstochter, du schreist ja dass sich ein Stein erbarmen möchte." Sie sah sich um, woher die Stimme käme, da erblickte sie einen Frosch, der seinen dicken hässlichen Kopf aus dem Wasser streckte. „Ach, du bist's, alter Wasserpatscher," sagte sie, „ich weine über meine goldene Kugel, die mir in den Brunnen hinab gefallen ist." „Sei still und weine nicht," antwortete der Frosch, „ich kann wohl Rat schaffen, aber was gibst du mir, wenn ich dein Spielwerk wieder heraushole?" „Was du haben willst, lieber Frosch," sagte sie, „meine Kleider, meine Perlen und Edelsteine, auch noch die goldene Krone, die ich trage." Der Frosch antwortete: „Deine Kleider, deine Perlen und Edelsteine, und deine goldene Krone, die mag ich nicht: Aber wenn du mich lieb haben willst, und ich soll dein Geselle und Spielkamerad sein, an deinem Tischlein neben dir sitzen, von deinem goldenen Tellerlein essen, aus deinem Becherlein trinken, in deinem Bettlein schlafen. Wenn du mir das versprichst, so will ich hinunter steigen und dir die goldene Kugel wieder herauf holen." „Ach ja," sagte sie, „ich verspreche dir alles, was du willst, wenn du mir nur die Kugel wieder bringst." Sie dachte aber „was der einfältige Frosch schwätzt, der sitzt im Wasser bei seines Gleichen und quackt, und kann keines Menschen Geselle sein."

Der Frosch, als er die Zusage erhalten hatte, tauchte seinen Kopf unter, sank hinab und über ein Weilchen kam er wieder herauf gerudert, hatte die Kugel im Maul und warf sie ins Gras. Die Königstochter war voll Freude, als sie ihr schönes Spielwerk wieder erblickte, hob es auf und sprang damit fort. „Warte, warte," rief der Frosch, „nimm mich mit, ich kann nicht so laufen wie du." Aber was

Arbeitsblatt zum Kapitel:
Abenteuer – damals und heute • Erzählende Texte untersuchen

half ihm, dass er ihr sein quack quack so laut nachschrie als er konnte! Sie hörte nicht darauf, eilte nach Haus und hatte bald den armen Frosch vergessen, der wieder in seinen Brunnen hinab steigen musste.

Am andern Tage, als sie mit dem König und allen Hofleuten sich zur Tafel gesetzt hatte und von ihrem goldenen Tellerlein aß, da kam, plitsch platsch, plitsch platsch, etwas die Marmortreppe herauf gekrochen, und als es oben angelangt war, klopfte es an der Tür und rief „Königstochter, jüngste, mach mir auf." Sie lief und wollte sehen wer draußen wäre, als sie aber aufmachte, so saß der Frosch davor. Da warf sie die Tür hastig zu, setzte sich wieder an den Tisch, und war ihr ganz Angst. Der König sah wohl, dass ihr das Herz gewaltig klopfte und sprach: „Mein Kind, was fürchtest du dich, steht etwa ein Riese vor der Tür und will dich holen?" „Ach nein," antwortete sie, „es ist kein Riese, sondern ein garstiger Frosch." „Was will der Frosch von dir?" „Ach lieber Vater, als ich gestern im Wald bei dem Brunnen saß und spielte, da fiel meine goldene Kugel ins Wasser. Und weil ich so weinte, hat sie der Frosch wieder heraufgeholt, und weil er es durchaus verlangte, so versprach ich ihm er sollte mein Geselle werden, ich dachte aber nimmermehr dass er aus seinem Wasser heraus könnte. Nun ist er draußen und will zu mir herein." Indem klopfte es zum zweiten Mal und rief

„Königstochter, jüngste, mach mir auf, weißt du nicht was gestern du zu mir gesagt bei dem kühlen Brunnenwasser? Königstochter, jüngste, mach mir auf."

Da sagte der König: „Was du versprochen hast, das musst du auch halten; geh nur und mach ihm auf." Sie ging und öffnete die Türe, da hüpfte der Frosch herein, ihr immer auf dem Fuße nach, bis zu ihrem Stuhl. Da saß er und rief: „Heb mich herauf zu dir." Sie zauderte bis es endlich der König befahl. Als der Frosch erst auf dem Stuhl war, wollte er auf den Tisch, und als er da saß, sprach er: „Nun schieb mir dein goldenes Tellerlein näher, damit wir zusammen essen." Das tat sie zwar, aber man sah wohl dass sie's nicht gerne tat. Der Frosch ließ sich's gut schmecken, aber ihr blieb fast jedes Bisslein im Halse stecken. Endlich sprach er: „Ich habe mich satt gegessen, und bin müde, nun trag mich hinauf in dein Kämmerlein und mach dein seiden Bettlein zurecht, da wollen wir uns schlafen legen." Die Königstochter fing an zu weinen und fürchtete sich vor dem kalten Frosch, den sie nicht anzurühren getraute, und der nun in ihrem schönen reinen Bettlein schlafen sollte. Der König aber ward zornig und sprach: „Wer dir geholfen hat, als du in der Not warst, den sollst du hernach nicht verachten." Da packte sie ihn mit zwei Fingern, trug ihn hinauf und setzte ihn in eine Ecke. Als sie aber im Bett lag, kam er gekrochen und sprach: „Ich bin müde, ich will schlafen so gut wie du. Heb mich herauf, oder ich sag's deinem Vater." Da ward sie erst bitterböse, holte ihn herauf und warf ihn aus allen Kräften wider die Wand, „nun wirst du Ruhe haben, du garstiger Frosch."

Als er aber herab fiel war er kein Frosch, sondern ein Königssohn mit schönen und freundlichen Augen. Der war nun nach ihres Vaters Willen ihr lieber Geselle und Gemahl. Da erzählte er ihr, er wäre von einer bösen Hexe verwünscht worden, und Niemand hätte ihn aus dem Brunnen erlösen können als sie allein, und morgen wollten sie zusammen in sein Reich gehen. Dann schliefen sie ein und am andern Morgen, als die Sonne sie aufweckte, kam ein Wagen heran gefahren mit acht weißen Pferden bespannt, die hatten weiße Straußfedern auf dem Kopf, und gingen in goldenen Ketten, und hinten stand der Diener des jungen Königs, das war der treue Heinrich. Der treue Heinrich hatte sich so betrübt, als sein Herr war in einen Frosch verwandelt worden, dass er drei eiserne Bande hatte um sein Herz legen lassen, damit es ihm nicht vor Weh und Traurigkeit zerspränge. Der Wagen aber sollte den jungen König in sein Reich abholen; der treue Heinrich hob beide hinein, stellte sich wieder hinten auf, und war voller Freude über die Erlösung. Und als sie ein Stück Wegs gefahren waren, hörte der Königssohn dass es hinter ihm krachte, als wäre etwas zerbrochen. Da drehte er sich um und rief „Heinrich, der Wagen bricht."

„Nein, Herr, der Wagen nicht, es ist ein Band von meinem Herzen, das da lag in großen Schmerzen, als ihr in dem Brunnen saßt, als ihr ein Frosch wart."

Noch einmal und noch einmal krachte es auf dem Weg, und der Königssohn meinte immer der Wagen bräche, und es waren doch nur die Bande, die vom Herzen des treuen Heinrich absprangen, weil sein Herr erlöst und glücklich war.

— Quelle: Der Froschkönig und der eiserne Heinrich. In: Jacob und Wilhelm Grimm: Kinder- und Hausmärchen. 2 Bände. Band 1. Berlin, 1812/15, S. 1 – 5.

Arbeitsblatt zum Kapitel:
Abenteuer – damals und heute • Erzählende Texte untersuchen

AB 06-08
ru6gh7

Hörverstehensaufgaben zum Hörtext:
Der Junge, der die Sonne fing (Indianermärchen)

1 Warum ist der Junge am Anfang zornig und traurig?

_____

2 Womit deckt sich der Junge zu? Was passiert?

_____

3 Was bekommt der Junge von seiner Schwester, um seine Idee zu verwirklichen?

_____

4 Aus welchem Grund erhält der Junge seinen Namen?

_____

5 Wie gelingt es dem Jungen, die Sonne zu fangen?

_____

6 Der Junge-der-die-Sonne-fing besteht darauf, dass erst seine Brüder seinen neuen Namen laut aussprechen, bevor er die Sonne freilässt. Erklärt, warum er das möchte.

_____

_____

7 Der Junge, der die Sonne fing, konnte auch nach diesem Tag noch Vorteile aus seinem cleveren Streich ziehen. Zählt einige auf.

_____

Arbeitsblatt zum Kapitel:
Abenteuer – damals und heute • Erzählende Texte untersuchen

AB 06-09
sm97gp

Hörverstehensaufgaben zum Hörtext:
Franz Hohler: Das Zwerglein und die Autobahn (Modernes Märchen)

1. Wo lebt das Zwerglein?

2. Wobei half das Zwerglein den Bauern?

3. Wovon schreckt das Zwerglein auf seinem Heulager auf?

4. Was genau passiert, als das Zwerglein seine Verwünschung ausspricht?

5. Überlegt und notiert, wie die Verwünschung, die das Zwerglein ausspricht, lauten könnte.

6. Wieso verlässt das Zwerglein schließlich sein Zuhause?

Arbeitsblatt zum Kapitel:
Abenteuer – damals und heute • Erzählende Texte untersuchen

AB 06-10
36ne3x

Märchen weitererzählen

1 Lest den Text. Welche Prüfungen und Abenteuer könnten Rotkäppchen, die Großmutter und der Jäger noch erleben? Erzählt das Märchen weiter. Beachtet die typischen Merkmale von Märchen.

Stefan Heym: Wie ging es mit Rotkäppchen weiter?

Jeder weiß, wie die Sache mit Rotkäppchen und dem Wolf ausgegangen ist: Der Jäger schnitt dem Wolf mit der Schere den Bauch auf, und Rotkäppchen und die Großmutter kamen herausgekrochen, und dafür legten sie dem Wolf Steine in den Bauch, so daß der nicht fortspringen konnte, als er aufwachte, und niedersank und sich totfiel; die Großmutter aber verspeiste den Kuchen und trank den Wein, welchen das Rotkäppchen in seinem Körbchen gebracht hatte, und der Jäger und die Großmutter und das Rotkäppchen waren alle drei vergnügt.
Wie aber ist es weitergegangen? […]

— (Quelle: Stefan Heym: Wie ging es mit Rotkäppchen weiter? Aus: Stefan Heym: Märchen für kluge Kinder. München: Goldmann, 1984, S. 55.)

Arbeitsblatt zum Kapitel:
Abenteuer – damals und heute • Erzählende Texte untersuchen

AB 06-11
3mh9br

Hörverstehensaufgaben zu: Sibylle von der Teck

1 Beschreibt Sibylle von der Teck.

2 Warum verließ Sibylle ihr Schloss?

3 Woran erkennt man, welchen Weg sie gefahren ist?

4 Wie nennt man den Weg noch heute?

5 Wie erklärt die Wissenschaft die besondere Beschaffenheit des Weges?

Extra
Spielt eine Szene vor der Klasse:
Sibylle macht ihren Söhnen klar, dass sie Unrecht tun. Die Söhne widersprechen ihr.
Die Eigenschaften der Figuren sollten im Gespräch deutlich werden.

Arbeitsblatt zum Kapitel:
Abenteuer – damals und heute • Erzählende Texte untersuchen

AB 06-13
uu3462

Sagen untersuchen

1 Schreibt auf, was typische Merkmale von Sagen sind.

_____
_____
_____
_____
_____
_____

2 Lest den Text. Unterstreicht die typischen Sagenmerkmale.

Der Rattenfänger von Hameln

Im Jahre 1284 ließ sich zu Hameln ein wunderlicher Mann sehen. Er hatte einen Rock von vielfarbigem, buntem Tuch an und gab sich für einen Rattenfänger aus, indem er versprach, gegen ein gewisses Geld die Stadt von allen Mäusen und Ratten zu befreien.
Die Bürger sagten ihm diesen Lohn zu, und der Rattenfänger zog sein Pfeifchen heraus und pfiff. Da
5 kamen alsbald die Ratten und Mäuse aus allen Häusern hervorgekrochen und sammelten sich um ihn herum. Als er nun meinte, es wäre keine zurückgeblieben, ging er aus der Stadt hinaus in die Weser; der ganze Haufen folgte ihm nach, stürzte ins Wasser und ertrank.
Als aber die Bürger sich von ihrer Plage befreit sahen, reute sie der versprochene Lohn, und sie verweigerten ihn dem Mann, so dass dieser verbittert wegging.
10 Am 26. Juni kehrte er jedoch zurück in Gestalt eines Jägers, erschrecklichen Angesichts, mit einem roten, wunderlichen Hut und ließ, während alle Welt in der Kirche versammelt war, seine Pfeife abermals in den Gassen ertönen.
Alsbald kamen diesmal nicht Ratten und Mäuse, sondern Kinder, Knaben und Mägdlein vom vierten Jahre an in großer Anzahl gelaufen. Diese führte er, immer spielend, zum Ostertore hinaus in einen
15 Berg, wo er mit ihnen verschwand. Nur zwei Kinder kehrten zurück, weil sie sich verspätet hatten; von ihnen war aber das eine blind, so dass es den Ort nicht zeigen konnte, das andere stumm, so dass es nicht erzählen konnte. Ein Knäblein war umgekehrt, seinen Rock zu holen und so dem Unglück entgangen. Einige sagten, die Kinder seien in eine Höhle geführt worden und in Siebenbürgen wieder herausgekommen. Es waren ganze 130 Kinder verloren.

— Quelle: Der Rattenfänger von Hameln. In: Jakob und Wilhelm Grimm: Deutsche Sagen. 2 Bände. Band 1. Berlin: Nicolai, 1891.

Arbeitsblatt zum Kapitel:
Abenteuer – damals und heute • Erzählende Texte untersuchen

AB 06-16
my54y8

Merkmale einer Ortssage erkennen

1 Lest die Sage. Notiert stichpunktartig die typischen Sagenmerkmale im Text.

Die Teufelsküche

Teufelsküche nennt das Volk das zwischen Niedermühle und dem Görwihler Steg liegende Felsengewirr, durch das sich die Alb schäumend und brausend den Weg sucht. Einst sollte hier eine Brücke gebaut werden. Das Werk war beinahe vollendet. Nur der Schlussstein fehlte noch. Vergebens versuchte der Baumeister, diesen dem Gewölbe einzufügen. Schließlich stieß er wilde Verwünschungen und Flüche aus. Da stand plötzlich der Teufel höchst persönlich vor ihm und sagte: „Bekomme ich die erste Seele, die über die Brücke geht, will ich für dich den Stein der Brücke einfügen." Der Baumeister ging zwar auf den Handel ein, doch ließ er als ersten einen Hahn über die Brücke schreiten. Der um eine Menschenseele betrogene Teufel stampfte mit seinem Bocksfuß so heftig auf der Brücke auf, dass sie zusammenbrach und in die Alb stürzte.

— Quelle: Nach Hans Matt-Willmatt: Die Teufelsküche. Aus: Max Rieple: Sagen und Schwänke vom Schwarzwald. Konstanz: Südverlag, 1994, S. 173.

Historischer Kern: _____

_____

_____

_____

Fantastische Figuren und Handlungen: _____

_____

_____

_____

2 Schreibt auf, warum die „Teufelsküche" als Ortssage bezeichnet wird.

_____

_____

_____

_____

_____

_____

Arbeitsblatt zum Kapitel:
Abenteuer – damals und heute • Erzählende Texte untersuchen

AB 06-17
my54y8

Eine Sage nacherzählen

1 Lest den Text. Markiert typische Sagenmerkmale.

Erich Bockemühl: Die Weiber von Weinsberg

Weinsberg ist nur eine kleine Stadt dort in dem Lande, wo der Neckar fließt. Sie hatte früher feste Mauern und eine starke Burg. Aber der Kaiser Konrad hatte vor achthundert Jahren ein starkes Heer. Und als er einmal mit der Stadt in Streit geraten war, ließ er den Bürgern durch einen Herold sagen, dass er, wenn er in die Stadt hineinkäme, keinen Mann und Krieger mehr würde leben lassen.

5 Da entstand ein großes Wehklagen in der Stadt. Das Korn und Brot und alles, was zu essen aufgespeichert worden war, war aufgezehrt, und was blieb den Leuten, wenn sie nicht verhungern wollten, anders übrig, als die Stadt zu übergeben? Aber wenn sie das taten, mussten alle Männer sterben. Da war eine junge Frau, die sagte: „Wir Frauen bitten den Kaiser um eine Gnade. Und wenn er uns zu sich kommen lässt, dann lasst mich nur machen!"

10 Der Kaiser ließ die Frauen zu sich kommen, aber er blieb hart und wollte sich nicht erweichen lassen. Da sagte das junge Weib: „Herr Kaiser, wenn Ihr schon die Stadt verderben wollt, dann lasst doch wenigstens uns Frauen leben. Denkt an unsere Kinder! Und wir Weiber können Euch doch nichts Übles tun. Und wenn Ihr uns abziehen lasst, dann lasst uns wenigstens etwas für den weiten Weg und die Flucht mitnehmen, wenigstens das, was uns am liebsten und am kostbarsten ist."

15 Darauf willigte der Kaiser schließlich ein. „Nun ja", sagte er, „dann sei euch das gewährt. Morgen früh wird das Tor geöffnet, und ihr zieht mit euren Kindern ab, und was euch am kostbarsten ist und was ihr auf dem Rücken tragen könnt, das könnt ihr mitnehmen."

Am anderen Morgen stand der Kaiser mit einigen seiner Ritter auf dem Hügel vor dem Stadttor. Als er den Befehl gegeben hatte, das große Tor zu öffnen, strömte der Zug der Weiber heraus. Aber was war
20 denn das? Was trugen die Frauen denn da alle auf ihrem Rücken? Das sah ja wirklich zum Lachen aus! Und der Kaiser lachte.

Jede Frau hatte ihren Mann auf den Rücken gepackt. Huckepack trugen sie so ihre Männer aus der Stadt hinaus. Die Männer waren ja doch das Kostbarste und Liebste, was sie hatten, und das durften sie nach den Worten des Kaisers mitnehmen. Die Ritter waren böse darüber, aber der Kaiser lachte
25 weiter. „Gewiss war es so nicht gedacht, aber die Weiber waren wieder einmal klüger als wir Männer. Und an einem Kaiserwort darf nicht gedreht und gedeutelt werden!"

Er schenkte so den treuen Frauen und ihren Männern die Freiheit. Es wird erzählt, er habe sie alle wieder zurückgerufen und ein großes Fest veranstaltet. Sie durften nun alle in der Stadt bleiben und die Männer auch. Und bei dem Fest hätten der Kaiser selbst und die Ritter mit den Frauen getanzt.
30 Die Burg, die schon seit langer Zeit Ruine ist, erhielt den Namen „Weibertreu".

— Quelle: Erich Bockemühl: Die Weiber von Weinsberg. Aus: Deutsche Sagen, nach den Brüdern Grimm und anderen, in Anlehnung an Fritz Lichtenberger, neu erzählt von Erich Bockemühl, Reihe A, Heft 4, Carl Marhold Verlagsbuchhandlung, Berlin-Charlottenburg o. J., S. 32–34.

2 Zeichnet einen Comic in drei Bildern zu der Sage. Fügt passende Sprechblasen ein.

Bild 1

Arbeitsblatt zum Kapitel:
**Abenteuer – damals und heute • Erzählende Texte
untersuchen**

AB 06-17
my54y8

Bild 2

Bild 3

3 Erzählt die Sage mit eigenen Worten schriftlich nach.

Sommerhitze – Flockenwirbel

Gedichte untersuchen

S. 124–137

1. Kompetenzrahmen und Zielsetzungen

Modul 1: Gedichte mit allen Sinnen erfassen

S. 126–128, Texte: *Sommer, Ins Weiße blickend, Ich male mir den Winter, Regentag, November*

zentrale Inhalte von Texten herausarbeiten und textbezogen erläutern

Modul 2: Die Form von Gedichten untersuchen

S. 130, Texte: *Blätter an meinem Kalender, Wind und Wetter*

ein Gedicht formal analysieren; erstes Verständnis von Bauelementen erarbeiten: Vers, Strophe, Reim, Reimschema bestimmen

Modul 3: Sprachliche Bilder entschlüsseln

S. 132–133, Texte: *Fröhlicher Regen, Die Frühlingssonne*

sprachliche Bilder entschlüsseln: Personifikation, Vergleich

Modul 4: Gedichte vortragen und auswendig lernen

S. 134, Text: *Gewitter*

Gedichte sinnbezogen und gestaltend vorlesen und frei vortragen

2. Ausgangssituation der Schüler

Die Standards (KMK) am Ende der 4. Klasse sehen vor, dass die Schüler folgende Kompetenzen im Bereich Umgang mit Texten (insbesondere von Gedichten) erworben haben.
- Sie können altersgemäße Texte sinnverstehend lesen.
- Sie können lebendige Vorstellungen beim Lesen und Hören literarischer Texte entwickeln.
- Sie können selbst gewählte Texte zum Vorlesen vorbereiten und sinngestaltend vorlesen.
- Sie können Geschichten, Gedichte und Dialoge vortragen, auch auswendig.
- Sie können Texte begründet auswählen.
- Sie können das Textverständnis durch die Anwendung von sprachlichen Operationen unterstützen.
- Sie können mit Sprache experimentell und spielerisch umgehen.
- Sie können die eigene Leseerfahrung beschreiben und einschätzen.

3. Kapitelkonzeption

Es geht darum, in den Gedichten die Inhalte und Grundstimmungen zu erfassen sowie die grundlegenden Bauelemente und deren Funktionen.

Sommerhitze – Flockenwirbel · Gedichte untersuchen

4. Sequenzfahrplan

Verknüpfungsmöglichkeit

weiterführende Hinweise

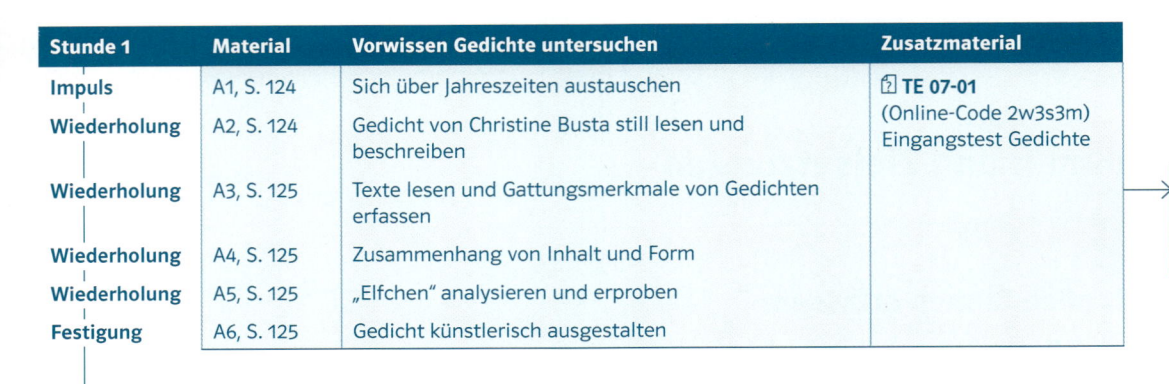

Stunde 1	Material	Vorwissen Gedichte untersuchen	Zusatzmaterial	
Impuls	A1, S. 124	Sich über Jahreszeiten austauschen	TE 07-01 (Online-Code 2w3s3m) Eingangstest Gedichte	
Wiederholung	A2, S. 124	Gedicht von Christine Busta still lesen und beschreiben		
Wiederholung	A3, S. 125	Texte lesen und Gattungsmerkmale von Gedichten erfassen		Lerninsel 7: „Umgang mit Gedichten" (S. 268 ff.)
Wiederholung	A4, S. 125	Zusammenhang von Inhalt und Form		
Wiederholung	A5, S. 125	„Elfchen" analysieren und erproben		
Festigung	A6, S. 125	Gedicht künstlerisch ausgestalten		

Stunde 2/3	Material	Gedichte inhaltlich erschließen	Zusatzmaterial	
Impuls	A1, S. 127	Gedichte still lesen; eigene Rezeption ggf. mit Hörfassung vergleichen	HT 07-01 + HT 07-02 (Online-Code rt75ww) Hörtexte	AH, S. 22 ff.
Erarbeitung 1	A2, S. 127	Gedicht inhaltlich erfassen und Überschriften finden	HT 07-03 + HT 07-04 (Online-Code z53f2h) Hörtexte	Modul „Verben erkennen und verwenden" (S. 170)
Erarbeitung 2	A3, S. 128	Gedichte unter dem Aspekt der Sinneswahrnehmung und Grundstimmung vergleichen	HT 07-05 (Online-Code m8ex3h) Hörtext	
Erarbeitung 3	A4-7, S. 128 f.	Gedichte inhaltlich erarbeiten		
Festigung	A8/9, S. 129	Gedichte differenziert erarbeiten	AB 07-01 (LB, S. 163 f.) Gedichte verstehen	

Stunde 4	Material	Die Form von Gedichten untersuchen	Zusatzmaterial	
Impuls	A1, S. 131	Fließtext in Gedichtform bringen	AB 07-02 (Online-Code r94q9j) Form von Gedichten untersuchen	
Erarbeitung 1	A2-3, S. 131	Reimordnung erkennen und bestimmen		
Erarbeitung 2	A4, S. 131: A-B	Reimschemata erkennen und bestimmen		
Festigung	A4, S. 131: C	HA: Gedichtform Haiku untersuchen, Haikus verfassen; ausgewählte Haikus präsentieren		

Stunde 5	Material	Sprachliche Bilder entschlüsseln	Zusatzmaterial	
Impuls	A1, S. 132	Gedicht „Fröhlicher Regen" als Hörtext präsentieren und inhaltlich erschließen	HT 07-06 (Online-Code 52z5n7) Hörtext	Modul „Adjektive erkennen und verwenden" (S. 182)
Erarbeitung	A2, S. 132	Gedicht lesen und szenisch gestalten; sprachliche Bilder untersuchen		
Festigung	A8/9, S. 129	HA: Gedicht „Frühlingssonne" differenziert erarbeiten: spielen/sprachliche Bilder untersuchen	HT 07-07 (Online-Code 84b9iu) Hörtext AB 07-03 (Online-Code 67xm2j) Sprachliche Bilder	AH, S. 22 ff.

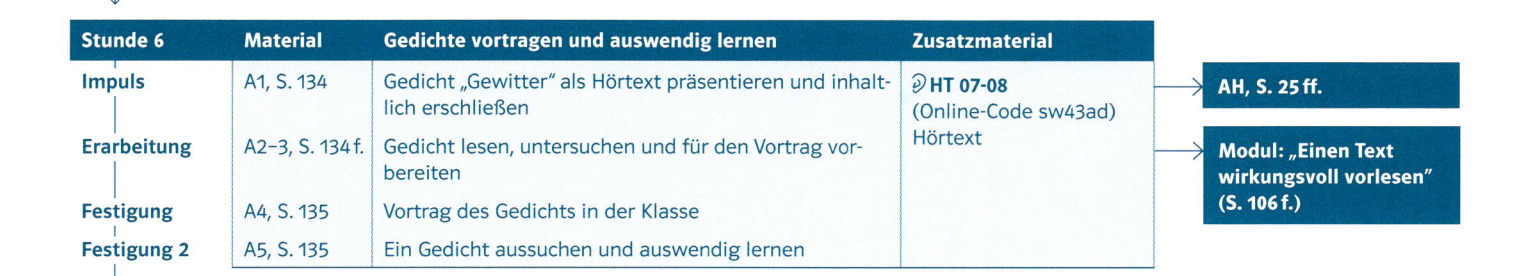

Stunde 6	Material	Gedichte vortragen und auswendig lernen	Zusatzmaterial
Impuls	A1, S. 134	Gedicht „Gewitter" als Hörtext präsentieren und inhaltlich erschließen	HT 07-08 (Online-Code sw43ad) Hörtext
Erarbeitung	A2–3, S. 134 f.	Gedicht lesen, untersuchen und für den Vortrag vorbereiten	
Festigung	A4, S. 135	Vortrag des Gedichts in der Klasse	
Festigung 2	A5, S. 135	Ein Gedicht aussuchen und auswendig lernen	

→ AH, S. 25 ff.

→ Modul: „Einen Text wirkungsvoll vorlesen" (S. 106 f.)

Stunde 7/8	Material	Lernerfolge sichern und ggf. bewerten	Zusatzmaterial
Selbstständige Lernkontrolle	A1–7, S. 136	Gedichte inhaltlich erschließen	TR (Online-Code qy86aa)
Klassenarbeiten	KA 07-01 LB, S. 161	Klassenarbeit zum Kapitel 7	

Sommerhitze – Flockenwirbel · Gedichte untersuchen

5. Kommentare zu den Aufgaben

5.1 Kapitelauftaktseite – Vorwissen aktivieren
S. 124–125

S. 124 | A1 Schaut euch die Bilder an. Welche Jahreszeit mögt ihr am liebsten? Begründet.

Info Die Gründe könnten in Gruppenarbeit diskutiert werden. In einem zweiten Schritt könnten einige Zuschreibungen aus dem Gedicht „Wo holt sich die Erde die himmlischen Kleider?" dem Tafelbild oder einem gestalteten Plakat (die vier Jahreszeiten als Mindmap) zugeordnet werden.

Lösungsvorschlag Möglicher Tafelanschrieb:

Frühling	Sommer	Herbst	Winter
– Sonne scheint – alles blüht – viel draußen sein – …	– baden gehen – lange helle Abende – große Ferien – …	– buntes Laub – Drachensteigen – Erntezeit – …	– frische und klare Luft – Weihnachten – Spieleabende – …

S. 124 | A2 Lest das Gedicht von Christine Busta und stellt euch die Erde in ihren verschiedenen „Kleidern" genau vor. Beschreibt, was ihr sehen und fühlen könnt.

Info Die sprachlichen Bilder (Jahreszeiten-„Kleider") werden am besten zuerst durch die Schüler erläutert.

Lösungsvorschlag Möglicher Tafelanschrieb:

Frühlings-Kleid	Sommer-Kleid	Herbst-Kleid	Winter-Kleid
– Das „Gräserkühle" – …	– Das „Sonngebleichte" – Das „Nesselheiße" – …	– Das „Regenschwere" – Das „Windzerissene" – Das „Laubgeflickte" – …	– Das „Igelgraue" – Das „Schwanenweiße" – …

S. 125 | A3 Lest die Texte auf Seite 125. Woran erkennt ihr, dass es Gedichte sind?

Lösungsvorschlag Mögliche Erkennungsmerkmale von Gedichten:
- Gliederung in Strophen, gezielte Anordnung der Wörter in Versen/Verszeilen
- sprachlich verdichtete Texte, kurz und knapp in der Darstellung/Handlung
- poetische Wortwahl (meist keine Alltags- oder Standardsprache)
- Verwendung von bildhafter Sprache, mit Metaphern, Vergleichen, Alliterationen, Anaphern usw.
- Reime oder ein besonderer Satzbau, der keinen bestimmten Regeln folgen muss.

S. 125 | A4 Erklärt, welcher Zusammenhang zwischen dem Inhalt und der äußeren Form des Gedichtes „Der Wind" besteht.

Lösungsvorschlag Die unterschiedliche Ausrichtung der Schriftzüge unterstützt die Textaussage.
Der Wind ist eine Naturgewalt. Er nimmt auf die Form des Textes Einfluss. Das ist an den unterschiedlichen Zügen der Handschrift ablesbar: So wie der Wind durch die Landschaft „fegt", so fegt er auch durch die Buchstaben. Sie bleiben nicht auf einer Linie, sondern werden bewegt. An manchen Stellen streben sie in eine Richtung scharf und ganz spitz.

Untersucht die Form des Gedichtes „April". Achtet auf die Anzahl der Wörter in jedem Vers. Verfasst eigene Gedichte dieser Art zum Thema Wetter.		**A5** **S. 125**

Das Gedicht „April" ist ein typisches Beispiel für ein *Elfchen*. Aus der Analyse kann eine Schreibanleitung herausgearbeitet werden, die Erläuterung und Anweisung zugleich ist. Eventuell kann man Vorgaben zum Verfassen der Elfchen machen, z. B. indem man für Vers 1 und 5 ein Adjektiv oder Nomen vorschreibt, für Vers 2 eine grammatische Ergänzung zum Wort in Vers 1 oder für Vers 4 die Verwendung des Personalpronomens „Ich" vorgibt. Elfchen sollten – ähnlich wie Haikus – eine thematisch-bildliche Einheit haben. — Info

Ein Elfchen ist ein Gedicht aus elf Wörtern in fünf Zeilen:
- 1. Zeile: **Ein Wort** (z. B. eine Eigenschaft/ein Attribut)
- 2. Zeile: **Zwei Wörter** (z. B. ein Gegenstand oder eine Person mit Artikel)
- 3. Zeile: **Drei Wörter** (Wie ist der Gegenstand? Was tut die Person?)
- 4. Zeile: **Vier Wörter** (etwas über sich selbst schreiben)
- 5. Zeile: **Ein Wort** (einen Schlussakzent setzen . . .)

Nach diesem Bauplan können die Schüler ihre Texte dichten. — Lösungsvorschlag

Wählt ein Gedicht aus und malt ein passendes Bild dazu.		**A6** **S. 125**

Die entstandenen Bilder können für eine Plakatwand im Klassenzimmer genutzt werden. Die Schüler begründen beim gemeinsamen Betrachten ihre Zugangsweise. Sie erläutern, wie sie ihre Ideen umgesetzt haben. — Info

5.2 Modul 1: Bunte Zeiten – Gedichte mit allen Sinnen erfassen

S. 126–129

Lest die vier Gedichte mehrmals und wählt den Text aus, der euch am besten gefällt. Begründet eure Wahl.		**A1** **S. 127**

Präsentation als Hörtext möglich. Das Gedicht „Sommer" von Ilse Kleberger ist den Schülern vielleicht als Lied bekannt mit eingängigem Text und einprägsamer Melodie aus der Sendung mit der Maus (https://www.youtube.com/watch?v=XWWOCzUTFBM). Das könnte die Auswahl beeinflussen. Die Gründe könnten in Gruppenarbeit diskutiert werden. Weiterführend könnte eine Liste mit Kriterien für ein gutes und schönes Gedicht entwickelt werden: Klangeindruck, Rhythmus, Tonfall, Grundstimmung, gelungene Darstellung eines interessanten Themas. — Info

Besprecht, worum es in den vier Gedichten jeweils geht. Findet andere Überschriften, die auch zum Inhalt passen.		**A2** **S. 127**

Ein leistungsstärkerer Schüler könnte jeweils einen leistungsschwächeren unterstützen. — Info

Lösungsvorschlag

Gedichtinhalte	Alternative Überschriften
Ilse Kleberger: der Sommer wird beschrieben und wie man ihn mit allen Sinnen genießen kann	Kindheitserinnerungen Die schönste Jahreszeit Jahreszeit der Sinne
Wolfgang Bächler: Wintereinbruch im Frühjahr, es sind schon Knospen an den Zweigen	Der Schnee ist zurück Knospen im Schnee Die weiße Katze
Josef Guggenmos: Beschreibung, wie jemand eine Winterlandschaft malt	Grau ist der Himmel Winterbild Krähenlandschaft
Peter Maiwald: der Junge Paul steht am Fenster und betrachtet den Regen, der allerhand „macht"	Paul hinterm Regen Am Fenster Der Regen rinnt

Sommerhitze – Flockenwirbel · Gedichte untersuchen

S. 128 | A3 Wählt ein Gedicht (S. 126–127) aus und untersucht es genauer:
- Was wird in dem Gedicht gesehen, gerochen, gehört und gefühlt? Benennt die Wörter, die euch Auskunft geben.
- Beschreibt die Grundstimmung des Gedichts (zum Beispiel *lustig, ruhig*). Begründet.
- Erklärt der Klasse, wie die jeweilige Jahreszeit in eurem Gedicht dargestellt wird.
- Sucht zu dem Gedicht eine passende Musik aus und bringt sie mit.

Info Gut für eine arbeitsteilige Gruppenarbeit geeignet (zwei-drei Gruppen pro Gedicht).

Lösungsvorschlag Mögliche tabellarische Auswertung:

Gedicht	Sinneswahrnehmungen	Grundstimmung	Art der Darstellung
Ilse Kleberger: Sommer	*Weißt du, wie der Sommer riecht?* Gerüche aus der Natur (Äpfel, Birnen, Blumen) und vom Baden am See (nasse Badehosen, Sonnencreme etc.); *Weißt du, wie der Sommer schmeckt?* Geschmackseindrücke (Aprikose, Walderdbeeren, Eis, Brauselimonade); *Weißt du, wie der Sommer klingt?* Höreindrücke (Vogelzwitschern, Windrauschen, Kinderlachen)	tolle Wohlfühlstimmung, Fröhlichkeit, Lebensfreude, Reichtum an Wahrnehmungen	Herbeirufen von Sinneseindrücken aus der Kindheit: Dinge und Unternehmungen, die Sommergefühle hervorrufen.
Wolfgang Bächler: Ins Weiße blickend	*Wie der Winter aussieht?* Schnee im Garten, auf Dächern und Bäumen; erfrorene Knospen starren den Betrachter an	leichte Freude, aber auch Trostlosigkeit und Traurigkeit	Bildhaftes (Metaphorisches) Erzählen
Josef Guggenmos: Ich male mir den Winter	*Was gesehen bzw. sich vorgestellt wird:* weiße Landschaft, schwarzer Baum, grauer Himmel, zwei Krähen *Was gefühlt wird:* die Kälte des Winters (Pullover gegen Zittern und Frieren)	Eintönigkeit, Unwirtlichkeit, Trostlosigkeit	Beschreibung eines winterlichen Bildes, stark verdichtet, viele Symbole
Peter Maiwald: Regentag	*Was gesehen wird:* Der Regen in den unterschiedlichsten Erscheinungsformen (nieseln, rinnen, fallen etc.) *Was gehört wird:* Wie der Regen fällt (pieseln, rasseln, rotzen)	Ungemütlichkeit, Gefangensein, etwas Heiterkeit	(Anaphorische) Reihung von Verben, um die Monotonie des Regens zu veranschaulichen

S. 128 | A4 Sucht in dem Gedicht „Ich male mir den Winter" von Josef Guggenmos (Seite 127) wichtige Wörter heraus, die beschreiben, wie der Dichter den Winter sieht.

Info Der Lehrer kann die einzelnen Strophe auf OHP-Folie kopieren und mit Folienstiften austeilen (arbeitsteilige Gruppenarbeit). Die Schüler präsentieren dann am OHP die entsprechend markierten Passagen ihrer Strophe.

Lösungsvorschlag
- Strophe 1: ... *Winter ... weiß ... Land ... schwarz ... Baum ... grau ... Himmel*
- Strophe 2... *Sonst ... nichts ... Nur ... Baum ... zwei schwarze Krähen*
- Strophe 3: *die Krähen ... sitzen dort ... frieren ... schweigen*
- Strophe 4: *Winter ... spüren ... dicken Pullover ... Zittern ... Frieren*

Untersucht das Gedicht „November":
- Bestimmt die Textstellen, die den Monat November beschreiben. W-Fragen helfen euch (zum Beispiel: *Was passiert? – der Sturm, …*).
- Fasst den Inhalt jeder Strophe in einem Satz zusammen.
- Formuliert in einem Satz, wie der Dichter den November sieht.
- Gebt dem Gedicht eine andere passende Überschrift.

A5 **S. 128**

Das Gedicht kann auch als Hörtext präsentiert werden. Die Aufgabe eignet sich für Einzel- und Partnerarbeit.

Info

Beschreibung des Monats November:
Ohne Sonnenschein (Z. 4), *mit Sturm* (Z. 6 und 13); viele *Wolken* (Z. 5) und Regen (Z. 7: *nass macht*), *welke Blätter* (Z. 10)

Zusammenfassung:
(1) Der stürmische und regnerische November wird „als wahre Pracht" bezeichnet – das könnte ironisch gemeint sein.
(2) Die welken Blätter tanzen im Sturm, was als „Novemberspaß" bezeichnet wird (ironisch).
Der Dichter versucht, dem stürmischen Treiben im November etwas Positives abzugewinnen.
Neue Überschrift: Verdrießlicher Monat/ Stürmisch, stürmisch …/Die armen Blätter

Lösungsvorschlag

Samir hat seine Gedanken zu dem Gedicht „November" für den Dichter Heinrich Seidel aufgeschrieben. Schreibt den Brief zu Ende.

A6 **S. 129**

… Beeindruckend schildern Sie die Wechselhaftigkeit des Wetters mit den Wörtern „Sonnenschein", „Wolken", „Sturmwind" und „nass" in aufeinanderfolgenden Versen. Die sprechenden Verben „maulen" und „graulen" drücken die unangenehme Wechselhaftigkeit des Wetters aus. Schließlich wird diese im letzten Vers der 1. Strophe als „Pracht" bezeichnet. Die negative Grundstimmung, die durch den Titel „November" hervorgerufen wird, heben Sie in der zweiten Strophe auf, indem im letzten Vers alle Vorgänge in der Natur mit „Novemberspaß" umschrieben werden. Ebenfalls sehr schön finde ich in der 2. Strophe: „arme, welke Blätter", die dann „tanzen in dem Wind". Durch Ihre verwendeten Wörter „jagt", „zwirbelt und […] durcheinanderwirbelt" zeigen Sie, wie die fallenden Blätter nach ihrem Absterben ein letztes mal Symbole für das Leben sind.

Lösungsvorschlag

Extra
Gestaltet eine Jahreszeitenlandschaft im Schuhkarton. Präsentiert darin das Gedicht, das euch am besten gefällt.

A7 **S. 129**

Diese Aufgabe ist offen für kreative Lösungen. Der Schuhkarton könnte analog zur Bücherkiste gestaltet werden.

Info

Sommerhitze – Flockenwirbel · Gedichte untersuchen

S. 129 | A8

Zum Differenzieren

A Beurteilt, welche andere Überschrift am besten zu dem Gedicht von Wolfgang Bächler (Seite 126) passt. Begründet eure Wahl.

B Sucht in dem Gedicht „Sommer" von Ilse Kleberger (Seite 126) wichtige Wörter heraus. Notiert in wenigen Sätzen den Inhalt des Gedichts.

C Schreibt einem Freund eine E-Mail, in der ihr den Inhalt des Gedichts „Ich male mir den Winter" (Seite 127) oder „Regentag" (Seite 127) wiedergebt, und erklärt, was euch an dem Gedicht gut gefällt.

A ○ ■
B ◐ ■
C ● ✦ ■

Lösungsvorschlag

A „Erfroren" bezeichnet am besten den Eindruck, den das lyrische Ich von den Zweigen hat, deren *erfrorene Knospen* den Betrachter anstarren. Sie werden zum Kennzeichen dieses winterlichen Bildes.

B Wichtige Wörter im Gedicht „Sommer": heißer Sand, kühler See, Badehosen, Eis, Brauselimonade, Kinderlachen. Das Gedicht „Sommer" von Ilse Kleberger beschreibt Sinneseindrücke, vermutlich aus der (Kindheits-) Erinnerung: Situationen und Dinge sprechen Augen, Nase, Zunge und Ohren an.

C Lieber Hannes,
ich habe gerade ein Gedicht entdeckt, das sehr gut beschreibt, wie es ist, wenn es den ganzen Tag regnet. Im Gedicht „Regentag" von Peter Maiwald steht der Junge Paul am Fenster und schaut hinaus in den strömenden Regen. Paul „glotzt". Viele Verse lang wird nun der Regen beschrieben, mit immer neuen Verben: Der Regen nieselt, er rinnt und fällt. Aber er pieselt auch und rotzt. (Was sich so herrlich auf glotzt reimt ;-)) Der Autor vermischt also poetische Wörter mit solchen, die man ja eigentlich nicht gebrauchen soll. Das habe ich vorher noch in keinem Gedicht gefunden! Ich fand das lustig und zutreffend. Denn manchmal ist Regen ja schön, aber manchmal kotzt (reimt sich wieder ;-)) er einen auch an. Muss ich Dir ja nicht sagen, haben wir letzten Sommer hautnah erleben können, als der Zeltplatz eine einzige Pfütze war und wir unseren Urlaub abgebrochen haben. Daran musste ich jedenfalls denken, als ich das Gedicht gelesen habe.
Ciao, Dein Karl

S. 129 | A9

Extra

Schreibt ein Gedicht über das Wetter, eine Jahreszeit oder euren Geburtsmonat. Ihr könnt das Gedicht „Sommer" von Ilse Kleberger (Seite 126) als Vorbild nehmen. Zeichnet Bilder zu eurem Gedicht und wählt eine passende Begleitmusik aus. Präsentiert das Gedicht vor der Klasse.

Info Es soll ein Parallelgedicht geschrieben werden. Die verschiedenen Sinneswahrnehmungen sollten zentral sein.

S. 130–131 5.3 Modul 2: Wind und Wetter – Die Form von Gedichten untersuchen

S. 131 | A1

„Die Blätter an meinem Kalender" von Peter Hacks (Seite 130) ist eigentlich ein Gedicht.
– Schreibt den Text ab und bringt ihn in eine Gedichtform.
– Vergleicht eure Ergebnisse und begründet eure Entscheidungen.

Info Die Aufgabe ist für Einzel- und Partnerarbeit geeignet.

Lösungsvorschlag **Peter Hacks: Die Blätter an meinem Kalender**

Die Blätter an meinem Kalender,
Die sind im Frühling klein
Und kriegen goldne Ränder
vom Märzensonnenschein.

5 Im Sommer sind sie grüner,
im Sommer sind sie fest,
Die braunen Haselhühner
Erbaun sich drin ihr Nest.

Im Herbst ist Wolkenwetter,
10 Und Sonnenschein wird knapp,
Da falln die Kalenderblätter,
Bums, ab.

Im Winter, wenn die Zeiten hart,
hat es sich auskalendert.
15 Ich sitze vor der Wand und wart,
daß sich das Wetter ändert.

Aus: Peter Hacks, „Der Flohmarkt". Eulenspiegel Verlag Berlin 2001, S. 7.

| | A2 | S. 131 |

Verseht die Reime eines Gedichts mit Buchstaben. Erkennt ihr eine Reimordnung?
- Ergänzt die Buchstabenfolge im Gedicht „Wind und Wetter" von Jürg Schubiger (Seite 130). Was stellt ihr fest?
- Bestimmt das Reimschema mithilfe der blauen Box.

Leistungsstärkere Schüler können schon die Differenzierungsaufgabe S. 131, A4 **A** bearbeiten. — Info

aa – bb – cc – dd – etc. Das heißt, in allen Strophen gibt es Paarreime. — Lösungsvorschlag

| | A3 | S. 131 |

Findet heraus, welches Reimschema das Gedicht „Die Blätter an meinem Kalender" von Peter Hacks (Seite 130) aufweist. Verwendet eure Ergebnisse aus Aufgabe 1.

Die Aufgabe ist für Einzel- und Partnerarbeit geeignet. — Info

Das Gedicht von Peter Hacks weist in allen Strophen Kreuzreime auf (mit unreinen Reimen in den Versen (Zeilen) 1 und 3; 10 und 12; 14 und 16). — Lösungsvorschlag

| | A4 | S. 131 |

Zum Differenzieren
A Findet heraus, welches Reimschema das Gedicht „Regentag" von Peter Maiwald (Seite 127) aufweist.
B Sucht euch weitere Gedichte aus dem Kapitel (Seite 124–137) aus und untersucht Aufbau (Vers- und Strophenzahl) und Reimschema.
C Informiert euch über den Aufbau der Gedichtform Haiku.
- Untersucht das Haiku von Kuroyanagi Shôha auf Seite 125. Achtet vor allem auf die Anzahl der Silben in den einzelnen Versen.
- Verfasst nach diesem Muster eigene Haikus zum Thema Wetter.
- Sammelt eure Haikus, illustriert sie und stellt einen Gedichtband eurer Klasse zusammen.

Strenggenommen werden bei Haikus Moren (Lauteinheiten) gezählt und keine Silben (Moren- und Silbenzahl fallen nicht automatisch zusammen). Das Schreiben von Haikus könnte auch in Partnerarbeit erfolgen. — Info

A Die Strophen 2 und 3 haben Kreuzreime. In den Strophen 1 und 4 reimen sich jeweils der 2. und der 4. Vers (Kreuzreim), nicht aber der 1. und 3. Vers. (Die erste Verszeile in diesen Strophen lautet beide Male „Paul steht am Fenster". Sie steht im Kontrast zu den Beschreibungen des Regens. Ein Mittel, um zu zeigen, wie sein Stehen im Gegensatz zur Bewegung des Regens vorm Fenster ist.)

B:
- Kleberger (S. 126); drei achtzeilige Strophen (Reimschema; ababcded)
- Guggenmos (S. 127); drei sechszeilige Strophen und eine fünfzeilige Strophe (ohne durchgängiges Schema, einzelne Paarreime und umarmende Reime)
- Seidel (S. 128); zwei Strophen mit je acht Versen (durchgängig Paarreime)
- Britting (S. 132); fünf Strophen: Strophe 1 mit drei Versen (Paarreime), Strophe 2 und 3 mit sechs Versen (Paarreim und Kreuzreim), Strophe 4 mit fünf Versen (Paarreime) und Strophe 5 mit zwei Versen (Paarreim)
- Busta (S. 133); Strophen 1 und 5 vierzeilig, Strophen 2 bis 4 dreizeilige Zwischenstrophen (ohne Reime)
- Moser (S. 134); 26 Verse in Paarreimen

C Ein *Haiku* besteht aus drei Versen mit fünf (Vers 1), sieben (Vers 2) und fünf Silben (Vers 3). Beim Schreiben eines Haikus ist es wichtig, die Einheit von Thema und Bild zu beachten.

— Lösungsvorschlag

○ ◐ ● leicht – mittel – schwer   ■ analytisch   ✽ handlungs- und produktionsorientiert

Sommerhitze – Flockenwirbel · Gedichte untersuchen

5.4 Modul 3: Wenn Wörter malen – Sprachliche Bilder entschlüsseln

S. 132–133

S. 132 | A1

Gestaltet zu dem Regenriesen einen Steckbrief.
- Zählt alles auf, was ihr über ihn erfahrt: *Regenriese klopft an Scheiben, ...*
- Illustriert diesen Steckbrief mit Bildern. Ihr könnt auch den Computer nutzen.

Info Präsentation als Hörtext möglich. Die Schüler sollen den Inhalt der Verse 16–22 mit ihren eigenen Worten wiedergeben und sich klarmachen, was der „Regenriese" tut bzw. wie er sich verhält.

Ergänzende Zeichnungen machen das Bildhafte deutlich: z. B. „Silbertropfenprasser".

Lösungsvorschlag Steckbrief des Regenriesen:
- bewässert die Sträucher,
- lässt Regentonnen überfließen,
- hasst den blauen Himmel,
- niest Wasser in die Bäume,
- erkennbar an den fröhlich weißen Zähnen,
- hat kugelrunde, nasse Freudentränen.

S. 132 | A2

Das Gedicht könnt ihr spielen:
- Ein Kind liest das Gedicht vor, ein anderes spielt dazu die Handlung. Zusätzlich werden Textstellen mit passenden Geräuschen untermalt. Bestimmt, was ihr hörbar machen wollt. *siehe Schülerbuch*
- Erklärt, warum man das Gedicht gut spielen kann.

Info Vor der szenischen Lesung sollte das Gedicht mehrfach still gelesen werden. Dann wird es innerhalb der Spielgruppen besprochen.

Lösungsvorschlag Schon beim Lesen merkt man, dass der Regen etwas tut und wie der Regenriese handelt (Personifikation). Man kann sich an diese Beschreibungen halten. Vor allem, weil es immer etwas mit Geräuschen zu tun hat.

S. 133 | A3

Untersucht die sprachlichen Bilder des Gedichtes:
- Erklärt einige Bilder als Vorgänge in der Wirklichkeit und beschreibt sie mit sachlichen Ausdrücken. Beispiel: *siehe Schülerbuch*
- Bestimmt mithilfe der blauen Box, wie man diese Sprachbilder nennt.

Info Diese Aufgabe ist für Einzel- und Partnerarbeit geeignet.

Lösungsvorschlag Sprachliche Bilder als Vorgänge in der Wirklichkeit:
- „in den Blättern singt eine Silberuhr" (V. 5 f.): gleichmäßiges Geräusch, wie das Ticken einer Uhr; Regen erscheint silberfarben wie eine alte Taschenuhr
- „ein Streifen" (V. 9): ein Rinnsal
- „das stürmische Wasser" (V. 10): aus der Dachrinne kommender Wasserstrahl
- „in der Bäume Mähnen" (V. 19): in die Baumkronen, in das Geäst/die Wipfel der Bäume

Sprachliche Bilder:

Personifikationen	Vergleiche	Adjektive & Verben	Wortneuschöpfungen
Regen klopft (Z. 2) *Regen springt* (Z. 4) *Silberuhr singt* (Z. 5 f.) *Streifen läuft* (Z. 7 f.) *Wasser schießt* (Z. 10)	*Wie eine Schneckenspur* (Z. 8)	*nass bezopft* (Z. 3) *beträuft* (Z. 9) *Weg bekiest* (Z. 14) *lustvoll schnaubend* (Z. 20) *kugelrund* (Z. 22)	*Regenriese* (Z. 16), *Blauhimmelhasser* (Z. 17) *Silbertropfenprasser* (Z. 18)

Zum Differenzieren
A Spielt das Gedicht „Die Frühlingssonne".
B Nennt alle Tätigkeiten und Eigenschaften der Frühlingssonne und erklärt, mit welchen sprachlichen Bildern sie dargestellt wird.

A4 | S. 133

Präsentation auch als Hörtext parallel zum Spielen möglich.

Info

A Die Schüler könnten sich für das Spielen Requisiten aus Pappe bauen: z. B. eine Katze als Schattenriss (aus schwarzer Pappe); Wiesen und Wald ebenfalls als Schattenriss oder aufgemalt (auf grüner Pappe); Milchschüssel, dann die Blumen auf Pappschildern …

B Personifikationen: Die Frühlingssonne „kommt", „springt", „läuft", „ist hungrig", „schleckt", hat Pfoten, ist eine Katze; die Zwiebelchen „spüren", sind „neugierig";
Vergleiche: Die Frühlingssonne kommt „wie eine Katze" (Z. 1), Schnee schwindet dahin „wie Milch in einer Katzenschüssel" (Z. 8 f.);
Besondere Adjektive/Verben: „verborgenen Winkel" (Z. 6), „goldene Zunge" (Z. 7), „blank" (Z. 10), „Katze strahlt" (Z. 17)

Lösungsvorschlag

5.5 Modul 4: Blitze zucken – Donner krachen – Gedichte vortragen

S. 134–135

Beschreibt das Gewitter, indem ihr einen kurzen Wetterbericht als Radiosprecher gebt. Vergleicht euren Text mit dem des Gedichtes.

A1 | S. 134

Präsentation als Hörtext möglich.

Info

Im Laufe des Tages wird sich der blaue Himmel zunehmend verdunkeln. Es ziehen Wolken auf und der Wind wird auffrischen. Es kann zu Gewittern kommen. Beginnend mit schwachem Niederschlag kann dieser in Starkregen übergehen, was etwa eine Stunde andauern wird. Gegen Abend klart es auf und vereinzelt zeigt sich wieder blauer Himmel.

Lösungsvorschlag

Benennt Stellen, an denen ihr beim Vortrag des Gedichtes „Gewitter" längere Pausen machen würdet. Begründet eure Meinung.

A2 | S. 134

Diese Aufgabe ist für Einzel- und Partnerarbeit geeignet.

Info

Mögliche Pausen :
- V. 3 f.: „Wind fegt herbei | Vogelgeschrei" (Pause nach Sinneinheit)
- V. 5 f.: „Wolken fast schwarz | Lauf, weiße Katz!" (Pause zwischen einzelnen Szenen)
- V. 7 f.: „Blitz durch die Stille | Donnergebrülle" (Pause markiert Stille zwischen Blitz und Donner)
- V. 9 f.: „Zwei Tropfen im Staub | Dann prasseln auf Laub" (Pause markiert Wechsel)
- V. 19 f.: „Eine Stunde lang | Herrlich bang" (Pause macht neugierig)
- V. 25 f.: „Himmel noch grau | Himmel bald blau" (Pause markiert Wetterwechsel)

Lösungsvorschlag

Kopiert das Gedicht „Gewitter" oder schreibt es ab. Bereitet es für einen Vortrag vor.
- Nutzt dazu die Arbeitstechnik.
- Gestaltet euren Vortrag durch Mimik und Gestik.

A3 | S. 135

Die Vorbereitung erfolgt am besten in Partnerarbeit. Die Schüler sollten dazu angehalten werden, verschiedene Lesarten zu erproben – mit Stimme, Mimik und Gestik also zu experimentieren.

Info

○ ◐ ● leicht – mittel – schwer   ■ analytisch   ✿ handlungs- und produktionsorientiert

Sommerhitze – Flockenwirbel · Gedichte untersuchen

S. 135 A4 Tragt nun das Gedicht in eurer Klasse vor.
- Diskutiert, was euch an den Vorträgen gefallen hat, und gebt Tipps, was verbessert werden könnte.
- Formuliert eure Kritik so, dass sich niemand verletzt fühlt. Nutzt den Sprachtipp.

Info Der Text soll durch Lesen und Vortragen erarbeitet werden. Die Aufgabe zielt auf ein angemessenes Feedback-Verhalten ab (vgl. Sprachtipp zum Feedback S. 135).

S. 135 A5 Sucht euch ein Gedicht aus diesem Kapitel aus und lernt es auswendig. Die folgende Arbeitstechnik hilft euch dabei.

Info Für Einzelarbeit geeignet. Die Schüler sollten begründen, weshalb sie sich für ein Gedicht entschieden haben (abgesehen vom Argument der Länge). Auch hier bietet es sich an, zu jedem Gedichtvortrag ein Feedback zu geben.

Klassenarbeit zum Kapitel:
Sommerhitze – Flockenwirbel • Gedichte untersuchen

KA 07-01

Name:	Klasse:	Datum:

Georg Britting: Feuerwoge jeder Hügel

Feuerwoge jeder Hügel,
Grünes Feuer jeder Strauch,
Rührt der Wind die Flammenhügel,
Wölkt der Staub wie goldner Rauch.

5 Wie die Gräser züngelnd brennen!
Schreiend kocht die Weizensaat.
Feuerköpfige Blumen rennen
Knisternd übern Wiesenpfad.

Blüten schwelen an den Zweigen.
10 Rüttle dran! Die Funken steigen
Wirbelnd in den blauen Raum
Feuerwerk ein jeder Baum.

— (Quelle: Aus: Georg Britting: Sämtliche Werke in 23 Bänden. Verlag Georg-Britting-Stiftung.)

1. Lies das Gedicht von Georg Britting und gib dem Gedicht eine passende neue Überschrift.

2. Markiere in der zweiten Strophe wichtige Wörter.

3. Im Gedichttext findet sich ein Vergleich.

    a) Schreibe den Vergleich heraus.

    b) Benenne, was diesem Bild in der Wirklichkeit entsprechen könnte.

4. Erläutere an einem Beispiel aus dem Gedicht, was man unter einer Personifikation versteht.

5. Schreibe aus dem Gedicht alle Verben (samt der Partizipien) heraus.

6. Beschreibe den Strophenbau und die Reimschemata des Gedichts.

Erwartungshorizont/Korrekturhilfe

Sommerhitze – Flockenwirbel · Gedichte untersuchen

KA 07-01

(vgl. Lehrerband, S. 161)

Aufgabe	Anforderung /Lösung	Anforderungs-bereich	Punkte
1	Beispiel: Brennender Sommer; Sommerflammen – Überschrift muss erkennen lassen, dass das Gedicht thematisch erfasst wurde.	2	2
2	Vorschlag: Wie die **Gräser** züngelnd **brennen**! Schreiend **kocht** die **Weizensaat**. **Feuerköpfige Blumen** rennen Knisternd übern Wiesenpfad.	2	4
3	a) „Staub wie goldner Rauch" (V. 4) b) Blütenstaub und/oder ein Sommerflimmern	1 1	2 2
4	– Personifikation: Vermenschlichung – Beispiel: „Schreiend kocht die Weizensaat" (V. 6)	2	2 + 2
5	„Rührt" (V. 3), „Wölkt" (V. 4), „züngelnd", „brennen" (V. 5), „Schreiend", „kocht" (V. 6), „rennen" (V. 7) , „Knisternd" (V. 8), „schwelen" (V. 9), „Rüttle", „steigen" (V. 10), „Wirbelnd" (V. 11)	1	4
6	Drei vierzeilige Strophen; Strophe 1 und zwei weisen Kreuzreim, Strophe 3 Paarreime auf.	2	4
	ggf. Sprachliche Darstellungsleistung	**Fehlerquote**	**Punkte**

Arbeitsblatt zum Kapitel:
Sommerhitze - Flockenwirbel • Gedichte untersuchen

AB 07-01
w98h6p

Ein Gedicht inhaltlich verstehen

1 Lest das Gedicht mehrfach und markiert wichtige Wörter farbig. Achtet darauf, nicht zu viele Wörter zu markieren. Verwendet unterschiedliche Farben, zum Beispiel für verschiedene Wortarten, gegensätzliche Darstellungen oder Stimmungen.

Eduard Mörike: Citronenfalter im April

Grausame Frühlingssonne,
Du weckst mich vor der Zeit,
Dem nur in Maienwonne
Die zarte Kost gedeiht!
Ist nicht ein liebes Mädchen hier,
Das auf der Rosenlippe mir
Ein Tröpfchen Honig beut[1],
So muss ich jämmerlich vergehn
Und wird der Mai mich nimmer sehn
In meinem gelben Kleid.

— (Quelle: Eduard Mörike: Citronenfalter im April. Aus: Eduard Mörike: Werke und Briefe. Historisch-kritische Gesamtausgabe. Bd. 1. 1. Teil. Hrsg. von Hans-Henrik Krummacher. Stuttgart: Klett-Cotta Verlag 2003, S. 321.)

2 Stellt Fragen zu dem Gedicht und schreibt diese auf.

_____

_____

_____

_____

_____

3 Füllt die Tabelle aus, indem ihr die W-Fragen beantwortet und das Thema benennt.

W-Fragen	
Wer?	
Wann?	
Wo?	
Wie?	
Was?	
Warum?	
Thema:	

[1] beut, Infinitiv beuen bedeutet hier: anbieten

Arbeitsblatt zum Kapitel:
Sommerhitze - Flockenwirbel • Gedichte untersuchen

AB 07-01
w98h6p

4 Prüft die Aussagen zu dem Gedicht und kreuzt an, ob sie richtig oder falsch sind.

Aussage	richtig	falsch
a) Der Zitronenfalter hat Angst, dass die Frühlingssonne ihn verbrennt.		
b) Der Zitronenfalter muss Nektar aus den Blüten saugen, um überleben zu können, aber die Blumen blühen noch nicht.		
c) Mit der „zarte[n] Kost" sind die zarten Flügel des Zitronenfalters gemeint.		
d) Mit der „zarte[n] Kost" ist der Nektar der Blüten gemeint.		
e) Das „gelbe Kleid" beschreibt die Flügel des Schmetterlings.		
f) Der Zitronenfalter hofft, dass er von einem Mädchen Honig bekommt.		

5 Welche Grundstimmung liegt in diesem Gedicht vor? Kreist drei passende Adjektive ein und begründet eure Wahl.

traurig	vergnügt	witzig	bekümmert
hoffnungsvoll	glücklich	verzweifelt	heiter
lebensfroh	aussichtslos	klagend	fröhlich

Passendes Adjektiv: _____

Begründung: _____

Zeile: _____

Passendes Adjektiv: _____

Begründung: _____

Zeile: _____

Passendes Adjektiv: _____

Begründung: _____

Zeile: _____

6 Überlegt, wie man das Gedicht am besten vertonen könnte, um die Grundstimmung zu verdeutlichen.

Freche Typen
Szenisch spielen

S. 138–147

1. Kompetenzrahmen und Zielsetzungen

Modul 1: Gefühle durch Gestik und Mimik ausdrücken

S. 140/41, Text *Gina Ruck-Pauquèt: Ist ja auch nichts für Mädchen*	einen Comic verstehen; Mimik und Gestik beschreiben; einen literarischen Text verstehen; die innere Handlung eines literarischen Textes erfassen
S. 142	Körperhaltungen und Gesten beschreiben und pantomimisch gestalten

Modul 2: Einen Dialog gestalten

S. 143	nonverbales Verhalten deuten; sinnverwandte Wörter in Wortfeldern zusammenfassen; grundlegende Formen von Sprechweisen verwenden
S. 144/145, Text *Astrid Lindgren: Pippi in der Schule*	Inhalt und Intention altersgemäßer Texte erfassen; sich über einen Text verständigen; eine kurze Spielszene umsetzen; grundlegende Formen von Mimik und Gestik verwenden

2. Ausgangssituation der Schüler

Die Standards (KMK) am Ende der 4. Klasse sehen vor, dass die Schüler für das szenische Spielen folgende Kompetenzen erworben haben:
- Sie können unterschiedliche Perspektiven einnehmen.
- Sie können sich in eine Rolle hineinversetzen und sie gestalten.
- Sie können Situationen in verschiedenen Spielformen szenisch entfalten.
- Sie kennen und beachten Wirkungen der Redeweise.

3. Kapitelkonzeption

Das Modul „Gefühle durch Gestik und Mimik ausdrücken" geht den Weg: von der Beschreibung von ausdrucksstarken Bildern, über die Auseinandersetzung mit einem Text, dem Emotionen sowie Mimik/Gestik zugewiesen werden, hin zum pantomimischen Spiel.

Im Modul „Einen Dialog gestalten" wird das pantomimische Spiel um das bewusste Gestalten der Sprechweise erweitert. Ausgangspunkt ist das Experimentieren mit verschiedenen Sprechweisen mithilfe von Wortfeldarbeit. Ziel ist, einen kurzen szenischen Text umzusetzen, wobei die Schüler die Kommunikationssituation, über die Regieanweisungen hinausgehend, erfassen sollen.

Freche Typen · Szenisch spielen

4. Sequenzfahrplan

Verknüpfungsmöglichkeit

weiterführende Hinweise

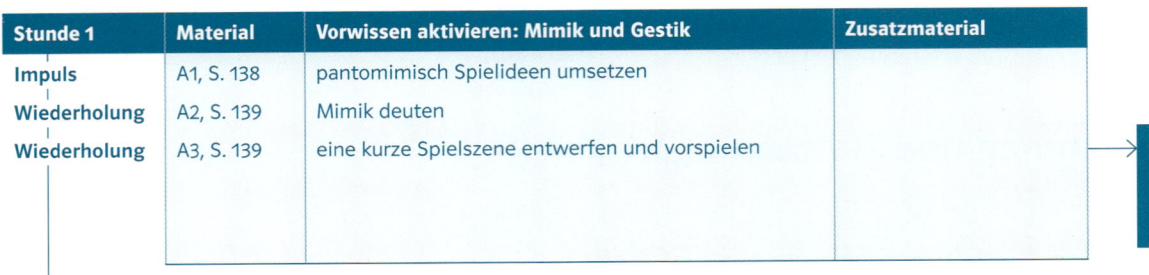

Stunde 1	Material	Vorwissen aktivieren: Mimik und Gestik	Zusatzmaterial	
Impuls	A1, S. 138	pantomimisch Spielideen umsetzen		
Wiederholung	A2, S. 139	Mimik deuten		
Wiederholung	A3, S. 139	eine kurze Spielszene entwerfen und vorspielen		Modul „In Rollen schlüpfen und Gespräche führen" (S. 26 f.)

Stunde 2/3	Material	Gefühle durch Gestik und Mimik ausdrücken	Zusatzmaterial	
Impuls	A1, S. 140	einen Cartoon erfassen		
Erarbeitung	A2–3, S. 140	Mimik und Gestik beschreiben und darstellen		Modul „In Rollen schlüpfen und Gespräche führen" (S. 26 ff.)
Erarbeitung	A4–5, S. 141	einen literarischen Text verstehen		
Erarbeitung	A6, S. 141	innere Entwicklung der Figuren erfassen		
Erarbeitung	A7, S. 142	Gestik beschreiben und deuten		
Erarbeitung	A8–9, S. 142	Gesten darstellen, eine Pantomime aufführen		Modul: „Erzählende Texte erschließen" (S. 98 ff.)
Festigung	A10, S. 142	einen Fotoroman gestalten		

Stunde 3	Material	Sprechweisen erproben	Zusatzmaterial	
Impuls	S. 143	Filmbilder		
Erarbeitung	A1, S. 143	situationsbezogene Sprechweisen spielerisch erproben		
Erarbeitung	A2, S. 143	Erarbeitung des Wortfeldes „sprechen/reden" unter Berücksichtigung konkreter Kommunikationssituationen	AB 08-01 (LB, S. 174) Übung Sprechweisen	Modul „Wortfelder nutzen" (S. 164 f.)
Festigung	A8, S. 145	Erproben verschiedener Sprechweisen zur Darstellung einer kommunikativen Absicht		

Stunde 4/5	Material	Einen Dialog gestalten	Zusatzmaterial	
Impuls	S. 144	Text mit verteilten Rollen lesen		
Erarbeitung	A4, S. 145	Verhalten von Figuren deuten		Modul „In Rollen schlüpfen und Gespräche führen" (S. 26 ff.)
Erarbeitung	A5, S. 145	Funktion von Regieanweisungen erkennen		
Erarbeitung	A6–7, S. 145	Mimik, Gestik und Sprechhaltungen erproben; eine Spielszene umsetzen		Lerninsel 6: Umgang mit erzählenden Texten: „Steckbrief und Rollenbiografie" (S. 267)
Erarbeitung	A8, S. 145	über szenische Darstellungen als Textzugang reflektieren		

Stunde 6/7	Material	Lernerfolge sichern und ggf. bewerten	Zusatzmaterial	
selbstständige Lernkontrolle	A1–3, S. 146 f. KA 08-01 LB, S. 172	Mimik, Gestik und Sprechweisen	TR (Online-Code 9ze9pr)	AH, S. 66 f.

5. Kommentare zu den Aufgaben

5.1 Kapitelauftaktseite – Vorwissen aktivieren

S. 138–139

Die kleinen Übungen sollen euch auf das szenische Spiel vorbereiten. Probiert sie aus. Wichtig für das Gelingen: Dabei nicht miteinander sprechen und konzentriert sein!

A1 | S. 138

Die Schüler sollen mit diesen Aufwärmübungen Spielhemmungen abbauen und zugleich erste körper- und stimmsprachliche Erfahrungen sammeln. Das spielerisch-experimentelle Element sollte im Vordergrund stehen.

Info

Stellt euch vor, der Schauspieler auf den Fotos hätte beim „Gefühlewürfeln" mitgespielt. Besprecht, welche Gefühle er eurer Meinung nach ausdrücken will.

A2 | S. 139

Wichtiger als die Zuordnung zu einem bestimmten Gefühl ist hier die Wahrnehmung, dass Mimik stets Gefühle ausdrückt, diese aber unterschiedlich interpretiert werden können.

Info

Möglichkeiten:
- Bild 1: Neid, Argwohn
- Bild 2: Langeweile, Frust, Widerwille
- Bild 3: Hilflosigkeit, Scham
- Bild 4: entsetztes Überraschtsein, Abscheu
- Bild 5: Frust, Wut

Lösungsvorschlag

Entwerft zu einem der Gesichtsausdrücke eine kurze Szene und spielt sie vor.

A3 | S. 139

Arbeit in Kleingruppen mit gegenseitigem Feedback.

Info

5.2 Modul 1: Etwas ohne Worte sagen – Gefühle durch Gestik und Mimik ausdrücken

S. 140–142

Betrachtet den Cartoon und überlegt euch, in welcher Situation sich die beiden Figuren gerade befinden könnten.

A1 | S. 140

Die Karikatur stammt von Erich Rauschenbach.

Info

Die Kinder könnten sich aus der Schule kennen und sich nun nachmittags auf dem Spielplatz begegnen. Vielleicht sind sie auch Nachbarskinder.

Lösungsvorschlag

Beschreibt die Gefühle, die die beiden während der Geschichte durchleben. Begründet eure Antwort, indem ihr die Mimik (Gesichtsausdruck) und Gestik (Körperhaltung, Sprache der Hände und Arme) genauer untersucht.

A2 | S. 140

Die Aufgabe könnte in Partnerarbeit erfolgen.

Info

Das Mädchen hat Freude beim Seilspringen (sie lächelt), dann ist sie überrascht oder genervt, angesprochen zu werden (sie lässt das Springseil hängen, dreht nur den Kopf, aber nicht den Körper hin zu dem Jungen). Insgesamt wirkt sie gleichgültig. Auf dem letzten Bild hat sie sogar die Augen geschlossen und beginnt wieder mit dem Seilspringen, während sie noch spricht.

Der Junge ist aufgeregt und erfreut, als er das Mädchen anspricht. Als sie den Kopf zu ihm dreht, streckt er die Hand aus und lacht. Da sie seine Hand nicht nimmt, lässt er sie wieder sinken. Er freut sich über die erste Antwort des Mädchens („Meinetwegen …"). Schließlich ist er enttäuscht (seine Mundwinkel gehen nach unten) und traurig, weil sie allein sein will.

Lösungsvorschlag

Freche Typen · Szenisch spielen

S. 140 | A3 Denkt euch zu zweit eine Fortsetzung der Geschichte aus. Bereitet eine kleine Aufführung vor. Achtet dabei besonders darauf, dass Sprechweise, Mimik und Gestik eurer Figur zu ihrem Text passt.

Info Die Schüler können ihrer Fantasie freien Lauf lassen. Im Vordergrund steht das spielerische Sprechen (nonverbales und paraverbales Sprechen).

Lösungsvorschlag Es müsste etwas geschehen, das die Grundsituation verändert: Vielleicht stolpert das Mädchen beim Seilspringen, schürft sich das Knie auf und der Junge kommt zu Hilfe. Oder der Junge beginnt mit anderen Kindern ein spannendes Spiel, bei dem das Mädchen unbedingt mitmachen möchte.

S. 141 | A4 Erklärt den Schluss der Geschichte.

Info Die Aufgabe dient der Verständnissicherung. Die Schüler könnten gefragt werden, ob sie auch schon einmal einen vergleichbaren „Wettkampf" erlebt haben.

Lösungsvorschlag Jürgen mag Anke. Er will sich deshalb vor ihr in seiner männlichen Rolle beweisen. Anke mag Jürgen auch. Daher hat sie keine Bedenken, mit ihm zu kämpfen. Aber sie wird von ihm enttäuscht: Sie hatte gehofft, ihn durch ihre Leistungen zu beeindrucken, stattdessen macht er sich über sie lustig und setzt sie als Mädchen herab.

S. 141 | A5 Beantwortet die Fragen zum Anfang der Geschichte (Z. 1–21): *siehe Lösungsvorschlag*

Info Die Fragen zielen auf die innere Einstellung der Figuren und bereiten A6 vor.

Lösungsvorschlag Warum legt Jürgen einen Stock über die Zaunpfähle? (Zeile 5–7): Jürgen möchte, dass der Zaun zu hoch wird für Anke, sodass sie nicht mehr hinüberspringen kann, er aber schon.
Warum ist er „sauer" und warum „lacht" Anke? (Zeile 13): Jürgen ist sauer, weil Anke schneller als er läuft, Anke lacht, weil sie sich darüber freut.
Warum kommt er auf die Idee mit dem Ringkampf? (Zeile 19 f.): Jürgen hofft, im Ringkampf eine Disziplin gefunden zu haben, in der er Anke (endlich) überlegen ist.

S. 141 | A6 Schreibt in Form einer Tabelle auf, welche Gefühle Jürgen und Anke im Verlauf der Geschichte durchleben. Notiert die Zeilenzahlen der entsprechenden Textstellen.

Info Die Tabelle wird im weiteren Unterrichtsverlauf noch benötigt, vgl. A8. – Die Erarbeitung der Tabelle könnte auch in Partner- oder Gruppenarbeit erfolgen.

Lösungsvorschlag

Jürgen	Anke
fröhlich, ausgelassen (Zeile 1–3)	fröhlich, ausgelassen (Zeile 1–3)
fühlt sich überlegen (Zeile 4+5)	stolz (Anke springt über den Pfahl, Zeile 7+8)
ist sauer (Zeile 13)	fröhlich, ausgelassen, freundlich (Zeile 13–15)
hochmütig, provozierend (Zeile 18–25)	unsicher (Zeile 20–25)
herablassend (Zeile 31+32)	stolz, siegesgewiss (Zeile 33+34)
wütend, aggressiv (Zeile 35–40)	gekränkt, wütend (Zeile 41–45)
wütend, beleidigt (Zeile 51)	stolz (Zeile 52–57)
herablassend (Zeile 59–74)	gekränkt (Zeile 61–62)
fühlt sich überlegen (Zeile 75 ff.)	enttäuscht, traurig (Zeile 75)
unsicher, mit schlechtem Gewissen, beschämt (Zeile 84–87)	traurig, wütend (Zeile 82–83)

| | A7 | S.142 |

Beschreibt die Gesten der Figur auf den Fotos und sprecht über die jeweilige Bedeutung. Welche Haltung könnt ihr einer Textstelle aus der Geschichte über Jürgens und Ankes Freundschaft zuordnen? Begründet.

Die Schüler könnten die Gesten zunächst nachstellen und beschreiben, was durch sie ausgedrückt wird. — Info

Bild 1: Das Mädchen ist in sich gekehrt. Rücken, Kopf, linker Arm, linker Unterschenkel und rechter Oberschenkel bilden fast einen Kreis. Die Außenfläche der Finger der linken Hand befindet sich an der Stirn. Es wirkt nachdenklich. – Das Bild passt zu Jürgen, als er darüber nachdenkt, worin er Anke besiegen könnte (vgl. Z. 16 f.).

Bild 2: Das Mädchen steht mit dem Rücken zum Betrachter, wendet dabei den Kopf und blickt über die Schulter zurück. Dabei hat sie den Kopf leicht nach oben gestreckt, wodurch die Geste etwas Herablassendes, Stolzes bekommt. – Ähnlich hätte Anke zu Jürgen blicken können, nachdem sie über den Zaun gesprungen war, kurz bevor sie um die Wette rennen (vgl. Z. 8 f.).

Bild 3: Das Bild zeigt die Figur mit einem grimmigen Blick nach vorn. Dabei hat die Figur die rechte Hand zur Faust geballt, den linken Arm hält sie direkt nach vorn ausgestreckt, der Zeigefinger deutet auf den Betrachter. Die Geste hat etwas Anklagendes, Aggressives. – Das Bild passt zu Anke, die sich von Jürgen nicht ernstgenommen fühlt (Z. 61–62) oder zu den Vorwürfen, die Jürgen Anke macht (Z. 63–78).

Lösungsvorschlag

| A8 | S. 142 |

Überlegt euch weitere Gesten und Haltungen, die zu Situationen aus der Geschichte passen. Verwendet dabei eure Tabelle als Hilfestellung. Zeigt diese Geste oder Haltung der Klasse, ohne dabei zu sprechen. Wer sie richtig deutet, ist selbst mit Vorspielen dran.

Vgl. Lösung (Tabelle) zu A6. Ist ein Fotoroman (vgl. A10) geplant, könnten hier schon erste Bilder gemacht werden. — Info

Infrage kämen: Fröhlichkeit, Wut, Stolz, Freude, Enttäuschung, Trauer, Scham, Enttäuschung, Unsicherheit. — Lösungsvorschlag

| A9 | S. 142 |

Erfindet zu zweit eine Fortsetzung der Geschichte „Ist ja auch nichts für ein Mädchen" (Seite 141–142). Übt die pantomimische Aufführung dieser Fortsetzung ein und führt eure Pantomime vor der Klasse auf.

Es gibt nur zwei Personen, Jürgen und Anke, die aktiv spielen können. Andere Schüler könnten daher die Aufgabe eines Regisseurs übernehmen und den Pantomimen Rückmeldungen geben und Verbesserungsvorschläge machen. Es würde sich dann eine Erarbeitung der Aufgabe in Dreiergruppen anbieten. – Als Gelenk zwischen den beiden Modulen könnte AB 08-01 (LB, S. 174) eingesetzt werden. Es verknüpft das pantomimische Spiel einer Szene („Eulenspiegel") mit der Charakterisierung von Figuren durch unterschiedliche Sprechweisen. — Info

| A10 | S. 142 |

Extra
Gestaltet eure Fortsetzung (aus Aufgabe 9) als Fotoroman und präsentiert ihn in der Klasse.

Die Aufgabe könnte auch fächerübergreifend (Kunst) bearbeitet werden. — Info

5.3 Modul 2: Pippi Langstrumpf in der Schule – Einen Dialog gestalten

S. 143–145

| A1 | S. 143 |

In welchen Situationen könnte sich Pippi Langstrumpf auf den Bildern befinden? Überlegt euch jeweils einen passenden Satz. Probiert aus, wie Pippi diesen Satz sprechen könnte.

Die jeweilige Situation kann nur aufgrund von Körperhaltung, Gestik und Mimik erschlossen werden. Die Schüler müssen selbst Figuren ergänzen, zu denen Pippi etwas sagen könnte (entweder weil sie die Bücher/Filme kennen oder aus ihrer Fantasie). Entscheidend ist, dass Sätze und Sprechweisen zu Mimik und Gestik passen. — Info

Freche Typen · Szenisch spielen

S. 143 A2

Zum Differenzieren
A Nennt möglichst viele unterschiedliche Sprechweisen und notiert sie.
B Einige Sprechweisen kann man nach bestimmten Merkmalen zusammenfassen.
Übernehmt die Tabelle und ergänzt weitere Sprechweisen. Ihr könnt den Text auf Seite 156 nutzen.
C Erfindet zu unterschiedlichen Sprechweisen Situationen, in denen man diese anwenden könnte.

Info Die Unterscheidung von Sprechweisen in der Tabelle beschränkt sich auf die Aspekte Lautstärke und Artikulation. Andere Aspekte, z. B. Tempo, Intention, Adressatenbezug, könnten ergänzt werden. Für die Bedeutung können ein oder mehrere Bedeutungselemente konstitutiv sein. Bei „prahlen" wären das Lautstärke oder Intention (angeben). – Die Bearbeitung der Teilaufgabe C kann zusammen mit Teilaufgabe A oder B erfolgen. Lernschwächere Schüler könnten also A und C, lernstärkere Schüler B und C bearbeiten.

Lösungsvorschlag **A/B: Tafelanschrieb**

laut	leise	deutlich	undeutlich
schreien, brüllen, rufen, kreischen, johlen, donnern, geifern, prahlen, protzen, fauchen	flüstern, wispern, hauchen, knurren, knatschen, lästern, winseln, wimmern, greinen, brummeln	befehlen, rufen, sprechen, fluchen, rufen, vorschlagen, verlangen, fordern, bestellen, warnen	nuscheln, stottern, lispeln, geifern, quengeln, querulieren, greinen, fauchen, blöken

C: auf dem Schulhof, in Bus oder Bahn, bei einer Prüfung, unter Geschwistern, beim Sport, bei den Großeltern, im Supermarkt, an der Autobahnraststätte, im Kino usw.

S. 143 A3

Erprobt für den folgenden Wortwechsel verschiedene Sprechweisen. Variiert die Sprechgeschwindigkeit, die Lautstärke und die Betonungen.

Info Die Schüler können hier mit der Sprechweise (dem paraverbalen Sprachbereich) experimentieren, eine Lösung im eigentlichen Sinne wird nicht angestrebt.

Lösungsvorschlag Die Frage kann alle Schattierungen vom (ängstlichen, verschreckten) Flehen bis zum (herrischen) Befehlen annehmen; entsprechend kann die Antwort ausfallen.

S. 145 A4

Erklärt, warum Pippi mit ihrem Verhalten und ihren Antworten die anderen Kinder zum Lachen und die Lehrerin zur Verzweiflung bringt.

Info Anstatt den Text still oder mit verteilten Rollen zu lesen, könnte man mit einem Gespräch über das Filmbild einsteigen, das die Verletzung von schulischen Normen zeigt: Füße und Handschuhe auf dem Arbeitstisch; entspannte, zurückgelehnte, beobachtende Haltung.

Lösungsvorschlag Die Antworten Pippis entsprechen nicht dem Verhältnis zwischen Lehrerin und Schülerin, wie es normalerweise der Fall ist. Die anderen Schüler kennen die Regeln, hinterfragen sie nicht und können das bei ihren Äußerungen berücksichtigen. Pippis Antworten bringen daher auch die Lehrerin total durcheinander. Pippi bricht mit den bekannten Regeln und lässt einfach nicht locker.

S. 145 A5

In der kurzen Szene ist ein Teil des Textes *kursiv* gedruckt. Besprecht, worin sich diese Stellen vom Rest des Textes unterscheiden.

Lösungsvorschlag Bei den kursiv gedruckten Textstellen handelt es sich um Regieanweisungen. Sie beschreiben die jeweilige Situation/den Ort und liefern Hinweise, wie der Text gesprochen werden soll. Damit geben die Regieanweisungen wichtige Information über das Verhalten, die Gefühle und Gedanken der handelnden Figuren; vgl. die blaue Box auf S. 145.

| | | A6 | S. 145 |

Sucht euch eine der beiden Hauptfiguren aus. Überlegt, wie eure Figur die Sätze und Wörter spricht. Übt die Sprechweise und gebt euch Rückmeldung.
- Legt fest, wie eure Figur durch Mimik und Gestik auf die Äußerungen des Gesprächspartners reagieren könnte. Achtet auch auf die Regieanweisungen.
- Verbindet nun die Gestik und die Mimik mit der Sprechweise der Figur. Überprüft, ob alle drei Elemente (Gestik, Mimik, Sprechweise) zusammenpassen.
- Wechselt euch beim Vorspielen ab und gebt euch gegenseitig Rückmeldung.

Info

A6–8 leiten das Gestalten und szenische Spielen eines Dialogs an und bilden so eine Einheit, hier: Umsetzen der Regieanweisung, der institutionell bedingten Rollenverteilung und des Gesprächsverhaltens durch Sprechweisen, Mimik und Gestik.

Lösungsvorschlag

	Lehrerin	Pippi
Sprechweise	im ersten Teil freundlich, wohlwollend, verständnisbereit; im zweiten Teil Wechsel zwischen Strenge und Gutmütigkeit	laut und bestimmt, ohne Unsicherheit
Mimik und Gestik	offene, Pippi zugewandte Körperhaltung; nach der ersten Antwort Stirnrunzeln, fragender Blick	Unterstützung der zweiten Antwort mit einer Zeigegeste (bei „du" und „ich"), vielleicht auch mit einem Schulterzucken

A7 S. 145

Übt in Gruppen eine Aufführung der Pippi-Langstrumpf-Szene und führt sie anschließend vor der Klasse auf.
- Zwei von euch sind die Schauspieler. Die anderen Gruppenmitglieder sind die Regisseure: Sie achten darauf, dass Gestik, Mimik und Sprechweise der Figuren gut zusammenpassen. Außerdem können die Regisseure gleichzeitig den Rest der Klasse spielen.
- Nach der Aufführung bleiben Pippi und die Lehrerin noch kurz in ihren Rollen, setzen sich nacheinander vor der Klasse auf einen Stuhl und rechtfertigen ihr Verhalten in der Situation folgendermaßen: „Ich gebe zu, was ich da gemacht habe, war nicht richtig, weil … Aber auf der anderen Seite …"

Info

Folgende Punkte sollten von den Regisseuren beachtet werden:
- Gestik: Stellung der Arme und Hände (Arme kreuzen); Gesichtsausdruck; Körperhaltung;
- Mimik: freundlich/ablehnend
- Sprechweise: Lautstärke, Sprechtempo; Sprechfluss; Intonation; Klangfarbe; Artikulation

Der zweite Teil der Aufgabenstellung fördert die Reflexion über das eigene Verhalten in den Rollen.

A8 S. 145

Inwiefern kann euch die szenische Darstellung eines literarischen Textes helfen, diesen besser zu verstehen?

Info

Die Schüler sollten hier ihre Eindrücke einfließen lassen.

Lösungsvorschlag

Die szenische Darstellung hilft dabei, sich besser in die Figuren und ihr Handeln hineinzuversetzen. So kann man sie mit all ihren Gefühlen und Absichten besser verstehen.

Klassenarbeit zum Kapitel:
Freche Typen • Szenisch spielen

KA 08-01

Name: Klasse: Datum:

Wie Till Eulenspiegel in Bayreuth einen Wirt narrte

Gasthaus an einer Straße, der Wirt steht vor der Tür. Till Eulenspiegel kommt gewandert.
Till: Seid gegrüßt, Wirt!
Wirt: Gott zum Gruße, Fremder! Seid Ihr gewandert?
Till *(zu sich)*: Der hat die Weisheit auch nicht mit Löffeln gefressen. Hier probier ich es, sonst sterbe
5   ich noch den Hungertod. *(Zum Wirt)* Ja, Wirt, ich komme von Bamberg und möchte mich ein
bisschen ausruhen.
Wirt: Kommt nur herein! *(Till folgt dem Wirt ins Wirtshaus.)*
Till: Bringt mir doch bitte einen Becher Wein, Wirt!
(Wirt gießt hinter der Theke den Wein ein und stellt den Becher vor Till.)
10 **Wirt:** Hier ist Euer Wein, zum Wohle.
Till: Vergelt's Gott, Wirt. Sagt mir doch, was duftet denn da so herrlich in Eurer Küche?
Wirt: Meine Frau brät Rostbratwürste, ganz frisch!
Till: Seid mir bitte nicht böse, aber frische Rostbratwürste, da kann ich nicht widerstehen. Könntet Ihr
mir nicht statt des Weins ein Paar Würste servieren?
15 **Wirt:** Aber gern! *(Wirt nimmt den Becher Wein zurück und verschwindet in der Küche; nach kurzer
Zeit kommt er mit den Würsten zurück).* Bitte, Wanderer, lasst's Euch recht schmecken!
Till: Danke! *(Till macht sich über die Würste her, die er in kurzer Zeit aufgegessen hat.)*
Wirt: Ich hoffe, es hat geschmeckt!?
Till: Ganz ausgezeichnet. Habt vielen Dank! Nun kann ich gestärkt meinen Weg fortsetzen.
20 **Wirt:** Zuvor aber zahlt mir bitte noch die Würste!
Till: Die Würste bezahle ich Euch nicht, Herr Wirt, denn dafür habt Ihr ja den Becher Wein
bekommen!
Wirt: Aber den Wein habt Ihr ja auch nicht bezahlt!
Till: Den habe ich ja auch nicht getrunken, Herr Wirt! Ihr seht, alles hat seine Ordnung und nun: Auf
25   Wiedersehen!

1   Lies die kurze Szene und nenne zu fünf Stellen Gesten, mit denen die Figuren ihre Äußerungen begleiten könnten.

2   Erläutere, was man unter dem Begriff „Mimik" versteht. Nenne ein Beispiel.

3   Charakterisiere an drei Stellen des Textes die Sprechweise der Figuren mithilfe eines Adjektivs (z.B. *TILL spricht traurig*).

4   Nenne zu den folgenden Sprechweisen jeweils eine Situation, in der man diese anwenden könnte.

       flüstern – schreien – stottern – fauchen – wimmern

5   Beschreibe, welche Gefühle der Wirt wohl hat, als Till ihn am Ende verlässt. Begründe kurz deine Einschätzung.

Erwartungshorizont/Korrekturhilfe

Freche Typen · Szenisch spielen

KA 08-01

(vgl. Lehrerband, S. 172)

Aufgabe	Anforderung /Lösung	Anforderungs-bereich	Punkte
1	Beispiele für handlungsbegleitende Gesten: TILL: Seid gegrüßt, Wirt! *(Till hebt den Arm zum Gruß)* – TILL: … sonst sterbe ich noch den Hungertod. *(reibt sich den Bauch)* – WIRT: Kommt nur herein! *(winkt/zeigt in Richtung der Gaststube)* – TILL: … was duftet denn da so herrlich in Eurer Küche? *(Zeigegeste in Richtung Küche)* – WIRT: Meine Frau brät Rostbratwürste, ganz frisch! *(reibt sich die Hände)*	1	5
2	Mimik = Gesichtsausdruck, d. h. alles das, was sich in einer bestimmten Situation im Gesicht einer Person ablesen lässt (z. B. Stirnrunzeln bei Zweifel)	2	2
3	Sprechweise in der Szene: Beispiele: TILL: Seid gegrüßt, Wirt! *(fröhlich)* – WIRT: Zuvor aber zahlt mir bitte noch die Würste! *(bestimmt, energisch)* – WIRT: Aber den Wein habt Ihr ja auch nicht bezahlt! *(empört, aufgeregt)*	2	3
4	Verben, die eine Sprechweise charakterisieren: Beispiele: flüstern: einem Freund ein Geheimnis verraten – schreien: einem über eine größere Entfernung hinweg etwas sagen – stottern: sehr aufgeregt (nervös) etwas vorbringen/um etwas bitten – fauchen: sehr wütend jemanden anfahren/ihm drohen – wimmern: unter Schmerzen (z. B. bei Bauchweh) um etwas bitten, klagen	1	5
5	Gefühle des Wirts: Wirt wird enttäuscht sein (er weiß, dass er ungerecht behandelt worden ist, konnte sich aber nicht durchsetzen), vielleicht auch wütend (Verlust des Geldes bzw. der Würste) oder ratlos/verdutzt	3	3
	ggf. Sprachliche Darstellungsleistung	**Fehlerquote**	**Punkte**

Arbeitsblatt zum Kapitel:
Freche Typen • Szenisch spielen

AB 08-01
bw9n9y

Unterschiedliche Sprechweisen nutzen

1 Lest den Text. Schreibt in einem Satz auf, wie Till Eulenspiegel es schafft, einer Bestrafung zu entgehen, obwohl er die Antworten nicht weiß.

_____

_____

Till Eulenspiegel an der Universität

Einmal zog Till Eulenspiegel nach Prag. Dort gab er sich als großer Gelehrter aus, der schwere Fragen beantworten könne, auf die andere Gelehrte keine Erklärung abgeben könnten. Das ließ er auf Zettel schreiben und hängte sie an die Kirchtüren und andere Stellen in der Stadt. Diese Aufschneiderei störte den Rektor und die anderen gelehrten Herren der Universität gewaltig. Deshalb
5 *wollten sie Till lächerlich machen, indem der Rektor ihm schwere Fragen stellen sollte, die keiner beantworten kann. Diese Fragen sollte Eulenspiegel öffentlich beantworten und sich so durch seine Unkenntnis blamieren.*

(1) **Rektor** *(selbstsicher):* Du behauptest, ein Gelehrter zu sein. Wenn du aber unsere Fragen nicht beantworten kannst, wollen wir dich als Hochstapler bestrafen. Ich will dir drei Fragen stellen. Die erste
10 Frage ist: Wie viel Wasser ist im Meer?
Eulenspiegel: Würdiger Herr Rektor, lasst die Wasser stillstehen, die an allen Enden in das Meer laufen. Dann will ich es Euch messen und Euch sagen, wie viel Wasser im Meer ist. Könnt Ihr die Wasser aber nicht stillstehen lassen, so findet Ihr selbst die Lösung nicht.
Vorsichtiges Lachen im Publikum.

15 (2) **Rektor** *(verärgert):* Lass diesen Unfug! Beantworte lieber die nächste Frage, wenn du nicht bestraft werden willst. Sage mir, wie viele Tage sind bis heute vergangen, seit Gott die Welt geschaffen hat.
Eulenspiegel *(überlegt, dann schelmisch):* Das ist ja ganz einfach. Es sind nur sieben Tage; und wenn die herum sind, dann fangen wieder sieben andere Tage an. Das geht so weiter bis zum Ende der Welt.
20 *Lauteres Lachen im Publikum.*

(3) **Rektor** *(wütend):* Jetzt ist aber Schluss! Wenn du die letzte Frage nicht beantworten kannst, wirst du in den Kerker geworfen. Also: Wie weit ist es von der Erde bis zum Himmel?
Eulenspiegel *(triumphierend):* So etwas Leichtes als Schlussfrage? Das weiß doch jedes Kind. Der Himmel ist ganz nah von hier. Wenn man im Himmel redet oder ruft, dann kann man es hier sehr gut
25 hören. Steigt Ihr nur hinauf, so will ich hier unten leise rufen: Das werdet Ihr im Himmel hören. Und wenn Ihr das nicht hört, so will ich Unrecht haben und Ihr sollt mich bestrafen.
Lauteres Lachen im Publikum. Der Rektor schlägt verzweifelt die Hände über dem Kopf zusammen. Eulenspiegel verlässt unter dem Jubel des Publikums den Raum.

— (Quelle: Nach: Hermann Bote: Die 28. Historie sagt, wie Eulenspiegel zu Prag in Böhmen auf der Hohen Schule mit den Studenten disputierte und wohl bestand. Unter: http://gutenberg.spiegel.de/buch/1936/29 (Stand 08.07.2011))

2 Überlegt euch für jeden Abschnitt der Eulenspiegel-Szene, wie die Figuren die Sätze sprechen könnten.
— Übt die Sprechweisen mit einem Partner und gebt euch Rückmeldungen.
— Notiert die Sprechweise, die eurer Meinung nach in dieser Szene am besten wirkt.

3 Sucht zusammen mit einem Partner die passende Mimik und Gestik für Till und den Rektor. Denkt auch an die Stellen im Text, an denen die Figuren nicht sprechen.

4 Spielt einen der drei Textabschnitte der Klasse vor. Verwendet die passende Sprechweise, Mimik und Gestik. Gebt euch Rückmeldungen.

Genial medial
Zeitschriften untersuchen und Leserbriefe schreiben

S. 148–157

1. Kompetenzrahmen und Zielsetzungen

Modul 1: Sich in Zeitschriften zurechtfinden

S. 150/151	Zeitschriften-Titelseiten untersuchen und vergleichen; über die Funktion von Titelseiten und Covern reflektieren; ein Impressum untersuchen; Diagramm auswerten; Sachtextinformationen tabellarisch darstellen
S. 152/153	Inhaltsverzeichnisse untersuchen, vergleichen und bewerten; das eigene Leseverhalten reflektieren; Titelblatt gestalten

Modul 2: Leserbriefe untersuchen und schreiben

S. 154/155	Merkmale und Funktion von einer Textsorte erkennen; Textsorten vergleichen; ein fremdes Schreibprodukt überarbeiten; über das eigene Mediennutzungsverhalten reflektieren; einen Leserbrief schreiben; begründet Stellung beziehen

2. Ausgangssituation der Schüler

Die Standards (KMK) am Ende der 4. Klasse sehen vor, dass die Schüler folgende Medien- und Schreibkompetenzen erworben haben: Sie können
- Angebote in Zeitungen und Zeitschriften nutzen und begründet auswählen,
- Informationen in Druck- und – wenn vorhanden – elektronischen Medien suchen,
- die eigene Leseerfahrung beschreiben und einschätzen,
- Erfahrungen und Sachverhalte verständlich, strukturiert, adressaten- und funktionsgerecht darstellen.

3. Kapitelkonzeption

Ausgangspunkt sind die bei den Schülern beliebten Zeitschriften. Dieses Medium wird mithilfe erarbeiteter Untersuchungs- und Bewertungskriterien analysiert. Die Schüler reflektieren ihr Lese- und Mediennutzungsverhalten. Der Leserbrief als Textsorte führt anschließend zum argumentierenden Schreiben. Es werden Leserbriefe auf ihre Argumentation hin untersucht.

Genial medial · Zeitschriften untersuchen und Leserbriefe schreiben

4. Sequenzfahrplan

Verknüpfungsmöglichkeit

weiterführende Hinweise

Stunde 1	Material	Vorwissen aktivieren: Medienverhalten	Zusatzmaterial	
Impuls	S. 148	Medienvielfalt erkennen		
Wiederholung	A1, S. 148	Aussagen ergänzen, Mediennutzung bewerten		
Wiederholung	A2, S. 148	Lieblingsmedium begründen		
Wiederholung	A3, S. 148	über das Internet reflektieren		Modul „Zuhören und aufeinander eingehen" (S. 29 ff.)
Wiederholung	A4, S. 149	Mediennutzungsverhalten reflektieren		

Stunde 2/3	Material	Medien nutzen	Zusatzmaterial	
Impuls	A1, S. 150	sich über Zeitschriften-Titelseiten austauschen		
Erarbeitung	A2–3, S. 150 f.	Titelseiten vergleichen und bewerten		Lerninsel 8: Umgang mit Medien: „Zeitschriften untersuchen" (S. 274)
Erarbeitung	A4–5, S. 151	über die Funktion von Titelseiten reflektieren		
Erarbeitung	A6, S. 151	eine Zeitschrift in einem Kurzvortrag vorstellen		Lerninsel 3: Sich und andere informieren: „Einen kurzen Vortrag halten" (S. 247)
Erarbeitung	A7, S. 151	ein Impressum untersuchen		
Erarbeitung	A8, S. 151	ein Diagramm auswerten		
Erarbeitung	A9, S. 151	Sachtext auswerten, Tabellen erstellen		

Stunde 4	Material	Inhalt von Zeitschriften untersuchen	Zusatzmaterial	
Impuls	A1, S. 152	Funktion von Inhaltsverzeichnissen erkennen		
Erarbeitung	A2, S. 152	Inhaltsverzeichnisse untersuchen		
Erarbeitung	A3–4, S. 152	Inhaltsverzeichnisse vergleichen und bewerten		
Erarbeitung	A5, S. 152	Leseverhalten reflektieren		Modul „Bücher entdecken" (S. 80 ff.)
Festigung	A6, S. 153	Titelblatt gestalten		Lerninsel 8: Umgang mit Medien: „Zeitschriften untersuchen" (S. 274)

Stunde 5/6	Material	Leserbriefe untersuchen und schreiben	Zusatzmaterial	
Impuls	S. 154	Leserbriefe		
Erarbeitung	A1, S. 154	über Leserbriefe reflektieren		
Erarbeitung	A2, S. 154	Aufbau und Inhalt von Leserbriefen untersuchen		
Erarbeitung	A3, S. 154	über die Funktion von Leserbriefen reflektieren		
Erarbeitung	A4, S. 154	Leserbriefe mit Forenbeiträgen vergleichen; einen Forenbeitrag umformulieren		
Erarbeitung	A5, S. 155	über sinnvolles Verhalten in Foren reflektieren		
Festigung	A6, S. 155	einen Leserbrief verfassen	AB 09-01 (LB, S. 191) Leserbrief	Lerninsel 8: Umgang mit Medien: „Leserbrief" (S. 275)

Stunde 7/8	Material	Lernerfolge sichern und ggf. bewerten	Zusatzmaterial	
selbstständige Lernkontrolle	A1–5, S. 156 f.	Covergestaltung, Inhaltsverzeichnis, Leserbriefe bewerten und schreiben	⊕ TR (Online-Code t6m2dj)	Lerninsel 8: Umgang mit Medien: „Internet" (S. 276)
Klassenarbeiten	KA 09-01 bis KA 09-03 LB, S. 185 ff.	Leserbriefe		

176

5. Kommentare zu den Aufgaben

5.1 Kapitelauftaktseite – Vorwissen aktivieren

S. 148–149

Sprecht über die dargestellte Situation. Ergänzt die unvollständigen Sätze in den Sprechblasen.

A1 | S. 148

Das Schaufenster simuliert die verschiedenen Medien als Kaufanreiz für Kinder (Filme auf DVD/Video; Computerspiele; Musik-CDs; Bücher; Hörbücher; Kinder- und Jugendzeitschriften); dem stehen die Download-Möglichkeiten im Internet gegenüber. A1 regt ein erstes Gespräch über Medien und ihre Nutzung an.

Info

blondes Mädchen: … kann man sie immer wieder hören/auch mal Hausaufgaben nebenbei machen/… – rothaariges Mädchen: weil man da besser entspannen kann/weil man da schon nach 90 Minuten weiß, wie es ausgeht/…

Lösungsvorschlag

Entscheidet euch für ein Medium aus dem Schaufenster und begründet eure Wahl.

A2 | S. 148

- audio-visuelle Medien: Junge hat weitgehend recht (auch wenn diese Medien nicht immer legal verfügbar sind).
- Printmedien: Aussage trifft nur beschränkt zu, da sie nur teilweise im Internet frei zugänglich sind. Andererseits: Netz bietet Alternativen wie Internetromane, Hörtextdownloads, Internetmagazine.
- Problematisch ist die Auffassung, dass man auf alle Unterhaltungs- und Informationsmedien außerhalb des Netzes verzichten könnte. Vor allem Bücher, Zeitungen und Zeitschriften werden immer noch in gedruckter Form gelesen, und diese bilden auch die Grundlage für die Digitalisierung (z. B. ist die Basis der Online-Ausgabe einer Zeitschrift die Printausgabe).

Die Aufgabe zielt auf die Vor- und Nachteile bestimmter Medien, wobei die Entscheidung für ein bestimmtes Medium subjektiv ist, d. h. es kommt hier v. a. auf die Begründung an.

Info

Diskutiert die Meinung des Jungen mit dem gelbgrünen Basecap.

A3 | S. 148

Der Junge hat recht, wenn es darum geht, Musik, Videos und Filme im Internet zu hören bzw. zu schauen. Manchmal ist diese Nutzung aber nicht legal.
Bei gedruckten Medien ist es meist so: Allerneueste Literatur gibt es nur eingeschränkt. Im Internet gibt es aber Internet-Romane, Hörtexte zum Downloaden und zahlreiche Online-Magazine.

Geht es dem Jungen bei seiner Überlegung vielleicht darum, was er kostenlos bekommen kann?
Seine Äußerung könnte beinhalten, dass man auf alle Unterhaltungs- und Informationsmedien außerhalb des Internets verzichten kann. Es ist aber so, dass die im Internet veröffentlichten Texte oft von den Verlagen getragen werden. Grundlage für ein Online-Magazin ist oft die Printausgabe dieser Zeitschrift.

Lösungsvorschlag

Welche Medien nutzt ihr am meisten? Erstellt eine „Medien-Hitliste" für eure Klasse. Geht so vor:
- Listet alle Medien auf, die von euch genutzt werden.
- Notiert, wie viele von euch diese Medien (fast) jeden Tag nutzen.
- Sortiert die Medien: Die, welche von den meisten Schülern genutzt werden, stehen oben, die, welche nur ganz wenige Schüler nutzen, stehen unten.

Sprecht über das Ergebnis.

A4 | S. 149

Beliebtheit und Nutzung der verschiedenen Medien werden auch in der empirischen Medienforschung untersucht, vgl. KIM-Studie. Hier steht zunächst im Vordergrund, dass sich die Schüler ihr Mediennutzungsverhalten bewusst machen. Das Ergebnis der „Medien-Hitliste" bietet einen guten Gesprächsanlass: Warum sind bestimmte Medien beliebt/nicht beliebt? Die Hitliste dient einer ersten Bewusstmachung des eigenen Medienverhaltens, ohne dass sich die Schüler hier damit (selbst)kritisch argumentativ auseinandersetzen sollen.

Info

Genial medial · Zeitschriften untersuchen und Leserbriefe schreiben

5.2 Modul 1: Bunter Blätterwald – Sich in Zeitschriften zurechtfinden
S. 150–153

Medien nutzen

S. 150 | A1 Vergleicht die beiden vorderen, groß abgebildeten Titelseiten. Welche findet ihr ansprechender? Begründet eure Meinung.

Info Im Gegensatz zu A2 steht hier die subjektive Einschätzung der Schüler im Zentrum.

S. 150 | A2 Vergleicht die Titelseiten der beiden Zeitschriften. Arbeitet Gemeinsamkeiten und Unterschiede heraus. Orientiert euch an folgenden Gesichtspunkten: *siehe Tabelle*

Info Für die Erarbeitung bietet sich Partnerarbeit an (leistungsstärkere und leistungsschwächere Schüler mischen). – Vgl. zum Titelblatt von „Dein SPIEGEL" auch Lerninsel 8: Umgang mit Medien: „Zeitschriften untersuchen" (S. 274).

Lösungsvorschlag

	Dein SPIEGEL	hey!
Aufbau	Kopf mit Zeitungsname – großes Titelbild (gestaltet wie eine Collage mit einer zentralen Überschrift) – ganz unten zwei kleine Bilder mit Titeln	Kopf mit Zeitungsname, zum Teil verdeckt – darüber drei kleine Bilder mit Titel – drei große Fotografien auf der rechten Hälfte – in der linken Hälfte und unten zahlreiche weitere kleine Bilder mit Titeln
Anzahl und Art der Themen	drei Themen (Der große Wissenstest, Traumberuf Fußballprofi, Videodreh mit den Lochis)	verschiedene Themen rund um „Stars"
Art der Rubriken	Sport, youtube	Star-Cards, Postkarten und Poster
Anzahl, Art und Wirkung der Bilder	1 Collage, 2 Bilder; die Collage vereint in Form von Bildern die 13 Themenbereiche des Wissenstests; die anderen 2 Bilder passen zum Thema Fußball und Lochis	9 Porträts; dazu 18+4 kleine Star-Fotos; alle Stars schauen direkt in die Kamera, nehmen so Kontakt zum Leser auf
Farben und ihre Wirkung	Der rote Hintergrund und der Titel mit den bunten Buchstaben geben dem Ganzen einen Rahmen; wirkt aufgeräumt	hellgrüner Hintergrund, wird fast vollständig von den vielen bunten Bildern verdeckt; wirkt schrill; drängt sich auf
Sprache und ihre Wirkung	klare Überschriften, keine Auffälligkeiten; glaubwürdig	mit vielen Anglizismen („Star-Cards", „Love-Secrets", DSDS-Hotties"); wirkt modern und frech

S. 151 | A3 Sammelt und vergleicht, welche Interessen mit den Titelseiten auf Seite 150 jeweils angesprochen werden sollen.

Info Die Aufgabe lenkt die Aufmerksamkeit der Schüler auf die Funktion von Titelseiten und bereitet A4 vor.

Lösungsvorschlag Drei der fünf Zeitschriften haben einen eindeutigen Schwerpunkt. Sie bedienen damit ein bestimmtes Interesse: Fußball („Kick it!"), Basteln („Bastel-Lust") und Stars („hey!").

Die anderen beiden Zeitschriften vereinen verschiedene Themen und können so eine größere Leserschaft ansprechen:
„GEOlino": Tiere, Geschichte, Reisen;
„Dein SPIEGEL": Medien, Fußball, Allgemeinwissen.

| A4 | S. 151 |

Stellt zusammen, welche Aufgaben die Titelseite (das Cover) einer Zeitschrift hat – zum Beispiel in Form einer Mindmap. Diskutiert, inwiefern die hier abgebildeten Titelseiten diese Aufgaben erfüllen.

Vgl. den Hinweis zu A3. — *Info*

Die Hauptaufgabe einer Titelseite liegt darin, die Aufmerksamkeit der Leser zu wecken. Diese sollen die Zeitschrift kaufen und lesen. Gleichzeitig informiert die Titelseite über die wesentlichen Inhalte, den Preis und die Ausgabennummer der Zeitschrift. – Die abgebildeten Titelseiten erfüllen alle diese Aufgaben. — *Lösungsvorschlag*

| A5 | S. 151 |

Vergleicht die Titelgestaltung einer Zeitschrift mit der eines Buches oder der einer DVD. Was ist anders?

Der Hauptunterschied liegt darin, dass das Cover von einem Buch oder einer DVD nur einen thematischen Schwerpunkt darstellen muss: den Buch- bzw. Filmtitel mit einer passenden Abbildung. Außer bei Sonderveröffentlichungen haben Bücher und DVDs auf ihren Titelseiten keine Angaben zu Auflage oder Preis. — *Lösungsvorschlag*

| A6 | S. 151 |

Extra
Stellt eine Zeitschrift, die ihr öfter lest, der Klasse vor. Beschreibt, was ihr an dieser Zeitschrift interessant findet.

Die Bearbeitung der Aufgabe ist sinnvoll, um das Halten von Kurzvorträgen zu üben; vgl. dazu Lerninsel 3: Sich und andere informieren: „Einen kurzen Vortrag halten" (S. 247). – Für die Präsentation sollten die Schüler ein oder mehrere Exemplare der Zeitschrift mitbringen und herumgehen lassen. Die Schüler könnten für ihre Vorstellung die Tafel nutzen, um dort Titel, Erscheinungsweise, Umfang, Preis und zentrale Themen zu notieren. — *Info*

| A7 | S. 151 |

Wer macht solche Zeitschriften? Untersucht das Impressum einer Zeitschrift und findet heraus, welche Tätigkeiten genannt werden und wer „dahinter steckt". Informiert die anderen darüber.

Die Schüler sollen auf die Existenz eines Impressums aufmerksam gemacht werden. — *Info*

Hinter einer Zeitschrift „stecken" eine Vielzahl von Mitarbeitern, die redaktionelle Aufgaben erfüllen (Chefredaktion, Redaktion, Bildredaktion, Dokumentation) und die für gestalterische Aufgaben zuständig sind (Grafik, Titelblatt, Layout). Hinzu kommen technische Mitarbeiter (Herstellung, Vertrieb) und Mitarbeiter, die für die wirtschaftliche Seite (Geschäftsführung, Anzeigen) verantwortlich sind. — *Lösungsvorschlag*

| A8 | S. 151 |

Die Grafik zeigt, wie Jugendliche Bücher, Zeitschriften und Magazine nutzen. Notiert die Ergebnisse in wenigen Sätzen.

Bevor die Ergebnisse notiert werden, könnte der Aufbau des Diagramms mündlich beschrieben werden. — *Info*

Der Anteil der Jugendlichen, die Bücher nutzen, ist bis auf einige Schwankungen zwischen 2004 und 2014 weitestgehend gleich geblieben; (2004 waren es 41 %; 2014 noch 40 %.

Dagegen fiel der Anteil der Jugendlichen, die eine Tageszeitung nutzen, von 48 % auf 32 % Prozent. Lasen also 2004 noch fast die Hälfte der Jugendlichen eine Tageszeitung, waren es zehn Jahre später nur noch ein knappes Drittel.

Der Anteil der Jugendlichen, die Zeitschriften oder Magazine nutzen, fiel im gleichen Zeitraum von 33 % auf 21 %; also von einem Drittel auf ca. ein Fünftel an jugendlichen Lesern. — *Lösungsvorschlag*

Genial medial · Zeitschriften untersuchen und Leserbriefe schreiben

S. 151 | A9 Der folgende Text macht Aussagen über die Internetnutzung von Jugendlichen. Fasst die Ergebnisse in kurzen Tabellen zusammen. Dort könnt ihr zum Beispiel Alter, Prozentzahlen, … eintragen.

Info Für die Erarbeitung bietet sich Partnerarbeit an (leistungsstärkere und leistungsschwächere Schüler mischen).

Lösungsvorschlag Folgende Tabellen lassen sich aus dem Text ableiten:

Geschlecht	Mädchen	Jungen
Anteil der Internetnutzer	60 %	66 %

Alter	6–7 Jahre	12–13 Jahre
Internet-Erfahrungen	25 %	93 %

Zeitliche Nutzung	jeden oder fast jeden Tag	mehrmals die Woche	weniger als einmal die Woche
Häufigkeit des Internetbesuchs	40 %	44 %	16 %

Entwicklung	2010	2012	2014
tägliche Internet-Nutzung	26 %	36 %	40 %

Den Inhalt von Zeitschriften untersuchen

S. 152 | A1 Nennt die Aufgaben, die das Inhaltsverzeichnis einer Zeitschrift hat. Welche Anforderungen sollten an die Gestaltung gestellt werden?

Info Es geht hier weniger um eine sachadäquate Antwort als vielmehr um eine bewusste Wahrnehmung.

Lösungsvorschlag Inhaltsverzeichnisse sollen das schnelle Auffinden der Inhalte (z. B. Artikel zu bestimmten Personen und/oder Themen) ermöglichen und dies in übersichtlicher Form abbilden: Darstellung als Liste, Hervorhebung der Überschriften und Seitenzahlen durch Schriftgröße, Fettdruck, Farbe.

S. 152 | A2 Untersucht das hier abgedruckte Inhaltsverzeichnis der Zeitschrift „hey!". Entspricht es den Anforderungen? Was könnt ihr außerdem entdecken?

Info Die Schüler könnten das Inhaltsverzeichnis der Zeitschrift „hey!" auch mit einem anderen Inhaltsverzeichnis einer ihrer Zeitschriften vergleichen.

Lösungsvorschlag Das Inhaltsverzeichnis der Zeitschrift „hey!" entspricht den Anforderungen an ein Inhaltsverzeichnis. Auffällig ist, dass das Inhaltsverzeichnis nicht nach Seitenzahlen aufgebaut ist, sondern nach thematischen Blöcken (Haupt-Rubriken wie „Star-Special", „Star-Zone" usw.). Diesen Themen werden dann die Rubriken im engeren Sinne (z. B. „Horoskop" oder „Fotoroman") und die Einzelbeiträge zugeordnet.

| | | A3 | S. 152 |

Vergleicht den oberen Teil der Website der Online-Ausgabe von „GEOlino" mit dem Inhaltsverzeichnis der Zeitschrift „hey!".
- Nennt Gemeinsamkeiten und Unterschiede.
- Welche Aufgaben hat die unten abgebildete Navigationsleiste der Online-Ausgabe?
- Nennt Tipps, wie man die Website am besten benutzt.

Die Aufgabe kann in Partnerarbeit erarbeitet werden. – Bei der Frage nach den Tipps sollten die Schüler eigene Navigationsgewohnheiten einfließen lassen.

Info

Lösungsvorschlag

Gemeinsamkeiten	Unterschiede
– Gliederung nach thematischen Blöcken und Rubriken – farbliche Unterscheidung der thematischen Blöcke	– Website ohne Seitenzahlen (bzw. Ortsangabe; man folgt einfach dem Link) – Website ohne Angaben von Einzelbeiträgen – Website ist interaktiv
– **Aufgaben der Navigationsleiste:** Die Navigationsleiste ermöglicht dem Leser, die Themenbereiche und Rubriken schnell zu erfassen. Sie übernimmt die Orientierungsfunktion eines Inhaltsverzeichnisses. Darüber hinaus ermöglicht sie eine interaktive Nutzung: durch die Teilnahme an Foren (unter „Community"), um sich mit anderen Nutzern auszutauschen; durch das Bestellen der Printausgabe oder durch die Kontaktaufnahme mit der Online-Redaktion.	– **Tipps:** Gewöhnlich wird man zunächst das Artikelangebot der Startseite durchsehen. Spricht einen nichts an, kann man über die Navigationsleiste die entsprechenden Rubriken ansteuern. Da in Online-Ausgaben von Zeitschriften oft sehr viele Artikel hinterlegt werden, kann man auch gezielt suchen (vgl. die Suchleiste rechts oben), z. B. wenn man wissen will, ob es über Gorillas oder Okapis Artikel gibt.

| | | A4 | S. 152 |

Inhaltsverzeichnisse fassen verschiedene Artikel zu Rubriken (Themenbereichen) zusammen.
- Erstellt jeweils eine Liste der Rubriken aus den beiden Zeitschriften.
- Vergleicht und begründet, welche Leseinteressen die Zeitschriften jeweils ansprechen.

Deutlich werden soll, dass Inhaltsverzeichnisse die Titelseiten widerspiegeln (vgl. dazu A3, Seite 151).

Info

Lösungsvorschlag

Rubriken:
„hey!": Star-Special, Star-Zone, Fun, Feelings, Lifestyle.
„GEOlino": Natur, Mensch, Technik, Kreativ, Spiele, Wissenswertes, (Community, Service, Bestellen)

Vergleich:
„hey!" bedient ein sehr persönliches Interesse an „Stars" und dem schönen Leben (Fun, Feelings, Lifestyle). „GEOlino" spricht unterschiedliche Interessensgebiete an, klammert dabei aber die populärsten (Sport, Stars) aus. Es geht mehr um Wissensvermittlung, weniger um aktuelle Informationen.

| | | A5 | S. 152 |

Lest den Ausschnitt aus einer Studie oben auf Seite 153. Vergleicht die Ergebnisse mit eurer Mediennutzung. Nennt die Gründe für Gemeinsamkeiten und Unterschiede.

Vor der Lektüre des Ausschnitts könnten alle Schüler ihre geschätzte tägliche Lesezeit in Minuten auf einem Zettel notieren. – Nach der Lektüre können die wichtigsten Informationen des Textes kurz mündlich zusammengefasst werden.

Info

		Lösungsvorschlag
Hauptinformationen im Text: Durchschnittlich liest ein Jugendlicher etwas mehr als eine Stunde am Tag. Mädchen lesen mehr als Jungen. Die Lesezeit sinkt mit zunehmendem Alter.	Sollte der Vergleich ergeben, dass die Schüler der Klasse mehr lesen, kann nach Gründen dafür gesucht werden. Möglich ist außerdem, dass die Lesezeit nach der Grundschule abgenommen hat.	

Genial medial · Zeitschriften untersuchen und Leserbriefe schreiben

---

S. 153 | A6

A ○ ■ ✣
B ◐ ■ ✣
C ● ■ ✣

Zum Differenzieren
Listet Themen auf, die euch interessieren und in einer Jugendzeitschrift behandelt werden könnten.
A Sortiert die Themen nach euch bekannten Zeitschriften. Begründet eure Entscheidungen.
B Gestaltet ein Titelblatt und formuliert die Themen so, dass sie in die jeweilige Zeitschrift passen. Ihr könnt dabei auch Wörter aus eurer Alltagssprache verwenden. Achtet auf den passenden Satzbau.
C Gestaltet ein Titelblatt für eine Jugendzeitschrift, die als Schulzeitung erscheinen könnte. Worin unterscheidet sie sich von einer Zeitschrift, wie ihr sie bisher untersucht habt? Denkt auch an diejenigen, die eine solche Zeitschrift machen.

Info Bei der Themenauflistung können sich die Schüler an den Arbeitsergebnissen aus A4 orientieren. – Neben „GEOlino" und „Dein SPIEGEL" wäre an anspruchsvollen Kinderzeitschriften noch das „ZEIT-Leo"-Magazin zu nennen und ggf. vorzustellen. – Die Gestaltung des Titelblatts könnte auch fächerübergreifend (mit Kunst) erfolgen.

Lösungsvorschlag **C:** Der Unterschied zwischen einer Kinderzeitschrift und einer Schulzeitung besteht vordergründig im Inhalt. Meist beschäftigt sich eine Schulzeitung mit Themen rund um die eigene Schule und das Schulleben. Die Macher haben nicht die Mittel und Möglichkeiten, alle Themen professionell zu bearbeiten, auch die Grafik nicht. Außerdem können sie keine Journalisten ins Ausland schicken, um dort z. B. einen Filmstar zu interviewen. Die Themen sind eingeschränkt, es wird also kaum einen Filmstar auf dem Titelblatt geben, weil dafür auch rechtliche Dinge beachtet werden müssen. Schulzeitungen sind nicht immer farbig gedruckt, manchmal erscheinen sie nur in schwarz/weiß. Ausgabenummer und Preis können auf dem Titelblatt erscheinen.

S. 154–155 ## 5.3 Modul 2: Meinung gefragt! – Leserbriefe untersuchen und schreiben

S. 154 | A1 Diskutiert, warum Leserbriefe gern gelesen werden.

Info Die Schüler können hier ihre eigenen Erfahrungen und Interessen einbringen.

Lösungsvorschlag Mögliche Gründe:
- inhaltliche Stellungnahme zu Artikeln (Ergänzungen, Korrektur, Kritik);
- Teilen oder kritische Auseinandersetzung mit der Meinung anderer;
- Beitrag zur Meinungsbildung;
- greifen wichtige Argumente auf, bringen sie noch einmal auf den Punkt.

S. 154 | A2 Untersucht die Leserbriefe:
- Wie sind die Briefe aufgebaut und wie werden die Meinungen begründet?
- Fasst die Leserbriefe jeweils in einem Satz zusammen.

Info Das Zusammenfassen der Leserbriefe soll das Verständnis sichern und kann der genaueren Untersuchung vorausgehen.

Lösungsvorschlag **Aufbau der Leserbriefe:** ähnlicher Aufbau; Ursache des Stresses wird zuerst genannt; im Anschluss ausführliche Schilderung der Situation (Begründung mit Beispielen) und Verbesserungsvorschläge

Zusammenfassung:
- Alexa, 11 Jahre aus Bühl, ist gestresst vom Schulbeginn um 7.45 Uhr, da sie wegen ihres langen Schulwegs sehr früh aufstehen muss.
- Julius, 12 Jahre, fordert eine gleichmäßige Verteilung der Arbeiten auf das gesamte Schuljahr, um den Stress in den Monaten November und Dezember zu verringern.
- Leo, 10 Jahre, findet den Blockunterricht ohne Pause und die vielen Hausaufgaben stressig.

○ ◐ ● leicht – mittel – schwer   ■ analytisch   ✣ handlungs- und produktionsorientiert

Warum werden Leserbriefe verfasst? | **A3** **S. 154**

Die Schüler können von den im Schülerbuch abgedruckten Briefen ausgehen und sich fragen, warum Alexa, Julius und Leo wohl ihre Briefe geschrieben haben (vgl. Lösungsvorschlag). In einem zweiten Schritt können sie überlegen, warum sie selbst einen Leserbrief schreiben würden. *Info*

Die Leserbriefe wurden zum einen geschrieben, um Zustimmung zu dem Bericht im Heft auszudrücken, zum anderen, um konkrete Verbesserungsvorschläge zu machen (Alexa: Unterricht später beginnen lassen; Julius: Klassenarbeiten besser verteilen; Leo: kein oder weniger Blockunterricht bzw. Pausen während des Blockunterrichts, weniger Hausaufgaben). Darüber hinaus dienen Leserbriefe immer der Selbstdarstellung, und sei es nur, weil man sich freut, den eigenen Name in der Zeitschrift zu lesen. *Lösungsvorschlag*

Vergleicht die folgenden Forenbeiträge mit den Leserbriefen. | **A4** **S. 154**
- Achtet auf die Erscheinungsform, die Sprache und die Argumentation.
- Erklärt, wie sich Leserbriefe von Forenbeiträgen unterscheiden.
- Schreibt die Forenbeiträge so um, dass sie sich als Leserbriefe eignen.

Die beiden ersten Teilaufgaben könnten in Partnerarbeit vorbereitet werden. Nach deren Besprechung kann in denselben Teams (ggf. leistungsstärkere und leistungsschwächere Schüler mischen) einer der beiden Briefe zu einem Leserbrief umgeschrieben werden: Die Forenbeiträge wären dabei so aufzuteilen, dass beide jeweils etwa gleich oft bearbeitet werden. *Info*

- Vergleich: *Lösungsvorschlag*

	Leserbriefe	Forenbeiträge
Erscheinungs-form	- einheitlich mit Überschrift (Name, Alter, Herkunftsort) und Text	- einheitlich mit Nickname, Eigenbeschreibung, Betreffzeile und Text - uneinheitlich in der Textgestaltung (mit und ohne Anrede, Unterschrift oder Postskriptum)
Sprache	- standardsprachlich - orthografisch korrekt	- umgangssprachlich - Rechtschreibung fehlerhaft
Argumentation	- in sich schlüssig, der Stress wird jeweils begründet bzw. dargestellt	- Meinungsdarstellung überwiegt, Begründungen werden aber genannt

- Unterschiede Leserbriefe und Forenbeiträge: Forenbeiträge werden so geschrieben, wie man sprechen würde. Der Schreiber prüft ihren Aufbau und die Rechtschreibung (meist) nicht noch einmal. Die Leserbriefe dagegen sind in Aufbau und Stil festgelegt, Rechtschreibung und Zeichensetzung müssen stimmen (vgl. oben die Hinweise zur Sprache und Argumentation).

- Forenbeitrag von „Peperoni" als Leserbrief (Beispiel):
Paula „Peperoni", 11 Jahre, Berlin
Mir hat die Januar-Ausgabe des Heftes am besten gefallen. Zum einen hatte das Heft das ansprechendste Cover, zum am anderen hat mich der Haiti-Artikel bewegt: Das Schicksal der dort beschriebenen Kinder ist mir sehr nahegegangen. Wirklich sehr lesenswert!

- Forenbeitrag von „Medizinfreak" als Leserbrief (Beispiel): *Kaspar, 12 Jahre, Hamburg*
Mir hat kein Heft richtig gut gefallen. Ich lese sie mittlerweile nicht mehr so gerne, weil sich viele Themen immerzu wiederholen. Es gab z. B. über Viren schon einmal einen sehr ähnlichen Text. Regelmäßig lese ich dagegen noch die Rätsel.

Genial medial · Zeitschriften untersuchen und Leserbriefe schreiben

155 | A5

Überlegt, warum es sinnvoll ist, den rechts abgedruckten Tipp zu befolgen. Stellt Regeln auf, die ihr beachten müsst, wenn ihr in Foren von Jugendzeitschriften etwas beitragt und mitdiskutiert.

Info Die Aufgabe sollte zum Anlass genommen werden, um über das Verhalten in sozialen Netzwerken und über Sicherheitsstandards im Internet zu sprechen.

Lösungsvorschlag Persönliche Daten zu schützen, empfiehlt sich aus zwei Gründen:

1) Persönliche Daten gehen im Internet eigentlich nie verloren, so dass deren Preisgabe eine sehr weitreichende Entscheidung ist. Was man jetzt gut findet, kann in fünf oder zehn Jahren ganz anders sein.
2) Persönliche Daten können missbraucht werden. Das reicht von einer unerwünschten und vielleicht sogar gefährlichen persönlichen Kontaktaufnahme bis zum Erhalt von lästigen Spams).

Mögliche Regeln: Schutz von persönlichen Daten (vollständigen Namen, Geburtsdaten, Adresse, Telefonnummer nur bei vertrauenswürdigen Seiten angeben); höflich und sachlich bleiben; beleidigende Beiträge dem Betreiber melden; gute Passwörter benutzen und nicht weiterverraten.

S. 155 | A6

Einigt euch auf ein Thema, das in ein GEOlino-Heft passen könnte, und verfasst einen Leserbrief an die Redaktion.

Info Vor der Bearbeitung der Aufgabe bietet sich die Besprechung der Lerninsel 8: Umgang mit Medien: „Einen Leserbrief" (S. 275) an. Das Adressieren eines Umschlags kann thematisiert werden. Die Anschrift von „GEOlino" ist: Gruner+Jahr/Redaktion GEOlino/20444 Hamburg.

Lösungsvorschlag Hinweis zum Aufbau des Leserbriefs: Bezug zum Artikel (Angabe der Ausgabe, von Thema/Artikel/Seite) – kurze Darlegung der eigenen Meinung – Begründung der eigenen Meinung – abschließende Schlussfolgerung oder Forderung – Vor- und Familienname am Schluss

Klassenarbeit zum Kapitel:
Genial medial • Zeitschriften untersuchen und Leserbriefe schreiben

KA 09-01

Name: Klasse: Datum:

1 Erkläre kurz, welche Aufgaben

a) eine Titelseite einer Zeitschrift,

b) ein Inhaltsverzeichnis einer Zeitschrift hat.

2 Nenne vier Gesichtspunkte, unter denen man eine Titelseite einer Zeitschrift untersuchen kann.

3 Lies den folgenden Leserbrief und beschreibe kurz den Aufbau. Formuliere anschließend, wie Sarah ihre Meinung begründet.

> ### Rätselspaß
>
> Ich finde Ihre Zeitschrift wirklich gut, aber die Rätsel sind einfach viel zu leicht! Natürlich haben Sie sicher auch viele jüngere Leserinnen und Leser, aber auch wir Älteren möchten doch etwas Spaß beim Raten haben! Könnten Sie vielleicht in jedes Heft auch ein, zwei kniffligere Rätsel einbauen? Das wäre wirklich toll, denn so sind sie wirklich viel zu leicht.
>
> *Sarah, 12 Jahre, Köln*

4 Kreuze an, welche Aussagen über das Schreiben von Leserbriefen richtig sind und welche nicht.

	Aussagen über das Schreiben von Leserbriefen	richtig	falsch
a)	Je länger ein Leserbrief ist, desto höher ist die Wahrscheinlichkeit, dass der Brief abgedruckt wird, weil man durch einen langen Brief zeigt, dass man sich mit dem Thema gründlich beschäftigt hat.		
b)	Leserbriefe sollten immer höflich und in einem sachlichen Stil geschrieben sein.		
c)	In einem Leserbrief kannst du deinen Namen angeben, musst das aber nicht tun.		
d)	Wenn man sich in einem Leserbrief auf einen bestimmten Artikel bezieht, sollte man diesen Artikel auch angeben (Titel und Heft, in dem er erschienen ist).		

5 Verfasse einen Leserbrief an eine Zeitschrift deiner Wahl, in dem du deine Meinung über diese Zeitschrift formulierst.

Erwartungshorizont/Korrekturhilfe

Genial medial · Zeitschriften untersuchen und Leserbriefe schreiben

KA 09-01

(vgl. Lehrerband, S. 185)

Aufgabe	Anforderung /Lösung	Anforderungs-bereich	Punkte
1	**Titelseite und Inhaltsverzeichnis** a) Titelseite einer Zeitschrift: Interesse an ausgewählten Artikeln/Themen des Hefts wecken b) Inhaltsverzeichnis einer Zeitschrift: Inhaltsverzeichnisse sollen das schnelle Auffinden bestimmter Inhalte ermöglichen	2	4 (zu Teil-note 1)
2	**Untersuchung Titelseite** Aspekte: Aufbau – Titelthema – Anzahl und Art der Themen – Anzahl, Art und Wirkung der Bilder – Farben und ihre Wirkung	2	4 (zu Teil-note 1)
3	**Leserbrief untersuchen** Aufbau: Darstellung der Meinung – Begründung – Bitte (Appell) – Begründung: Rätsel nur für Jüngere geeignet, aber ältere Leser möchten auch etwas Rätselspaß haben	3	4 (zu Teil-note 1)
4	**Aussagen über Leserbriefe** a) falsch; b) richtig; c) falsch; b) richtig	1	4 (zu Teil-note 1)
5	**Leserbrief schreiben** - formale Gestaltung (Bezug auf die Zeitschrift, Anrede, Angabe des Vor- und Familiennamens); - inhaltliche Qualität; - stimmiger Aufbau (z.B. Darlegung der eigenen Meinung samt Begründung, abschließende Forderung); - sachlich-höflicher Stil; formale Gestaltung; - Sprachrichtigkeit	3	(zu Teilnote 2)
	ggf. Sprachliche Darstellungsleistung	**Fehlerquote**	**Punkte**

Klassenarbeit zum Kapitel:
Genial medial • Zeitschriften untersuchen und Leserbriefe schreiben

KA 09-02

Name:　　　　　　　　　　　Klasse:　　　　Datum:

1 Lies den folgenden Bericht. Kreuze an, welche Aussagen enthalten sind und welche nicht.

Gütesiegel für Kinder- und Jugendzeitschriften

Die Stiftung Lesen hat in Kooperation mit dem Verband Deutscher Zeitschriftenverleger ein neues Qualitätssiegel für Kinder- und Jugendzeitschriften erarbeitet – um Eltern und Pädagogen damit eine Orientierungshilfe zu geben. Verlage werden eingeladen, ihre Titel in diesem Segment zur Bewertung einzureichen.

5　Mit dem neuen Qualitätssiegel soll die Rolle, die das Medium Zeitschrift in der zeitgemäßen Leseförderung einnimmt, weiter gestärkt werden. Für das Siegel können sich alle Verlage bewerben, teilt die Stiftung Lesen mit, die Kinder- und Jugendmagazine für die Zielgruppe im Alter von zwei bis circa 14 Jahren herausgeben. Erster Stichtag ist der 30. November.

Für die Vergabe des neuen Qualitätssiegels wurde eine interdisziplinäre Jury aus Medienpädagogen,
10　Journalisten, Psychologen, Illustratoren und Praktikern aus der Leseförderung berufen – ergänzt um Kinder und Jugendliche. Im Mittelpunkt der Bewertung steht laut Stiftung Lesen die Frage: „Welche Zeitschriften machen Kindern und Jugendlichen Spaß und motivieren sie zum Lesen?" Denn nur durch Freude am Lesen können sie nachhaltig dafür begeistert werden. Weitere Kriterien, die in die Bewertung der Zeitschriftentitel einfließen, sind Inhalt und Layout, das pädagogische Konzept, die
15　sprachliche Gestaltung, die Möglichkeit zur Interaktion, der Werbeanteil und die Ausrichtung auf die Bedürfnisse der Zielgruppe.

— (zitiert nach: http://boersenblatt.net/554147 (eingesehen am 15.2.2013)

	Aussagen im Text „Gütesiegel für Kinder- und Jugendzeitschriften"	richtig	falsch
a)	Das neue Qualitätssiegel für Kinder- und Jugendzeitschriften wurde von der Stiftung Lesen in Zusammenarbeit mit dem Verband Deutscher Zeitschriftenverleger entwickelt.		
b)	Das Qualitätssiegel soll verhindern, dass Kinder und Jugendliche mehr Bücher als Zeitschriften lesen.		
c)	Die Vergabe des neuen Qualitätssiegels erfolgt durch eine Jury aus Medienpädagogen, Journalisten, Psychologen, Illustratoren und Praktikern aus der Leseförderung.		
d)	Alle Zeitschriften aller Verlage für die Zielgruppe im Alter von zwei bis circa 14 Jahren werden automatisch geprüft.		

2 „Welche Zeitschriften machen Kindern und Jugendlichen Spaß und motivieren sie zum Lesen?" – Äußere in einem Leserbrief (ohne Briefkopf) zu dieser Frage deine Meinung.

3 Erkläre kurz, welche Aufgaben:

a) die Titelseite einer Zeitschrift hat.

b) das Inhaltsverzeichnis einer Zeitschrift hat.

4 Nenne vier Gesichtspunkte, unter denen man die Titelseite einer Zeitschrift untersuchen kann.

Erwartungshorizont/Korrekturhilfe

Genial medial · Zeitschriften untersuchen und Leserbriefe schreiben

KA 09-02

(vgl. Lehrerband, S. 187)

Aufgabe	Anforderung/Lösung	Anforderungsbereich	Punkte
1	a) richtig; b) falsch; c) richtig; d) falsch	1	4
2	**gelungen:** formale Gestaltung (Bezug auf den Titel, Anrede, Schlussgruß) korrekt; stimmiger Aufbau (z. B. Darlegung der eigenen Meinung samt Begründung) und plausibler Inhalt; sachlich-höflicher Stil **in Ordnung:** formale Gestaltung korrekt; Aufbau und Inhalt nachvollziehbar; sprachlich weitgehend in Ordnung **nicht gelungen:** formale Gestaltung fehlerhaft; Aufbau und Inhalt nicht/kaum nachvollziehbar; sprachlich mit deutlichen Mängeln	3	12
3	a) **Titelseite** einer Zeitschrift: Aufmerksamkeit der Leserschaft wecken, über die zentralen Inhalte einer Ausgabe informieren b) **Inhaltsverzeichnis** einer Zeitschrift: ermöglicht das schnelle Auffinden bestimmter Inhalte	2	4
4	**Aspekte:** – Aufbau – Anzahl und Art der Themen – Art der Rubriken – Anzahl, Art und Wirkung der Bilder – Farben und ihre Wirkung	2	4
	ggf. sprachliche Darstellungsweise	Fehlerquote	Punkte

Klassenarbeit zum Kapitel:
Genial medial • Zeitschriften untersuchen und Leserbriefe schreiben

KA 09-03

Name: Klasse: Datum:

1 Sieh dir die folgende Abbildung an. Setze anschließend in der Tabelle deine Kreuze.

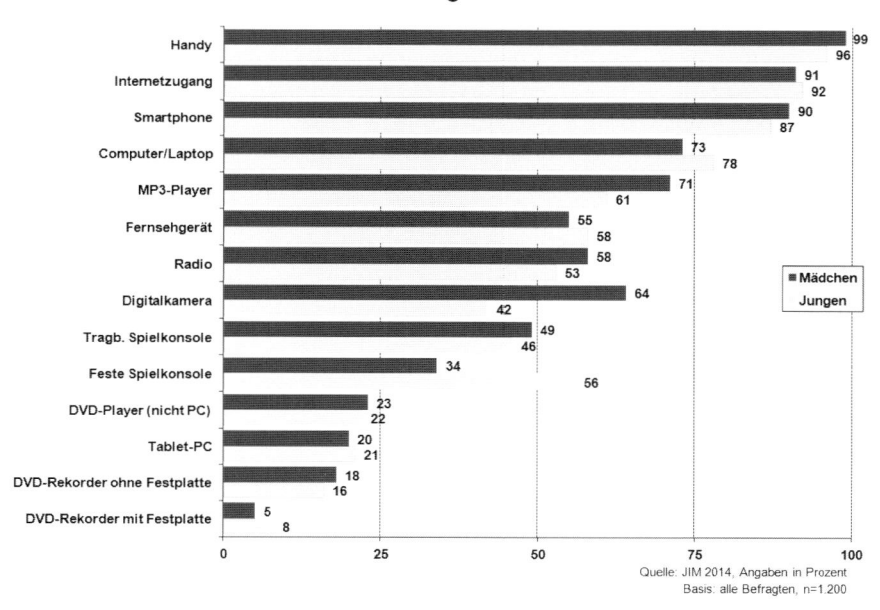

Gerätebesitz Jugendlicher 2014

	Handy	99 / 96
	Internetzugang	91 / 92
	Smartphone	90 / 87
	Computer/Laptop	73 / 78
	MP3-Player	71 / 61
	Fernsehgerät	55 / 58
	Radio	58 / 53
	Digitalkamera	64 / 42
	Tragb. Spielkonsole	49 / 46
	Feste Spielkonsole	34 / 56
	DVD-Player (nicht PC)	23 / 22
	Tablet-PC	20 / 21
	DVD-Rekorder ohne Festplatte	18 / 16
	DVD-Rekorder mit Festplatte	5 / 8

Legende: ■ Mädchen / Jungen
Quelle: JIM 2014, Angaben in Prozent
Basis: alle Befragten, n=1.200

— aus: JIM-Studie 2014 © Medienpädagogischer Forschungsverbund Südwest (mpfs)

	Aussagen über die Angaben in der Abbildung	richtig	falsch
a)	Mehr als die Hälfte aller Mädchen und Jungen besitzt einen Fernseher.		
b)	Jungen besitzen häufiger einen Tablet-PC als Mädchen. Dafür haben sie aber seltener einen Computer/Laptop.		
c)	Weniger als 10 % aller Mädchen und Jungen fehlt ein Internetzugang.		
d)	Deutlich mehr Jungen als Mädchen besitzen eine feste Spielkonsole.		

2 Lies den folgenden Leserbrief. Beschreibe kurz dessen Aufbau. Formuliere anschließend, wie Sarah ihre Meinung begründet.

> **Rätselspaß**
>
> Ich finde Ihre Zeitschrift wirklich gut, aber die Rätsel sind einfach viel zu leicht! Natürlich haben Sie sicher auch viele jüngere Leserinnen und Leser, aber auch wir Älteren möchten doch etwas Spaß beim Raten haben! Könnten Sie vielleicht in jedes Heft auch ein, zwei knifflige Rätsel einbauen? Das wäre wirklich toll, denn so sind sie wirklich viel zu leicht.
>
> *Sarah, 12 Jahre, Wismar*

3 Verfasse einen Leserbrief an die Redaktion einer Zeitschrift. Formuliere darin deine Meinung zu dieser Zeitschrift.

4 Erkläre kurz, welche Aufgaben:
a) die Titelseite einer Zeitschrift hat.   b) das Inhaltsverzeichnis einer Zeitschrift hat.

Erwartungshorizont/Korrekturhilfe

Genial medial · Zeitschriften untersuchen und Leserbriefe schreiben

KA 09-03

(vgl. Lehrerband, S. 189)

Aufgabe	Anforderung/Lösung	Anforderungsbereich	Punkte
1	a) richtig; b) falsch; c) richtig; d) richtig	1	4
2	**Aufbau:** Darstellung der Meinung – Begründung – Bitte (Appell) – Begründung: Rätsel nur für Jüngere geeignet, aber ältere Leser möchten auch etwas Rätselspaß haben	2	4
3	**gelungen:** formale Gestaltung (Bezug auf den Titel, Anrede, Schlussgruß) korrekt; stimmiger Aufbau (z. B. Darlegung der eigenen Meinung samt Begründung) und plausibler Inhalt; sachlich-höflicher Stil **in Ordnung:** formale Gestaltung korrekt; Aufbau und Inhalt nachvollziehbar; sprachlich weitgehend in Ordnung **nicht gelungen:** formale Gestaltung fehlerhaft; Aufbau und Inhalt nicht/kaum nachvollziehbar; sprachlich mit deutlichen Mängeln	3	12
4	a) **Titelseite** einer Zeitschrift: Aufmerksamkeit der Leserschaft wecken, über die zentralen Inhalte einer Ausgabe informieren b) **Inhaltsverzeichnis** einer Zeitschrift: ermöglicht das schnelle Auffinden bestimmter Inhalte	2	4
	ggf. sprachliche Darstellungsweise	**Fehlerquote**	**Punkte**

Arbeitsblatt zum Kapitel:
Genial medial • Zeitschriften untersuchen

Einen Leserbrief schreiben

1 Lest den Artikel. Schreibt in Stichpunkten auf, was euch zu dem Thema „Umweltkatastrophen gefährden die Weltmeere" einfällt und was euch daran besonders interessiert.

_____

_____

_____

_____

_____

_____

Die große Katastrophe

Im Golf von Mexiko sind Millionen Liter Öl ins Meer geflossen, nachdem die Bohrinsel „Deepwater Horizon" explodiert war.

Die Ölfirma BP bohrte gerade ein Ölfeld tief unter dem Meeresgrund an, als die Ingenieure plötzlich die Kontrolle verloren. Ein Sicherheitsventil versagte. Öl und Gas schossen aus der Tiefe nach oben. Das hochentzündliche Gemisch explodierte, die Flammen schlugen meterhoch. Elf Arbeiter starben. Kurz darauf versank die „Deepwater Horizon".

Seither erleben die USA die größte Umweltkatastrophe ihrer Geschichte. Am Meeresgrund läuft Öl aus, bisher sollen etwa 130 Millionen Liter Öl in den Golf von Mexiko geflossen sein – genug, um 900 000 Badewannen zu füllen. Für die Tierwelt ist das besonders schlimm.

Riesige Wolken aus feinen Öltröpfchen wabern nun unter der Meeresoberfläche, dort, wo mächtige Pottwale leben, wo Korallen am Meeresboden wachsen und Milliarden kleinster Krebse und Algen im Wasser treiben.

In dicken Flatschen liegt das rotbraune Öl auf den Stränden und verschmutzt Salzmarschen und Sümpfe. Hier wachsen sehr viele Fische heran. Hier leben Austern, Blaukrabben und Borstenwürmer.

Die Tiere können vor dem Öl nicht fliehen. Sie sterben oder werden unfruchtbar. Das Öl verklebt das Gefieder von Pelikanen, Reihern und Seeschwalben. Und Delfine müssen beim Auftauchen giftige Dämpfe einatmen.

Und natürlich sind auch die Menschen betroffen: An öligen Stränden will niemand Urlaub machen. Hotels und Restaurants werden weniger verdienen, Bootsverleiher und Andenkenverkäufer ebenso.

Am schlimmsten trifft es die Fischer. Floyd Lasseigne beispielsweise: Vor der Insel Grand Isle holte er Krabben und Austern aus dem Meer – jedenfalls früher. Doch nun sind die Tiere vergiftet, er darf in dem verseuchten Gewässer nicht mehr fischen gehen. Und weil das Öl auch die Larven vieler Meerestiere tötet, wird Lasseigne auch in den nächsten Jahren wenig zu fangen haben. Er muss seinen Beruf wohl aufgeben.

Die Ölfirma BP hat sofort versucht, die Lecks am Meeresgrund zu stopfen, doch die ersten Anläufe gingen alle schief.

— (Quelle: Die große Katastrophe. In: Dein SPIEGEL Nr. 07/2010, S. 12ff. © DER SPIEGEL. Alle Rechte vorbehalten.)

Arbeitsblatt zum Kapitel:
Genial medial • Zeitschriften untersuchen

AB 09-01

2 Verfasst einen Leserbrief an die Redaktion von „Dein Spiegel", in dem ihr euch auf diesen Artikel bezieht und eure Meinung dazu darlegt. Überlegt, wo ihr dem Artikel zustimmt, widersprecht, ob ihr etwas ergänzen oder richtig stellen wollt. Nutzt einige Formulierungen aus dem Kasten.

---

meiner Meinung nach…   ich finde gut, dass …   ich finde nicht gut, dass …

der Artikel hat mich davon überzeugt, dass …

ich glaube, dass …   Ich bin der Ansicht, dass …

Sprachakrobatik

Wörter bilden, Wörter erkunden

S. 158–167

1. Kompetenzrahmen und Zielsetzungen

Modul 1: Zusammensetzung und Ableitung

S. 160/161, Text Vera Ferra-Mikura: Die Pille „Dauerputzig"	Formen bildlicher Ausdrucksweise erkennen und erklären; Möglichkeiten der Wortbildung (Zusammensetzung, Ableitung, Verbzusatz) erfassen; Wortarten unterscheiden; Sprache spielerisch verwenden; Fantasiegeschichten gestalten
S. 162/163	Möglichkeiten der Wortbildung (Ableitung durch Suffigierung und Präfigierung) erfassen und anwenden; Sprache spielerisch verwenden
S. 163	Anglizismen erkennen; Möglichkeiten der Wortbildung erfassen

Modul 2: Wortfelder nutzen

S. 164/165, Text Diese Handymenschen! Sie reden und reden!	sinnverwandte Wörter in Wortfeldern zusammenfassen sowie durch Abgrenzung und Vergleich die Bedeutung einzelner Wörter erschließen; Spielideen pantomimisch umsetzen; Fantasiegeschichten gestalten; Textverarbeitungsprogramm nutzen; eigene Schreibprodukte überarbeiten

2. Ausgangssituation der Schüler

Die Standards (KMK) am Ende der 4. Klasse sehen vor, dass die Schüler folgende Kompetenzen erworben haben, die für den Umgang mit Sprache relevant sind:
- Sie kennen und verwenden grundlegende sprachliche Strukturen und Begriffe.
- Sie können Wörter strukturieren und kennen Möglichkeiten der Wortbildung.
- Sie können Wörter sammeln und ordnen.
- Sie nutzen sprachliche Operationen wie umstellen, ersetzen, ergänzen und weglassen.
- Sie können mit Sprache experimentell und spielerisch umgehen.

3. Kapitelkonzeption

Die Wortbildung wird den Schülern durch diverse Wort- und Sprachspiele nähergebracht. Die Untersuchung entsprechender Wortbildungsverfahren führt dabei über den gestalterischen (experimentellen) Umgang mit Wortbildung. Die Arbeit mit Wortfeldern soll das Bewusstsein für die Differenziertheit und Struktur von Sprache fördern. Wortschatz soll erstellt und nach bedeutungsdifferenzierenden Merkmalen strukturiert werden.

Sprachakrobatik · Wörter bilden, Wörter erkunden

4. Sequenzfahrplan

Verknüpfungsmöglichkeit

weiterführende Hinweise

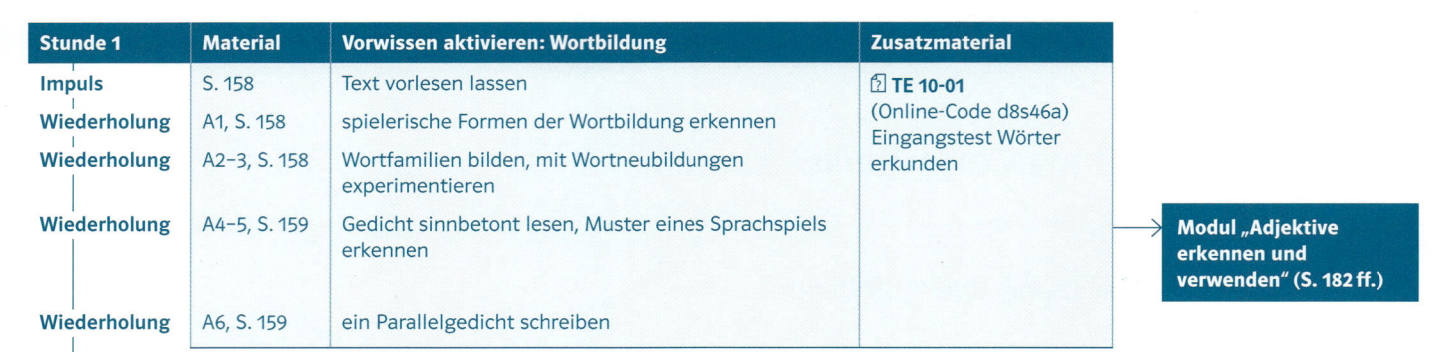

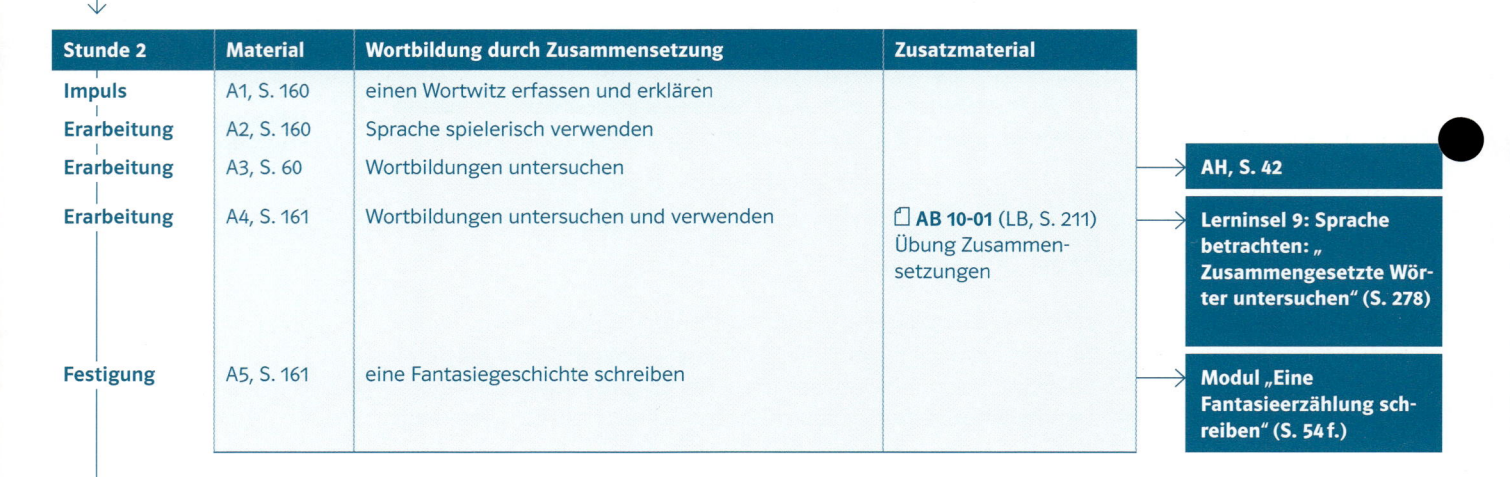

Stunde 1	Material	Vorwissen aktivieren: Wortbildung	Zusatzmaterial
Impuls	S. 158	Text vorlesen lassen	TE 10-01 (Online-Code d8s46a) Eingangstest Wörter erkunden
Wiederholung	A1, S. 158	spielerische Formen der Wortbildung erkennen	
Wiederholung	A2–3, S. 158	Wortfamilien bilden, mit Wortneubildungen experimentieren	
Wiederholung	A4–5, S. 159	Gedicht sinnbetont lesen, Muster eines Sprachspiels erkennen	
Wiederholung	A6, S. 159	ein Parallelgedicht schreiben	

→ Modul „Adjektive erkennen und verwenden" (S. 182 ff.)

Stunde 2	Material	Wortbildung durch Zusammensetzung	Zusatzmaterial
Impuls	A1, S. 160	einen Wortwitz erfassen und erklären	
Erarbeitung	A2, S. 160	Sprache spielerisch verwenden	
Erarbeitung	A3, S. 60	Wortbildungen untersuchen	
Erarbeitung	A4, S. 161	Wortbildungen untersuchen und verwenden	AB 10-01 (LB, S. 211) Übung Zusammensetzungen
Festigung	A5, S. 161	eine Fantasiegeschichte schreiben	

→ AH, S. 42

→ Lerninsel 9: Sprache betrachten: „Zusammengesetzte Wörter untersuchen" (S. 278)

→ Modul „Eine Fantasieerzählung schreiben" (S. 54 f.)

Stunde 3	Material	Wortbildung durch Ableitung	Zusatzmaterial
Impuls	A1, S. 162	einen Sprachwitz erfassen	
Erarbeitung	A2–3, S. 162	Verbableitungen erkennen und finden	
Erarbeitung	A4, S. 162	Wörter durch Prä- und Suffigierung bilden, Wortarten erkennen	
Festigung	A5, S. 163	Wörter durch Prä- und Suffigierung bilden	AB 10-02 (LB, S. 212) Übung Ableitung
Festigung	A1, S. 163	einen Sprachwitz erfassen	
Festigung	A2, S. 163	Zusammensetzungen und Ableitungen zu entlehnten Wörtern suchen	

→ AH, S. 43 Lerninsel 9: Sprache betrachten: „Abgeleitete Wörter untersuchen" (S. 278)

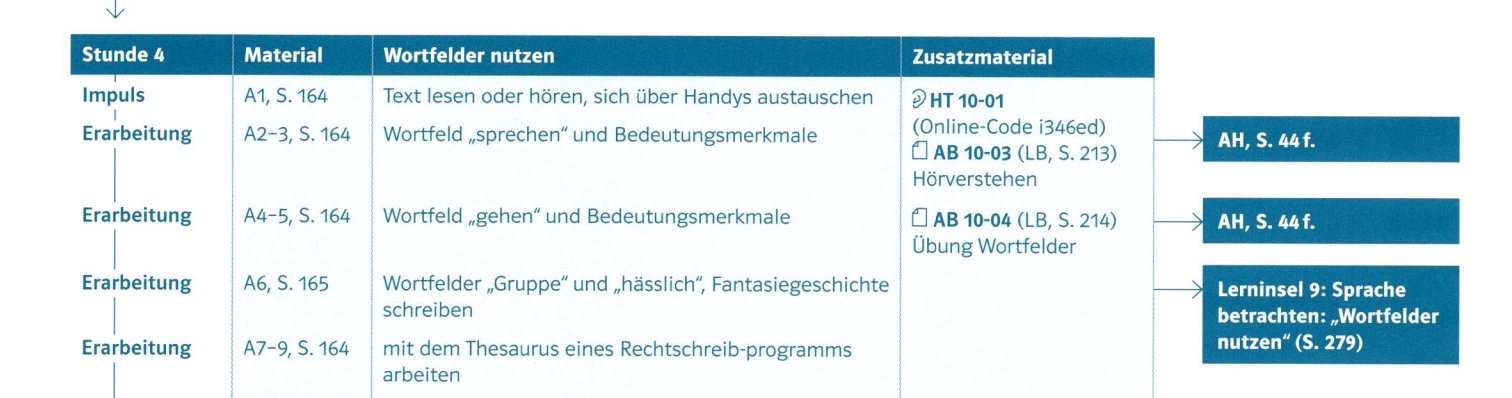

Stunde 4	Material	Wortfelder nutzen	Zusatzmaterial	
Impuls	A1, S. 164	Text lesen oder hören, sich über Handys austauschen	HT 10-01 (Online-Code i346ed)	
Erarbeitung	A2–3, S. 164	Wortfeld „sprechen" und Bedeutungsmerkmale	AB 10-03 (LB, S. 213) Hörverstehen	AH, S. 44 f.
Erarbeitung	A4–5, S. 164	Wortfeld „gehen" und Bedeutungsmerkmale	AB 10-04 (LB, S. 214) Übung Wortfelder	AH, S. 44 f.
Erarbeitung	A6, S. 165	Wortfelder „Gruppe" und „hässlich", Fantasiegeschichte schreiben		Lerninsel 9: Sprache betrachten: „Wortfelder nutzen" (S. 279)
Erarbeitung	A7–9, S. 164	mit dem Thesaurus eines Rechtschreib-programms arbeiten		

Stunde 5/6	Material	Lernerfolge sichern und ggf. bewerten	Zusatzmaterial	
selbstständige Lernkontrolle	A1–6, S. 166 f.	Wortbildung	TR (Online-Code 3x9qv6)	AH, S. 66 f.
Klassen-arbeiten	KA 10-01 bis KA 10-03 LB, S. 204 ff.	Wortbildung, Wortfelder		

Sprachakrobatik · Wörter bilden, Wörter erkunden

5. Kommentare zu den Aufgaben

S. 158–159 5.1 Kapitelauftaktseite – Vorwissen aktivieren

S. 158 | A1 Erklärt, wie hier mit Sprache gespielt wird. Welche Wörter hat die Autorin neu erfunden?

Info Die Autorin nutzt die Möglichkeit der Bildung von Verben durch Ableitung aus Nomen (Substantiven) mithilfe des Suffixes „-en". Es handelt sich um Verben, die Ereignisse oder Vorgänge bezeichnen.

Lösungsvorschlag Das Spiel mit Wortbildungsmöglichkeiten besteht darin, dass
- die abgeleiteten Verben nicht immer existieren („katzen", „bären", „faltern", „blumen", „wolken"),
- eine andere Valenz (nicht der Regen – als Agens – *regnet*, sondern „es") oder
- eine andere Bedeutung („stammeln" zu Stamm; nicht die Maus, sondern Katzen „mausen") haben.

S. 158 | A2 Wörter, die einen gemeinsamen Wortstamm besitzen, bilden eine Wortfamilie. Sie sind miteinander verwandt. Schreibt Wörter heraus, die zu einer Familie gehören. Ergänzt weitere Wörter und markiert den gemeinsamen Wortstamm.

Info Neben den in der Lösung angegebenen fünf Wortfamilien können die Schüler zu weiteren Wörtern aus dem Gedicht Wortfamilien bilden. – Etymologisch verwandt sind außerdem „Blume" und „blühen" (wenn es sich hier nicht um Mitglieder einer Wortfamilie im engen Sinn handelt).

Lösungsvorschlag
- Krähe – krähen – Krähenfüße – Krähennest – Krähwinkel – Krähwinkelei – Krähwinkler – …
- Fliege – fliegt – abfliegen – Flug – Flughafen – Nachtflugverbot – zufliegen – Flügel – …
- Maus – mausen – Feldmaus – Mauseloch – mausgrau – mausetot – mausig – mausfarben – …
- Fluss – fließen – Floß – Flosse – flott – Flotte – Fließpapier – zufließen – Flussmündung – …
- Strom – strömen – zuströmen – Stromrechnung – stromlinienförmig – verströmen – …

S. 158 | A3 Setzt das Gedicht durch eure eigenen Spiele mit Wortfamilien fort.

Info Hier können die Schüler mit der Ableitung von Substantiven zu Verben experimentieren. Dabei können die in A1 erkannten spielerischen Formen der Bildung genutzt werden.

Lösungsvorschlag
- Wörter, die es in der deutschen Sprache nicht gibt: „computern", „stolzen" (richtig: stolzieren), „kernen" (richtig: entkernen)
- Wörter mit anderer Bedeutung: „tigern" (ugs. für: gehen, marschieren), „kümmern" (sich um jemanden sorgen)
- andere Valenz: „hageln", „donnern" („es")

S. 159 | A4 Tragt das Gedicht betont vor. Jeder übernimmt einen Vers.

Info Beim Vorlesen sollten die Alliterationen besonders hervorgehoben werden.

Beschreibt, nach welchem Muster das Gedicht aufgebaut ist. **A5 S. 159**

Das Gedicht enthält 27 Anreden, bestehend jeweils aus **Lösungsvorschlag**
- dem Personalpronomen *du*, einem Adjektiv/Partizip sowie einem zusammengesetzten Nomen,
- Adjektiv und Nomen beginnen jeweils mit dem gleichen Buchstaben (nach dem Abc von „a" bis „z").
- Die Adjektive/Partizipien gibt es alle, auch wenn sie zum Teil der saloppen Sprachebene angehören (Sonderfall „yberflüssig").
- Unter den Nomen aber gibt es einige Komposita sowie Wortneubildungen, die inhaltlich mit dem Adjektiv nicht immer stimmig sind, gemessen an der alltäglichen Sprachverwendung.

Werdet selbst zum Erfinder neuer Wörter. Wählt einige Buchstaben aus und schreibt ein ähnliches Gedicht zu einem anderen Thema (zum Beispiel Freundschafts-Abc). **A6 S. 159**

Die Aufgabe könnte am besten in Partner- oder Kleingruppenarbeit durchgeführt werden. **Info**

5.2 Modul 1: Im Wörterlabor – Zusammensetzung und Ableitung
S. 160–163

Wortbildung durch Zusammensetzung

Tauscht euch über die Zeichnung aus. **A1 S. 160**
- Wie versteht der Polizist die Meldung?
- Erklärt jemandem, der das Wort „Ladendiebstahl" nicht kennt, was es bedeutet.
- Wie könnte der Besitzer des Ladens ausdrücken, was er meint?

Der Witz besteht nicht nur darin, dass ein Begriff falsch gebraucht wird, sondern dass ein „Diebstahl" des Hauses ja in der Realität gar nicht möglich ist. **Info**

Der Polizist wird annehmen, dass sich in einem Laden ein Diebstahl ereignet hat (= konventionelle Bedeutung der Zusammensetzung); entsprechend wird man das Wort auch erklären. Der Besitzer des Ladens müsste, um verstanden zu werden und den Sachverhalt richtig darzustellen, dagegen sagen: „Ich möchte melden, dass mein Haus über Nacht abgerissen wurde." **Lösungsvorschlag**

Gestaltet selbst eine witzige Zeichnung zu einem zusammengesetzten Wort (zum Beispiel Feierabend, Buttermilch, Bocksprung). **A2 S. 160**

Die Aufgabe will den Schülern verdeutlichen, dass zahlreiche Komposita eine übertragene Bedeutung haben (also nicht wörtlich genommen werden können). Die Möglichkeit, die Begriffe witzig zu verwenden, ergibt sich auch daraus, dass Komposita unterschiedliche sachlogische Beziehungen enthalten können, z. B. Bocksprung = „Sprung über einen Bock (Turngerät)"; „Sprung eines Bockes". Die Aufgabe könnte auch fächerübergreifend mit Kunst bearbeitet werden. **Info**

Sprachakrobatik · Wörter bilden, Wörter erkunden

S. 160 | A3 Schreibt die zusammengesetzten Wörter in den Kästen untereinander auf.
- Zerlegt sie in ihre Wortbestandteile und bestimmt die Wortarten, aus denen die Zusammensetzungen bestehen.
- Erklärt, wie das Bestimmungswort das Grundwort näher charakterisiert.

Info Die Schüler müssen die Wörter nicht in allen Fällen so detailliert aufschlüsseln, wie dies der Lösungsvorschlag tut. Entscheidend ist, dass sie sich die unterschiedlichen Möglichkeiten bewusst machen. – Die blaue Box kann als Hilfestellung genutzt werden.

Lösungsvorschlag
- himmelblau: himmel-blau – Zusammensetzung aus Nomen und Adjektiv: „blau wie der Himmel"
- vorsagen: vor-sag-en – „vor" (= Präposition) zum Verb „sagen" (als Ableitung zum Stamm „sag"): Bedeutung aber nicht: „etwas vor jemandem sagen" (Achtung: Verbzusätze unterscheiden sich von Zusammensetzungen und von Ableitungen dadurch, dass der Zusatz auch als freies Morphem vorkommen kann. Man spricht deshalb auch von Partikelverben.)
- Umleitung: Um-leit-ung – Ableitung durch Nominalisierung des Verbes „umleiten" durch das „Suffix „ung"/ „umleiten" als Ableitung durch das Präfix „um".
- Kochtopf: Koch-topf – Zusammensetzung aus Verb(stamm) und Nomen: „ein Topf zum Kochen"
- zusammensetzen: zusammen-setz-en – Zusammensetzung aus Adverb und Verb.

S. 161 | A4 **Zum Differenzieren**
A Schreibt die markierten Wörter aus dem folgenden Text heraus. Kennzeichnet bei allen Wörtern Grund- und Bestimmungswort.
B Verwendet zusammengesetzte Nomen aus dem Text in selbst formulierten Sätzen. Stellt ihnen zusammengesetzte Wörter voran, bei denen ein Adjektiv das Grundwort ist.

Info Die Adjektivkomposita „milchzahnig" (vor allem bei Lämmern), „streichelsanft" (Werbung für Kosmetikprodukte) sind (noch) nicht in den Wortschatz aufgenommen.
Weitere Übung zu „Zusammensetzung": 📄 **AB 10-01** (siehe LB, S. 211).

Lösungsvorschlag
A (Grundwort unterstrichen):
- Nomen: Gartenzwergforschung, Braunbären, Spielzeuggröße, Gänsegeierlein, Schäferhunde, Vogelkind, Futtermengen, Gegengift
- Adjektive: jahrelang, milchzahnige, streichelsanfte, kuschelfreudig

B: Wichtig ist vor allem, dass Adjektivkomposita als solche erkannt bzw. gebildet werden (Beispiele siehe Lösung A).

S. 161 | A5 **Extra**
Erfindet den Namen für eine eigene Wunderpille (zum Beispiel „Niemalsalt", „Superschnell", „Immerwitzig"). Schreibt zu der neuen Pille eine ähnliche Fantasiegeschichte.

Info auch in Partnerarbeit oder in Kleingruppen

Wortbildung durch Ableitung

S. 162 | A1 Welches Wort hat Friedrich Karl Waechter in dem Ausdruck „apfelt" versteckt? Betrachtet das Bild genau.

Info Die Zeichnung von Waechter verweist auf das Spiel mit der Lautähnlichkeit.

Lösungsvorschlag Die Wortneubildung spielt auf das Wort „ab-fällt" an.

| | | A2 | S. 162 |

Ordnet „apfelt" einer Wortart zu. Erklärt, welche Möglichkeit, ein neues Wort zu bilden, hier verwendet wird.

Die Wortneubildung „apfelt" gehört zu den Verben (als Ableitung von „Apfel", hier mit dem Morphemkennzeichen der 3. Person Singular Präsens Indikativ Aktiv).

Lösungsvorschlag

| | | A3 | S. 162 |

Sucht ähnliche Wortbildungen.

Die Schüler sollen hier nach tatsächlich existierenden Verben suchen.

Info

Jammer > jammern, Klammer > klammern, Eifer > eifern, Seife > seifen, Mauer > mauern, Lauer > lauern, Trauer > trauern …

Lösungsvorschlag

| | | A4 | S. 162 |

Bildet aus den folgenden Präfixen (Vorsilben) und Suffixen (Nachsilben) Wörter und bestimmt die Wortarten. Ordnet anschließend die Suffixe den Wortarten zu.

Es bietet sich Gruppenarbeit an, wobei vor allem nichtmuttersprachliche (und lernschwächere) Schüler entsprechend zugeteilt werden sollten.

Info

Lösungsvorschlag

Suffix	Wortart	Beispiele
-ung	Nomen	Miss-bild-ung, Be-handl-ung, Ent-spann-ung, Er-teil-ung, Ent-fern-ung, Zer-leg-ung, Ent-behr-ung, Ver-ehr-ung
-keit	Nomen	Un-nah-bar-keit, Er-reich-bar-keit, Ent-behr-lich-keit, Ver-läss-lich-keit, Er-geb-nis-los-ig-keit, Ver-ant-wort-lich-keit
-heit	Nomen	Ge-wandt-heit, Be-liebt-heit, Ent-spannt-heit, Ver-traut-heit, Un-er-fahr-en-heit, Ge-leg-en-heit, Un-be-dacht-heit
-nis	Nomen	Er-geb-nis, Er-eig-nis, Be-wandt-nis, Miss-ver-ständ-nis, Ge-ständ-nis, Zer-würf-nis, Be-dürf-nis, Er-leb-nis
-los	Adjektiv	er-geb-nis-los, ge-walt-los, er-eig-nis-los, be-dürf-nis-los, ersatz-los
-lich	Adjektiv	ur-kund-lich, ent-behr-lich, ver-läss-lich, ge-fähr-lich, ur-eigen-tüm-lich, un-miss-ver-ständ-lich, ur-sprüng-lich
-ig	Adjektiv	miss-mut-ig, un-richt-ig, ver-dächt-ig, be-dürft-ig, ver-nünft-ig, ur-wüchs-ig, un-bill-ig, be-schluss-fäh-ig, un-fäh-ig
-bar	Adjektiv	un-sicht-bar, ver-wert-bar, ge-nieß-bar, zer-leg-bar, be-geh-bar, un-ent-rinn-bar

Sprachakrobatik · Wörter bilden, Wörter erkunden

S. 163 | A5 | Zum Differenzieren

A Nutzt die Präfixe und Suffixe in den drei Kästen, um jeweils drei Nomen, drei Verben und drei Adjektive durch Ableitung neu zu bilden.
B Sucht euch zwei Wortstämme aus dem mittleren Kasten aus und bildet mithilfe der Präfixe und Suffixe so viele Ableitungen wie möglich. Nennt die Bedeutungsunterschiede, die sich durch die Wortbildung ergeben.
C Benutzt die Bausteine der drei Kästen, um Wortgruppen zu bilden. Diese sollen zwei Wörter enthalten, die durch Ableitung gebildet wurden: Beispiel: *unvorstellbarer Reichtum*

Info Weitere Übung zu „Ableitung": AB 10-02 (siehe LB, S. 212)

Lösungsvorschlag
A: Nomen: Er-bau-ung, Heiter-keit, Reich-tum
Verben: ent-stell-en, miss-fall-en, freu-en
Adjektive: un-sinn-ig, un-glück-lich, be-sinn-lich

B: -kenn: erkennen, bekennen, Bekenntnis, Erkenntnis, Bekanntheit, erkenntlich, unbekannt, erkennbar, verkennen, Bekanntschaft, erkennbar
-fall: entfallen, befallen, zerfallen, Verfallenheit, Verfallbarkeit, gefallen, gefällig, Zerfall, Befall

Um die Bedeutungsunterschiede hervorzuheben, könnten Beispielsätze für die verschiedenen Wörter gebildet werden.

C: unerfreuliches Bekenntnis, unglückliche Bekanntschaft, sinnlicher Reichtum, erfreuliche Heiterkeit, erkennbare Sinnlichkeit, freudige Erkenntnis

Sprache verändert sich

S. 163 | A1 Besprecht, worin die witzige Grundidee der Zeichnung besteht.

Lösungsvorschlag Die computertechnische Bedeutung wird durch eine andere Bedeutung (wörtlich: „auf der Leine") ersetzt.

S. 163 | A2 Sucht weitere Zusammensetzungen oder Ableitungen, die durch die Übernahme englischer Wörter gebildet wurden.

Info Die Aufgabe könnte auch als Zusatzaufgabe für lernstärkere Schüler eingesetzt werden.

Lösungsvorschlag *test:* testen, Testverfahren, Deutsch-Test, Tester; *bike:* biken, Mountainbike; *job:* jobben, Job-Center, Ferienjob; *show:* Gameshow, Showtime, Late-Night-Show; *mail:* E-Mail, mailen, Mailbox; *boom:* boomen, Wirtschaftsboom; *bank:* Telebanking, Homebanking; *date:* daten, Update, updaten; *cover:* covern, Coverstory, Coverband; *crash:* crashen, Crashkid, Crashkurs, Crashtest

S. 164–165 5.3 Modul 2: Sagt es treffender – Wortfelder nutzen

S. 164 | A1 Seid ihr auch „Handymenschen"? Ist für euch eine Welt ohne Handys vorstellbar? Diskutiert, was sich verbessern und was sich verschlechtern würde.

Info Der Text kann auch als Hörtext präsentiert werden HT 10-01 (Online-Code i346ed).

Lösungsvorschlag
Was sich verschlechtern würde:
- Erreichbarkeit der Menschen
- Verfügbarkeit von Informationen (via Internet) von unterwegs
- Bequemlichkeit (Handy ersetzt Terminplaner, Adressbuch, Uhr, Wecker, Taschenrechner …)
- bargeldloser Zahlungsverkehr …

Was sich verbessern würde:
- Geräuschpegel (man wäre nicht mehr gezwungen, ständig und überall Gespräche anzuhören; siehe Text)
- Gesundheit (weniger Strahlenbelastung)
- Landschaftsbild (keine Handymasten mehr) …

A2 S. 164

Sucht einen Begriff für das Wortfeld, zu dem die Verben im Text gehören. Sammelt viele Wörter zu diesem Wortfeld und klärt ihre unterschiedlichen Bedeutungen.

Info

Zentral ist bei dieser Aufgabe, dass sich die Schüler mögliche Bedeutungsnuancen zwischen den Verben klarmachen. Dabei sollte deutlich werden, dass sich Wörter in verschiedene Bedeutungselemente-/merkmale zerlegen lassen, aus denen sich die Bedeutungsunterschiede ergeben, z. B.:
- sachlich Kritik üben: bemängeln, kritisieren, rügen …
- unsachlich Kritik üben: mosern, motzen, stänkern …

Um die unterschiedlichen Bedeutungen zu klären, können für die Verben Beispielsätze gebildet werden. Die Schüler sollten auch versuchen, die Bedeutungsunterschiede in eigenen Worten zu formulieren, z. B. quatschen: umgangssprachlich für „sich unterhalten"; abwertend: „viel und unüberlegt reden".

Lösungsvorschlag

Wortfeld sprechen/reden

A3 S. 164

Sucht Merkmale, nach denen ihr die Verben des Wortfeldes ordnen könnt. Ergänzt zu jedem Merkmal mindestens drei Beispiele aus dem Text.

Info

Es gibt unterschiedliche Zuordnungsmöglichkeiten für die Verben (z. B. kann *winseln* eine Form des unsicheren, ängstlichen Sprechens sein, kann aber auch eine Form des bittenden Sprechens benennen). Als Gruppenarbeit möglich, anschließend können die Einteilungskriterien im Plenum vorgestellt und diskutiert werden.

Lösungsvorschlag

Mehrfacheinordnungen möglich, die angeführten Merkmale stellen eine Auswahl dar:

Merkmal	Beispiele
unüberlegtes Reden	quasseln, quatschen, schnattern
belangloses Reden	quasseln, quatschen, plappern, plaudern, parlieren
argumentierendes Reden	besprechen, argumentieren, debattieren, interpretieren, diskutieren, beraten, bereden, kritisieren
lautes Reden	kreischen, johlen, brüllen, donnern, grölen, lärmen, poltern
undeutliches Reden	schnattern, quäken, meckern, geifern, grölen, grollen, kläffen, murren, winseln
zorniges, verärgertes Reden	fauchen, geifern, gellen, fluchen, monieren, mosern, motzen, quengeln, pöbeln, poltern, heulen, nörgeln, stänkern
unehrliches Reden	heucheln, prahlen, protzen, flunkern, aufschneiden
tadelndes Reden	motzen, nörgeln, rüffeln, rügen, stänkern, lästern, meckern
klagendes Reden	heulen, jammern, wehklagen, winseln, murren
trauriges Reden	weinen, wehklagen, winseln, wimmern

A4 S. 164

Laufen, bummeln, rennen, marschieren, hinken – spielt diese Möglichkeiten in der Klasse ohne Worte vor. Sucht einen Begriff für das Wortfeld.

Info

grundlegende Formen von Gestik verwenden; Spielideen pantomimisch umsetzen

Lösungsvorschlag

Gemeint ist das Wortfeld „gehen".

Sprachakrobatik · Wörter bilden, Wörter erkunden

S. 164 | A5 Sammelt weitere Verben dieses Wortfeld. Ordnet sie in einer Mindmap.

Info Für die Mindmap aus Platzgründen Unterkategorien schaffen, siehe Tabelle unten. Zur Einübung der Gruppierung der Wörter von Wortfeldern nach Merkmalen kann auch AB 10-03 (siehe LB, S. 213) verwendet werden (vor allem A3).

Lösungsvorschlag

Merkmal (Zentrum der Mindmap)	Beispiele (Äste der Mindmap)
schnell gehen	rennen, laufen, joggen, sprinten, sich sputen, eilen, hetzen, jagen, stieben, stürmen, rasen, sausen, fegen, flitzen, …
langsam gehen	schlendern, trödeln, schleichen, bummeln, spazieren, trotten, lustwandeln, …
sportlich gehen	wandern, joggen, sprinten, klettern, rennen, (aus)laufen, tanzen, hüpfen, springen, bergsteigen, …
leise gehen	huschen, schleichen, tippeln, tänzeln, …
gebückt gehen	schleichen, kriechen, krabbeln, robben, …
würdevoll gehen	stolzieren, schreiten, spazieren, stelzen, stöckeln, wandeln, marschieren, eintreten, schweben, …
eingeschränkt gehen	humpeln, torkeln, schlurfen, hinken, latschen, tippeln, schwanken, …

S. 165 | A6

Zum Differenzieren
A Vergleicht die folgenden Wörter in ihrer Bedeutung. Ergänzt weitere Beispiele.
B Bildet Sätze, in die sich je eins der Wörter von Aufgabe A gut einfügt. Schreibt sie auf.
C Erfindet eine kurze Geschichte über ein hässliches Monster, dem ihr niemals begegnen wollt. Verwendet dazu die Adjektive auf den grünen Kärtchen in Aufgabe A.

Info Bei der vergleichenden Abgrenzung von Bedeutungen kommt es darauf an, die für die Unterschiede spezifischen Bedeutungselemente zu erkennen. Dazu Begriffserläuterungen in Wörterbüchern oder Lexika nutzen.

Lösungsvorschlag

A: Gruppe: Mannschaft, Kreis, Runde, Schar, Horde, Haufen, Equipe, Kollegium, Ensemble, Bruderschaft, Crew …
Vergleich z. B.:
- Bande: meist durch einen Anführer gelenkte Gruppe (häufig von Jugendlichen), die gezielt Straftaten begeht (häufig: Einbruch, Diebstahl, Raub) oder in ihrem Verhalten bewusst gegen gesellschaftliche Normen verstößt
- Clique: kleinere Gruppe mit starkem inneren Zusammenhalt (gemeinsame Vorstellungen, Interessen, Werte etc.) und Abgrenzung nach außen
- Team: Gruppe, die gemeinsam eine Aufgabe erledigt; im Sport eine Mannschaft

hässlich: ekelhaft, scheußlich, fürchterlich, entstellt, ekelerregend, schrecklich, abschreckend …
Vergleich, z. B.:
- hässlich: 1. das Aussehen eines Menschen oder Gegenstandes, das vom Betrachter als auffallend unschön, unästhetisch empfunden wird; 2. abscheulich: ein Verhalten oder eine Einstellung, die das moralische Empfinden stört

- widerlich: eine Sinneswahrnehmung, die als sehr unangenehm empfunden wird und eine heftige Reaktion hervorruft: widerlicher Geschmack, ein widerlicher Mensch …

B: Die Teilaufgabe will sicherstellen, dass die Schüler die Wörter in ihren Bedeutungsnuancen erfasst haben.

C: Ich ging gerade durch den benachbarten Wald, als ich plötzlich hinter einer Buche eine fremde Gestalt wahrnahm. Ich sah ein weltfremdes Monster vor mir, das mich mit seinem abstoßend buckeligen Panzer in Panik versetzte. Mein Puls raste. Sein riesiger Kopf und die hässlichen orangeroten Augen fielen mir sofort auf. Wenn ich dem Monster näherkam, konnte ich den abscheulich stinkenden Geruch wahrnehmen, der seinem Mund entwich. Mit seinen furchterregenden Pranken konnte es seine Beute fesseln, bevor die widerlichen Zähne das Opfer zerkleinerten. Schnell versuchte ich zu fliehen und rannte, so schnell ich konnte, aus dem Wald in der Hoffnung, dass ich das Monster nie wiedersehen müsste. In diesem Moment wachte ich auf und stellte fest, dass ich alles nur geträumt hatte.

A7 | S. 165

Um bedeutungsähnliche Wörter zu finden, könnt ihr am Computer die Thesaurusfunktion eines Textverarbeitungsprogrammes verwenden. Schlagt in einem Wörterbuch nach, was der Begriff „Thesaurus" bedeutet.

Lösungsvorschlag

Ein Thesaurus (nach dem griechischen Wort für „Schatz, Schatzhaus") ist eine Wörtersammlung, wobei die Bedeutungsbeziehungen (vor allem Synonyme und Antonyme) zwischen den Wörtern erfasst sind.

A8 | S. 165

Sucht in eurem Textverarbeitungsprogramm nach „Thesaurus". Recherchiert dann mit der Thesaurusfunktion ein Wortfeld zu dem Adjektiv *hässlich*.

Info

Der Thesaurus ist bei Word im Menüband unter „Überprüfen" hinterlegt. Alternativ kann man mit der linken Maustaste auf ein Wort klicken. In dem sich öffnenden Popup erscheint dann „Synonyme", von wo aus zum Thesaurus weitergeleitet wird.

Lösungsvorschlag

Unter dem Synonym „abstoßend" wird zu „hässlich" aufgeführt: *abgezehrt, abstoßend, blatternarbig, garstig, heruntergekommen, abgezehrt (darunter: dürr, plump, grobschlächtig, unschön, schwerfällig, reizlos, grimassenhaft, vierschrötig).*

A9 | S. 165

Probiert die in Aufgabe 8 gefundenen Adjektive aus, indem ihr das Monster aus Aufgabe 6C genau beschreibt.

Info

Das Überarbeiten könnte in Kleingruppen (Schreibkonferenz) erfolgen.

Klassenarbeit zum Kapitel: **KA 10-01**
Sprachakrobatik • Wörter bilden, Wörter erkunden

Name: _____ Klasse: _____ Datum: _____

1 Zerlege die folgenden Zusammensetzungen in Bestimmungswort, ggf. Fugenelement und Grundwort. Nenne beim Bestimmungs- und beim Grundwort die Wortart.

a) Schweinsbraten   d) freisprechen   g) Hundeleine

b) Hochhaus   e) giftgrün   h) ichbezogen

c) Drehtür   f) lebenslang

2 Zerlege die folgenden Ableitungen in ihre Bestandteile (Präfixe, Wortstamm, Suffixe). Unterstreiche den Wortstamm.

a) essbar   d) Missverständnis   g) Unverhältnismäßigkeit

b) Reichtum   e) unwiderlegbar

c) vergeblich   f) Abreibung

3 Bilde zum Stamm -sag- eine Wortfamilie mit 15 Mitgliedern.

4 Schreibt eine witzigen Text zu dem Thema „Diese Fernsehmenschen! Sie schauen und schauen". Verwendet dabei möglichst viele Wörter des Wortfeldes „sehen" und markiert diese.

Erwartungshorizont/Korrekturhilfe

Sprachakrobatik · Wörter bilden, Wörter erkunden

KA 10-01

(vgl. Lehrerband, S. 204)

Aufgabe	Anforderung /Lösung	Anforderungs-bereich	Punkte
1	**Zusammensetzungen** a) Schwein-s-braten (N + N); b) Hoch-haus (Adj. + N); c) Dreh-tür (V + N); d) frei-sprechen (Adj. + V); e) giftgrün (N + Adj.); f) leben-s-lang (N + Adj.); g) Hund-e-leine (N + N); h) ich-bezogen (Pron. + V/Part. II)	2	8 (zu Teilnote 1)
2	**Ableitungen** a) ess-bar; b) Reich-tum; c) ver-geb-lich; d) Miss-ver-ständ-nis; e) un-wider-leg-bar; f) Ab-reib-ung; g) Un-ver-hält-nis-mäß(-)ig-keit	2	7 (zu Teilnote 1)
3	**Wortfamilie -sag-** Beispiele: sagen, Jasager, vorsagen, zusagen, unsäglich, Absage, Ansager, Versager, Sage, unsagbar, Unsagbarkeit, sagenhaft, besagte(r), Vorhersage, vorhersagbar, Entsagung	1	15 (zu Teilnote 1)
4	**Text zu dem Thema „Diese Fernsehmenschen!"** – inhaltliche Qualität; – stimmiger Aufbau; – Sprachrichtigkeit; – Verwendung von Beispielen des Wortfelds sehen: blicken, schauen, betrachten, stieren, glotzen, gaffen, beobachten, erspähen, sichten, spannen, blinzeln, besichtigen, starren, gucken + entsprechende Beispielsätze für fünf Verben	1	(zu Teilnote 2)
5	**Ableitung von Namen** Beruf: Schäfer, Müller – Name des Vaters: Paul, Reiner – Wohnort: Franke, Wiener – besondere Eigenschaften: Roth, Lang	3	6 (zu Teilnote 1)
	ggf. Sprachliche Darstellungsleistung	**Fehlerquote**	**Punkte**

Klassenarbeit zum Kapitel: **KA 10-02**
Sprachakrobatik • Wörter bilden, Wörter erkunden

Name: Klasse: Datum:

1 Zerlege die folgenden Zusammensetzungen in Bestimmungswort, ggf. Fugenelement und Grundwort. Nenne beim Bestimmungswort und beim Grundwort jeweils die Wortart.

a) Berufsbezeichnung b) Waldhütte c) Schiebetür

d) großschreiben e) dunkelgrau f) beachtenswert

2 Zerlege die folgenden Ableitungen in ihre Bestandteile (Präfixe, Wortstamm, Suffixe). Unterstreiche den Wortstamm.

a) missfallen b) Ursprung c) undenkbar

d) unglücklich e) zuversichtlich f) Zuständigkeit

3 Bilde zum Wortstamm *-steh-* und seiner Ableitung *-stand-* eine Wortfamilie mit 15 Mitgliedern.

4 Erkläre, welche Idee der Karikatur zugrunde liegt.

Friedrich Retkowski: Please hold the line

hold the line ... please hold the line ... please hold the line ... please hold th

— Retkowski, Friedrich, Hameln

5 Schreibe einen witzigen Text zum Thema „Diese Fastfoodmenschen! — Sie essen und essen!". Verwende dabei möglichst viele Wörter aus dem Wortfeld „essen". Markiere diese in deinem fertigen Text.

Erwartungshorizont/Korrekturhilfe

Sprachakrobatik · Wörter bilden, Wörter erkunden

KA 10-02

(vgl. Lehrerband, S. 206)

Aufgabe	Anforderung/Lösung	Anforderungs-bereich	Punkte
1	**Zusammensetzungen:** a) Beruf-s-bezeichnung (Nomen + Nomen mit Fugenelement -s-); b) Wald-hütte (Nomen + Nomen); c) Schieb-e-tür (Verb + Nomen mit Fugenelement -e-); d) groß-schreiben (Adjektiv + Verb); e) dunkel-grau (Adjektiv + Adjektiv); f) beachten-s-wert (Verb + Adjektiv mit Fugenelement -s-)	2	6
2	**Ableitungen:** a) miss-fallen; b) Ur-sprung; c) un-denk-bar; d) un-glück-lich; e) zu-ver-sicht-lich; f) Zu-ständ-ig-keit	2	6
3	**Wortfamilie -steh-/-stand-:** Beispiele: Stand, standhaft, stehen, verstehen, Verständnis, verständnislos, unverständlich, bestehen, ausstehen, anstehen, Zustand, zuständig, Abstand, Vorstand, bevorstehen, zustehen, …	1	15
4	**Karikatur:** Die Aussage „Please hold the line" (korrekte Übersetzung: „Bitte bleiben Sie am Apparat!") wird ins Deutsche übertragen und wörtlich genommen: „Bitte halten Sie die Leitung (fest)."	2	4
5	Text zum Thema „Diese Fastfoodmenschen!": – inhaltliche Qualität – stimmiger Aufbau – Sprachrichtigkeit – Verwendungen aus dem Wortfeld „essen": *mampfen, futtern, verzehren, speisen, verspeisen, verputzen, prassen, frühstücken, naschen, schwelgen, fressen, vertilgen,* …	3	15
	ggf. sprachliche Darstellungsweise	**Fehlerquote**	**Punkte**

Klassenarbeit zum Kapitel:
Sprachakrobatik • Wörter bilden, Wörter erkunden

KA 10-03

Name: _____ Klasse: _____ Datum: _____

1 Lies den Anfang der Kurzgeschichte von Kurt Kusenberg.
Kreuze an, welches Adjektiv im Titel der Kurzgeschichte fehlt.

Kurt Kusenberg: _____ gelebt

Schon als Kind erregte er Verwunderung. Er wuchs wie aus der Pistole geschossen und gab das Wachsen ebenso plötzlich wieder auf. Beim Sprechen verhaspelte er sich, weil die Gedanken den Worten entliefen; er war blitzschnell in seinen Bewegungen und wurde oft gleichzeitig an verschiedenen Orten gesehen. Alljährlich übersprang er eine Schulklasse; am liebsten hätte er sie
5 alle übersprungen.
Aus der Schule entlassen, nahm er eine Stellung als Laufbursche an. Er war der einzige Laufbursche, der je gelaufen ist. Von seinen Botengängen kehrte er so rasch wieder zurück, dass man nicht annehmen konnte, er habe sie wirklich ausgeführt, und entließ ihn deshalb.
[…]

— (Zitiert nach: K. Kusenberg: Die Sonnenblumen. Hamburg: Rowohlt 1951.)

☐ lustig   ☐ gemütlich   ☐ schnell   ☐ lang

2 Zerlege die folgenden Zusammensetzungen aus dem Text in Bestimmungswort und Grundwort (und Fugenelement). Nenne für das Bestimmungs- und das Grundwort die Wortart.

a) blitzschnell   b) Schulklasse   c) Laufbursche   d) Botengänge

3 Zerlege die aus dem Text stammenden Ableitungen in ihre Bestandteile (Präfixe, Wortstamm, Suffixe). Unterstreiche den Wortstamm.

a) erregte   b) Verwunderung   c) plötzlich   d) Gedanken

4 Bilde zum Wortstamm -steh- und seiner Ableitung -stand- eine Wortfamilie mit 15 Mitgliedern.

5 Setze den Text von Kurt Kusenberg um drei Erzählschritte fort. Beschreibe darin, was die Figur weiter erlebt hat. Verwende möglichst viele Begriffe aus dem Wortfeld „schnell".

_____
_____
_____
_____
_____
_____
_____
_____

Erwartungshorizont/Korrekturhilfe

Sprachakrobatik · Wörter bilden, Wörter erkunden

KA 10-03

(vgl. Lehrerband, S. 208)

Aufgabe	Anforderung/Lösung	Anforderungs-bereich	Punkte
1	**Fehlendes Adjektiv im Titel:** schnell	2	2
2	**Zusammensetzungen:** a) blitzschnell (Nomen + Adjektiv); b) Schulklasse (Nomen + Nomen); c) Laufbursche (Verb + Nomen); d) Botengänge (Nomen + Nomen mit Fugenelement -n-)	2	4
3	**Ableitungen:** a) er-reg-te; b) Ver-wunder-ung; c) plötz-lich; d) Ge-dank-en	2	4
4	**Wortfamilie -steh-/-stand-:** Beispiele: Stand, standhaft, stehen, verstehen, Verständnis, verständnislos, unverständlich, bestehen, ausstehen, anstehen, Zustand, zuständig, Abstand, Vorstand, bevorstehen, zustehen, …	1	15
5	**Kusenberg-Text weiterschreiben:** - inhaltliche Qualität - stimmiger Aufbau - Sprachrichtigkeit - Verwendung von Beispielen aus dem Wortfeld „schnell": *zügig, eilig, schleunigst, hurtig, hastig, geschwind, blitzartig, rasant, überstürzt, …*	3	15
	ggf. sprachliche Darstellungsweise	**Fehlerquote**	**Punkte**

Arbeitsblatt zum Kapitel:
Sprachakrobatik • Wörter bilden, Wörter erkunden

AB 10-01
64b4cu

Zusammengesetzte Wörter untersuchen

1 Führt die Wortschlange fort, indem ihr neue zusammengesetzte Wörter bildet. Sucht so viele Wörter wie möglich.

Hochhaus – Hausmeister – Meisterdieb –

2 Sucht euch aus eurer Wortschlange fünf Wörter heraus und schreibt sie in die Tabelle. Ordnet die Wortbestandteile richtig zu. Schreibt auf, was das zusammengesetzte Wort bedeutet.

zusammengesetztes Wort	Bestimmungswort	Grundwort	Bedeutung des zusammengesetzten Wortes
Hochhaus	hoch	Haus	hohes Haus

3 Bildet mit den zusammengesetzten Wörtern aus der Tabelle Sätze. Stellt ihnen weitere zusammengesetzte Wörter voran, bei denen ein Adjektiv das Grundwort ist.

Das riesengroße Hochhaus wurde von einem berühmten Mann erbaut.

Arbeitsblatt zum Kapitel:
Sprachakrobatik • Wörter bilden, Wörter erkunden

AB 10-01
64b4cu

Zusammengesetzte Wörter untersuchen (Lösungen)

1

Mögliche Wortschlange:
Diebesgut – Gutenachtlied – Liederbuch – Bücherregal – Regalbrett – Bretterzaun – …

2

zusammengesetztes Wort	Bestimmungswort	Grundwort	Bedeutung des zusammengesetzten Wortes
Hausmeister	Haus	Meister	Meister des Hauses
Meisterdieb	Meister	Dieb	Meister der Diebe
Diebesgut	Dieb	Gut	Gut, welches der Dieb gestohlen hat
Bücherregal	Bücher	Regal	Regal für Bücher
Bretterzaun	Bretter	Zaun	Zaun aus Brettern

3

Mögliche Sätze:
Der gutmütige Hausmeister ist sehr nett zu den Kindern.
Der ehrenvolle Meisterdieb konnte fliehen.
Das wertvolle Diebesgut ist in einer Höhle versteckt.
Das blaugraue Bücherregal steht in meinem Zimmer.
Den windschiefen Bretterzaun hat mein Bruder gebaut.

Arbeitsblatt zum Kapitel:
Sprachakrobatik • Wörter bilden, Wörter erkunden

AB 10-02

Abgeleitete Wörter untersuchen

Hochmut kommt vor dem Fall

Es begann alles damit, dass meiner Mutter die Mathearbeit mit der 5 in die Hände gefallen war. Ich wollte mich rechtfertigen, dass mir die Note entfallen wäre, aber sie sagte mir gleich auf den Kopf zu, dass sie mir nicht glaubt. Das missfiel mir natürlich, obwohl ich genau wusste, dass sie nur so streng zu mir ist, weil sie Sorge hat, dass ich in der Matheprüfung durchfalle.
Trotzdem, es können ja nicht alle so sein wie Tim. Der fällt immer wieder durch seine sehr guten Noten in Mathe auf. Manchmal glaube ich, dass dem alles einfach so zufällt. Der rechnet sogar in seiner Freizeit, ist den Zahlen förmlich verfallen. Sowas würde mir nicht mal im Traum einfallen. Da müsste mich schon eine große Langeweile befallen, ehe ich freiwillig mathematische Knobelaufgaben löse.

1 Unterstreicht im Text alle Verben, die den Wortstamm -fall- enthalten. Schreibt auf, welche der markierten Verben durch Ableitung entstanden sind.

_____

2 Bildet mithilfe der Bausteine je fünf verschiedene Nomen, Verben und Adjektive.

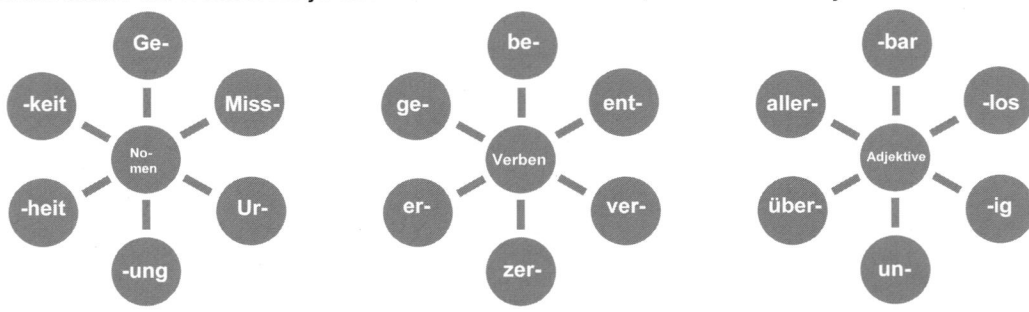

Nomen: Ge-, Miss-, Ur-, -ung, -heit, -keit

Verben: be-, ent-, ver-, zer-, er-, ge-

Adjektive: -bar, -los, -ig, un-, über-, aller-

Nomen: _____

_____

Verben: _____

_____

Adjektive: _____

_____

3 Denkt euch eine kurze Geschichte aus und schreibt sie auf. Verwendet die Wörter aus Aufgabe 2.

_____

_____

_____

_____

_____

Arbeitsblatt zum Kapitel:
Sprachakrobatik • Wörter bilden, Wörter erkunden

AB 10-03

Hörverstehensaufgaben zum Hörtext: Diese Handymenschen! Sie reden und reden!

1 An welchen Orten telefonieren die Handymenschen überall?

_____

_____

2 Überlegt, warum das Wort „Handymenschen" in diesem Text gewählt wurde. Wie werden diese Menschen beschrieben?

_____

_____

3 Hört euch den Text noch einmal an und notiert aus dem Text so viele Verben wie möglich. Wie wirken die Handymenschen durch diese Beschreibungen auf euch?

_____

_____

_____

4 Habt ihr selbst ein Handy? Stellt eine Liste auf, wie oft ihr damit in der letzten Woche telefoniert habt und ob jedes Telefonat wirklich notwendig war.

Arbeitsblatt zum Kapitel:
Sprachakrobatik • Wörter bilden, Wörter erkunden

AB 10-04
5s48nv

Wortfelder bilden und nutzen

1 Sucht möglichst viele Wörter, die ein Gewässer bezeichnen.

Tümpel,

2 Erläutert jeweils die konkrete Bedeutung der Wörter aus Aufgabe 1.

Tümpel: kleines, stehendes Gewässer, schlammig

3 Überlegt euch zwei Merkmale, nach denen ihr die Wörter zum Wortfeld „Gewässer" ordnen könnt. Tragt die Wörter in der Tabelle in die entsprechende Spalte ein.

Merkmal:	Merkmal:

4 Bildet Sätze mit den Wörtern aus diesem Wortfeld.

Segeln im Meer der Wörter

Wortarten unterscheiden und verwenden

S. 168–189

1. Kompetenzrahmen und Zielsetzungen

Modul 1: Verben erkennen und verwenden

S. 170–175, Texte *Walter Moers: Mein Leben bei den Klabautergeistern, Benno Pludra: Das Herz des Piraten*

Verben erkennen; Infinitive bilden; Imperative bilden; Verben im Präsens konjugieren; Verben im Perfekt und Futur bilden; Verben im Plusquamperfekt erkennen und bilden

● Modul 2: Nomen und Nominalisierungen erkennen und verwenden

S. 176–179, Texte *Das Meer, Piraten heute*

Wortarten unterscheiden; Nomen deklinieren und bestimmen

Modul 3: Artikel, Personalpronomen und Possessivpronomen erkennen

S. 180/181, Text *Walter Moers: Käpt'n Blaubär und die Erfindung …*

Artikel richtig verwenden; Zusammenhänge zwischen Inhalt und Gestaltung eines Textes benennen; fremde Schreibprodukte überarbeiten

Modul 4: Adjektive erkennen und verwenden

S. 182–184, Text *Walter Moers: Mein Leben als Zwergpirat*

Wortarten unterscheiden; Wortbedeutungen mithilfe von Umschreibungen klären; Kasus bestimmen; Adjektive richtig verwenden

Modul 5: Präpositionen erkennen und verwenden

● S. 185–187, Text *Störtebeker*

den von Präpositionen bestimmten Kasus bestimmen

2. Ausgangssituation der Schüler

Die Standards (KMK) am Ende der 4. Klasse sehen vor, dass die Schüler sich mit folgenden Bereichen (gemeint sind die Kategorien, nicht die Begriffe im Einzelnen) beschäftigt haben:
- Nomen: Einzahl, Mehrzahl, Fall, Geschlecht
- Artikel: bestimmter Artikel, unbestimmter Artikel
- Adjektiv: Grundform, Vergleichsstufen
- Pronomen
- andere Wörter (alle hier nicht kategorisierten Wörter gehören zu dieser Restkategorie)

3. Kapitelkonzeption

Das Kapitel behandelt mit Verben, Nomen, Adjektiven, Artikeln, Pronomen und Präpositionen die wichtigsten Wortarten. Neben der Wortartbestimmung steht die Verwendung der Wortarten im Mittelpunkt.

Segeln im Meer der Wörter · Wortarten unterscheiden und verwenden

4. Sequenzfahrplan

Verknüpfungsmöglichkeit
weiterführende Hinweise

Stunde 1	Material	Vorwissen aktivieren: Wortarten	Zusatzmaterial
Impuls	A1, S. 168	Vorwissen über Wortarten abrufen	TE 11-01 (Online-Code y96t7e) Eingangstest Wortarten
Wiederholung	A2, S. 169	Merkmale von Wortarten erfassen	
Wiederholung	A3, S. 169	den Spracherwerbsprozess reflektieren	
Wiederholung	A4, S. 169	lateinische Wortartenbezeichnungen wiederholen	

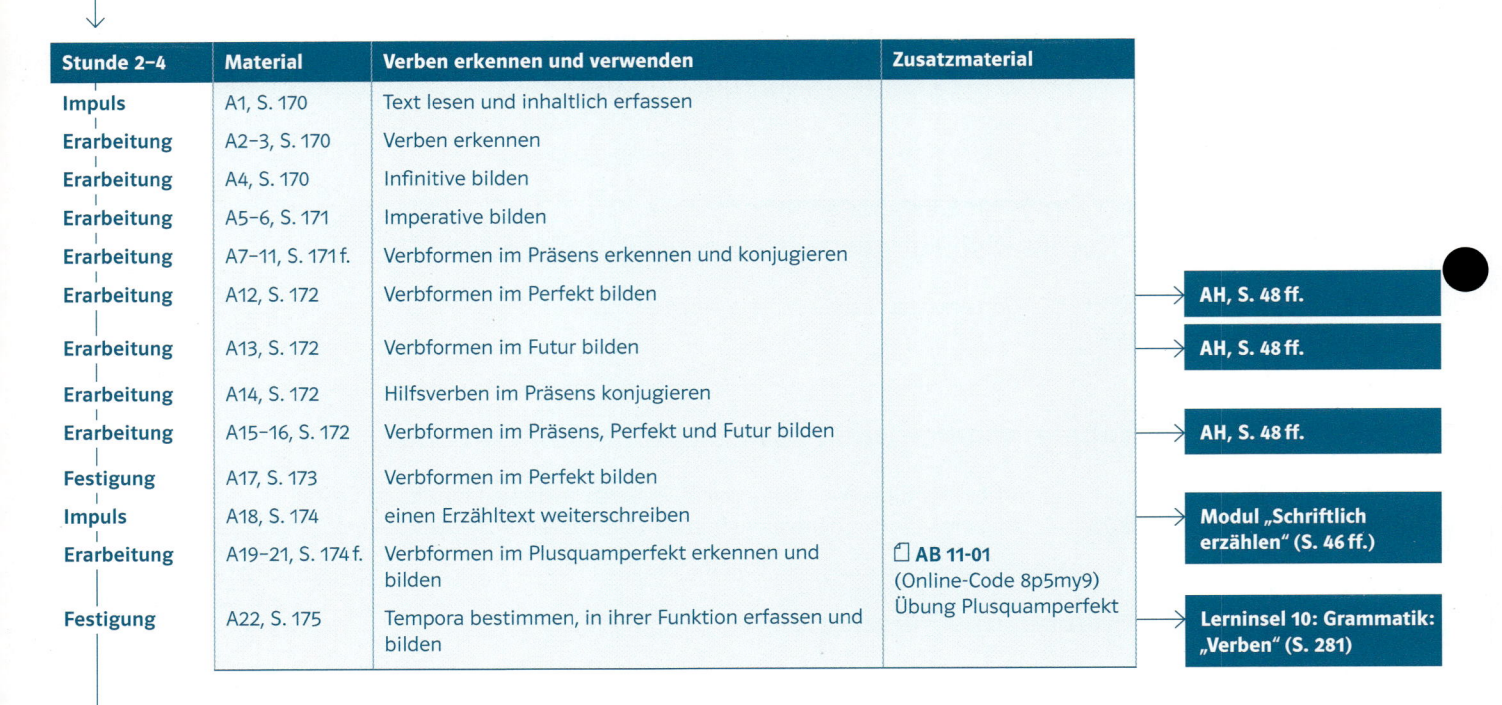

Stunde 2–4	Material	Verben erkennen und verwenden	Zusatzmaterial	
Impuls	A1, S. 170	Text lesen und inhaltlich erfassen		
Erarbeitung	A2–3, S. 170	Verben erkennen		
Erarbeitung	A4, S. 170	Infinitive bilden		
Erarbeitung	A5–6, S. 171	Imperative bilden		
Erarbeitung	A7–11, S. 171 f.	Verbformen im Präsens erkennen und konjugieren		
Erarbeitung	A12, S. 172	Verbformen im Perfekt bilden		→ AH, S. 48 ff.
Erarbeitung	A13, S. 172	Verbformen im Futur bilden		→ AH, S. 48 ff.
Erarbeitung	A14, S. 172	Hilfsverben im Präsens konjugieren		
Erarbeitung	A15–16, S. 172	Verbformen im Präsens, Perfekt und Futur bilden		→ AH, S. 48 ff.
Festigung	A17, S. 173	Verbformen im Perfekt bilden		
Impuls	A18, S. 174	einen Erzähltext weiterschreiben		→ Modul „Schriftlich erzählen" (S. 46 ff.)
Erarbeitung	A19–21, S. 174 f.	Verbformen im Plusquamperfekt erkennen und bilden	AB 11-01 (Online-Code 8p5my9) Übung Plusquamperfekt	
Festigung	A22, S. 175	Tempora bestimmen, in ihrer Funktion erfassen und bilden		→ Lerninsel 10: Grammatik: „Verben" (S. 281)

Stunde 5/6	Material	Nomen und Nominalgruppen erkennen und verwenden	Zusatzmaterial	
Impuls	A1, S. 176	sich über Erfahrungen mit dem Meer austauschen		
Erarbeitung	A2, S. 176	Nomen in einem Text ergänzen; zwischen Konkreta und Abstrakta unterscheiden		
Erarbeitung	A3, S. 176	Nomen erkennen		
Erarbeitung	A4, S. 176	Nominalgruppen bilden		
Erarbeitung	A5–7, S. 177	Numerus bei Nomen bestimmen		→ Lerninsel 10: Grammatik: „Nomen" (S. 282)
Erarbeitung	A8, S. 177	Genus bei Nomen bestimmen		
Erarbeitung	A9–10, S. 178	Kasus bei Nomen bestimmen		
Festigung	A11, S. 179	Kasus bei Nomen bestimmen	AB 11-02 (LB, S. 237) Übung Nomen	→ AH, S. 50 ff.

Stunde 7	Material	Artikel, Personal- und Possessivpronomen erkennen	Zusatzmaterial	
Impuls	A1, S. 180	Text lesen, über eine Tierbezeichnung reflektieren		
Erarbeitung	A2, S. 180	Artikel richtig gebrauchen		**AH, S. 50 ff.**
Erarbeitung	A3, S. 180	Artikelverwendung erklären		**Lerninsel 10: Grammatik: „Artikel" (S. 283)**
Erarbeitung	A4–5, S. 181	einen Text sprachlich bewerten und überarbeiten, Pronomen gezielt verwenden		**Modul „Tiere genau beobachten und beschreiben" (S. 62 ff.) Lerninsel 10: Grammatik: „Pronomen" (S. 283) AH, S. 53**

Stunde 8	Material	Adjektive erkennen und verwenden	Zusatzmaterial	
Impuls	A1, S. 182	Text lesen, eine Figur in ihrer Wirkung beschreiben		
Erarbeitung	A2, S. 182	Adjektive erkennen		**Lerninsel 10: Grammatik: „Adjektive" (S. 283)**
Erarbeitung	A3, S. 182	Wortbedeutungen erklären		
Erarbeitung	A4, S. 183	Kongruenz zwischen Adjektiv und Nomen erfassen		
Erarbeitung	A5–6, S. 183	Text erfassen und sinnbetont vorlesen		
Erarbeitung	A7, S. 183	Steigerungsformen verwenden		
Erarbeitung	A8, S. 184	unregelmäßige Steigerungsformen bilden	**AB 11-03** (LB, S. 239) Adjektive	
Erarbeitung	A9, S. 184	Adjektive deklinieren		**AH, S. 54**
Festigung	A10, S. 184	Adjektive verwenden		**Modul „Einen Dialog gestalten" (S. 143 ff.)**

Stunde 9	Material	Präpositionen erkennen und verwenden	Zusatzmaterial	
Impuls	A1, S. 185	Text lesen und sich über Störtebeker austauschen		
Erarbeitung	A2, S. 185	Präpositionen im Text ergänzen		
Erarbeitung	A3, S. 186	den von Präpositionen bestimmten Kasus erfassen	**AB 11-04** (LB, S. 240) Präpositionen	**Lerninsel 10: Grammatik: „Präpositionen" (S. 284)**
Erarbeitung	A4, S. 186	Wechselpräpositionen erkennen und verwenden		
Festigung	A5, S. 187	Präpositionen bewusst verwenden		

Stunde 10/11	Material	Lernerfolge sichern und ggf. bewerten	Zusatzmaterial
selbstständige Lernkontrolle	A1–4 S. 188 f.	Wortarten unterscheiden	**TR** (Online-Code 55s7rz)
Klassenarbeiten	**KA 11-01** bis **KA 11-03** LB, S. 231 ff.	Wortarten unterscheiden	

Segeln im Meer der Wörter · Wortarten unterscheiden und verwenden

5. Kommentare zu den Aufgaben

S. 168–169 **5.1 Kapitelauftaktseite – Vorwissen aktivieren**

S. 168 | A1 Orientiert euch im Meer der Wörter: Stellt fest, welche Begriffe ihr schon kennt. Vergleicht mit eurer Nachbarin oder eurem Nachbarn.

Info Arbeit mit der Karte, z. B.:
- weitere Wörter den einzelnen Wortarten zuordnen
- an weiteren Wörtern Deklination (Kasus, Numerus) von Nomen mit verschiedenem Genus wiederholen
- Zeitformen von Verben in den verschiedenen Tempora bilden
- Adjektive steigern

Alternativ kann die Kenntnis der Wortarten Nomen, Adjektiv und Verb auch mit **TE 11-01** überprüft werden.

S. 169 | A2 Auf der Karte findet ihr Informationen über die verschiedenen Wortarten. Legt eine Tabelle an, in die ihr eintragt, woran ihr die einzelnen Wortarten erkennen könnt.

Info Es bietet sich Partnerarbeit an. Die Schüler sollten ihre Arbeitsergebnisse aus Aufgabe 1 einfließen lassen.

Lösungsvorschlag

Wortart	Merkmale
Nomen	können sich nach Kasus, Numerus und Genus unterscheiden
Artikel	begleiten Nomen, bestimmen ihr Genus
Pronomen	können Nomen ersetzen
Verben	bilden unterschiedliche Zeiten
Präpositionen	begleiten Nomen, bestimmen ihren Kasus
Adjektive	können gesteigert werden

S. 169 | A3 Erklärt, wie Käpt'n Blaubär das Sprechen lernt. Was ist daran ungewöhnlich?

Info Ungewöhnlich ist, dass Käpt'n Blaubär nicht nur Wörter und ihre Bedeutung erlernt, sondern auch ein Wissen über die Wortarten (vgl. Z. 21–29). Ein grammatikalisches Sprachwissen erwirbt man normalerweise erst in der Schule, wenn man schon sprechen kann.

Lösungsvorschlag Käpt'n Blaubär und sein Floß werden von den Tratschwellen umspült, die ihm zunächst einzelne Buchstaben, dann einfache Wörter und schließlich schwierige Wörter beibringen. Er bekommt dabei das Wort vorgesprochen und muss es nachsprechen. Offenbar hat Käpt'n Blaubär auch Grammatikunterricht erhalten. – Normalerweise wird Sprache weder segmentiert (also zum Beispiel buchstaben- bzw. phonemweise) noch durch normative Regeln gestützt erworben; außerdem wird Sprache stärker kontextbezogen erlernt (also gerade nicht mitten im Meer auf einem Floß).

S. 169 | A4 Welche grammatischen Fachbegriffe entsprechen den folgenden Wörtern aus dem Text: Tätigkeitswörter, Wiewörter, Hauptwörter?

Info Lernschwächere Schüler können ihr Wissen zu Deklination und Konjugation als HA mittels **TE 11-01** überprüfen.

Lösungsvorschlag Tätigkeitswörter: Verben; Wiewörter: Adjektive; Hauptwörter: Nomen (Substantive)

5.2 Modul 1: Piratengeschichten – Verben erkennen und verwenden

S. 170–175

Käpt'n Blaubär wird bei den Klabautergeistern zu einer Art Star. Wie kommt es dazu?	**A1**	**S. 170**
Käpt'n Blaubär begeistert die Klabautermänner durch seinen übermäßig tränenreichen Weinkrampf.	Lösungsvorschlag	

Im Text sind Verben markiert. Findet weitere Beispiele. Woran habt ihr die Verben erkannt?	**A2**	**S. 170**

Zwei Bestimmungsmerkmale kommen in Frage: Wortbedeutung (das Verb sagt, was jemand tut bzw. was geschieht) und Konjugation (das Verb verändert sich je nach Person). Über das Merkmal Konjugation kann zur Arbeitstechnik „Du-Probe" übergeleitet werden, die vor der Bearbeitung von A3 gelesen werden muss. — Info

Weitere Verben (2. Absatz): flossen, spritzte, stieg, sabberte, schluchzte, hockte, heulte, war — Lösungsvorschlag

Überprüft mithilfe der Arbeitstechnik, ob folgende Wörter Verben sind: *siehe Lösungsvorschlag*	**A3**	**S. 170**

Die Schüler könnten ihr Arbeitsergebnis selbst mithilfe eines Wörterbuchs überprüfen. — Info

Konjugiert werden können: versuchen (du versuchst), sabbern (du sabberst), starren (du starrst). — Lösungsvorschlag

Schreibt die markierten Verben ins Heft. Ergänzt den Infinitiv (die Grundform). Beispiel: *verzog – verziehen*	**A4**	**S. 170**

kam – kommen; versuchte – versuchen; wurden – werden; flossen – fließen — Lösungsvorschlag

Als Blaubär zunächst vergeblich versucht zu weinen, feuert er sich selbst an: *„Nun mach schon, Blaubär! Los, Tränen, fließt!"* – Schreibt auf, was die Klabautergeister ihm nach seinem „Auftritt" zurufen könnten. – Verwendet den Imperativ (die Befehlsform). – Nutzt den Sprachtipp, wenn ihr unsicher seid: *Großartig, mach weiter!*	**A5**	**S. 171**

Diese und die nachfolgende Aufgabe könnten zusammen in Partnerarbeit erarbeitet werden. Dabei könnte ein kleiner Dialog entstehen. — Info

Beispiele:
Heule und schluchze noch einmal! Weine weiter, Blaubär! Hör' doch nicht auf! Komm, nur noch ein bisschen! — Lösungsvorschlag

Blaubär ist völlig am Ende. – Formuliert, wie er auf die Forderungen der Klabautergeister reagieren könnte. *„Lasst mich endlich in Ruhe! …"* – Zu dem Anführer der Klabautergeister ist Blaubär besonders höflich. Was könnte er zu ihm sagen?	**A6**	**S. 171**

Vgl. die Hinweise zu A5. — Info

Beispiele: Seid doch nicht so gierig! Lasst mir doch wenigstens eine Pause! Wartet bitte bis morgen! – Bitte, beruhige doch deine Leute! — Lösungsvorschlag

Segeln im Meer der Wörter · Wortarten unterscheiden und verwenden

---

S. 171 | A7 Vervollständigt die folgenden Reihen. Schreibt sie ins Heft. Vergleicht dann die Endungen der Verben. Was stellt ihr fest?

Info Die Schüler sollten erkennen, dass die Verben bestimmte Personalendungen aufweisen.

Lösungsvorschlag
- versuchen: ich versuchte, du versuchtest, er/sie/es versuchte, wir versuchten, ihr versuchtet, sie versuchten
- steigen: ich stieg, du stiegst, er/sie/es stieg, wir stiegen, ihr stiegt, sie stiegen
- applaudieren: ich applaudierte, du applaudiertest, er/sie/es applaudierte, wir applaudierten, ihr applaudiertet, sie applaudierten

---

S. 171 | A8 Stellt fest, in welcher Zeitform die Verben im Text auf Seite 170 stehen. Erklärt, woran ihr das erkennt habt.

Info Die Schüler können auf die Arbeitstechnik „Tempora erkennen" (S. 173) zurückgreifen.

Lösungsvorschlag Die Verben stehen im Präteritum. – Bei den schwachen Verben wird zwischen Stamm und Personalendung ein „t" eingefügt; die starken Verben haben einen eigenen Präteritumstamm.

S. 171 | A9 Erläutert, worin sich die Reportage von dem Romanausschnitt auf Seite 170 unterscheidet. Bestimmt dann die Zeitform, in der die Verben stehen.

Lösungsvorschlag Die Reportage schildert das gerade ablaufende Geschehen. Die Verben stehen im Präsens.

S. 171 | A10 Ein Verb in die Personalform zu setzen, nennt man konjugieren. Vervollständigt die Tabelle. Unterstreicht die Personalendungen.

Info Deutlich werden sollte, dass die Personalendung nur in zwei Fällen eindeutig ist (vier Endungen für sechs Formen), d. h. dass man genau deshalb die Personalpronomen benötigt.

Lösungsvorschlag

Infinitiv		Singular (Einzahl)	Plural (Mehrzahl)
gehen	1. Person	ich geh_e_	wir geh_en_
gehen	2. Person	du geh_st_	ihr geh_t_
gehen	3. Person	er/sie/es geh_t_	sie geh_en_

S. 172 | A11 Zeichnet eine Tabelle in euer Heft und konjugiert auch die folgenden Verben im Präsens: *kommen, sehen, schreien*.

Info Leistungsstärkere Schüler können weitere Verben ergänzen (z. B. singen, weinen, heulen, …).

Lösungsvorschlag

Infinitiv		Singular (Einzahl)	Plural (Mehrzahl)
kommen, sehen, schreien	1. Person	ich komme, ich sehe, ich schreie	wir kommen, wir sehen, wir schreien
kommen, sehen, schreien	2. Person	du kommst, du siehst, du schreist	ihr kommt, ihr seht, ihr schreit
kommen, sehen, schreien	3. Person	er/sie/es kommt, er/sie/es sieht, er/sie/es schreit	sie kommen, sie sehen, sie schreien

Am Abend nach Blaubärs Auftritt erzählt der Klabautergeist seiner Oma: *„Wir haben eine Ewigkeit gewartet. Dann ist tatsächlich eine Träne gekommen und der Wein-Künstler hat richtig losgelegt. Er ..."*
- Vervollständigt die Erzählung.
- Welches Tempus habt ihr verwendet?
- Beschreibt, wie diese Formen gebildet werden.

A12 | S. 172

Es ist noch einmal besonders hervorzuheben, dass es sich hier um eine mündliche Erzählung handelt. – Die Aufgabe bietet sich zur Partnerarbeit an (leistungsstärkere und leistungsschwächere Schüler mischen).

Info

- mögliche Fortsetzung: Er hat wahre Sturzbäche von Tränen aus seinen Augen fließen lassen. Das Wasser ist nur so aus seinen Augen gespritzt. Er hat einfach herzzerreißend geschluchzt. Es ist wirklich ein Weinkrampf der Sonderklasse gewesen! Dann ist es plötzlich vorbei gewesen. Schniefend hat er sich aufgesetzt und auf uns Zuschauer geblickt. Eine Weile ist es still gewesen. Dann hat in der letzten Baumreihe ein Klabautergeist angefangen zu klatschen, dann ein zweiter und dritter. Schließlich sind wir alle aufgestanden und haben applaudiert.
- Tempus und Bildung: Perfekt – Das Perfekt wird gebildet mit einer Personalform von *haben* oder *sein* und dem Partizip II des Verbs (z. B. hat + geschluchzt, ist + gespritzt).

Lösungsvorschlag

Blaubär jault, bibbert und schreit verzweifelt ... Wie würde der Satz lauten, wenn das Geschehen erst in einer Woche stattfände? Probiert verschiedene Möglichkeiten aus und erläutert die Unterschiede.

A13 | S. 172

Es soll deutlich werden, dass es neben der regulären Futurform auch die Möglichkeit gibt, ein künftiges Geschehen mithilfe des Präsens (+ Zeitangabe) auszudrücken.

Info

Nächste Woche jault und bibbert der Blaubär und schreit verzweifelt.
Nächste Woche wird der Blaubär jaulen, bibbern und verzweifelt schreien.

Lösungsvorschlag

Konjugiert die Hilfsverben *haben*, *sein* und *werden* im Präsens.

A14 | S. 172

Lösungsvorschlag

	haben	sein	werden
Präsens	ich habe, du hast, er/sie/es hat, wir haben, ihr habt, sie haben	ich bin, du bist, er/sie/es ist, wir sind, ihr seid, wir sind	ich werde, du wirst, er/sie/es wird, wir werden, ihr werdet, sie werden

Formuliert die folgenden Sätze im Präsens und Perfekt (Präsensperfekt).

A15 | S. 172

Lösungsvorschlag

Präteritum	Präsens	Perfekt
Ich versuchte es mit Schluchzen, aber heraus kam nur ein heiseres Krächzen.	Ich versuche es mit Schluchzen, aber heraus kommt nur ein heiseres Krächzen.	Ich habe es mit Schluchzen versucht, aber herausgekommen ist nur ein heiseres Krächzen.
Die Klabautergeister wurden unruhig. Endlich flossen die Tränen!	Die Klabautergeister werden unruhig. Endlich fließen die Tränen!	Die Klabautergeister sind unruhig geworden. Endlich sind die Tränen geflossen!

Segeln im Meer der Wörter · Wortarten unterscheiden und verwenden

---

S. 172 | A16 — Setzt Käpt'n Blaubärs Erzählung fort.

Info Die Schüler können hier ihrer Fantasie freien Lauf lassen.

Lösungsvorschlag Ich werde in allen Städten der Welt auftreten. Die Fans werden auf mich warten und werden mir zujubeln. Alle Hallen werden ausverkauft sein und ich werde ein berühmter Star sein. Ich werde tausendfach umjubelt die Halle betreten und mich auf die Bühne begeben. Dort werde ich in das Publikum winken, das voller Vorfreude tanzen wird. Dann werde ich versuchen, eine erste Träne herauszudrücken.

S. 173 | A17

Zum Differenzieren
A Schreibt den Text auf Seite 170 (Z. 25–36) mit Hilfe dieser Formen um: *Formen siehe Lösungsvorschlag*
B Schreibt den folgenden Text weiter. Ihr könnt den Text auf Seite 170 nutzen.
C Schreibt den Text auf Seite 170 (Z. 25–36) im Perfekt in der 3. Person Singular.

Info Bei Teilaufgabe C die Schüler gegebenenfalls auf den notwendigen Perspektivwechsel aufmerksam machen.

Lösungsvorschlag **A/B:** Ich habe die Nase hochgezogen und bin auf alles gefasst gewesen. Sollten sie mich doch fressen oder sonst was – mir ist es seltsam egal gewesen. In der letzten Baumreihe hat ein einzelner Klabautergeist zögernd angefangen zu applaudieren. Immer noch haben alle anderen regungslos dagesessen. Dann ist ein zweiter in den Applaus eingefallen, ein dritter, ein vierter und plötzlich sind die Klabautergeister wie auf ein geheimes Kommando hin geschlossen aufgestanden und haben applaudiert, dass der Wald gebebt hat.

C: Er hat die Nase hochgezogen und ist auf alles gefasst gewesen. Sollten sie ihn doch fressen oder sonst was – ihm ist es seltsam egal gewesen. … (weiter wie bei A/B).

S. 174 | A18 — Wie könnte die Geschichte von Jessi und dem seltsamen Stein weitergehen? Schreibt eine Fortsetzung.

Info Es bietet sich eine Erarbeitung in Partnerarbeit an. Die Schüler sollten natürlich die inhaltlichen Vorgaben aufgreifen (siehe Lösungsvorschlag) und auf das Erzähltempus (Präteritum) achten.

Lösungsvorschlag Die Vorgeschichte legt nahe, dass Jessi in irgendeiner Weise Kenntnis über den früheren Träger des Herzens erlangt; vielleicht gelingt es ihr auch, die Schätze des gesunkenen Schiffes zu bergen.

S. 174 | A19 — Die im Text markierten Formen stehen im Plusquamperfekt (Präteritumperfekt). Untersucht die Verbformen.
- Wie wird das Plusquamperfekt gebildet?
- Wann wird diese Tempusform verwendet?

Info Wichtig ist hier, dass die Schüler die Informationen der blauen Box umformulieren und sich die Verwendung und Bildung der Formen an weiteren Beispielen klarmachen.

Lösungsvorschlag Bildung: Verbform im Präteritum von *haben* oder *sein* + Partizip II – Verwendung: Plusquamperfekt drückt die Vorzeitigkeit (zum Präteritum) aus.

S. 174 | A20 — Verbindet jeweils zwei aufeinanderfolgende Handlungsschritte nach dem folgendem Muster: *siehe Schülerbuch*

Info Es könnte in Partnerarbeit (leistungsstärkere und leistungsschwächere Schüler mischen) gearbeitet werden.

Lösungsvorschlag Nachdem er besiegt worden war, versank sein Schiff mit Mann und Maus. Nachdem sich sein Herz aus seiner Brust gelöst hatte, blieb es auf der Spitze eines Korallenriffs liegen. Nachdem ein gewaltiger Sturm über dem nördlichen Meer getobt hatte, lag zahlreiches Schwemmgut am Strand.

○ ◐ ● leicht – mittel – schwer   ■ analytisch   ✿ handlungs- und produktionsorientiert

Schreibt die folgenden Sätze zu Ende. Unterstreicht die Formen des Plusquamperfekts (Präteritumperfekts).		**A21** **S. 175**
Es gibt verschiedene Möglichkeiten, die Sätze zu beenden. Wichtig ist vor allem die Zeitfolge.		Info

Beispiel: Ein Mädchen fand einen Stein, nachdem er über dreihundert Jahre auf einem Korallenriff gelegen hatte. – Am Strand lagen herangeschwemmte Dinge, nachdem sechs Tage lang ein Sturm gewütet hatte. – Das Mädchen wartete lange, nachdem sie den Stein gefunden hatte.   **Lösungsvorschlag**

Zum Differenzieren **A22** **S. 175**
A Formuliert Zeile 8–11 in eine mündliche Erzählung um. Verwendet das Perfekt (Präsensperfekt).
B Formt die Sätze *Ich beugte mich … warm!* (Zeile 7–9) um. Verwendet dabei das Plusquamperfekt (Präteritumperfekt) und macht so deutlich, was nacheinander geschieht.
C Bestimmt die Tempusformen der im Tagebuch markierten Verben. Begründet, warum diese verwendet werden. Erklärt die Besonderheit in den letzten beiden Zeilen.

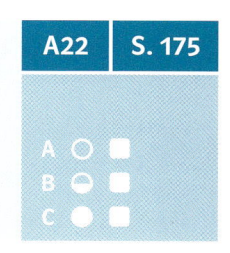

ergänzende Übungen „Plusquamperfekt": AB 11-01 (Online-Code 8p5my9)   Info

A: Ich habe erst gezögert, habe den Stein dann aber doch angefasst und bin erschrocken, denn der Stein ist warm gewesen. Dabei hatte die Sonne gar nicht geschienen. Ich bin also völlig verdutzt dagestanden und habe überlegt, ob ich ihn nochmal anfassen soll, und schließlich habe ich allen Mut zusammengenommen …

B: Nachdem ich mich vorgebeugt hatte, sah ich einen Stein, der sonnenhell leuchtete. Nachdem ich erst gezögert hatte, fasste ich den Stein aber dann doch an und erschrak, denn der Stein war warm.

C: grün (Z. 1): Präsens (die Gegenwart der Schreiberin) – blau (Z. 2–4): Perfekt (vergangenes Geschehen mit unmittelbarem Bezug zur Gegenwart) – gelb (Z. 6–8): Präteritum (vergangenes, abgeschlossenes Geschehen wird erzählt) – rosa (Z. 6–9): Plusquamperfekt (dem im Präteritum erzählten Geschehen vorangegangene Ereignisse) – grün (Z. 11): Präsens (szenisches Präsens zur Steigerung der Unmittelbarkeit des Erlebten)

Lösungsvorschlag

5.3 Modul 2: Der endlose Ozean – Nomen und Nominalgruppen erkennen und verwenden

S. 176–179

Sprecht über eure Erfahrungen mit dem Meer.   **A1** **S. 176**

Die Aufgabe versteht sich als thematischer Einstieg.   Info

Ergänzt die fehlenden Wörter im Text. Nutzt dazu die Bilder. Erklärt, weshalb für drei Lücken im Text kein Bild vorhanden ist.   **A2** **S. 176**

mit dem **Schiff** in weit – aus den **Sonnenuntergang** genießen – zum Beispiel **Fische** und **Korallen** – Menschen viel **Freude** bereiten kann – einem auch **Angst** machen, weil – gibt keine **Wegweiser** – mit einem **Kompass** umgehen kann – noch spannende **Abenteuer** erleben kann

Für die drei Lücken gibt es kein Bild, weil es sich bei den gesuchten Nomen um Abstrakta handelt (also etwas, was man nicht abbilden kann).   **Lösungsvorschlag**

Segeln im Meer der Wörter · Wortarten unterscheiden und verwenden

| S. 176 | A3 | Schreibt alle Nomen (Substantive) aus dem Text heraus. Notiert, woran ihr sie erkannt habt. |

Info Die beiden Nominalisierungen (Tauchen, Schnorcheln; Z. 5 f.) können, wenn die Wortbildung durch Nominalisierung noch nicht besprochen worden ist, als Nomen behandelt werden.

Lösungsvorschlag Abgesehen von der Großschreibung sind Nomen auch an ihren Begleitern (v. a. Artikel und Pronomen) bzw. ihrer Artikelfähigkeit zu erkennen. – Nomen im Text: Meer, Ort (Z. 1), Gegenden, Welt (Z. 3), Strand (Z. 4), (Tauchen, Schnorcheln), Unterwasserwelt (Z. 6 f.), Beispiel, Touristen (Z. 8), Inseln (Z. 9), Meer, Ort (Z. 10), Menschen (Z. 11), Geschichten (Z. 12), Legenden, Meer (Z. 13), Geschichten (Z. 14), Meerungeheuern (Z. 15), Menschen (Z. 17), Ozeane (Z. 18), Ufer (Z. 19), Fall, Meer, Ort (Z. 23)

| S. 176 | A4 | Das Nomen (Substantiv) kann im Satz mit anderen Wörtern eine Gruppe bilden. So entsteht eine Nominalgruppe. Diese lässt sich häufig erweitern. Auf diese Weise entsteht ein Treppentext: *siehe Schülerbuch* Erweitert die Nominalgruppe im folgenden Satz, sodass ein Treppentext entsteht: *siehe Lösungsvorschlag* |

Info Aufgabe auch als Partnerarbeit sinnvoll.

Lösungsvorschlag Viele Geschichten berichten von Meerungeheuern.
Viele alte Geschichten berichten von gefährlichen Meerungeheuern.
Viele alte, spannende Geschichten voller Abenteuer berichten von gefährlichen, schrecklichen Meerungeheuern.

| S. 177 | A5 | Bestimmt, ob die Nomen im Text auf Seite 176 im Singular (in der Einzahl) oder im Plural (in der Mehrzahl) stehen. Ergänzt die jeweils andere Form. |

Lösungsvorschlag Meer – Singular (Plural: die Meere), Ort – Singular (Plural: die Orte), Gegenden – Plural (Singular: die Gegend), Welt – Singular (Plural: die Welten), Strand – Singular (Plural: die Strände), Unterwasserwelt – Singular (Plural: die Unterwasserwelten), Beispiel – Singular (Plural: die Beispiele), Touristen – Plural (der Tourist), Inseln – Plural (Singular: die Insel), Menschen – Plural (Singular: der Mensch), Geschichten – Plural (Singular: die Geschichte), Legenden – Plural (Singular: die Legende), Meerungeheuern – Plural (Singular: das Meerungeheuer), Ozeane – Plural (Singular: der Ozean), Ufer – Singular (Plural: die Ufer), Fall – Singular (Plural: die Fälle)

| S. 177 | A6 | Bildet von den Nomen *Gewässer, Segel, Besitzer* den Plural. Was stellt ihr fest? |

Lösungsvorschlag Die Formen sind im Singular und Plural gleich.

| S. 177 | A7 | Einige Nomen gibt es nur im Singular oder nur im Plural (*die Beute, die Ferien*). Tragt solche Nomen zusammen. |

Info Die Aufgabe kann in Gruppen bearbeitet werden.

Lösungsvorschlag

Singularwörter	Schwefel, Eisen, Schnee, Tau, Wolle, Milch, Butter, Champagner, Wild, Obst, Getreide, Polizei, Personal, Verwandtschaft, Schmuck, Fleiß, Glück, Erziehung, Ruhe, Vertrauen, Verkehr, Unrecht, Aufbau, Bewusstsein, Marine, Geflügel, Gummi, …
Pluralwörter	Alpen, Azoren, Bermudas, Niederlande, USA, Eltern, Geschwister, Leute, Flitterwochen, Wirren, Masern, Pocken, Röteln, Spirituosen, Teigwaren, Alimente, Einkünfte, Kosten, Personalien, Spesen, Habseligkeiten, Ländereien, Trümmer, Jeans, Shorts, …

Sammelt Nomen, die euch zum Thema „Piraten" einfallen. Ordnet die Nomen (im Singular) nach ihrem Artikel. **A8 | S. 177**

Auch diese Aufgabe könnte wieder in Gruppen bearbeitet werden. **Info**

Lösungsvorschlag

der	die	das
Totenkopf, Säbel, Kompass, Überfall, Anker, Kampf, Mord, Totschlag	Truhe, (einsame) Insel, Geisel, Fahne, Erpressung, Nötigung, Kanone	Segel, Piratenschiff, Messer, Fernrohr, Verbrechen, Ruder, Schwert

Lest den Text. Ergänzt in den Lücken das Nomen *Schiff* in der richtigen Form und, wenn nötig, den passenden Artikel. **A9 | S. 178**

mit ihren Schiffen (Z. 1) – Schiffe (Z. 2) – der Schiffe (Z. 3) – die Schiffe (Z. 3) – den Schiffen (Z. 4) – der Schiffe (Z. 5) – Die Schiffe (Z. 5) – der Schiffe (Z. 5) – die Schiffe (Z. 7)

Lösungsvorschlag

Notiert in eurem Heft, was Piraten heutzutage machen: *Auch heute noch machen Piraten mit ihren …* Bestimmt dabei den Kasus der in Aufgabe 9 eingesetzten Nomen. **A10 | S. 178**

Partnerarbeit (leistungsstärkere und leistungsschwächere Schüler mischen). **Info**

Auch heute noch machen Piraten mit ihren Schiffen (Dativ) die Weltmeere unsicher und überfallen andere Schiffe (Akkusativ). Heute sind die Piraten an den Schiffen (Dativ) selbst interessiert. **Lösungsvorschlag**

Zum Differenzieren **A11 | S. 179**
A Übernehmt die folgende Tabelle und füllt sie aus. Satzbeispiele findet ihr im Text.
B Setzt die Tabelle aus Aufgabe A mit den im Text unterstrichenen Nomen fort.
C Bestimmt Genus, Numerus und Kasus der gelb markierten Nomen.

ergänzende Übung „Nomen": AB 11-02 (siehe LB, S. 237). **Info**

A/B: **Lösungsvorschlag**

Wortform	Verwendung im Satz	Frage	Fall
der Seeräuber	Der Seeräuber erhielt den Ritterschlag.	Wer oder was erhielt den Ritterschlag?	Nominativ
der Männer	Piraterie war Sache der Männer.	Wessen Sache war Piraterie?	Genitiv
der Königin	Francis Drake half der Königin.	Wem half Francis Drake?	Dativ
Freibeuter	Es gab aber auch Freibeuter …	Wen oder was gab es auch?	Akkusativ
Piraten	Viele Piraten wurden wegen ihrer Taten gejagt.	Wer oder was wurden gejagt?	Nominativ
Macht	Francis Drake half der Königin, ihre Macht zu festigen.	Wen oder was zu festigen half Francis Drake der Königin?	Akkusativ
Piratinnen	Der Mut dieser Piratinnen wurde hoch anerkannt.	Wessen Mut wurde hoch anerkannt?	Genitiv
Piratencrew	Sie hatten sich einer Piratencrew angeschlossen.	Wem hatten sie sich angeschlossen?	Dativ

C: Herrscher: Akkusativ Plural Maskulinum – Gold: Akkusativ Singular Neutrum – Piratinnen: Akkusativ Plural Femininum – Piratenkameraden: Dativ Plural Maskulinum

Segeln im Meer der Wörter · Wortarten unterscheiden und verwenden

S. 180–181 5.4 Modul 3: Klein, aber oho! – Artikel, Personalpronomen und Possessivpronomen erkennen

S. 180 | A1 Flötenfische gibt es tatsächlich. Ein Foto seht ihr auf Seite 181. Erklärt, woher sie ihren Namen haben könnten.

Lösungsvorschlag Die Flötenfische haben ihre Namen aufgrund ihres flötenähnlichen Aussehens erhalten.

S. 180 | A2 Setzt in den Text die fehlenden Artikel ein und entscheidet jeweils, ob der bestimmte Artikel (*der, die, das*) oder der unbestimmte Artikel (*ein, eine*) richtig ist.

Lösungsvorschlag der arme Mann (Z. 10), einen Krampf (Z. 12), Der arme Mann (Z. 14), eine Kartoffel (Z. 17 f.), die rettende Idee (Z. 19), Mund des Mannes (Z. 21), auch der Krampf (Z. 25), die Erfindung der Pommes frites (Z. 26 f.)

S. 180 | A3 Erklärt, warum in den Zeilen 24–27 der bestimmte Artikel verwendet werdet muss.

Info Die Aufgabe kann von lernschwächeren Schülern übersprungen werden.

Lösungsvorschlag Bei „der Krampf" und „das Füttern" muss der bestimmte Artikel verwendet werden, weil von dem Krampf des Mannes und dem Füttern (vgl. Z. 20 f.) im Text bereits die Rede war (d. h. der bestimmte Artikel verweist also im Text auf bereits Bekanntes).

Bei „der Erfindung" geht es um eine bestimmte Erfindung, nämlich um die der Pommes frites.

S. 181 | A4 Besprecht, wodurch man den Text des Schülers verbessern könnte.

Info Vgl. zu dieser Aufgabe auch A5.

Lösungsvorschlag Der Text ist geprägt durch einen reihenden Stil mit vielen kurzen Hauptsätzen, wobei es zu vielen Wortwiederholungen kommt (aufgrund der fehlenden Personal- sowie Possessivpronomen).

S. 181 | A5 Schreibt eine überarbeitete Version des Schülertextes. Verwendet dazu die Informationen in der blauen Box.

Info Die Aufgabe kann in Partnerarbeit zur Besprechung vorbereitet werden (leistungsstärkere und leistungsschwächere Schüler mischen).

Lösungsvorschlag Textanfang: Die Flötenfische gehören zur Gattung der Raubfische. Sie zeichnen sich durch einen langen Körper aus, der bis zu 1,7 m lang werden kann. Die Färbung ihres Körpers reicht von …

S. 182–184 5.5 Modul 4: Kleiner als der kleinste Zwergpirat – Adjektive erkennen und verwenden

S. 182 | A1 Vergleicht, wie die Zwergpiraten in der Abbildung und im Text auf euch wirken.

Info Die Schüler sollten ihre Ansicht begründen. Wichtig wäre, dass die Schüler beim Gespräch über die Diskrepanz zwischen der realen Harmlosigkeit und dem „großmäuligen" Auftreten eingehen.

| | A2 | S. 182 |

Kopiert den Text und markiert alle Adjektive. Lest den Text nun ohne Adjektive. Erklärt, wie sich die Wirkung des Textes verändert.

Info

Die Schüler sollten bei dieser Aufgabe zunächst nur die im Lösungsvorschlag nicht kursiv gedruckten Adjektive erkennen, da die anderen Adjektive Verwendungsbeschränkungen aufweisen, die das Wortartenwissen der Schüler überschreiten und deshalb das Erkennen erschweren: „ziemlich" und „endlich" können in dieser Bedeutung nur adverbial verwendet werden; „ganz" ist nicht steigerbar und nur attributiv (bzw. prädikativ) verwendbar; „einzig" und „wenig" sind eigentlich Indefinitpronomen, die aber – wie hier – attributiv (ansonsten auch substantivisch) verwendet werden können. – Schüler, deren Muttersprache nicht Deutsch ist, sollten bei dieser Aufgabe ein deutsches Wörterbuch verwenden, das auch Wortartangaben enthält.

Lösungsvorschlag

Adjektive im Text: *ziemlich*, geringem (Z. 2), winzigen (Z. 6), klein (Z. 7), selten (Z. 9), *ganzen* (Z 10 f.), *einziges* (Z. 12), erfolgreich (Z. 14), größere (Z. 16), winzigen (Z. 19), großen (Z. 20), lange (Z. 21), *endlich* (Z. 22), niedlichen (Z. 23), *wenigen* (Z. 25), wirkungslos (Z. 26), eigentlichen (Z. 27 f.), blutrünstig (Z. 29), raubeinig (Z. 30), großmäulige (Z. 31), erfolgreichen, fetter (Z. 32), voller (Z. 36), gegenseitig, großartigen (Z. 38), angeblich (Z. 40), unschuldigen (Z. 42), erbarmungslos (Z. 43)

Ohne Adjektive ist der Text oft nicht verständlich und wenig aussagekräftig.

| | A3 | S. 182 |

Klärt die Bedeutung ungewöhnlicher Adjektive wie *raubeinig* und *waghalsig*.

Info

Die Bedeutung wird am besten durch Sätze erklärt, in die sich die Adjektive sinnvoll einfügen.

Lösungsvorschlag

raubeinig: Ableitung von Raubein (Mensch mit groben, rauen Umgangsformen) – waghalsig: Ableitung von Wagehals (Mensch, der sich leichtsinnig in Gefahr begibt, also sein Leben riskiert) – blutrünstig: „rünstig" kommt von „rinnen", als wörtlich „Rinnen des Blutes"; Lust an blutiger Gewalt

| | A4 | S. 183 |

Bestimmt den Kasus der Nominalgruppen in den folgenden Sätzen. Wonach richtet sich die Form des Adjektivs?

Lösungsvorschlag

Die winzigen Seeräuber: Nominativ – der großen Schiffe: Genitiv – ihre niedlichen Kanönchen: Akkusativ – den unschuldigen Matrosen: Dativ

Das Adjektiv richtet sich in seiner Form nach dem Nomen, das es – in attributiver Verwendungsweise – näher bestimmt.

| | A5 | S. 183 |

Tragt den Text so vor, dass sich eure Zuhörer ein Bild von dem Zwergpiraten machen können.

Info

Wichtig ist hier, dass die Sprechweise die angeberischen Aussagen stützt.

| | A6 | S. 183 |

Notiert Textstellen, durch die euer Eindruck von dem Zwergpiraten entstanden ist.

Lösungsvorschlag

angeberische Stellen sind: „ohne den geringsten Zweifel der gefährlichste Zwergpirat aller Zeiten" (Z. 1 f.), „dass ich der außergewöhnlichste Pirat bin" (Z. 6 f.)

| | A7 | S. 183 |

Ein anderer Zwergpirat prahlt: „Du willst der gefährlichste Zwergpirat aller Zeiten sein? – Ha, ich bin viel gefährlicher als du!" Setzt seine Prahlerei fort.

Info

Komparative und Superlative verwenden; gegebenenfalls unterschiedlich markieren.

Lösungsvorschlag

Beispiel: Du willst große und gefährliche Schiffe gekapert haben? Die Schiffe, die ich gekapert habe, waren noch viel größer und gefährlicher! Und ich habe auch gegen größere Ozeanriesen als du gekämpft! Und was redest du da von gefährlichen Seeungeheuern und gefräßigen Haien? Die Seeungeheuer und Haie, die ich besiegt habe, waren die allergefährlichsten und allergefräßigsten! Ich bin überhaupt viel außergewöhnlicher als du!

Segeln im Meer der Wörter · Wortarten unterscheiden und verwenden

| S. 184 | A8 | Übernehmt die Tabelle und füllt sie aus. Was fällt euch auf? |

Info Im Zweifelsfall sollte die Schüler ein Wörterbuch nutzen.

Lösungsvorschlag Einige Adjektive (und das Indefinitpronomen *viel*) haben in den Steigerungsformen einen (oder zwei) weitere Wortstämme:

Positiv	Komparativ	Superlativ
groß	*größer*	*am größten*
hoch	höher	am höchsten
viel	mehr	meist
gut	besser	am besten

| S. 184 | A9 | Schreibt den folgenden Text ab und setzt die Adjektive in der passenden grammatischen Form ein. |

Lösungsvorschlag Die kleinen Schiffe der Zwergpiraten … Schon leichter Seegang genügt, um die winzigen Segel … Raubeinige Seemänner wie die Zwergpiraten … halten sie sich für besonders gefährliche Piraten. Aufgrund ihrer großen Wut brüllen die kleinen Seeräuber dann … und beleidigen die ahnungslosen Besatzungen. Da ein kleiner Seemann aber nur ein leises Stimmchen hat, …

| S. 184 | A10 | Schreibt den Dialog der Piraten fort, indem ihr die Aussagen immer weiter übertreibt. |

Info Der Dialog kann in Partnerarbeit verfasst werden. Die Schüler könnten anschließend die entstandenen Dialoge vortragen, wobei wieder (vgl. A5) die Sprechweise die angeberischen Aussagen stützen sollte.

S. 185–187 **5.6 Modul 5: Störtebeker – Präpositionen erkennen und verwenden**

| S. 185 | A1 | Erklärt, warum sich die Leute früher gerne die Geschichten von Störtebeker erzählten. |

Lösungsvorschlag Die Faszination, die von Störtebeker ausgeht, mag in seinem rebellischen Geist und seinen volkstümlichen Tugenden (Trinkfestigkeit, Raubeinigkeit, Kameradschaftlichkeit) liegen.

| S. 185 | A2 | Fügt die folgenden Wörter im Text ein. Manche passen mehrmals. |

Lösungsvorschlag Er wurde in der zweiten Hälfte – in Norddeutschland – Gruppe von Seeräubern – die auf den Gewässern … – Durch ihre Seeräuberei – Sie fielen nämlich über die Schiffe her – in die großen Häfen nach England – von den Seeräubern zu befreien – Trotz jahrelanger Bemühungen – schließlich doch mit etwa 30 Gefährten – Vor der Hinrichtung – an denen er ohne Kopf noch – an elf seiner Leute vorbeigegangen

Wörter, die im Satz Beziehungen zwischen Personen oder Dingen zum Ausdruck bringen, nennt man Präpositionen. Legt eine Tabelle an. Ordnet die präpositionalen Wendungen, die ihr im Text findet, in die entsprechende Spalte ein. Unterstreicht die Präpositionen.

A3 **S. 186**

Die Aufgabe kann in Partnerarbeit zur Besprechung vorbereitet werden (leistungsstärkere und leistungsschwächere Schüler mischen). – Es genügt, wenn jede Präposition einmal belegt wird.

Info

Lösungsvorschlag

Kasus	Präposition	
Dativ	in	in der zweiten Hälfte (Z. 3)
	von	Gruppe von Seeräubern (Z. 6)
	an	an elf seiner Leute (Z. 34 f.)
	auf	auf den Gewässern (Z. 6 f.)
	nach	nach England und Holland (Z. 13)
	mit	mit etwa 30 Gefährten (Z. 20)
	vor	Vor der Hinrichtung (Z. 26)
Akkusativ	über	über die Schiffe herfallen (Z. 11)
	durch	Durch ihre Seeräuberei (Z. 9)
Genitiv	trotz	Trotz jahrelanger Bemühungen (Z. 17)

Die meisten Präpositionen stehen mit einem ganz bestimmten Kasus. Es gibt aber neun Präpositionen, die mit dem Dativ oder dem Akkusativ stehen können. Man nennt sie Wechselpräpositionen.
- Beschreibt das Bild.
- Bildet Sätze mit den Wechselpräpositionen.

A4 **S. 186**

Vor der Bearbeitung der Aufgabe sollte die blaue Box gelesen und besprochen werden: Wenn das Verb eine Orts- bzw. Richtungsänderung anzeigt, folgt nach der Präposition der Akkusativ (Frage: Wohin?). Fragt man nach der Ergänzung mit „Wo?", steht der Dativ.

Info

Beispiele:

Lösungsvorschlag

	Akkusativ (Wohin?)	**Dativ (Wo?)**
in	Ein Matrose springt ins Meer.	Ein Matrose schwimmt im Meer.
über	Die Möwe fliegt über das Schiff.	Jetzt ist die Möwe über seinem Kopf.
an	Ein Matrose geht an Deck.	Ein Matrose ist an Deck.
hinter	Der Kapitän geht hinter das Steuer.	Der Kapitän steht hinter dem Steuer.
neben	Ein Matrose schwimmt neben das Schiff.	Ein Matrose schwimmt neben dem Schiff.
unter	Er bringt das Schiff unter sein Kommando.	Das Schiff steht unter seinem Kommando.
zwischen	Ein Boot fährt zwischen die Schiffe.	Ein Boot fährt zwischen den Schiffen.
vor	Er schwingt sich vor die Segel.	Er befindet sich vor den Segeln.

Segeln im Meer der Wörter · Wortarten unterscheiden und verwenden

S. 187	A5	**Zum Differenzieren**

A Ergänzt im folgenden Text die fehlenden Präpositionen.
B Setzt den Text in Aufgabe A über das Leben an Bord fort. Verwendet möglichst viele Präpositionen. Unterstreicht die Präpositionen.
C Die Seeleute meutern. Sie schreiben einen Brief an ihren Kapitän: *„Unser Schiff soll schöner werden!"*
– Formuliert die Forderungen der Seeleute.
– Beschreibt dabei genau, welche Verbesserungen an welchem Ort vorgenommen werden sollen.
– Unterstreicht die Präpositionen.

Info ergänzende Übung „Präpositionen": AB 11-04 (siehe LB, S. 240)

Lösungsvorschlag

A: Die Seeleute auf den großen Segelschiffen mussten früher bei ihren Fahrten über das Meer hart arbeiten. In ihrer Freizeit langweilten sie sich oft. Wegen der hohen Wellen war ein Aufenthalt auf Deck nicht möglich. In den Kajüten war es stickig und dunkel. Sie spielten mit ihren Kameraden Karten, erzählten Geschichten von ihren Abenteuern und schimpften über das Essen.

B: Manche kämpften mit der Seekrankheit, aber ihre Liebe zum Meer war stärker. Meist schliefen die Seeleute in Hängematten. Sie versuchten, ihre Habseligkeiten vor den Ratten zu schützen. Verstarb jemand, wurde er auf offener See bestattet.

C:
Hochverehrter Kapitän,
unser Schiff soll schöner werden!

Uns stinkt es mächtig, wie es hier an Bord aussieht und dass man kaum fußen kann. Daher möchten wir Ihnen einige Verbesserungsvorschläge machen, damit wir uns auf unserem Schiff – unserem Zuhause – alle wohlfühlen:

1) In den Hängematten unter Deck schläft immer nur eine Person.
2) Die Abfälle werden nicht mehr an Deck gelagert, sondern umgehend im Meer entsorgt.
3) Musik ist erst nach dem Einbruch der Dunkelheit gestattet, um die Kameraden, die noch arbeiten, nicht abzulenken.
4) Die leeren Wasserfässer werden hinter die vollen Branntweinfässer gestellt, aber vor die Hühnerställe. Daneben kommen die Ställe mit den Kaninchen.
5) Auf dem Mast vom Focksegel darf keine Wäsche mehr getrocknet werden.

Wir bitten um ein Gespräch oberhalb der Takelage, übermorgen nach dem 2. Frühstück.

Vielen Dank!

Mit hochachtungsvollen Grüßen
Die Mannschaft von der „Silbermöwe"

Klassenarbeit zum Kapitel:
Segeln im Meer der Wörter • Wortarten unterscheiden und verwenden

KA 11-01

Name: _____ Klasse: _____ Datum: _____

Diktat: Schwarzbart

_____

_____

_____

_____

_____

_____

1 Bestimme in deinem Diktattext die folgenden Nomen (Substantive) aus dem Text nach Genus, Kasus und Numerus.

   a) Ein besonders berüchtigter und grausamer <u>Seeräuber</u>

   b) seinen <u>Kopf</u>   c) seine <u>Gegner</u>

   d) Das Schiff des berühmten <u>Piraten</u>

2 Schreibe aus dem Text alle Possessivpronomen und alle Personalpronomen heraus. Schreibe Pronomen, die mehrmals vorkommen, auch so oft auf.

Possessivpronomen	Personalpronomen

3 Schreibe aus dem Text alle Adjektive heraus.

4 Bestimme das Tempus der folgenden Verben aus dem Text.

   a) war   b) trieb   c) ist geschwommen   d) ist

5 Bilde die angegebenen Verformen.

   a) 2. Person Singular Präsens von „geben"

   b) 1. Person Plural Perfekt von „schwimmen"

   c) 2. Person Plural Plusquamperfekt von „sehen"

   d) 3. Person Singular Futur von „verstehen"

6 Markiere in den beiden folgenden Sätzen aus dem Text die Präposition. Gib an, in welchem Kasus das Bezugswort der Präposition steht.

   a) Ein besonders berüchtigter und grausamer Seeräuber war der aus England stammende Blackbeard

   b) Gemäß der Legende vollbrachte auch Schwarzbart ein Wunder

Erwartungshorizont/Korrekturhilfe

Segeln im Meer der Wörter · Wortarten unterscheiden und verwenden

KA 11-01

(vgl. Lehrerband, S. 231)

Diktat: Schwarzbart
Ein besonders berüchtigter und grausamer Seeräuber war der aus England stammende Blackbeard (= Schwarzbart), der Anfang des 18. Jahrhunderts im Karibischen Meer sein Unwesen trieb. Wie Störtebeker wurde auch er schließlich enthauptet; seinen Kopf hängten seine Gegner am Schiffsbug auf. Gemäß der Legende vollbrachte auch Schwarzbart nach seinem Tod ein Wunder: Angeblich ist sein Körper noch mehrere Runden um das Schiff geschwommen, bevor er hinabsank. Das Schiff des berühmten Piraten entdeckte man 1996 in North Carolina; es ist bis heute eine beliebte Touristenattraktion.

Aufgabe	Anforderung /Lösung	Anforderungs-bereich	Punkte
Diktat			(zu Teilnote 1)
1	**Nomen (Substantive)** a) Maskulinum, Nominativ, Singular; b) Maskulinum, Akkusativ, Singular; c) Maskulinum, Nominativ, Plural; d) Maskulinum, Genitiv, Singular	1	6 (zu Teilnote 2)
2	**Pronomen** Possessivpronomen: sein, seinen, seine, seinem, sein Personalpronomen: er, er, es	1	8 (zu Teilnote 2)
3	**Adjektive** berüchtigter, grausamer, mehrere, berühmten, beliebte	1	5 (zu Teilnote 2)
4	**Tempus bestimmen** a) war: Präteritum; b) trieb: Präteritum; c) ist geschwommen: Perfekt; d) ist: Präsens	1	4 (zu Teilnote 2)
5	**Verbformen bilden** a) du gibst: b) wir sind geschwommen; c) ihr hattet gesehen; d) er/sie/es wird verstehen	2	8 (zu Teilnote 2)
6	**Präpositionen** a) Ein besonders berüchtigter und grausamer Seeräuber war der aus England stammende Blackbeard: Dativ; b) Gemäß der Legende vollbrachte auch Schwarzbart ein Wunder: Dativ	2	4 (zu Teilnote 2)
	ggf. Sprachliche Darstellungsleistung	Fehlerquote	Punkte

Klassenarbeit zum Kapitel:
Segeln im Meer der Wörter • Wortarten unterscheiden und verwenden

KA 11-02

Name: Klasse: Datum:

Wer war der gefährlichste Pirat der Welt?

Eigentlich kann man nicht sagen, welcher Seeräuber im Laufe der Geschichte der gefährlichste war. Immer wieder gab es in unterschiedlichen Gewässern Piraten, die sich durch besondere Grausamkeit oder Geschicklichkeit auszeichneten.

Einer der berühmtesten Piraten des frühen Mittelalters war „der schwarze Mönch", Eustachius. Der
5 Flame wurde Pirat, als er wegen Mordes verurteilt werden sollte. Er kämpfte auf Seiten der Engländer, wechselte dann zu den Franzosen und wurde schließlich auf seinem eigenen Schiff enthauptet.

Auch die Bukanier, die zwischen 1630 und 1700 die Karibik in Angst und Schrecken versetzten, hatten den Ruf, brutale und geldgierige Mörder zu sein. Sie lebten als Gesetzlose. Meistens waren es Verbrecher, die aus Europa flüchteten, um ihrer Strafe zu entgehen und in der Karibik Schiffe ausplün-
10 derten. Ihr Hauptstandort war die Insel Tortuga. Als besonders grausam galt der Bukanier „Rocco, der Brasilianer", der seine Feinde bei lebendigem Leib geröstet haben soll.

— (zitiert nach: http://www.wasistwas.de/geschichte/eure-fragen/seeraeuber/link//497b803852/article/welcher-war-der-gefaehrlichste-pirat-der-welt.html?tx_ttnews%5BbackPid%5D=1294 (eingesehen am 3.3.2013)

1 Im Text findest du einen weiteren Superlativ. Trage ihn in die Tabelle ein. Bilde anschließend von diesem Superlativ sowie vom Superlativ „gefährlichste" die Positiv- und Komparativformen.

Positiv	Komparativ	Superlativ
		gefährlichste

2 Markiere in den beiden folgenden Sätzen die Präposition. Gib an, in welchem Kasus das Bezugswort der Präposition steht.

a) Der Flame wurde Pirat, als er wegen Mordes verurteilt werden sollte.

b) Als besonders grausam galt der Bukanier „Rocco, der Brasilianer", der seine Feinde bei lebendigem Leib geröstet haben soll.

3 Lies noch einmal die Sätze zu Aufgabe 2. In dem einen Satz steht ein Personalpronomen, im anderen ein Possessivpronomen. Schreibe diese Pronomen heraus und gib an, um welche Pronomenart es sich handelt.

4 Bilde für die folgenden Verbformen die anderen Tempora.

Präsens	Präteritum	Perfekt	Futur
	kämpfte		
	gab		
	galten		

Erwartungshorizont/Korrekturhilfe

Segeln im Meer der Wörter · Wortarten unterscheiden und verwenden

KA 11-02

(vgl. Lehrerband, S. 233)

Aufgabe	Anforderung/Lösung	Anforderungs-bereich	Punkte
1	**Adjektive** – gefährlich – gefährlicher – … – berühmt – berühmter – berühmtesten	2	5
2	**Präpositionen** a) Der Flame wurde Pirat, als er <u>wegen</u> Mordes verurteilt werden sollte: Genitiv b) Als besonders grausam galt der Bukanier „Rocco, der Brasilianer", der seine Feinde <u>bei</u> lebendigem Leib geröstet haben soll: Dativ	2	4
3	**Pronomen** – Personalpronomen: er – Possessivpronomen: seine	1	2
4	**Tempora** – kämpft – kämpfte – hat gekämpft – wird kämpfen – gibt – gab – hat gegeben – wird geben – gelten – galten – hat gegolten – wird gelten	2	9
	ggf. sprachliche Darstellungsweise	Fehlerquote	Punkte

Klassenarbeit zum Kapitel:
Segeln im Meer der Wörter • Wortarten unterscheiden und verwenden

KA 11-03

Name: Klasse: Datum:

Gab es auch Piratinnen?

Offiziell waren Frauen auf den Schiffen verboten. Die Piraten hatten wohl Angst, dass es wegen der Damen nur Ärger unter den rauen und harten Männern geben würde und dass die Frauen dem harten Leben an Bord nicht gewachsen wären.
Dennoch weiß man von einigen Frauen an Bord der Piratenschiffe. Zwei sind sogar heute noch
5 berühmt: Anne Bonny und Mary Read. Beide hatten sich in einen Piratenkapitän verliebt und gingen mit ihm auf Beutejagd. Die beiden Engländerinnen kämpften genauso wild und entschlossen wie ihre männlichen Kollegen.
Aber obwohl sie ausgezeichnete Seeräuberinnen waren, durfte niemand an Deck sie als Frauen erkennen. Denn auf dem Schiff waren Frauen einfach verboten. Deshalb mussten sich Anne Bonny
10 und Mary Read gut tarnen. Sie trugen immer Männerkleidung, damit sie nicht erkannt wurden. Da auch die Männer lange Haare hatten und weite Hemden und Hosen trugen, war das nicht so schwer.

— (zitiert nach: http://www.wasistwas.de/geschichte/eure-fragen/seeraeuber/link//21fabd3c77/article/gab-es-auch-piratinnen.html?tx_ttnews%5BbackPid%5D=1294 (eingesehen am 3.3.2013)

1 Bestimme die folgenden Nomen aus dem Text nach Kasus, Numerus und Genus

a) Offiziell waren <u>Frauen</u> auf den Schiffen verboten.

b) Dennoch weiß man von einigen Frauen an Bord der <u>Piratenschiffe</u>.

c) Da auch die Männer lange Haare hatten und weite <u>Hemden</u> und Hosen trugen, …

d) Die Piraten hatten wohl Angst, dass … die Frauen dem harten <u>Leben</u> an Bord nicht gewachsen wären.

2 Markiere in den beiden folgenden Sätzen aus dem Text die Präposition.
Gib an, in welchem Kasus das Bezugswort der Präposition steht.

a) Die Piraten hatten wohl Angst, dass es wegen der Damen nur Ärger geben würde.

b) Denn auf dem Schiff waren Frauen einfach verboten.

3 Kreuze an, ob es sich bei den folgenden Wörtern um Adjektive handelt.

a) <u>Offiziell</u> waren Frauen auf den Schiffen verboten. – ja ☐; nein ☐

b) Die Engländerinnen kämpften genauso <u>entschlossen</u> wie ihre Kollegen. – ja ☐; nein ☐

c) Sie trugen <u>immer</u> Männerkleidung. – ja ☐; nein ☐

d) Da auch die Männer lange Haare hatten …, war das nicht so <u>schwer</u>. – ja ☐; nein ☐

4 Schreibe aus dem Text jeweils ein Personalpronomen und ein Possessivpronomen heraus.

5 Bilde für die folgenden Verbformen die anderen Tempora.

Präsens	Präteritum	Perfekt	Futur
	kämpften		
	gingen		
	wussten		

Erwartungshorizont/Korrekturhilfe

Segeln im Meer der Wörter · Wortarten unterscheiden und verwenden

KA 11-03

(vgl. Lehrerband, S. 235)

Aufgabe	Anforderung/Lösung	Anforderungs-bereich	Punkte
1	**Nomen** a) Femininum, Nominativ, Plural b) Femininum, Genitiv, Plural c) Neutrum, Akkusativ, Plural d) Neutrum, Dativ, Singular	1	6
2	Präpositionen a) Die Piraten hatten wohl Angst, dass es wegen der Damen nur Ärger geben würde: Genitiv b) Denn auf dem Schiff waren Frauen einfach verboten: Dativ	2	4
3	Adjektive a) ja, Adjektiv b) nein, kein Adjektiv (Verb/Partizip) c) nein, kein Adjektiv (Adverb) d) ja, Adjektiv	1	4
4	Pronomen – Beispiel Personalpronomen: es – Beispiel Possessivpronomen: ihre	1	2
5	Tempora – kämpfen – kämpften – haben gekämpft – werden kämpfen – gehen – gingen – sind gegangen – werden gehen – wissen – wussten – haben gewusst – werden wissen	2	9
	ggf. sprachliche Darstellungsweise	**Fehlerquote**	**Punkte**

Arbeitsblatt zum Kapitel:
Segeln im Meer der Wörter • Wortarten unterscheiden

AB 11-02

Nomen im Satz verstehen

(1) **Taucher beißt Hai**

Käpt'n Blaubär erzählt seinen Enkelkindern von einem Abenteuer, das er erlebt hat.

Kinners, ihr kennt das ja: Viele Leute haben Angst vor Haien und lassen sich dadurch das Schwimmen und Tauchen vermiesen. Ich war früher auch mal so ängstlich.
Aber irgendwann hatte ich diese Angst satt. Da drehte ich den Spieß einfach um: Ich ging mit meiner Taucherausrüstung unter Wasser, versteckte mich hinter Algen und lockte mit einem Köder Haie an. Jedes Mal, wenn ein Hai nach dem Köder schnappte, zog ich ihn weg und biss den verdutzten Hai in seine Schwanzflosse. Das tat den Haien natürlich gehörig weh. Seit dieser Zeit machen alle Haie einen großen Bogen um mich. Denn mein Mut hatte sich schnell bei den Haien herumgesprochen und sie stellten unter Wasser Schilder auf:
Vorsicht! **Der Taucher beißt den Hai!**

(2) **Taucher beißt Hai**

Einige Tage später finden die drei Bärchen in einer alten Truhe einen schon ganz vergilbten Zeitungsartikel.

Ein junger Blaubär wurde gestern Abend während eines Tauchgangs das Opfer eines Haiangriffes. Zwar hatte sich der vorsichtige Bär extra einen besonders sicheren Hai-Schutz-Käfig gemietet, aber ein kleiner Katzenhai schlängelte sich durch die Gitterstäbe und biss den Taucher in den kleinen Zeh. Die Wunde blutete zwar kaum, aber der äußerst ängstliche Blaubär jaulte vor Schreck und Schmerz. Er schwört nun, nie wieder im Meer zu baden oder zu tauchen. An dem gemieteten Schutzkäfig brachte er ein Schild an:
Vorsicht! Sehr kleine Haie passen durch die Gitterstäbe! **Den Taucher beißt der Hai.**

1 Schreibt auf, worin der Unterschied zwischen den Schlusssätzen der beiden Texte besteht.

1. Text: _____

_____

2. Text: _____

_____

2 Bildet aus den folgenden Beispielen ähnliche Sätze wie die Abschlusssätze aus Aufgabe 1. Erklärt die Unterschiede.

a) **Mann beißt Hund**

_____

Erklärung: _____

_____

_____

Erklärung: _____

_____

Arbeitsblatt zum Kapitel:
Segeln im Meer der Wörter • Wortarten unterscheiden

AB 11-02
m6r5rk

b) **Sturm bezwingt Schiff**

Erklärung:

Erklärung:

c) **Hunger besiegt Seemann**

Erklärung:

Erklärung:

3 Schreibt den folgenden Satz ab und ergänzt die Artikel der beiden Nomen. Erklärt, warum sich der Satz auch ohne Artikel nicht auf zwei Arten verstehen lässt.

Mann beißen Hunde

Erklärung:

Arbeitsblatt zum Kapitel:
Segeln im Meer der Wörter • Wortarten unterscheiden

AB 11-03
n88vi9

Adjektive deklinieren und steigern

1 Vervollständigt die Tabelle.

Nominativ	Genitiv	Dativ	Akkusativ
ein kleiner Pirat	eines kleinen Piraten	einem kleinen Piraten	einen kleinen Piraten
das große Schiff			
	eines gefräßigen Hais		
		dem wilden Meer	
			einen angeberischen Seeräuber
		einem winzigen Segel	
	des gefährlichen Seemanns		
ein schwerer Seegang			

2 Bildet sinnvolle Sätze mit Ausdrücken aus der Tabelle. Verwendet dabei jeweils ein Mal Nominativ, Genitiv, Dativ und Akkusativ.

Nominativ: _____

Genitiv: _____

Dativ: _____

Akkusativ: _____

3 Sucht die richtigen Steigerungsformen zu den Adjektiven aus der Tabelle.

a) klein – _____ – _____

b) groß – _____ – _____

c) gefräßig – _____ – _____

d) wild – _____ – _____

e) angeberisch – _____ – _____

f) winzig – _____ – _____

g) gefährlich – _____ – _____

h) schwer – _____ – _____

Arbeitsblatt zum Kapitel:
Segeln im Meer der Wörter • Wortarten unterscheiden

AB 11-04
z62b74

Präpositionen richtig verwenden

1 Schreibt die Sätze ab und verwendet die richtigen Präpositionen.

a) Statt einen Besuch im Zoo ist Thomas großer Fan von Fischen geworden.

b) Jetzt hat Thomas ein Aquarium durch seinem Schreibtisch.

c) Nach dem Aquarium sind fünf Goldfische.

d) Die Fische müssen ohne der Schulzeit gefüttert werden.

e) Hinter am Wochenende füttert Thomas' Mutter immer die Goldfische.

2 Notiert, welche Beziehung die Präpositionen angeben, die ihr eingesetzt habt. Schreibt auch auf, welchen Fall die Präpositionen jeweils erfordern.

a)

b)

c)

d)

e)

Wolkenkratzer und Pyramiden
Satzglieder untersuchen und verwenden

S. 190 – 201

1. Kompetenzrahmen und Zielsetzungen

Modul 1: Sätze und Satzglieder untersuchen

S. 192/193, Text *Das höchste Gebäude der Welt*	Bauweise einfacher Sätze nach dem Feldermodell untersuchen; Satzarten unterscheiden
S. 194/195, Text *Der Shanghai Tower*	Umstellprobe durchführen; Zahl der Satzglieder und Prädikate bestimmen
S. 195	Prädikat und seine notwendigen und fakultativen Ergänzungen untersuchen
S. 196	Subjekte und ihre Kongruenz zum Prädikat erkennen

Modul 2: Satzergänzungen: Objekte untersuchen

S. 197/198, Texte *Leben auf der Burg*, *Feste auf der Burg*	Dativobjekte und Akkusativobjekte erkennen und bestimmen

Modul 3: Besondere Umstände: Adverbialbestimmungen erkennen

S. 199, Text *Die Cheops-Pyramide von Gizeh*	Adverbialbestimmungen des Grundes, des Ortes, der Zeit und der Art und Weise erkennen und bestimmen

2. Ausgangssituation der Schüler

Die Lehr- bzw. Bildungspläne sehen vor, dass die Schüler sich am Ende der 4. Klasse mit folgenden Bereichen (gemeint sind die Kategorien, nicht die Begriffe im Einzelnen) beschäftigt haben:
- Sie können sprachliche Operationen nutzen: umstellen, ersetzen, ergänzen, weglassen.
- Sie erkennen das Prädikat als Satzkern.
- Sie erkennen Satzglieder (einteilige, mehrteilige Ergänzung).

3. Kapitelkonzeption

Das Kapitel wird am besten erst nach der Behandlung des Kapitels „Segeln im Meer der Wörter – Wortarten unterscheiden" (S. 168–189) bearbeitet. Nach der Beschreibung der Bauweisen von Sätzen nach dem Feldermodell werden die Satzglieder Prädikat, Subjekt (Modul 1) und Objekt bzw. adverbiale Bestimmung (Module 2 und 3) behandelt.
Eine gute Einführung in das Feldermodell findet sich in: Pittner, Karin/Berman, Judith: Deutsche Syntax. Ein Arbeitsbuch. Narr, Tübingen, 2013.

Wolkenkratzer und Pyramiden · Satzglieder untersuchen und verwenden

4. Sequenzfahrplan

Verknüpfungsmöglichkeit

weiterführende Hinweise

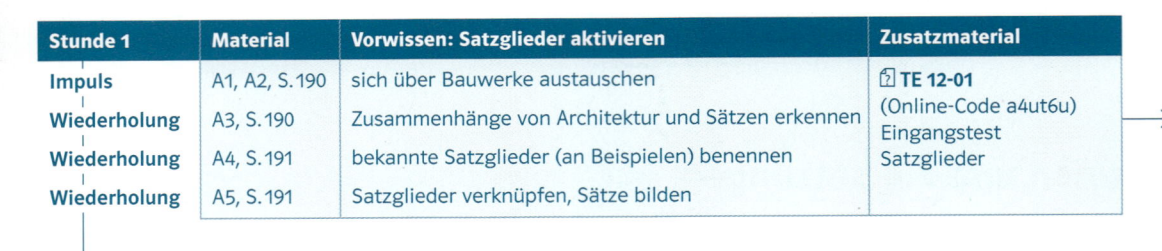

Stunde 1	Material	Vorwissen: Satzglieder aktivieren	Zusatzmaterial	
Impuls	A1, A2, S. 190	sich über Bauwerke austauschen	TE 12-01 (Online-Code a4ut6u) Eingangstest Satzglieder	– Modul „Verben erkennen und verwenden" (S. 170 ff.) – AH, S. 48 ff.
Wiederholung	A3, S. 190	Zusammenhänge von Architektur und Sätzen erkennen		
Wiederholung	A4, S. 191	bekannte Satzglieder (an Beispielen) benennen		
Wiederholung	A5, S. 191	Satzglieder verknüpfen, Sätze bilden		

Stunde 2	Material	Bauweise von Sätzen	Zusatzmaterial	
Impuls	A1, S. 192	sich über Hochhäuser austauschen		– AH, S. 58 ff. – AH, S. 61 f.
Erarbeitung	A2–4, S. 192 f.	Sätze nach dem Feldermodell untersuchen		
Erarbeitung	A5, S. 193	Satzarten unterscheiden	AB 12-01 (LB, S. 258) Übung Satzarten	
Erarbeitung	A6–7, S. 194	Umstellprobe durchführen	AB 12-02 (LB, S. 259) Übung Umstellprobe	– AH, S. 58 ff. – AH, S. 60
Festigung	A8, S. 195	Feldermodell, Satzklammer, Satzarten		

Stunde 3	Material	Satzglieder: Prädikat, Subjekt	Zusatzmaterial	
Erarbeitung	A1–2, S. 195	obligatorische Verbergänzungen erkennen		AH, S. 61 f.
Erarbeitung	A1–2, S. 196	Subjekte erkennen, Kongruenz zwischen Subjekt und Prädikat		– Modul „Nomen und Nominalgruppen erkennen und verwenden" (S. 176 ff.) – AH, S. 63
Festigung	A3, S. 196	Subjekt und Prädikat erkennen	AB 12-03 (Online-Code 995s84) Übung Subjekt und Prädikat	

Stunde 4	Material	Satzglieder: Objekte, adverbiale Bestimmung	Zusatzmaterial	
Erarbeitung	A1, S. 197	Dativ- und Akkusativobjekte erkennen und bestimmen		AH, S. 64
Festigung	A2–3, S. 198	Dativ- und Akkusativobjekte erkennen und bestimmen	AB 12-04 (LB, S. 260) Übung Objekte	Modul „Nomen und Nominalgruppen erkennen und verwenden" (S. 176 ff.)
Impuls	A1, S. 199	über den Bau von Pyramiden reflektieren		
Erarbeitung	A2–3, S. 199	Adverbialbestimmungen erkennen und bestimmen	AB 12-05 (Online-Code 8nb4s5) Übung Adverbialbestimmungen	AH, S. 65

Stunde 5/6	Material	Lernerfolge sichern und ggf. bewerten	Zusatzmaterial	
selbstständige Lernkontrolle	A1–3, S. 200 f.	Satzglieder gezielt verwenden, erkennen und bestimmen	TR (Online-Code 3uj9tc)	AH, S. 66 f.
Klassenarbeit	KA 12-01 bis KA 12-04 LB, S. 250 ff.	Satzglieder erkennen und bestimmen		

5. Kommentare zu den Aufgaben

5.1 Kapitelauftaktseite – Vorwissen aktivieren

S. 190–191

Betrachtet die Abbildungen und lest die Bildunterschriften.
- Welche dieser berühmten Bauwerke kennt ihr?
- Was beeindruckt euch an ihnen?

A1 | S. 190

Die Aufgabe versteht sich als thematischer Einstieg, bei dem die Schüler von ihren eigenen Erfahrungen berichten können.

Info

Welche weiteren Bauwerke findet ihr interessant? Begründet.

A2 | S. 190

Die Begründungen der Schüler könnten in (ggf. vereinfachter Form) an der Tafel notiert und im Zusammenhang mit A4 besprochen werden.

Info

Schaut euch das Bild von der Brücke auf Seite 191 an. Formuliert, was Bauwerke und Sätze gemeinsam haben.

A3 | S. 190

Mögliche unterstützende Fragen zum Bild: Woraus sind Sätze gebaut? Wie müssen Wörter zusammengebaut werden, damit ein Satz entsteht?

Info

Bauwerke und Sätze sind „gebaut", sie bestehen aus bestimmten (Wort-)Materialien, die nach einer bestimmten Struktur (Architektur) zusammengesetzt sind und jeweils ein ganz unterschiedliches Aussehen haben können.

Lösungsvorschlag

Notiert, welche Satzglieder euch bereits bekannt sind.

A4 | S. 191

- Die Schüler könnten hier die bekannten Satzglieder am Text aller Bildunterschriften benennen.
- Leistungsstärkere Schüler könnten hier zusätzlich die im Zusammenhang mit der A2 gesammelten Sätze bearbeiten, schwächere könnten alternativ auch A5 bearbeiten.

Info

möglicher Tafelanschrieb:

Lösungsvorschlag

Subjekt (Satzgegenstand)	Prädikat (Satzaussage)	Objekt (Satzergänzung)
Der Turm	wurde aufgerichtet	
die Arbeiter	benötigten	3.000.000 Steinblöcke
Die erste Funkverbindung über den Atlantik	wurde gesendet	
der höchste Kirchturm der Welt/das	ist	

Gustave Eiffel – Erbauer des Eiffelturms. Was müsst ihr einsetzen, damit das ein vollständiger Satz wird? Ergänzt auch die Bildunterschrift *Konstruktionsfehler?* zu einer vollständigen Frage.

A5 | S. 191

Die Aufgabe kann von leistungsschwächeren Schülern alternativ zu A4 bearbeitet werden.

Info

- eingesetzt werden muss das Prädikat, z. B.: Gustave Eiffel <u>war</u> der Erbauer des Eiffelturms.
- Beispiele: Ist das ein Konstruktionsfehler?/Liegt hier ein Konstruktionsfehler vor?/Handelt es sich hier um einen Konstruktionsfehler?

Lösungsvorschlag

Wolkenkratzer und Pyramiden · Satzglieder untersuchen und verwenden

S. 192–196 5.2 Modul 1: Clever gebaut! – Sätze und Satzglieder untersuchen

Die Bauweise von Sätzen beschreiben

S. 192 | A1 Welches ist das höchste Gebäude, das ihr mit eigenen Augen gesehen habt? Beschreibt eure Eindrücke.

Info Thematische Einstiegsfrage, eine Lösung im engeren Sinne wird nicht angestrebt.

S. 192 | A2 Seht euch die folgenden Sätze an. Sie sind durch die Tabelle in Felder gegliedert. Untersucht, an welcher Stelle das konjugierte (finite) Verb steht.

Info Die Satzerschließung nach dem Feldermodell erleichtert es den Schülern, das Prädikat als strukturelles Zentrum des Satzes wahrzunehmen. Dies gilt insbesondere für das Deutsche, wo das linke und rechte Verbfeld zusammen die sogenannte Satzklammer bilden.

Vorfeld	alles, was links des Prädikats bzw. des konjugierten Prädikatsteils steht
linkes Verbfeld	das Prädikat bzw. der konjugierte Prädikatsteil
Mittelfeld	alles, was zwischen dem linken Verbfeld und dem rechten Verbfeld steht; ist das rechte Verbfeld nicht besetzt, stehen im Mittelfeld alle weiteren Satzglieder rechts des konjugierten Prädikatsteils
rechtes Verbfeld	ggf. weitere (dann nicht konjugierte) Prädikatsteile
Nachfeld	alles, was rechts des rechten Verbfeldes steht (z. B.: Sie dachten intensiv nach [= rechtes Verbfeld] über das Feldermodell [= Nachfeld].)

Lösungsvorschlag Das konjugierte Verb besetzt das linke Verbfeld, d. h. es steht an zweiter Satzgliedstelle.

S. 193 | A3 Übernehmt die Tabelle aus Aufgabe 2 in euer Heft. Ordnet die markierten Teile der folgenden Sätze in die Tabelle ein. Beginnt beim linken Verbfeld. Überlegt, ob ihr das linke und das rechte Verbfeld braucht.

Info Es bietet sich Partnerarbeit an (leistungsstärkere und leistungsschwächere Schüler mischen).

Lösungsvorschlag möglicher Tafelanschrieb:

Vorfeld	linkes Verbfeld	Mittelfeld	rechtes Verbfeld
ein Wolkenkratzer im arabischen Dubai	führt	die Rangliste der höchsten Gebäude	an
die Höhe des Turmes Burj Chalifa	beträgt	828 Meter	
er	besitzt	200 Stockwerke	
Besucher	genießen	den Blick auf die Dubai Fountain von der Außenterrasse im 148. Stock aus 555 Metern Höhe	

Erklärt, was im rechten Verbfeld stehen kann. Warum kann das rechte Verbfeld auch leer bleiben? **A4 S.193**

Lösungsvorschlag

Vorfeld	Linkes Verbfeld	Mittelfeld	Rechtes Verbfeld	Im rechten Verbfeld kann stehen:
Ein Wolkenkratzer im arabischen Dubai	führt	die Rangliste der höchsten Gebäude	an.	Verbzusatz
Ich	habe	den Wolkenkratzer	gesehen.	Der 2. und 3. Teil des Prädikats bei den zusammengesetzten Tempora
Sie	werden	den Wolkenkratzer	gesehen haben.	
Er	muss (Modalverb)	heute viel	gearbeitet haben.	Infinitiv nach einem Modalverb oder modifizierendem Verb
Er	scheint (modifizierendes Verb)	heute viel	zu arbeiten.	
Er	sah	ihn zum Wolkenkratzer	rennen.	nicht flektierter Teil bei zusammengesetzten Prädikaten aus zwei Vollverben
Er	kam	ganz schnell	angerannt.	
Besucher	genießen	den Blick auf die Dubai Fountain	nicht.	Verneinung

Das rechte Verbfeld kann leer bleiben, wenn das Prädikat nur aus einem Teil besteht.

Erklärt die Begriffe *Verbzweitsatz* und *Verberstsatz*. Ordnet die Aussageabsichten in den Kästen zu: Was wird mit Verbzweitsätzen ausgedrückt? Was mit Verberstsätzen? **A5 S.193**

weitere Übung zu „Satzarten": **AB 12-01** (siehe LB, S.258)

Info

- Bei **Verbzweitsätzen** steht der flektierte Prädikatsteil an zweiter Satzgliedstelle, d.h. dass das Vorfeld besetzt ist: Das ist bei Aussagesätzen und Ergänzungsfragesätzen (W-Frage-Sätzen) der Fall.
- Bei **Verberstsätzen** steht der flektierte Prädikatsteil an erster Satzgliedstelle, d.h. dass das Vorfeld nicht besetzt ist: Dies ist bei Aufforderungs- bzw. Befehlssätzen und Entscheidungsfragen der Fall.

Lösungsvorschlag

Schreibt die Wörter des ersten Satzes auf kleine Zettel. Probiert aus, welche Wörter sich in diesem Satz gemeinsam verschieben lassen. **A6 S.194**

Für diese Aufgabe sollte etwas Zeit eingeplant werden: Auch leistungsschwächere Schüler müssen das Prinzip der Umstellprobe benutzen können. Weitere Übung zu „Umstellprobe": **AB 12-02** (siehe LB, S.259)

Info

Gemeinsam verschieben lassen sich: Der Shanghai Tower – im August 2013 – seine Endhöhe von 623 Meter

Lösungsvorschlag

Wählt aus dem Text zwei weitere Sätze aus. Bestimmt die Prädikate und führt die Umstellprobe durch. Aus wie vielen Satzgliedern bestehen die Sätze? **A7 S.194**

Satz 2:
- drei Satzglieder insgesamt
- Prädikat: befindet sich
- weitere Satzglieder: In 561 Metern – eine öffentliche und offene Aussichtsplattform

Satz 3:
- drei Satzglieder insgesamt
- Prädikat: ist
- weitere Satzglieder: Der Turm – das höchste Gebäude Chinas und das zweithöchste der Erde

Lösungsvorschlag

Wolkenkratzer und Pyramiden · Satzglieder untersuchen und verwenden

---

S. 195 | A8

Zum Differenzieren
A Beschreibt den ersten und letzten Satz des Textes „Der Shanghai Tower" auf Seite 194 mithilfe des Feldermodells. Zeichnet die Satzklammer ein.
B Formt den ersten und den letzten Satz des Textes „Der Shanghai Tower" auf Seite 194 um, sodass das rechte Verbfeld leer bleibt.
C Bildet aus den folgenden Aufforderungen Verbzweitsätze und beschreibt sie mithilfe des Feldermodells: *siehe Lösungsvorschlag*

A ○ ■
B ◐ ■
C ● ■ ✱

Info Bei Teilaufgabe C können die Schüler versuchen, auch das rechte Verbfeld zu besetzen (siehe das zweite Beispiel im Lösungsvorschlag).

Lösungsvorschlag **A:**

Vorfeld	linkes Verbfeld	Mittelfeld	rechtes Verbfeld
Der Shanghai Tower	hat	im August 2013 seine Endhöhe von 623 Metern	erreicht.
		——— Satzklammer ———	
Dadurch	will	man Energie	sparen.

B:

Vorfeld	linkes Verbfeld	Mittelfeld	rechtes Verbfeld
Der Shanghai Tower	erreichte	im August 2013 seine Endhöhe von 623 Metern.	
Dadurch	spart	man Energie.	

C:

Vorfeld	linkes Verbfeld	Mittelfeld	rechtes Verbfeld
Viele Menschen	sollen	den Shanghai Tower	besuchen.
Wir	sollen	Energie	sparen.

Prädikate untersuchen

S. 195 | A1 Vergleicht die Sätze. Erklärt, warum nur einer grammatisch korrekt ist. Nutzt dafür die Skizze.

Info Mit dieser und der nächsten Aufgabe soll den Schülern bewusst werden, dass das Prädikat maßgeblich für den Bau des Satzes verantwortlich ist, indem es bestimmte Ergänzungen erfordert und/oder zulässt.

Lösungsvorschlag Das Verb „eröffnen" erfordert ein Subjekt und ein Objekt, korrekt ist somit der Satz „Scheich Chalifa hat das gigantische Bauwerk eröffnet."

S. 195 | A2 *Die Touristengruppe verlässt den Burj Chalifa gegen Mittag durch einen Seiteneingang.* Welche Ergänzungen braucht das Prädikat? Was könnt ihr weglassen, ohne dass der Satz dadurch inhaltlich und grammatisch falsch wird?

Info Vgl. den Hinweis zu A1.

Lösungsvorschlag Das Verb „verlassen" erfordert ein Subjekt und ein Objekt, d. h. der Satz kann so reduziert werden: „Die Touristengruppe verlässt den Burj Chalifa."

○ ◐ ● leicht – mittel – schwer   ■ analytisch   ✱ handlungs- und produktionsorientiert

Subjekte erkennen

A1 S. 196

Im ersten Satz ist das Subjekt markiert. Bestimmt auch in den übrigen Sätzen das Subjekt. Wie könnt ihr es erkennen? Untersucht die Subjekte genauer.

Info: Es könnten hier leistungsstärkere und leistungsschwächere Schüler zusammenarbeiten.

Lösungsvorschlag:
- Subjekte stehen im Nominativ, das heißt, sie antworten auf die Frage „Wer oder was?" und stimmen mit dem Prädikat in Person und Zahl überein.
- Subjekte: Die äußere Fassade – Seine Aussichtsplattform – die Einwohner Shanghais – Sie

A2 S. 196

Der Shanghai Tower hat die höchste Aussichtsplattform der Welt.
Der Shanghai Tower und der Burj Chalifa haben die höchsten Aussichtsplattformen der Welt.
Vergleicht die beiden Sätze. Erklärt wie Subjekt und Prädikat zusammenhängen.

Info: Vgl. zum Zusammenhang zwischen Subjekt und Prädikat den Lösungsvorschlag zu A1.

A3 S. 196

Zum Differenzieren
A Schreibt die Sätze in euer Heft. Trennt die einzelnen Satzglieder mit einem Bleistift ab und markiert das Prädikat mit Rot.
B Schreibt die Sätze in euer Heft. Markiert Subjekte mit einem gelben und Prädikate mit einem roten Stift. Erklärt die Form der Prädikate.

Info: Leistungsschwächere Schüler könnten für jeden Satz die Frage „Wer oder was?" auch schriftlich ausformulieren, z. B.: „Wer oder was hat auch einen schiefen Turm? – Schwäbisch Gmünd."
Weitere Übung zu „Subjekt und Prädikat": AB 12-03 (Online-Code 995s84)

Lösungsvorschlag:
A/B: Subjekte einfach, Prädikate doppelt unterstrichen; zwischen Subjekt und Prädikat besteht Kongruenz in Numerus und Person:

Auch | Schwäbisch Gmünd | hat | einen schiefen Turm. Der morastige Untergrund des Johannisturms | verursachte | eine Neigung von über einem Meter. Besucher | haben | oft | ein Schwindelgefühl | bei der Besteigung des 45 Meter hohen Turms. Deshalb | erhielt | der Turm der Johanniskirche | den Namen „Schwindelstein". Die Bewohner der Stadt | nutzten | ihn | in früheren Zeiten | als „Hochwacht": Von oben | konnten | Wächter | ausbrechende Feuer | früh | erkennen. Dann | alarmierten | sie | Löschhelfer.

5.3 Modul 2: Burggeflüster – Satzergänzungen: Objekte untersuchen

S. 197–199

A1 S. 197

Füllt die Lücken mit den Wörtern und Wortgruppen neben dem Bild. Bestimmt die Satzglieder mithilfe der blauen Box näher.

Info: Leistungsschwächere Schüler könnten wieder für jedes Objekt die entsprechende Ergänzungsfrage formulieren (siehe Lösungsvorschlag).

Lösungsvorschlag:
Auf dem Bild sieht man *die Burg Hornberg* (Wen oder was sieht man? – AO). Sie gehörte *den Grafen von Lauffen* (Wem gehörte sie? – DO). Die Familie ließ *sie* (Wen oder was ließ sie erbauen? – AO) im 11. Jahrhundert erbauen. *Götz von Berlichingen* (Wem gefiel die Burg? – DO) gefiel die Burg besonders gut. Der Ritter mit der eisernen Hand kaufte *die Burg* (Wen oder was kaufte er? – AO) 1517. Er lebte 45 Jahre auf der Burg. Heute besuchen viele Menschen *die Burganlage* (Wen oder was besuchen viele Menschen? – AO).

○ ◐ ● leicht – mittel – schwer   ■ analytisch   ✱ handlungs- und produktionsorientiert

Wolkenkratzer und Pyramiden · Satzglieder untersuchen und verwenden

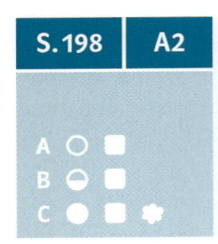

S. 198 | A2

Zum Differenzieren

A Fügt die Satzbausteine zusammen. Links stehen das Subjekt und das Prädikat, die ihr mit den passenden Objekten rechts ergänzt. Schreibt die Sätze auf und bestimmt den Kasus der Objekte.
B Schreibt den folgenden Text ab und setzt die Nominalgruppen ein. Bestimmt die Objekte.
C Ergänzt die folgenden Sätze durch ein in Klammern gefordertes Objekt (3 = Dativobjekt, 4 = Akkusativobjekt). Schreibt den Text auf.

Info weitere Übung zu „Objekte": AB 12-04 (siehe LB, S. 260)

Lösungsvorschlag

A: Die Bauleute benutzten Gerüste mit Rollen und Flaschenzügen („Gerüste" im Akkusativ). – Viele geschickte Handwerker halfen dem Baumeister (Dativ). – Eingebaute Schießscharten erhöhten die Sicherheit der Schützen („Sicherheit" im Akkusativ). – Ein Fallgitter sicherte den Burggraben (Akkusativ). – Eine Zugbrücke überspannte den Burggraben (Akkusativ).

B: Die Burg diente *dem Burgherrn* und *dem Dienstpersonal* (= DO). In Scheunen, Vorratskammern und Kellern lagerte man *Lebensmittel* (= AO) und hielt *verschiedene Haustiere* (= AO). Brunnen spendeten *den Bewohnern* (= DO) *das notwendige Trinkwasser* (= AO). Der Oberkoch befehligte *mehrere Köche und Gehilfen* (= AO). Der Mundschenk stand *dem Weinkeller* (= DO) vor und der Marschall *dem Pferdestall* (= DO). Der Kämmerer verwahrte *die Schätze* und *kostbare Stoffe* (= AO). Das Waschen und Spinnen überließ man *den Waschfrauen und Mägden* (= DO).

C: Oft feierte man auf den Burgen Feste. Boten überbrachten den Gästen die Einladungen. Diese Gäste von nah und fern brachten Geschenke mit. Zu den Festlichkeiten zog man sich kostbare Kleider an. Das Festmahl, die erlesenen Weine und die anderen Köstlichkeiten schmeckten den Festteilnehmern sehr gut. Man hörte Sängern zu, die in Liedern und Gedichten die Frauen verehrten.

S. 198 | A3

Extra

Bestimmt im folgenden Text alle Objekte.

Info Die Aufgabe kann als Zusatzaufgabe für schnellere Schüler Verwendung finden.

Lösungsvorschlag vielen Menschen (Dativobjekt) – etwa acht- bis zehntausend Burganlagen, dicke und hohe Mauern, das Kastell mit doppelten Mauern und runden Ecktürmen, eigene Türme, freistehende rechteckige Türme, ein eigenes Aussehen (alles Akkusativobjekte)

S. 199 | 5.4 Modul 3: Das Geheimnis der Pyramiden – Besondere Umstände: Adverbialbestimmungen erkennen

S. 199 | A1

Schaut euch die Abbildungen vom Bau der Pyramiden von Gizeh an. Was erfahrt ihr über den Pyramidenbau.

Info Die Aufgabe versteht sich als thematischer Einstieg.
Die Schüler könnten, vgl. A2, bereits hier Fragen an die Bilder richten, z. B.:
– Woher kamen die Steine?
– Wie wurden sie auf die Schiffe verladen?
– Wie wurden die Steine übereinandergeschichtet (nach oben befördert)? usw.

Welche zusätzlichen Informationen erhaltet ihr durch die folgenden Fragen? (*Fragen siehe Lösungsvorschlag*) **A2** **S. 199**

Auch wenn die Unterscheidung der Umstände nach Grund, Ort, Zeit und Art und Weise) im Vordergrund steht, könnte die Aufgabe gleichwohl als Anlass zu einer kleinen Internetrecherche genutzt werden (vgl. die entsprechenden Seiten bei wikipedia.org); dies gilt auch für die in A1 ggf. formulierten Fragen.

Info

- Wo stehen die Pyramiden? – Umstand des Ortes: *bei Gizeh, einer ägyptischen Stadt am westlichen Rand des Niltals*
- Wann entstanden sie? – Umstand der Zeit: *etwa zwischen 2620 bis 2500 v. Chr.*
- Warum bauen die Ägypter Pyramiden? – Umstand des Grundes: *als Grabstätten für Pharaonen*
- Wie gelang es den Arbeitern, die Steine so genau in Pyramidenform zu bringen? – Umstand der Art und Weise: *das Rätsel ist bis heute noch nicht vollständig gelöst*

Lösungsvorschlag

Lest den Text und findet durch W-Fragen die Adverbialbestimmungen. **A3** **S. 199**

weitere Übung zu „Adverbialbestimmungen": **AB 12-05** (Online-Code 8nb4s5)

Info

- Fast 4000 Jahre lang (Zeit)
- am Westufer des Nils (Ort)
- in Ägypten (Ort)
- etwa von 2551 bis 2528 vor Christus (Zeit)
- Schon zu seinen Lebzeiten (Zeit)
- voller Fleiß und Entbehrungen (Art und Weise)
- Bei ihrer Fertigstellung (Zeit)

Lösungsvorschlag

Klassenarbeit zum Kapitel:
Wolkenkratzer und Pyramiden • Satzglieder untersuchen und verwenden

KA 12-01

Name: Klasse: Datum:

Das Taj Mahal

Das Taj Mahal ist ein 58 Meter hohes und 56 Meter breites Grabmausoleum. Der Großmogul Shah Jahan ließ den Bau zum Gedenken an seine im Jahre 1631 verstorbene Hauptfrau Mumtaz Mahal erbauen. Das Gebäude steht auf einer 100 mal 100 Meter großen Marmorplattform und ist von einem 18 Hektar großen Garten umgeben. Der Bau des Taj Mahal wurde kurz nach dem Tode Mahals im Jahr 1631 begonnen und 1648 beendet. Über 20.000 Handwerker haben an dem Gebäude mitgearbeitet. Eine Legende besagt, dass nach Vollendung des Bauwerks allen beteiligten Handwerkern eine Hand abgehackt worden sein soll und die Architekten hingerichtet wurden, um andere Herrscher an der Nachahmung des Gebäudes zu hindern. Das Taj Mahal, das seit 1983 zum UNESCO-Weltkulturerbe zählt, ist heute nicht nur Touristenattraktion. Auch frisch vermählte Brautleute besuchen das Gebäude, weil dadurch ihre Liebe dauerhaft werden soll.

— Quelle: frei nach wikipedia

1 Ermittle in den beiden folgenden Sätzen aus dem Text die Satzglieder durch die Umstellprobe. Trenne die Satzglieder durch senkrechte Striche ab.

a) Über 20.000 Handwerker | haben an dem Gebäude mitgearbeitet.
b) Der Großmogul Shah Jahan ließ den Bau zum Gedenken an seine im Jahre 1631 verstorbene Hauptfrau Mumtaz Mahal erbauen.

2 Übertrage die beiden Sätzen 1 a) und 1 b) in die folgende Tabelle.

Vorfeld	linkes Verbfeld	Mittelfeld	rechtes Verbfeld

3 Erläutere anhand der Beispiele aus Aufgabe 2, wann das rechte Verbfeld besetzt ist.

4 Bestimme in den beiden Sätzen 1 a) und 1 b) jeweils das Subjekt und das Prädikat.

5 Im folgenden Satz aus dem Text finden sich ein Dativ- und ein Akkusativobjekt. Formuliere die passende Frage für die Objekte. Schreibe die Fragen mit den Objekten auf.

… dass nach Vollendung des Bauwerks allen beteiligten Handwerkern eine Hand abgehackt worden sein soll …

6 In den folgenden Sätzen findet sich jeweils eine adverbiale Bestimmung. Schreibe diese heraus und gib an, um welche Art von Bestimmung es sich handelt (Ort, Zeit, Grund, Art und Weise).

a) Der Bau des Taj Mahal wurde kurz nach dem Tode Mahals begonnen.
b) Das Gebäude steht auf einer 100 mal 100 Meter großen Marmorplattform.
c) Das Gebäude wurde zum Gedenken an Mumtaz Mahal erbaut.
d) Ihre Liebe soll dauerhaft werden.

Erwartungshorizont/Korrekturhilfe

KA 12-01

Wolkenkratzer und Pyramiden · Satzglieder untersuchen und verwenden

(vgl. Lehrerband, S. 250)

Aufgabe	Anforderung/Lösung	Anforderungs-bereich	Punkte
1	pro Fehler ein Punkt Abzug: a) Über 20.000 Handwerker | haben | an dem Gebäude | mitgearbeitet. b) Der Großmogul Shah Jahan | ließ | den Bau | zum Gedenken an seine im Jahre 1631 verstorbene Hauptfrau Mumtaz Mahal | erbauen.	1	6
2	pro Fehler ein Punkt Abzug: a) Über 20.000 Handwerker (= Vorfeld) haben (= linkes Verbfeld) an dem Gebäude (= Mittelfeld) mitgearbeitet (= rechtes Verbfeld). b) Der Großmogul Shah Jahan (= Vorfeld) ließ (= linkes Verbfeld) den Bau zum Gedenken an seine im Jahre 1631 verstorbene Hauptfrau Mumtaz Mahal (= Mittelfeld) erbauen (= rechtes Verbfeld).	1	4
3	im rechten Verbfeld kann stehen: - der zweite und ggf. dritte Teil des Prädikats bei den zusammengesetzten Tempora (Beispiel 1 a) - nicht flektierter Teil bei zusammengesetzten Prädikaten aus zwei Vollverben (Beispiel 1 b)	3	4
4	a) Über 20.000 Handwerker (= Subjekt), haben mitgearbeitet (= Prädikat) b) Der Großmogul Shah Jahan (= Subjekt), ließ erbauen (= Prädikat)	2	4
5	Wem wurden nach der Vollendung des Baus eine Hand abgehackt? – allen beteiligten Handwerkern (= Dativobjekt) Wen oder was wurde allen beteiligten Handwerkern abgehackt? – eine Hand (= Akkusativobjekt)	2	4
6	a) kurz nach dem Tode Mahals (Zeit) b) auf einer 100 mal 100 Meter großen Marmorplattform (Ort) c) zum Gedenken an Mumtaz Mahal (Grund) d) dauerhaft (Art und Weise)	2	4
	ggf. sprachliche Darstellungsweise	**Fehlerquote**	**Punkte**

Klassenarbeit zum Kapitel:
Wolkenkratzer und Pyramiden • Satzglieder untersuchen und verwenden

KA 12-02

Name: Klasse: Datum:

Freiheitsstatue – Die große Lady Liberty

Die Freiheitsstatue, offiziell *Statue of Liberty* oder auch *Lady Liberty*, wie sie von Amerikanern genannt wird, ist das Symbol für Freiheit in den Vereinigten Staaten. Sie ist ein um zehn Jahre verspätetes Geschenk der Franzosen an die Amerikaner zum 100. Jahrestag der Unabhängigkeitserklärung und wurde am 28. Oktober 1886 eingeweiht. Für sehr viele Einwanderer aus Europa, die in New York ankamen, war
5 die Freiheitsstatue das Erste, was sie von der neuen Welt zu Gesicht bekamen, und man kann verstehen, warum sie so nachhaltig in den Gedanken der Menschen verfestigt ist. […]
Die siebenstrahlige Krone symbolisiert die Anzahl der Weltmeere und die 25 Fenster unterhalb der Krone die Edelsteine dieser Welt. Mit einem Fuß steht die Freiheitsstatue auf zerbrochenen Ketten, die das Ende der Sklaverei symbolisieren. Ein weiteres Symbol ist der erhobene Arm mit der vergoldeten Fackel in der
10 Hand, was ein Zeichen für Aufklärung ist. Das übermächtige Frankreich wollte sich mit diesem Geschenk das Wohlwollen des zu dieser Zeit aufstrebenden Amerika sichern. In New York werden sehr viele Touren zur Freiheitsstatue angeboten, die man bis zur Krone besteigen kann. Eine günstige Variante zu den offiziellen Angeboten und eigentlich fast schon kein Geheimtipp mehr ist die Fahrt mit der regulären Fähre nach Staten Island, die sehr nah an der Freiheitsstatue vorbeikommt, von Manhattan aus. Wer gerne die
15 Freiheitsstatue sehen möchte, der findet in Frankreich zwei etwa zwölf Meter hohe Kopien. Eine steht seit 1885 recht nah am Eiffelturm und die zweite in der Stadt des Bildhauers in Colmar.

— Quelle: http://www.weltwunder-online.de/neuzeit/freiheitsstatue.htm (aufgerufen am 5.3.2013)

1 Ermittle in den beiden folgenden Sätzen aus dem Text die Satzglieder durch die Umstellprobe. Markiere die Satzgliedgrenzen mit einer Bleistiftlinie.

   a) Die Freiheitsstatue ist das Symbol für Freiheit in den Vereinigten Staaten.
   b) Die siebenstrahlige Krone symbolisiert die Anzahl der Weltmeere.

2 Übertrage die beiden Sätze 1 a) und 1 b) in die folgende Tabelle.

Vorfeld	linkes Verbfeld	Mittelfeld	rechtes Verbfeld

3 Erläutere anhand selbst gewählter Beispiele, wann das rechte Verbfeld besetzt ist. Nenne drei unterschiedliche Fälle.

4 Unterstreiche im folgenden Satz alle Prädikate mit einer Bleistiftlinie.

   Für sehr viele Einwanderer aus Europa, die in New York ankamen, war die Freiheitsstatue das Erste, was sie von der neuen Welt zu Gesicht bekamen.

5 Untersuche noch einmal das Satzgefüge aus Aufgabe 4 und bestimme die Subjekte durch eine Wellenlinie.

6 Gib für die markierten Adverbialbestimmungen jeweils an, um welche Art von Bestimmung es sich handelt (Ort, Zeit, Grund, Art und Weise).

   a) Die Freiheitsstatue wurde <u>am 28. Oktober 1886</u> eingeweiht.
   b) Mit einem Fuß steht die Freiheitsstatue <u>auf zerbrochenen Ketten</u>, die das Ende der Sklaverei symbolisieren.
   c) Man kann verstehen, warum die Freiheitsstatue so <u>nachhaltig</u> in den Gedanken der Menschen verfestigt ist.

Erwartungshorizont/Korrekturhilfe

Wolkenkratzer und Pyramiden · Satzglieder untersuchen und verwenden

KA 12-02

(vgl. Lehrerband, S. 252)

Aufgabe	Anforderung/Lösung	Anforderungs-bereich	Punkte
1	pro Fehler ein Punkt Abzug: a) Die Freiheitsstatue | ist | das Symbol für Freiheit | in den Vereinigten Staaten. b) Die siebenstrahlige Krone | symbolisiert | die Anzahl der Weltmeere.	1	6
2	pro Fehler ein Punkt Abzug: a) Die Freiheitsstatue (= Vorfeld) ist (= linkes Verbfeld) das Symbol für Freiheit in den Vereinigten Staaten (= Mittelfeld). b) Die siebenstrahlige Krone (= Vorfeld) symbolisiert (= linkes Verbfeld) die Anzahl der Weltmeere (= Mittelfeld).	1	4
3	im rechten Verbfeld kann stehen: – der zweite und ggf. dritte Teil des Prädikats bei den zusammengesetzten Tempora – Infinitiv nach einem Modalverb oder modifizierendem Verb – nicht flektierter Teil bei zusammengesetzten Prädikaten aus zwei Vollverben	3	4
4	Für sehr viele Einwanderer aus Europa, die in New York ankamen, war die Freiheitsstatue das Erste, was sie von der neuen Welt zu Gesicht bekamen.	2	3
5	Für sehr viele Einwanderer aus Europa, die in New York ankamen, war die Freiheitsstatue das Erste, was sie von der neuen Welt zu Gesicht bekamen.	2	2
6	a) Zeit b) Ort c) Art und Weise	2	3
	ggf. sprachliche Darstellungsweise	**Fehlerquote**	**Punkte**

Klassenarbeit zum Kapitel:
Wolkenkratzer und Pyramiden • Satzglieder untersuchen und verwenden

KA 12-03

Name: _____ Klasse: _____ Datum: _____

Die Akropolis

Die Akropolis ist das Wahrzeichen der Stadt Athen. Sie ist ein Symbol für Demokratie und Zivilisation und war der Göttin Athene geweiht. Im 5. Jahrhundert ließ Perikles[1] die Akropolis auf dem Heiligen Felsen über der Stadt errichten, nachdem zuvor im Krieg gegen die Perser die alte Befestigungsanlage vollständig zerstört wurde. Am Neuaufbau der Akropolis waren die besten Architekten und Bildhauer der Zeit beteiligt, unter anderem auch Phidias, der die Statue des Zeus[2], ein Weltwunder der Antike, geschaffen hat. Die Siedlungsgeschichte auf dem Tafelberg geht bis auf 5000 v. Chr. in der Jungsteinzeit zurück. Ursprünglich diente die Akropolis als eine Stadtfestung, aber mit der Zeit entstand während der griechischen Antike ein Tempelbezirk mit vielen Tempeln, die verschiedenen Göttern und Helden geweiht waren. Der Parthenon-Tempel, der heute noch in großen Teilen erhalten ist, gehört zu den bekanntesten Tempelbauten weltweit. Das römische Amphitheater am Fuß der Akropolis wurde restauriert, und es finden dort regelmäßig Veranstaltungen statt. Funde aus der Akropolis können heute im Britischen Museum in London und im Akropolis-Museum in Athen besichtigt werden.

[1] Perikles: ein führender Staatsmann im 5. Jh. v. Chr.
[2] Zeus: oberster Gott der griechischen Mythologie

— Quelle: http://www.weltwunder-online.de/neuzeit/akropolis.htm (aufgerufen am 5.3.2013)

1 Ermittle im folgenden Satz aus dem Text die Satzglieder durch die Umstellprobe. Unterteile die Satzglieder durch senkrechte Striche.

Im 5. Jahrhundert ließ Perikles die Akropolis auf dem Heiligen Felsen über der Stadt errichten.

2 Bestimme die markierten Satzglieder. Notiere die Antworten auf der Rückseite.

a) <u>Am Neuaufbau der Akropolis</u> waren <u>die besten Architekten und Bildhauer der Zeit</u> beteiligt.
b) <u>Funde aus der Akropolis</u> können heute <u>im Britischen Museum in London und im Akropolis-Museum in Athen</u> besichtigt werden.

3 Übertrage die drei Sätze aus den Aufgaben 1 und 2 in die folgende Tabelle.

Vorfeld	linkes Verbfeld	Mittelfeld	rechtes Verbfeld

4 Erläutere anhand der Beispiele aus Aufgabe 3, wann das rechte Verbfeld besetzt ist.

5 Schreibe aus dem ersten Textabsatz (Z. 1–6) alle mehrteiligen Prädikate heraus.

6 Gib für die markierten Adverbialbestimmungen jeweils an, um welche Art von Bestimmung es sich handelt (Ort, Zeit, Grund, Art und Weise).

a) Das römische Amphitheater <u>am Fuß der Akropolis</u> wurde restauriert.
b) Die alte Befestigungsanlage wurde <u>zuvor</u> im Krieg gegen die Perser <u>vollständig</u> zerstört.

Erwartungshorizont/Korrekturhilfe

Wolkenkratzer und Pyramiden · Satzglieder untersuchen und verwenden

KA 12-03

(vgl. Lehrerband, S. 254)

Aufgabe	Anforderung/Lösung	Anforderungs-bereich	Punkte
1	pro Fehler ein Punkt Abzug: Im 5. Jahrhundert | ließ | Perikles | die Akropolis | auf dem Heiligen Felsen über der Stadt | errichten.	1	4
2	a) Am Neuaufbau der Akropolis: Dativobjekt (eigentlich: Präpositionalobjekt); die besten Architekten und Bildhauer der Zeit: Subjekt b) Funde aus der Akropolis: Subjekt; im Britischen Museum in London und im Akropolis-Museum in Athen: Adverbialbestimmung	2	4
3	pro Fehler ein Punkt Abzug: – Im 5. Jahrhundert (= Vorfeld) ließ (= linkes Verbfeld) Perikles die Akropolis auf dem Heiligen Felsen über der Stadt (= Mittelfeld) errichten (= rechtes Verbfeld). – Am Neuaufbau der Akropolis (= Vorfeld) waren (= linkes Verbfeld) die besten Architekten und Bildhauer der Zeit (= Mittelfeld) beteiligt (= rechtes Verbfeld). – Funde aus der Akropolis (= Vorfeld) können (= linkes Verbfeld) heute im Britischen Museum in London und im Akropolis-Museum in Athen (= Mittelfeld) besichtigt werden (= rechtes Verbfeld).	1	4
4	im rechten Verbfeld kann stehen: – nicht flektierter Teil bei zusammengesetzten Prädikaten aus zwei Vollverben (Satz aus Aufg. 1) – der zweite und ggf. dritte Teil des Prädikats bei den zusammengesetzten Tempora (Satz 2a) – Infinitiv nach einem Modalverb oder modifizierendem Verb (Satz 2b)	3	6
5	war … geweiht, ließ … errichten, zerstört wurde, waren … beteiligt, geschaffen hat, geht …zurück	1	6
6	a) am Fuß der Akropolis: Ort b) zuvor: Zeit; vollständig: Art und Weise	2	3
	ggf. sprachliche Darstellungsweise	**Fehlerquote**	**Punkte**

Klassenarbeit zum Kapitel:
Wolkenkratzer und Pyramiden • Satzglieder untersuchen und verwenden

KA 12-04

Name: _____ Klasse: _____ Datum: _____

Der Eiffelturm

Der Eiffelturm in Paris ist sicher eines der bekanntesten Gebäude der Welt und wird etwa von sechs Millionen Menschen jährlich besucht. Benannt wurde der 324 Meter hohe Eiffelturm nach seinem Erbauer Gustave Eiffel. Er sollte das Symbol der Weltausstellung von 1889 und ein Zeichen zum 100. Jahrestag der Französischen Revolution werden. In einer Bauzeit von zwei Jahren wurde der Eiffelturm aus vorgefertig-
5 ten Eisenteilen zusammengenietet[1], und bereits ein halbes Jahr nach seiner Eröffnung hatten Besucher drei Viertel der Baukosten wieder in die Kassen der Stadt gespült. Zunächst sollte der Eiffelturm nach zwanzig Jahren wieder abgerissen werden, aber er erwies sich als sehr nützlich für die aufkommende Funktechnik[2] und es konnte die erste Funkverbindung über den Atlantik über den Eiffelturm hergestellt werden.
Dabei war es keine Liebe auf den ersten Blick zwischen den Parisern und ihrem Koloss aus Stahl. Es gab
10 zunächst starke Widerstände in der Bevölkerung, die diesen Schandfleck wieder weghaben wollten. Das hat sich aber mit der Zeit geändert, und der Eiffelturm ist heute als das Wahrzeichen von Paris anerkannt. Für Touristen stehen drei verschiedene Aussichtsplattformen auf 57, 115 und 276 Metern Höhe zur Verfügung, die eine überragende Aussicht auf Paris bieten. Alternativ zum Aufzug kann man die zweite Plattform über 1665 Stufen erreichen. Sehenswert ist die Beleuchtung des Eiffelturms bei Nacht, wenn die
15 einzelnen Streben hell beleuchtet werden und auf der Spitze ein Leuchtfeuer arbeitet, um die Luftfahrt zu warnen.

[1] nieten, die Niete: festes Verbindungselement zwischen Blechteilen; [2] Funktechnik: Signale (Radiowellen) drahtlos übertragen

— Quelle: http://www.weltwunder-online.de/neuzeit/eiffelturm.htm (aufgerufen am 5.3.2013)

1 Ermittle im folgenden Satz aus dem Text die Satzglieder durch die Umstellprobe und markiere sie durch senkrechte Striche.

Zunächst sollte der Eiffelturm nach zwanzig Jahren wieder abgerissen werden.

2 Bestimme die markierten Satzglieder.

a) <u>Es</u> gab zunächst <u>starke Widerstände</u> in der Bevölkerung.
b) Besucher hatten <u>drei Viertel der Baukosten</u> wieder <u>in die Kassen der Stadt</u> gespült.

3 Übertrage den Satz aus Aufgabe 1 sowie den Satz 2b) in die folgende Tabelle.

Vorfeld	linkes Verbfeld	Mittelfeld	rechtes Verbfeld

4 Erläutere anhand der Beispiele aus Aufgabe 3, wann das rechte Verbfeld besetzt ist.

5 Gib für die markierten Adverbialbestimmungen jeweils an, um welche Art von Bestimmung es sich handelt (Ort, Zeit, Grund, Art und Weise).

a) Der Eiffelturm <u>in Paris</u> ist <u>sicher</u> eines der bekanntesten Gebäude der Welt.
b) Für Touristen stehen drei verschiedene Aussichtsplattformen <u>auf 57, 115 und 276 Metern Höhe</u> zur Verfügung.
c) Der Eiffelturm wird etwa von sechs Millionen Menschen <u>jährlich</u> besucht.

Erwartungshorizont/Korrekturhilfe

Wolkenkratzer und Pyramiden · Satzglieder untersuchen und verwenden

KA 12-04

(vgl. Lehrerband, S. 256)

Aufgabe	Anforderung/Lösung	Anforderungs-bereich	Punkte
1	Zunächst | sollte | der Eiffelturm | nach zwanzig Jahren | wieder abgerissen werden.	1	3
2	a) Es: Subjekt; starke Widerstände: Akkusativobjekt b) ein Viertel der Baukosten: Akkusativobjekt; in die Kassen der Stadt: Adverbialbestimmung	2	4
3	pro Fehler ein Punkt Abzug: - Zunächst (= Vorfeld) sollte (= linkes Verbfeld) der Eiffelturm nach zwanzig Jahren wieder (= Mittelfeld) abgerissen werden (= rechtes Verbfeld). - Besucher (= Vorfeld) hatten (= linkes Verbfeld) drei Viertel der Baukosten wieder in die Kassen der Stadt (= Mittelfeld) gespült (= rechtes Verbfeld).	1	4
4	im rechten Verbfeld kann stehen: - Infinitiv nach einem Modalverb oder modifizierendem Verb (Satz 1) - der zweite und ggf. dritte Teil des Prädikats bei den zusammengesetzten Tempora (Satz 2b)	3	4
5	a) in Paris: Ort; sicher: Art und Weise b) auf 57, 115 und 276 Metern Höhe: Ort c) jährlich: Zeit	2	4
	ggf. sprachliche Darstellungsweise	**Fehlerquote**	**Punkte**

Arbeitsblatt zum Kapitel:
Wolkenkratzer und Pyramiden • Satzglieder untersuchen und verwenden

AB 12-01
9mj3d3

Satzarten bestimmen

Die größte Turmuhr der Welt

Sieh dir das hohe Gebäude an! (1) Kennst du den Turm? (2) Er erinnert an Big Ben in London. (3) Der Mecca Royal Clock Tower ist 601 Meter hoch. (4) Er steht in Mekka neben der Heiligen Moschee. (5) Am Hotelturm ist die größte Uhr der Welt angebracht. (6) Die Zifferblätter haben einen Durchmesser von 43 Metern. (7) Kannst du die Uhrzeit erkennen? (8) Durch zwei Millionen LED-Leuchten kann man sie in einem Umkreis von acht Kilometern sehen. (9) Die Uhrzeiger sind gigantisch! (10) 23 Meter lang sind die begehbaren Minutenzeiger. (11) Die Stundenzeiger haben eine Länge von 17 Metern. (12) Eine Firma aus dem schwäbischen Calw hat die Uhr gebaut. (13) Am 10. August 2010 hat die Uhr den Betrieb aufgenommen. (14) Sie ist mit einem Solarantrieb ausgestattet.

„Abraj-al-Bait-Tower" by commons: User: King Eliot

1 Ordnet die Sätze in die folgende Feldermodell-Tabelle ein.

	Vorfeld	linkes Verbfeld	Mittelfeld	rechtes Verbfeld
		Sieh	dir das hohe Gebäude	an!
1.				
2.				
3.				
4.				
5.				
6.				
7.				
8.				
9.				
10.				
11.				
12.				
13.				
14.				

2 Bestimmt die Satzarten: Unterstreicht in der Tabelle die Verberstsätze blau und die Verbzweitsätze rot.

Arbeitsblatt zum Kapitel:
Wolkenkratzer und Pyramiden • Satzglieder untersuchen und verwenden

AB 12-02

Umstellprobe

1 Verfasst zwei Sätze mit mindestens drei Satzgliedern. Nutzt die Umstellprobe. Rahmt die verschiedenen Satzglieder jeweils ein.

1. _____

2. _____

2 Ergänzt den folgenden Satz um weitere Satzglieder. Der erweiterte Satz soll sinnvoll sein.

Der Shanghai-Tower steht in China.

_____

3 Schreibt eine kleine Geschichte aus drei Sätzen. Bildet jeden Satz mit fünf Satzgliedern. Bewertet, wie diese Geschichte auf Leser wirkt.

_____

Arbeitsblatt zum Kapitel:
Wolkenkratzer und Pyramiden • Satzglieder untersuchen und verwenden

AB 12-04
ab6a33

Objekte bestimmen

1 Markiert im folgenden Text alle Objekte.

Nahezu in ganz Europa finden wir mittelalterliche Burgen. Allein im deutschsprachigen Gebiet gab es etwa acht- bis zehntausend mittelalterliche Burganlagen. Dicke und hohe Mauern boten den Burgbewohnern oftmals sicheren Schutz. Viele mittelalterliche Burgen haben eine zweite Mauer. Diese wurde um die Burgmauer herum gebaut. Man nennt sie Zwingermauer. Manchmal genügten aber auch die doppelten Mauern dem Ansturm der Feinde nicht. Dann flüchtete man sich auf den Bergfried. Dabei handelt es sich um den unbewohnten Hauptturm einer Burg.

2 Bestimmt den Kasus der Objekte aus dem Text in Aufgabe 1. Füllt die Tabelle aus.

Objekt aus dem Text	Kasus

Feste feiern – feste feiern

Sätze untersuchen und Satzzeichen setzen

S. 202–213

1. Kompetenzrahmen und Zielsetzungen

Modul 1: Absichten durch Satzzeichen verdeutlichen

S. 204/205 — Satzarten unterscheiden; Texte sinnbetont vorlesen; Satzabschlusszeichen richtig verwenden; Kommas richtig setzen

Modul 2: Kommasetzung bei Aufzählungen anwenden

S. 206/207, Text *Nicole Potthoff: Was ist Fasching?* — gezielt Informationen aus Texten entnehmen und mit eigenen Worten wiedergeben; Kommas richtig setzen

Modul 3: Satzzeichen bei der wörtlichen Rede setzen

S. 208/209, Text *Elke Bräunling: Die Fastnachtswette* — Wortbedeutungen mithilfe von Umschreibungen klären; Texte sinnbetont vorlesen; Zusammenhänge zwischen Inhalt und Gestaltung eines Textes benennen; Zeichensetzung bei wörtlicher Rede richtig verwenden

Modul 4: Einfache und zusammengesetzte Sätze unterscheiden

S. 210/211, Texte *Ein Faltgespenst für Halloween, Die Geschichte von Halloween, Die Legende von Jack O'Lantern* — Haupt- und Nebensätze unterscheiden; einfache Verfahren der Satzanalyse anwenden; Satzglieder bestimmen; Kommasetzung bei Nebensätzen richtig verwenden; Satzgefüge bilden

2. Ausgangssituation der Schüler

Die Standards (KMK) am Ende der 4. Klasse sehen vor, dass die Schüler sich mit folgenden Bereichen (gemeint sind die Kategorien, nicht die Begriffe im Einzelnen) beschäftigt haben:
- Sie kennen die Satzzeichen: Punkt, Komma, Fragezeichen, Ausrufezeichen, Doppelpunkt, Redezeichen.
- Sie kennen die Satzarten: Aussage-, Frage-, Ausrufesatz sowie die wörtliche Rede.
- Sie beachten die Zeichensetzung: Punkt, Fragezeichen, Ausrufezeichen, Zeichen bei wörtlicher Rede.
- Sie können Texte in Bezug auf die äußere und sprachliche Gestaltung und auf die sprachliche Richtigkeit hin optimieren.

3. Kapitelkonzeption

Zunächst werden die Satzabschlusszeichen wiederholt. Es schließt sich das betonte Sprechen bzw. Vorlesen und die Kommasetzung bei Ausrufen und Anreden an. Den Schülern soll deutlich werden, dass die Zeichensetzung von orthografischen Regeln und von der Absicht des Sprechers/Schreibers abhängt. Weiterhin geht es um die Zeichensetzung: in Aufzählungen, der wörtlichen Rede und in Satzgefügen.

Feste feiern – feste feiern · Sätze untersuchen und Satzzeichen setzen

4. Sequenzfahrplan

Verknüpfungsmöglichkeit

weiterführende Hinweise

Stunde 1	Material	Vorwissen aktivieren: Satzzeichen	Zusatzmaterial	
Impuls	A1–2, S. 202	sich über Jahreszeitenfeste austauschen	TE 13-01 (Online-Code q5qg2p) Eingangstest Satzzeichen	Modul „Auffordern, einladen, bitten, sich entschuldigen" (S. 34 f.)
Wiederholung	A3, S. 203	eine schriftliche Einladung bewerten		
Wiederholung	A4, S. 203	Satzarten erkennen und unterscheiden		
Wiederholung	A5, S. 203	Kommasetzungen begründen		

Stunde 2	Material	Absichten durch Satzzeichen verdeutlichen	Zusatzmaterial	
Erarbeitung	A1, S. 204	Satzarten unterscheiden, Redeabsichten erkennen, Kommasetzung begründen		AH, S. 68 Lerninsel 10: Grammatik: „Satzarten unterscheiden" (S. 286)
Erarbeitung	A2, S. 204	Satzabschlusszeichen und Kommas richtig setzen		
Erarbeitung	A3, S. 204	einen Dialog sinnbetont vorlesen		Modul „Einen Text wirkungsvoll vorlesen" (S. 106 f.)
Festigung	A4, S. 205	Satzabschlusszeichen und Kommas richtig setzen	AB 13-01 (LB, S. 277) Übung Satzarten	Lerninsel 10: Grammatik: „Kommasetzung bei der Anrede und bei Ausrufen" (S. 287)

Stunde 3	Material	Kommasetzung bei Aufzählung	Zusatzmaterial	
Impuls	A1, S. 206	einen Sachtext inhaltlich erfassen		
Erarbeitung	A2, S. 206	Regel der Kommasetzung bei Aufzählungen ableiten		AH, S. 69 Lerninsel 10: Grammatik: „Kommasetzung bei Aufzählungen" (S. 287)
Erarbeitung	A3, S. 206	Kommas bei Aufzählungen richtig setzen		
Festigung	A4, S. 207	Kommas bei Aufzählungen richtig setzen	AB 13-02 (LB, S. 278) Übung Kommasetzung	

Stunde 4	Material	Satzzeichen bei der wörtlichen Rede setzen	Zusatzmaterial	
Impuls	A1, S. 209	einen Erzähltext inhaltlich erfassen		Modul „Erzählende Texte erschließen" (S. 98 ff.)
Erarbeitung	A2–3, S. 209	einen Text sinnbetont vorlesen, Wirkung der wörtlichen Rede und der Redebegleitsätze erkennen		Teilmodul „Die Erzählung ausformulieren" (S. 48 ff.) Modul „Einen Text wirkungsvoll vorlesen" (S. 106 f.) Modul „Wortfelder nutzen" (S. 164 f.)
Erarbeitung	A4, S. 209	Regeln der Zeichensetzung bei der wörtlichen Rede erfassen		Lerninsel 10: Grammatik: „Zeichensetzung bei der wörtlichen Rede" (S. 287)
Erarbeitung	A5, S. 209	Satzzeichen bei der wörtlichen Rede richtig setzen	AB 13-03 (Online-Code r6mb22) Übung Wörtliche Rede	AH, S. 72 f.

Stunde 5	Material	Einfache und zusammengesetzte Sätze unterscheiden	Zusatzmaterial	
Erarbeitung	A1, S. 210	Prädikate und Subjekte in Sätzen bestimmen		**Lerninsel 10: Grammatik: „Satzglieder unterscheiden" (S. 285 f.) Modul „Sätze und Satzglieder untersuchen" (S. 192 ff.) AH, S. 61 f. AH, S. 63**
Erarbeitung	A2–3, S. 210	Satzgefüge erkennen, Haupt- und Nebensätze bestimmen		**AH, S. 70 f.**
Festigung	A4, S. 211	Satzgefüge erkennen, Haupt- und Nebensätze bestimmen, Kommas in Satzgefügen setzen	AB 13-04 (LB, S. 280) Übung Satzgefüge	

Stunde 6/7	Material	Lernerfolge sichern und ggf. bewerten	Zusatzmaterial
selbstständige Lernkontrolle	A1–3, S. 212 f.	Satzzeichen regelgeleitet setzen	TR (Online-Code 8ww37p)
Klassenarbeiten	KA 13-01 bis KA 13-03 LB, S. 271 ff.		

Feste feiern – feste feiern · Sätze untersuchen und Satzzeichen setzen

5. Kommentare zu den Aufgaben

S. 202–203 ## 5.1 Kapitelauftaktseite – Vorwissen aktivieren

S. 202 | A1 Welche Feste feiert ihr im Laufe des Jahres?

Info Die Schüler können die Feste nicht nur benennen. Sie können jeweils kurz schildern, wie sie begangen werden.

Lösungsvorschlag Neben persönlichen Festen (Geburts- und Namenstag) dürften dies vor allem Fasching, Ostern, Halloween und Weihnachten sein. Dazu können natürlich noch regional bedeutsame Feste (z. B. Mittsommernachtsfeuer, Fronleichnamsumzug …) bzw. Feste aus anderen Kulturkreisen kommen.

S. 202 | A2 Löst die Rätsel und sprecht über das entsprechende Fest.

Lösungsvorschlag Maske – Halloween – Umzug (beim Fasching)

S. 203 | A3 Beurteilt den Inhalt, den Aufbau und die Gestaltung der Geburtstagseinladung.

Lösungsvorschlag Der Brief ist inhaltlich verständlich und dem Schreibanlass angemessen, weist einen klaren, übersichtlichen Aufbau auf und ist ansprechend gestaltet. Hilfreich wäre vielleicht noch eine Telefonnummer von Max gewesen.

S. 203 | A4 Benennt die Satzarten. Woran habt ihr sie erkannt?

Lösungsvorschlag Im Text kommen Aussagesätze (Punkt), Fragesätze (Fragezeichen) und Aufforderungssätze (Ausrufezeichen) vor.

S. 203 | A5 In der Einladung findet ihr insgesamt vier Kommas. Begründet, warum sie richtig gesetzt sind.

Info Die Aufgabe kann in Partnerarbeit erfolgen.

Lösungsvorschlag
- Komma 1: Welzheim, den 12.07.2016 (Komma grenzt einen Zusatz ab)
- Komma 2: Lieber Ben, … (Komma nach einer Anrede)
- Komma 3: … gute Laune, Badesachen und ein großes Handtuch … (Komma grenzt Glieder einer Aufzählung ab)
- Komma 4: Gib mir bitte Bescheid, ob du … (Komma trennt Haupt- und Nebensatz)

5.2 Modul 1: Geburtstagspartys – Absichten durch Satzzeichen verdeutlichen

S. 204–205

A1 | **S. 204**

Betrachtet den ersten Teil des Gesprächs (bis zur Girlande).
- Unterscheidet die Sätze nach Satzarten. Verdeutlicht, wodurch sie gekennzeichnet sind. Ordnet ihnen verschiedene Redeabsichten zu.
- In dem Dialog sind an einigen Stellen Kommas gesetzt. Stellt Regeln für diese Kommasetzung auf. Vergleicht mit der blauen Box auf Seite 205.

Info

Es kann bereits hier (vgl. auch A2) zu zweit gearbeitet werden (leistungsstärkere und leistungsschwächere Schüler mischen).

Lösungsvorschlag

Micha: Luca, (Anrede) ich brauche die Girlanden! (Aufforderungssatz, dringende Bitte)
Luca: Welche? Alle? (Fragesätze)
Micha: (*ungeduldig*) Ja, (Ausruf) klar. (Aussagesatz) Nun mach schon, (Komma trennt zwei Hauptsätze) ich stehe auf der Leiter! (Aufforderungssatz, dringende Bitte)
Basti: (*ruft von drinnen*) Luca, (Anrede) habt ihr die Luftballons draußen? (Fragesatz)
Luca: (*ruft zurück, während er sich ein Dutzend Girlanden um den Hals hängt*) Nein, (Verneinung) die sind noch im Keller! (nachdrückliche Aussage) (*leise zu sich*) Glaube ich …

Basti: (*genervt*) Na super, (ärgerlicher Ausruf) dann komme ich jetzt raus und hänge die Girlanden auf! (Aussagesatz)
Luca: Nein, (Verneinung) warte! (Aufforderungssatz) Das macht …
Micha: (*ruft dazwischen*) Sag mal, (Anrede) Luca, (Anrede), soll ich hier noch lange warten? (Fragesatz, rhetorische Frage als Kritik)
Luca: (*leise, zu sich*) Vielleicht drehe ich noch vor meinem Geburtstag durch … ((rhetorischer) Aussagesatz)

A2 | **S. 204**

Geht zu zweit den zweiten Teil des Dialogs durch. Besprecht, an welchen Stellen Satzzeichen gesetzt werden müssen. Begründet.

Info

Es können die Teams von A1 bestehen bleiben.

Basti: (*kommt angelaufen, spöttisch*) Wie siehst du denn aus, (Anrede) Kleiner? (Frage)
Luca: (*erklärend*) Ich wollte Micha nur die Girlanden bringen! (Aussage; auch Punkt möglich)
Basti: Wieso MICHA? (Frage) Wir haben doch gesagt, dass ICH die Girlanden aufhänge. (Aussage)
Luca: (*entkräftet*) Nein, (Verneinung) Basti! (Anrede, nachdrückliche Aussage)

Basti: (*beleidigt*) Na, (Ausruf) dann werde ich ja wohl nicht gebraucht! (nachdrückliche Aussage)
Micha: (*aus dem Hintergrund*) So, (Ausruf) mir reicht das jetzt! (nachdrückliche Aussage) (*steigt von der Leiter und geht weg*)
Luca: (*flehend*) Micha, (Anrede) nun warte doch! (Bitte) Bitte, (Bitte), Micha! (Anrede, nachdrückliche Bitte)
Vater: (*kommt in den Garten, fröhlich*) Na, (Ausruf) Jungs, (Anrede) Spaß bei der Arbeit? (rhetorische Frage)

A3 | **S. 204**

Lest das gesamte Gespräch mit verteilten Rollen vor. Verdeutlicht die jeweilige Redeabsicht durch die Sprachmelodie (fallende oder steigende Tonhöhe) und lasst Sprechpausen nach den Kommas.

Info

Die Schüler könnten über die Satzzeichen hinaus auch weitere Lesezeichen in den Text einfügen (vgl. das Modul „Einen Text wirkungsvoll vorlesen", S. 106 f.) und natürlich den Lesevortrag zumindest einmal proben.

Feste feiern – feste feiern · Sätze untersuchen und Satzzeichen setzen

S. 205 | A4

Zum Differenzieren
A Begründet die Satzschlusszeichen und Kommas im ersten Abschnitt des Briefes.
B Schreibt den zweiten Teil des Briefes ab und setzt alle Satzzeichen.
Überlegt jeweils, welcher Regel sie folgen. Beachtet auch die Großschreibung am Satzanfang.
C Schreibt eurer Oma oder einem anderen Verwandten einen Brief, in dem ihr von einer Feier erzählt, die ihr erlebt habt. Achtet auf die Zeichensetzung.

Info Bei der Teilaufgabe C können die Schüler ihrer Fantasie freien Lauf lassen. – Weitere Übungen zu „Satzarten":
AB 13-01 (siehe LB, S. 277)

Lösungsvorschlag A:

Welzheim, (Zusatz) *den 13.07.2016*
Liebe Oma, (Anrede)
du kannst dir gar nicht vorstellen, (Anfang Nebensatz) *wie schön meine Geburtstagsfeier war.* (Aussage) *Einfach super!* (begeisterte Aussage) *Oma,* (Anrede) *alle meine Freunde sind gekommen.* (Aussage). *Ich habe so viele Geschenke bekommen.* (Aussage) *Kannst du dir denken,* (Anfang Nebensatz) *wo wir diesmal gefeiert haben?* (Frage) *Wir waren auf einem Bauernhof ganz in der Nähe beim Ebnisee!* (begeisterte Aussage)

B: *Auf dem Hof haben wir die verschiedenen Tiere kennengelernt,* (Aufzählung) *durften sie streicheln und füttern.* (Aussage) *Besonders niedlich waren die kleinen Lämmer.* (Aussage; bei nachdrücklicher Aussage auch mit Ausrufezeichen) *Ach,* (Ausruf) *sie sahen aus wie kleine Wollknäule!* (nachdrückliche Aussage) *Einfach toll!* (Ausruf) *Ben, Emily, Felix* (Aufzählung) *und ich sind sogar auf den Ponys geritten!* (nachdrückliche Aussage) *Na,* (Ausruf) *was war wohl das Beste an der ganzen Feier?* (Frage) *Kannst du es dir denken?* (Frage) *Die größte Attraktion war die Schatzsuche.* (Aussage) *Sie hat uns vom Bauernhof bis um den ganzen Ebnisee geführt.* (Aussage) *Unter einer knorrigen alten Wurzel haben wir die Schatzkiste gefunden.* (Aussage) *Und heiß war es an diesem Tag!* (nachdrückliche Aussage) *Wir haben sogar im See gebadet.* (Aussage; bei nachdrücklicher Aussage auch mit Ausrufezeichen) *Zum Abschluss gab es noch gegrillte Würstchen.* (Aussage)

S. 206–207 5.3 Modul 2: Die fünfte Jahreszeit – Kommasetzung bei Aufzählungen anwenden

S. 206 | A1

Erklärt mit eigenen Worten, welchen Zusammenhang es zwischen dem Feiern in der Faschingszeit und dem christlichen Glauben gibt.

Lösungsvorschlag Da katholischen Christen in der Fastenzeit das Essen von Fleisch und das Trinken von Alkohol verboten ist, wollten diese vor dem Beginn der Fastenzeit noch einmal feiern. Masken und Kostüme verstärkten das kurzzeitige Ausbrechen aus dem „normalen Alltag". Aus diesen Feiern entwickelte sich der Fasching.

S. 206 | A2

Prüft die Kommasetzung bei Aufzählungen in den Zeilen 1–8 und leitet Regeln ab.
Vergleicht diese mit der blauen Box.

Info Wichtig ist hier, dass die Schüler wirklich selbstständig versuchen, eine Regel für die Zeichensetzung bei Aufzählungen zu formulieren. Als Partnerarbeit oder in Kleingruppen (lernschwächere und lernstärkere Schüler)

Lösungsvorschlag Folgende Aufzählungen kommen im ersten Textteil vor:
– Fasching, Fastnacht oder Karneval (Z. 1), das fröhliche, bunte Fest (Z. 2), In Köln und Umgebung heißt es Karneval, im Süden Deutschlands spricht man von der Fastnacht und andernorts heißt es Fasching. (Z. 5 ff., Aufzählung von Hauptsätzen)

– Regel: Das Komma trennt Aufzählungen von Wörtern oder Wortgruppen und aneinandergereihte Hauptsätze, wenn diese nicht durch „und" oder „oder" verbunden sind.

Geht zu zweit den zweiten Teil des Textes (Zeile 17–29) durch. Besprecht, an welchen Stellen Kommas gesetzt werden müssen. Begründet.	**A3**	**S. 206**

Zur weiteren Übung: nach A3 der Einsatz von 🗎 **AB 13-02** (siehe LB, S. 278) — Info

Das Verkleiden, die heitere Ausgelassenheit sowie … (Z. 19 f.) – ausgelassen auf der Straße, in Schulen, Vereinen oder in Gaststätten. (Z. 25 ff.): Komma bei Aufzählungen — **Lösungsvorschlag**

Zum Differenzieren — **A4** **S. 207**

A Sucht in den Faschingsbräuchen aus Kanada, Dänemark und der Schweiz die Stellen heraus, an denen etwas aufgezählt wird, und setzt die Kommas. Begründet eure Entscheidungen.
B Diktiert euch zu zweit die Faschingsbräuche aus der Slowakei und Frankreich. Achtet beim Schreiben auf die Kommasetzung. Korrigiert gemeinsam und begründet eure Entscheidungen.
C In den Materialien unten sind Faschingsbräuche aus Deutschland versteckt. Bildet aus jedem Kasten einen sinnvollen Satz. Setzt die Kommas richtig und begründet.

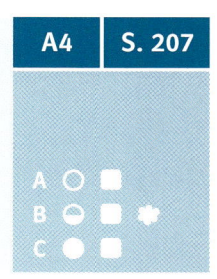

A: Eisige Temperaturen, mindestens eineinhalb Meter Schnee und … (Z. 1 f.) – sind voll mit tanzenden Meerjungfrauen, Narren und lustigen Seeleuten (Z. 6) – Sie marschieren durch die Straßen, machen Musik und Lärm. (Z. 11): Komma bei Aufzählungen

B: Mit dabei haben sie einen Spieß, einen Korb und … (Z. 13 f.) – sammeln sie in den Häusern Eier, Speck und Geld. (Z. 14 f.) – aus den Eiern eine Eierspeise machen, kaufen für das Geld Getränke und … (Z. 15 f.) – bewirft die Leute mit alten, stinkenden, klebrigen Lumpen (Z. 18): Komma bei Aufzählungen.

C: In der 5. Jahreszeit regieren im Rheinland Prinz, Bauer und Jungfrau. – Bei Karnevalssitzungen werden Büttenreden gehalten, Lieder gesungen und Tänze aufgeführt. – Bei anderen Faschingsfeiern treiben verkleidete Menschen den Winter mit gruseligen Masken und lauter Musik aus. – Zur Weiberfastnacht erstürmen die Frauen die Rathäuser, entmachten die Männer und schneiden ihnen Krawatten ab.

Lösungsvorschlag

5.4 Modul 3: Faschingsmuffel? – Satzzeichen bei der wörtlichen Rede setzen — S. 208–209

Fasst zusammen, worin der „Tante-Ida-Trick" besteht. Erklärt die Redewendung „die hat Haare auf den Zähnen" (Zeile 32).	**A1**	**S. 209**

Der „Tante-Ida-Trick" besteht darin, dass Mara und Anna dem Vater einen Besuch der von ihm ungeliebten Tante Ida vorgaukeln. Statt mit Ida allein ein Kaffeekränzchen abzuhalten, geht er lieber mit zum Umzug.

Haare auf den Zähnen haben: häufig auf Frauen bezogen, die sich (mit Worten) zu wehren wissen, sich nichts gefallen lassen, oft negativ für streitsüchtig

Lösungsvorschlag

Lest den ersten Abschnitt des Textes mit verteilten Rollen. Besprecht, welche Wirkung durch die wörtliche Rede erreicht wird.	**A2**	**S. 209**

Vgl. zur wörtlichen Rede und ihrer Funktion das Teilmodul „Die Erzählung ausformulieren" (S. 48 ff.). — Info

Wörtliche Reden machen einen Text nicht nur lebendiger, sondern sind auch eine gutes Mittel, um durch unterschiedliche Sprechweisen Figuren zu charakterisieren. — **Lösungsvorschlag**

○ ◐ ● leicht – mittel – schwer   ■ analytisch   ✤ handlungs- und produktionsorientiert

Feste feiern – feste feiern · Sätze untersuchen und Satzzeichen setzen

S. 209 | A3 Untersucht im ersten Abschnitt die Redebegleitsätze. Arbeitet heraus, welche Informationen sie über die sprechenden Figuren enthalten.

Lösungsvorschlag In den Redebegleitsätzen wird vor allem durch die Wahl der Verba dicendi (*betteln, brummeln, schmeicheln, grinsen* usw.) die Einstellung des Sprechers zum Inhalt deutlich und damit die Figur charakterisiert.

S. 209 | A4 Wiederholt mithilfe der blauen Box die Regeln für die Zeichensetzung bei der wörtlichen Rede. Übernehmt die Tabelle und ergänzt zu jedem Satzbauplan ein Beispiel.

Info Die Schüler können außerdem auf die Darstellung der Lerninsel 10 zurückgreifen: „Zeichensetzung bei der wörtlichen Rede" (S. 287).

Lösungsvorschlag Mögliche Beispielsätze:
- Anna sagte: „Wir können alle Tricks anwenden."/ „Wir können alle Tricks anwenden", sagte Anna.
- Anna fragte: „Können wir alle Tricks anwenden?"/ „Können wir alle Tricks anwenden?", fragte Anna.
- Anna befahl Mara: „Wende alle Tricks an!"/ „Wende alle Tricks an!", befahl Anna Mara.

S. 209 | A5 **Zum Differenzieren**
A Sucht im zweiten Abschnitt Sätze mit wörtlicher Rede heraus. Schreibt sie ab und ergänzt die Anführungszeichen.
B Schreibt den dritten Abschnitt ab und setzt alle fehlenden Satzzeichen. Bei den Buchstaben in Klammern müsst ihr entscheiden, ob ihr sie groß- oder kleinschreiben müsst.
C Stellt aus dem ersten Abschnitt drei Sätze mit wörtlicher Rede so um, dass die Redebegleitsätze am Satzanfang stehen. Schreibt die umgestellten Sätze auf.
D Setzt den Text fort. Überlegt, was sich die Schwestern und ihr Vater am Abend nach dem Faschingstag zu erzählen hatten. Verwendet wörtliche Rede und passende Redebegleitsätze.

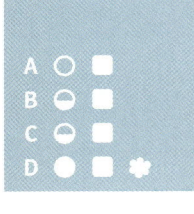

Info In der Teilaufgabe D wäre es inhaltlich reizvoll, wenn das Gespräch ein Geständnis der Geschwister beinhalten würde. Ergänzend oder alternativ Einsatz des **AB 13-03** (Online-Code r6mb22)

Lösungsvorschlag
A: „Zehn Pferde nicht!", rief Anna plötzlich und grinste. „Aber Tante Ida!" Mara wunderte sich: „Tante Ida? Wieso gerade Tante Ida?" (Z. 26 ff.) – „Ganz einfach", grinste Anna und … (Z. 33) – „Ich geh schon mal vor", sagte sie laut. „Ich muss noch bei Pit etwas für mein Kostüm abholen!" „Na, dann tschüs, meine Süße", rief ihr Papa hinterher. „Und amüsier dich gut!" (Z. 36 ff.)

B: Mara flötete ins Telefon: „Oh, Tante Ida! Guten Tag! Ja, mir geht's gut. Ich gehe mit Mama und Anna zum Faschingsumzug! … Oh, du willst uns besuchen? Schade …! Papa? Ja, der ist da … Ich sage ihm Bescheid, dass du kommst. Tschüs, Tante Ida." Mara legte auf und sagte leise: „Puh!" (…) Blitzschnell sprang er vom Sofa und heulte los: „Was? Tante Ida kommt? Heute? Oje! Ausgerechnet diese olle …" (…) „Was soll ich denn jetzt machen?", fragte er. (…) Mama schlug vor: „Kaufe beim Bäcker etwas Kuchen und koche Kaffee. Aber pass auf, Tante Ida mag ihren Kaffee nicht so stark." Mara feixte: „Und am liebsten isst sie Kirschtorte." „Wir gehen jetzt", sagte Mama. „Grüße Tante Ida von uns." „Ja, tschüs und viele Grüße", rief auch Mara. „Ha-ha-haaaalt!!! Wartet! Ich komme mit!", schrie Papa.

C:

Redebegleitsatz nicht am Satzanfang	Redebegleitsatz am Satzanfang
„Ich wette", sagte Anna auf einmal, „dass du doch mitkommst."	Anna sagte auf einmal: „Ich wette, dass du doch mitkommst."
„Schon verloren, mich legt ihr nicht rein", grinste Papa.	Papa grinste: „Schon verloren, mich legt ihr nicht rein."
„Hoho! Keine zehn Pferde bringen mich heute aus dem Haus. Ihr könnt es ruhig probieren", antwortete Papa.	Papa antwortete: „Hoho! Keine zehn Pferde bringen mich heute aus dem Haus. Ihr könnt es ruhig probieren."
„Ja doch!", sagte Papa ungeduldig. „Mit allen Tricks der Welt."	Papa sagte ungeduldig: „Ja doch! Mit allen Tricks der Welt."

5.5 Modul 4: Süßes raus, sonst spukt's im Haus – Einfache und zusammengesetzte Sätze unterscheiden

S. 210–211

A1 | **S. 210**

Schreibt die Bastelanleitung ab. Kennzeichnet die gebeugten Verben und die Subjekte.

Info

Einigen Schülern könnte auffallen, dass der erste Nebensatz („dass es wie ein Drachen aussieht" zwei Nominative (nämlich *es* und *ein Drachen*) enthält. Das zugrundeliegende grammatische Phänomen ist zwar nicht schulrelevant (konkret handelt es sich hier um eine sog. Konjunktionalgruppe), könnte aber mit Hinweis darauf, dass zwei Nominative in einem Satz relativ oft vorkommen (am häufigsten bei den sogenannten Gleichsetzungsnominativen wie z. B. „Er ist Lehrer.") zumindest angesprochen werden. Zur Wiederholung von Subjekt und Prädikat können die Schüler die Lerninsel 10 „Satzglieder unterscheiden" (S. 285 f.) nutzen.

Lösungsvorschlag

(Subjekte, *gebeugte* Verben)
Man *faltet* ein quadratisches Blatt Papier so, dass es wie ein Drachen *aussieht* (Schritt 1). Dann *schneidet* man den oberen Teil des Drachens wellenförmig *ab* (Schritt 2). Anschließend *knickt* man die Spitze *ein* und *schneidet* für die Finger zwei Löcher in die Mitte (Schritt 3). Wenn man noch das Gesicht *anmalt*, *ist* das Gespenst fertig.

A2 | **S. 210**

Klärt, worin sich die markierten Sätze von den anderen unterscheiden.

Lösungsvorschlag

Die markierten Sätze sind durch ein Komma getrennt; sie haben jeweils zwei Subjekte und zwei Prädikate und sind damit komplexer als die anderen Sätze des Textes (Satzgefüge; HS, NS).

A3 | **S. 210**

Ermittelt bei den markierten Sätzen, an welchen Stellen die gebeugten Verben stehen.
Bestimmt mithilfe der blauen Box jeweils den Hauptsatz und den Nebensatz.

Info

nach A3 Weiterarbeit mit ▢ **AB 13-04** (siehe LB, S. 280) möglich

Lösungsvorschlag

In den Hauptsätzen steht das finite Verb an der zweiten Satzgliedstelle, in den Nebensätzen jeweils an letzter Satzgliedstelle:
– Man faltet ein quadratisches Blatt Papier so (= Hauptsatz), dass es wie ein Drachen aussieht (= Nebensatz).
– Wenn man noch das Gesicht aufmalt (= Nebensatz), ist das Gespenst fertig (= Hauptsatz).

Feste feiern – feste feiern · Sätze untersuchen und Satzzeichen setzen

S. 211 | A4

Zum Differenzieren

A Übernehmt die Tabelle und ergänzt sie für die Sätze 2–4 des Textes „Die Geschichte von Halloween".
B Schreibt die Sätze 5–8 des folgenden Textes auf. Kennzeichnet Subjekte und Prädikate. Setzt die fehlenden Kommas. Zeichnet die Satzbilder der Satzgefüge.
C Verbindet die markierten Hauptsätze zu sinnvollen Satzgefügen. Achtet dabei auf passende Bindewörter. Zeichnet für die entstandenen Satzgefüge Satzbilder.

Lösungsvorschlag A:

Satznummer	finite Verben (Position)	Satzbild	Einleitewort
1	*ist* (2. Stelle); *war* (letzte Stelle)	HS, NS	weil
2	*war* (2. Stelle); *konnten* (letzte Stelle)	HS, NS	sodass
3	*hatten* (letzte Stelle); *waren* (1. Stelle)	NS, HS	Da
4	*war* (2. Stelle); *wurden* (letzte Stelle)	HS, NS	da

B: (Subjekte, *Prädikate*)
5. Später *verkleideten* sich vor allem die Iren mit Häuten, Fellen und Köpfen von Tieren, damit sie die bösen Geister *täuschen konnten*. (HS, NS) 6. Der Papst *verfügte*, dass am 1. November (Allerheiligen) die Toten *geehrt werden sollten*. (HS, NS) 7. Halloween *behielt* aber trotzdem als Nacht der Geistervertreibung seinen Sinn, da vor dem christlichen Fest eine Reinigung *erfolgen sollte*. (HS, NS) 8. Mit den Einwanderern des 18. Jahrhunderts *gelangte* der Halloween-Brauch in die USA, von wo er erst mit dem beginnenden 21. Jahrhundert wieder nach Mitteleuropa *kam*. (HS, NS)

C: Nachdem er oben war, schnitzte Jack ein Kreuz in die Baumkrone(,) und der Teufel war in der Baumkrone gefangen: NS, HS (+ HS).
Als Jack starb, wurde ihm der Zutritt zum Himmel verwehrt, da er ein Halunke war: NS, HS, NS.
Aber auch die Hölle wollte ihn nicht aufnehmen, weil Jack selbst ja den Teufel überlistet hatte: HS, NS.
Dieser Funke kam in eine ausgehöhlte Rübe, weil er so länger glühte: HS, NS.
Weil in den USA aber zahlreiche Kürbisarten wachsen, benutzte man diese Früchte für den Laternenbrauch: NS, HS.

Klassenarbeit zum Kapitel:
Feste feiern – feste feiern • Sätze untersuchen und Satzzeichen setzen

KA 13-01

Name: Klasse: Datum:

Diktat: Scheibenschlagen

_____

1 Markiere nach dem Diktat im folgenden Satz aus dem Text alle Subjekte und finiten Prädikatsteile mit jeweils unterschiedlichen Farben.

Auf einem Hügel wird ein hoher Holzhaufen mit einer Puppe, die den Winter darstellt, aufgeschichtet und angezündet.

2 Zeichne zu dem Satz aus Aufgabe 1 ein Satzbild, das zeigt, wie Haupt- und Nebensatz miteinander verbunden sind.

3 Ermittle im Text alle weiteren Nebensätze. Schreibe die Nebensätze heraus und markiere das Einleitewort.

4 Schreibe aus dem Text alle Aufzählungen, die ein Komma enthalten, heraus.

5 Schreibe die wörtliche Rede aus dem Text heraus. Stelle dabei den Redebegleitsatz hinter die wörtliche Rede.

6 Der Text enthält einen Ausruf, der durch Komma abgegrenzt wird.

   a) Schreibe diesen Ausruf mit dem Komma heraus.

   b) Nenne drei dem Ausruf vergleichbare Fälle, bei denen Kommas gesetzt werden müssen.

Erwartungshorizont/Korrekturhilfe **KA 13-01**

Feste feiern – feste feiern · Sätze untersuchen und Satzzeichen setzen

(vgl. Lehrerband, S. 271)

Diktat: Scheibenschlagen
Das Scheibenschlagen gehört zu den Bräuchen der alemannischen Fastnacht. Es ist fest mit dem Fastnachtsfeuer verbunden, das nach Aschermittwoch bei Einbruch der Dunkelheit stattfindet. Auf einem Hügel wird ein hoher Holzhaufen mit einer Puppe, die den Winter darstellt, aufgeschichtet und angezündet. Darum herum werden zahlreiche kleinere Feuer entzündet. Nun werden handtellergroße, in der Mitte gelochte Holzscheiben auf gut biegbare Stöcke gesteckt, ins Feuer gehalten, angekohlt und schließlich auf Schlagrampen ins Tal geschlagen. Durch den Wind glüht die angekohlte Scheibe auf, sodass bei Dunkelheit ihre Flugbahn verfolgt werden kann. Das Schlagen wird oft mit Sprüchen begleitet, z. B.: „Heiahej, für wen soll die Scheibe gehen? Sie soll für NAME gehen. Geht sie nicht, so gilt sie nicht."

Aufgabe	Anforderung /Lösung	Anforderungs-bereich	Punkte
Diktat			(zu Teil-note 1)
1	**Subjekt und Prädikat** Auf einem Hügel wird ein hoher Holzhaufen (= Subjekt) mit einer Puppe, die (= Subjekt) den Winter darstellt (= Prädikat), aufgeschichtet und angezündet (= Prädikat).	1	4 (zu Teil-note 2)
2	**Satzbild** Auf einem Hügel wird ein mehrere Meter hoher Holzhaufen mit einer Puppe (= 1. Teil HS), die den Winter darstellt (= NS 1), aufgeschichtet und angezündet (= 2. Teil HS). Alternativ: HS Teil 1, Nebensatz, Hauptsatz Teil 2	2	3 (zu Teil-note 2)
3	**Nebensätze** das nach Aschermittwoch bei Einbruch der Dunkelheit stattfindet – die den Winter darstellt – sodass bei Dunkelheit ihre Flugbahn verfolgt werden kann	2	6 (zu Teil-note 2)
4	**Aufzählungen** handtellergroße, in der Mitte gelochte – auf gut biegbare Stöcke gesteckt, ins Feuer gehalten, angekohlt	1	4 (zu Teil-note 2)
5	**wörtliche Rede** „Heiahej, für wen soll die Scheibe gehen? Sie soll für NAME gehen. Geht sie nicht, so gilt sie nicht", lauten die Sprüche, mit denen das Schlagen begleitet wird.	2	4 (zu Teil-note 2)
6	a) Heiahej, b) Anreden, Bejahung/Verneinung, Bekräftigungen, Bitten	1	4 (zu Teil-note 2)
	ggf. Sprachliche Darstellungsleistung	**Fehlerquote**	**Punkte**

Klassenarbeit zum Kapitel:
Feste feiern – feste feiern • Sätze untersuchen und Satzzeichen setzen

KA 13-02

Name:　　　　　　　　　　　Klasse:　　　　Datum:

Diktat

_____
_____
_____
_____
_____
_____
_____
_____
_____
_____
_____
_____

1. Markiere nach dem Diktat im folgenden Satz alle Subjekte und finiten Prädikatsteile mit jeweils unterschiedlichen Farben.

   Manche Menschen glauben, dass man so voraussagen könne, wie die Ernte in diesem Jahr wird.

2. Zeichne zu dem Satz aus Aufgabe 1 ein Satzbild, aus dem hervorgeht, wie Haupt- und Nebensatz miteinander verbunden sind.

3. Ermittle im Text alle weiteren Nebensätze und schreibe sie heraus. Markiere jeweils das Einleitewort.

4. Schreibe aus dem Text alle Aufzählungen heraus.

5. Ergänze im folgenden kurzen Text alle fehlenden Satzzeichen. Achte auf das Vorkommen von wörtlicher Rede.

   In Griechenland werden während der Osterwoche stundenlange Messen gefeiert. Am Samstag um Mitternacht verkünden die Priester: Christus ist auferstanden! – Er ist wahrhaftig auferstanden! antworten darauf die Gläubigen. Am Ostersonntag wird dann gefeiert.

6. Erläutere mithilfe von Beispielen deiner Wahl, was für die Kommasetzung bei Anreden und Ausrufen gilt.

Erwartungshorizont/Korrekturhilfe

KA 13-02

Feste feiern – feste feiern · Sätze untersuchen und Satzzeichen setzen

(vgl. Lehrerband, S. 273)

Diktat: Osterfest

Christen in aller Welt feiern das Osterfest und überall gibt es dafür spezielle Bräuche. In Lüdge in Nordrhein-Westfalen werden zum Beispiel riesige Räder mit Stroh gefüllt. Sobald es dunkel ist, wird das Heu angezündet. Dann werden diese brennenden Räder ins Tal hinab gerollt. Manche Menschen glauben, dass man so voraussagen könne, wie die Ernte in diesem Jahr wird. Auf den Philippinen fassen die Eltern ihre kleinen Kinder am Ostermorgen beim Kopf und heben sie hoch. Sie glauben, dass ihre Kinder dadurch vielleicht größer werden. Außerdem gibt es auf den Philippinen Prozessionen während der Osterzeit. In Italien picknicken die Leute am zweiten Osterfeiertag. Dabei gibt es „Torta di Pasquetta", einen speziellen, salzigen Kuchen mit Eiern und Spinat. In Finnland wird es am Ostersonntag richtig laut: Dann ziehen die Kinder mit allem, was Krach macht, durch die Straßen. Die Kinder in Schweden freuen sich auf den Ostersamstag: Dann verkleiden sie sich mit Kopftüchern und Röcken als Osterweiber, rennen von Tür zu Tür und betteln um Süßigkeiten. In Frankreich suchen die Kinder erst am Ostermontag Ostereier und in Griechenland ist Ostern eine Woche nach uns.

(zitiert nach: http://www.tivi.de/fernsehen/logo/artikel/40773/index.html (eingesehen am 5.3.2013)

Aufgabe	Anforderung/Lösung	Anforderungs-bereich	Punkte
Diktat			eigene Teilnote
1	**Subjekt und Prädikat** Manche Menschen (= Subjekt) glauben (= Prädikat), dass man so voraussagen könne (= Prädikat), wie die Ernte (= Subjekt) in diesem Jahr wird (= Prädikat).	1	5
2	**Satzbild:** HS, NS 1, NS 2	2	3
3	**Nebensätze** – Sobald es dunkel ist, – dass ihre Kinder dadurch vielleicht größer werden. – was Krach macht,	2	6
4	**Aufzählungen** – einen speziellen, salzigen Kuchen – verkleiden sie sich mit Kopftüchern und Röcken als Osterweiber, rennen von Tür zu Tür und betteln	1	4
5	**Satzzeichen bei wörtlicher Rede** Am Samstag um Mitternacht verkünden die Priester: „Christus ist auferstanden!" – „Er ist wahrhaftig auferstanden!", antworten darauf die Gläubigen.	2	4
6	**Zeichensetzung Anrede und Ausrufe** – werden durch Kommas abgegrenzt – jeweils ein Beispiel	1	3
	ggf. sprachliche Darstellungsweise	**Fehlerquote**	**Punkte**

Klassenarbeit zum Kapitel:
Feste feiern – feste feiern • Sätze untersuchen und Satzzeichen setzen

KA 13-03

Name: Klasse: Datum:

Diktat: Mittsommerfest

1 Ermittle im Text alle Nebensätze und schreibe sie heraus. Markiere jeweils das Einleitewort.

2 Bestimme im folgenden Satz das Subjekt und Prädikat.

Das Fest beginnt aber traditionell immer schon am Vorabend und kann sich bei feierlustigen Schweden über die gesamte helle Sommernacht erstrecken.

3 Im Text befindet sich eine Aufzählung. Schreibe sie heraus.

4 Setze im folgenden Dialog die fehlenden Kommas.

Armin: Sag mal Tom unser Fußballverein will dieses Jahr zu Mittsommer ein großes Feuer machen. Hast du Lust, mitzukommen?

Tom: Klar sehr gerne! Weißt du schon wo das Fest sein wird?

Armin: Nein entweder bei der Grillhütte des Vereins oder oben am Waldrand.

5 Forme die folgende wörtliche Rede so um, dass der Redebegleitsatz (Armin sagte) einmal eingeschoben ist und einmal am Ende steht.

Armin sagte: „Das Fest findet entweder bei der Grillhütte des Vereins oder oben am Waldrand statt."

Erwartungshorizont/Korrekturhilfe

KA 13-03

Feste feiern – feste feiern · Sätze untersuchen und Satzzeichen setzen

(vgl. Lehrerband, S. 275)

Diktat
Midsommar ist in Schweden nach Weihnachten das zweitgrößte Fest des Jahres. Es ist für viele der Höhepunkt des Jahres, da es das Fest des Lichts und der Wärme ist. Mittsommer wird in ganz Schweden an dem Wochenende gefeiert, das dem 24. Juni am nächsten liegt. Nach Julianischem Kalender fand die Sommersonnenwende an diesem Tag statt. […] Das Fest beginnt aber traditionell immer schon am Vorabend und kann sich bei feierlustigen Schweden über die gesamte helle Sommernacht erstrecken. Viele feiern das ganze Wochenende ausgelassen. Der Freitag wird midsommarafton (Mittsommerabend) genannt und der Samstag midsommardag (Mittsommertag). Obwohl der midsommarafton kein offizieller Feiertag ist, haben die meisten Geschäfte geschlossen. Viele Schweden feiern das Fest mit Verwandten, Freunden und Nachbarn auf dem Land.

(zitiert nach: http://www.hoppsala.de/index.php?menueID=342&contentID=2038 (eingesehen am 5.3.2013)

Aufgabe	Anforderung/Lösung	Anforderungs-bereich	Punkte
Diktat			eigene Teilnote
1	**Nebensätze** - da es das Fest des Lichts und der Wärme ist. - das dem 24. Juni am nächsten liegt. - Obwohl der midsommarafton kein … ist	2	6
2	**Subjekt und Prädikat** Das Fest (= Subjekt) beginnt (= Prädikat 1) aber traditionell immer schon am Vorabend und kann (= Prädikat 2) sich bei feierlustigen Schweden über die gesamte helle Sommernacht erstrecken.	1	3
3	**Aufzählung** feiern das Fest mit Verwandten, Freunden und Nachbarn	1	2
5	**Satzzeichen bei Anreden usw.** **Armin:** Sag mal, Tom, unser Fußballverein will dieses Jahr zu Mittsommer ein großes Feuer machen. Hast du Lust, mitzukommen? **Tom:** Klar, sehr gerne! Weißt du schon, wo das Fest sein wird? **Armin:** Nein, entweder bei der Grillhütte des Vereins oder oben am Waldrand.	2	5
6	**Satzzeichen bei wörtlicher Rede** - „Das Fest", sagte Armin, „findet entweder bei der Grillhütte des Vereins oder oben am Waldrand statt." - „Das Fest findet entweder bei der Grillhütte des Vereins oder oben am Waldrand statt", sagte Armin.	2	4
	ggf. sprachliche Darstellungsweise	**Fehlerquote**	**Punkte**

Arbeitsblatt zum Kapitel:
Feste feiern – feste feiern • Sätze untersuchen und Satzzeichen setzen

AB 13-01
u3q2w8

Satzarten unterscheiden

1 Setzt bei den folgenden Sätzen die entsprechenden Satzschlusszeichen.

(a) Peter befestigt die Luftballons und Karin hilft ihm dabei ___
(b) Alles okay bei dir ___
(c) Bring die Girlanden hierher ___
(d) Klaus, hilf mir mal ___ Ah ___ Festmachen ___
(e) Wo sind die Luftschlagen ___ Wer hat sie gehabt ___
(f) Wir werden bald fertig sein ___
(g) Habt ihr nicht noch mehr Luftballons ___
(h) Weil alle mitgeholfen haben, sind wir gut vorangekommen ___

2 Entscheidet, um welche Satzarten es sich bei den Sätzen aus Aufgabe 1 handelt.

(a) _____
(b) _____
(c) _____
(d) _____
(e) _____
(f) _____
(g) _____
(h) _____

3 Entscheidet, ob die Redeabsichten der Sätze, bei denen ihr ein Ausrufungszeichen gesetzt habt, Aufforderungen oder Ausrufe sind. Schreibt diese Sätze ab und eure Lösung hinter den jeweiligen Satz.

_____
_____
_____
_____

4 Formuliert die vorgegebenen Sätze in die jeweils geforderte Satzart um und schreibt sie auf.

- Aufforderungssatz:
  Sie klingelt an der Haustür. _____
- Aussagesatz:
  Schick mir eine Einladung! _____
- Fragesatz:
  Paul hat heute Geburtstag. _____

Arbeitsblatt zum Kapitel:
Feste feiern – feste feiern • Sätze untersuchen und Satzzeichen setzen

AB 13-02
y8w26e

Kommas bei Aufzählungen richtig setzen

1 Setzt alle fehlenden Kommas im folgenden Rezept für einen Faschingspunsch.

Faschingspunsch
Material und Zutaten:
Obstsaft (zum Beispiel Apfelsaft   Kirschsaft oder Orangensaft)   Honig   Zitronensaft   1 Messerspitze Nelken (gemahlen)   Kochtopf   Kochlöffel   Tassen oder hitzebeständige Gläser

So wird's gemacht:
Gieße den Apfelsaft   Kirschsaft oder Orangensaft in einen Topf und erhitze ihn langsam bis er zu kochen beginnt. Nimm den Topf von der Herdplatte   gib den Honig   die Gewürze sowie den Zitronensaft dazu und lass den Punsch kurz ziehen. Zum Schluss schmeckst du den Punsch ab und verteilst ihn in Tassen oder hitzebeständige Gläser.

2 In den Materialien unten sind Faschingskostüme versteckt. Bildet aus jedem Kasten einen sinnvollen Satz. Achtet besonders auf die Kommasetzung.

einen schwarzer Umhang einen spitzen Hut / als Hexe / eine Brille sowie einen Hexenbesen / man braucht	riesige Schuhe eine Clownsnase / eine bunte Latzhose und eine bunte Perücke / für ein Clownskostüm / ich besorge
einen Hut oder ein Kopftuch / eine Augenklappe / einen Säbel / ein Pirat / einen Papagei auf der Schulter / trägt	ein edles Diadem / eine Prinzessin / ein wunderschönes Kleid / braucht / teure Perlenketten und ein Zepter

_____
_____
_____
_____
_____
_____
_____
_____

Arbeitsblatt zum Kapitel:
Feste feiern – feste feiern • Sätze untersuchen und Satzzeichen setzen

AB 13-02

3 Recherchiert nach Faschingsbräuchen in Brasilien (Rio de Janeiro) und in Italien (Venedig). Schreibt dazu kurze Texte. Achtet auf die Kommasetzung bei den Aufzählungen.

Brasilien:

Italien:

Arbeitsblatt zum Kapitel:
Feste feiern – feste feiern • Sätze untersuchen und Satzzeichen setzen

AB 13-04
z8d3vc

Zusammengesetzte Sätze bilden und untersuchen

1 Verbindet die Satzpaare mithilfe passender Einleitewörter zu jeweils einem zusammengesetzten Satz. Probiert unterschiedliche Möglichkeiten der Satzverknüpfung aus. Schreibt drei Satzgefüge auf.

(a) Man stellt beleuchtete Kürbisfratzen vor das Haus. Böse Geister werden abgeschreckt.

(b) Die Kinder schminken ihre Gesichter. Sie wollen gruselig aussehen.

(c) Du hängst dir ein Bettlaken um. Du siehst aus wie ein Gespenst.

(a) _____

_____

(b) _____

_____

(c) _____

_____

2 Schreibt auf, welche inhaltlichen Veränderungen sich in zusammengesetzten Sätzen gegenüber einfachen Sätzen ergeben.

_____

_____

_____

3 Kennzeichnet in den zusammengesetzten Sätzen in Aufgabe 1 die Subjekte und Prädikate, rahmt die finiten Verben ein. Achtet auf die richtige Kommasetzung.

4 Zeichnet zu den zusammengesetzten Sätzen die Satzbilder.

(a) _____

(b) _____

(c) _____

Auf die Plätze, fertig, los …
Regeln und Verfahren der Rechtschreibung anwenden

S. 214–233

1. Kompetenzrahmen und Zielsetzungen

Modul 1: Nomen und Nominalisierungen großschreiben

S. 216–219   Wortarten unterscheiden; Nomen erkennen und großschreiben; Nominalisierungen erkennen und richtig schreiben

Modul 2: Wörter mit gleich und ähnlich klingenden Lauten schreiben

● S. 220/221   Wörter mit gleich und ähnlich klingenden Lauten richtig schreiben

Modul 3: Wörter mit kurz und lang gesprochenem Vokal schreiben

S. 222–225   Kurzvokale erkennen; Wörter mit betontem Kurzvokal richtig schreiben; Rechtschreibproben anwenden; Langvokale erkennen; Dehnungskennzeichen unterscheiden; Wörter mit langem Vokal richtig schreiben

Modul 4: Wörter mit s-Lauten schreiben

S. 226–228   stimmlose und stimmhafte Aussprache des „s" unterscheiden; Schreibweisen des stimmlosen s-Lautes unterscheiden; s-Laut richtig schreiben

Modul 5: Worttrennung am Zeilenende anwenden

S. 229   am Zeilenende richtig trennen; Trennungsregeln formulieren

● Modul 6: Nachschlagen und Rechtschreibprüfung am Computer

S. 230/231   ein Wörterbuch nutzen; begründet Stellung beziehen; ein Rechtschreibprüfungsprogramm nutzen

2. Ausgangssituation der Schüler

Die Standards (KMK) am Ende der 4. Klasse sehen vor, dass die Schüler sich mit folgenden Bereichen beschäftigt haben:
- Sie können geübte, rechtschreibwichtige Wörter normgerecht schreiben.
- Sie verwenden Rechtschreibstrategien: Mitsprechen, Ableiten, Einprägen.
- Sie verfügen über Fehlersensibilität und Rechtschreibgespür und verwenden Rechtschreibhilfen.
- Sie können Texte auf orthografische Richtigkeit überprüfen und korrigieren.

3. Kapitelkonzeption

Das Kapitel behandelt Großschreibung von Nomen und Nominalisierungen, Schreibung von gleich und ähnlich klingenden Lauten, Kennzeichnung von Lang- und Kurzvokalen, Schreibung des s-Lautes, Silbentrennung.

Auf die Plätze, fertig, los ... · Regeln und Verfahren der Rechtschreibung anwenden

4. Sequenzfahrplan

Verknüpfungsmöglichkeit

weiterführende Hinweise

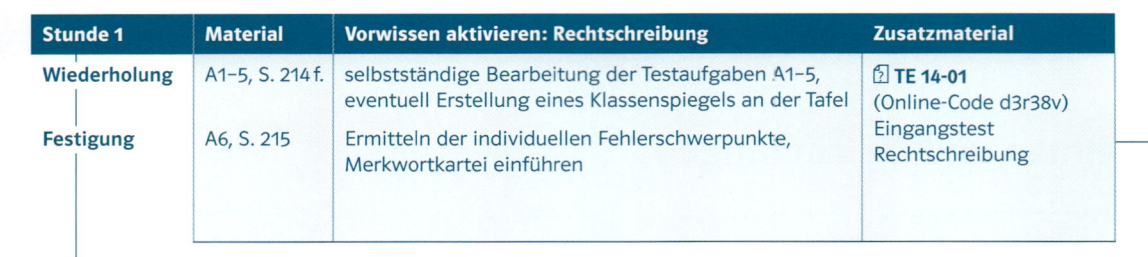

Stunde 1	Material	Vorwissen aktivieren: Rechtschreibung	Zusatzmaterial	
Wiederholung	A1–5, S. 214 f.	selbstständige Bearbeitung der Testaufgaben A1–5, eventuell Erstellung eines Klassenspiegels an der Tafel	**TE 14-01** (Online-Code d3r38v) Eingangstest Rechtschreibung	
Festigung	A6, S. 215	Ermitteln der individuellen Fehlerschwerpunkte, Merkwortkartei einführen		**Lerninsel 11: Rechtschreibung: „Merkwörter lernen und behalten"** (S. 293)

Stunde 2	Material	Nomen erkennen und großschreiben	Zusatzmaterial	
Impuls	A1, S. 216	sich über Skaten austauschen		
Erarbeitung	A2–4, S. 216	Text in richtiger Großschreibung schreiben, Satzanfänge und Nomen erkennen		**AH, S. 50 ff.**
Erarbeitung	A5–6, S. 217	Nomen mithilfe von Signalen und Proben erkennen und richtig schreiben		**Modul „Nomen und Nominalgruppen erkennen und verwenden"** (S. 176 ff.)
Erarbeitung	A7, S. 217	Nominalgruppen erkennen		
Erarbeitung	A8, S. 217	Schmelzwörter erkennen		**Modul „Präpositionen erkennen und verwenden"** (S. 185 ff.)
Erarbeitung	A9, S. 217	Possessivpronomen erkennen		**Lerninsel 10: Grammatik: „Wortarten unterscheiden"** (S. 281 ff.) **Modul „Artikel, Personalpronomen und Possessivpronomen erkennen"** (S. 180 f.)

Stunde 3	Material	Nominalisierungen erkennen und großschreiben	Zusatzmaterial	
Impuls	S. 218	Titelcover als Gesprächsimpuls		
Erarbeitung	A1, S. 218	Nominalisierungen und Schmelzwörter erkennen		
Erarbeitung	A2, S. 218	Nominalisierungen bilden		
Erarbeitung	A3–4, S. 218	nominalisierte Wörter erkennen und richtig schreiben		**AH, S. 78 ff.**
Festigung	A5, S. 219	nominalisierte Wörter erkennen und richtig schreiben, Nomen und Satzanfänge großschreiben	**AB 14-01** (Online-Code r5p2cn) Übung Großschreibung	

Stunde 4	Material	Gleiche und ähnliche Laute schreiben	Zusatzmaterial	
Impuls	A1, S. 220	einen Sachtext inhaltlich erfassen, eine Überschrift formulieren		
Erarbeitung	A2, S. 220	Partnerdiktat und Fehlerbewertung		**Lerninsel 11: Rechtschreibung: „Merkwörter lernen und behalten"** (S. 293)
Erarbeitung	A3, S. 220	Rechtschreibproben anwenden		**Teilmodul „Wortbildung durch Ableitung"** (S. 162 f.) **AH, S. 82 f.**
Festigung	A4, S. 221	gleiche und ähnliche Laute richtig schreiben	**AB 14-02** (Online-Code s8j2em) Übung Gleiche und ähnliche Laute	**Lerninsel 11: Rechtschreibung: „Schreibung von verwandten Wörtern ableiten"** (S. 290)

Stunde 5	Material	Wörter mit kurzem betonten Vokal schreiben	Zusatzmaterial	
Impuls	A1, S. 222	sich über Sportarten austauschen		
Erarbeitung	A2–3, S. 222	Kurzvokale und deren grafische Kennzeichnung erkennen		→ AH, S. 84 f.
Erarbeitung	A4–5, S. 223	Wörter mit „tz" richtig schreiben		
Erarbeitung	A6, S. 223	Rechtschreibproben anwenden		→ Lerninsel 11: Rechtschreibung: „Schreibung von verwandten Wörtern ableiten" (S. 290)
Festigung	A7, S. 223	über eine Rechtschreibregel reflektieren		

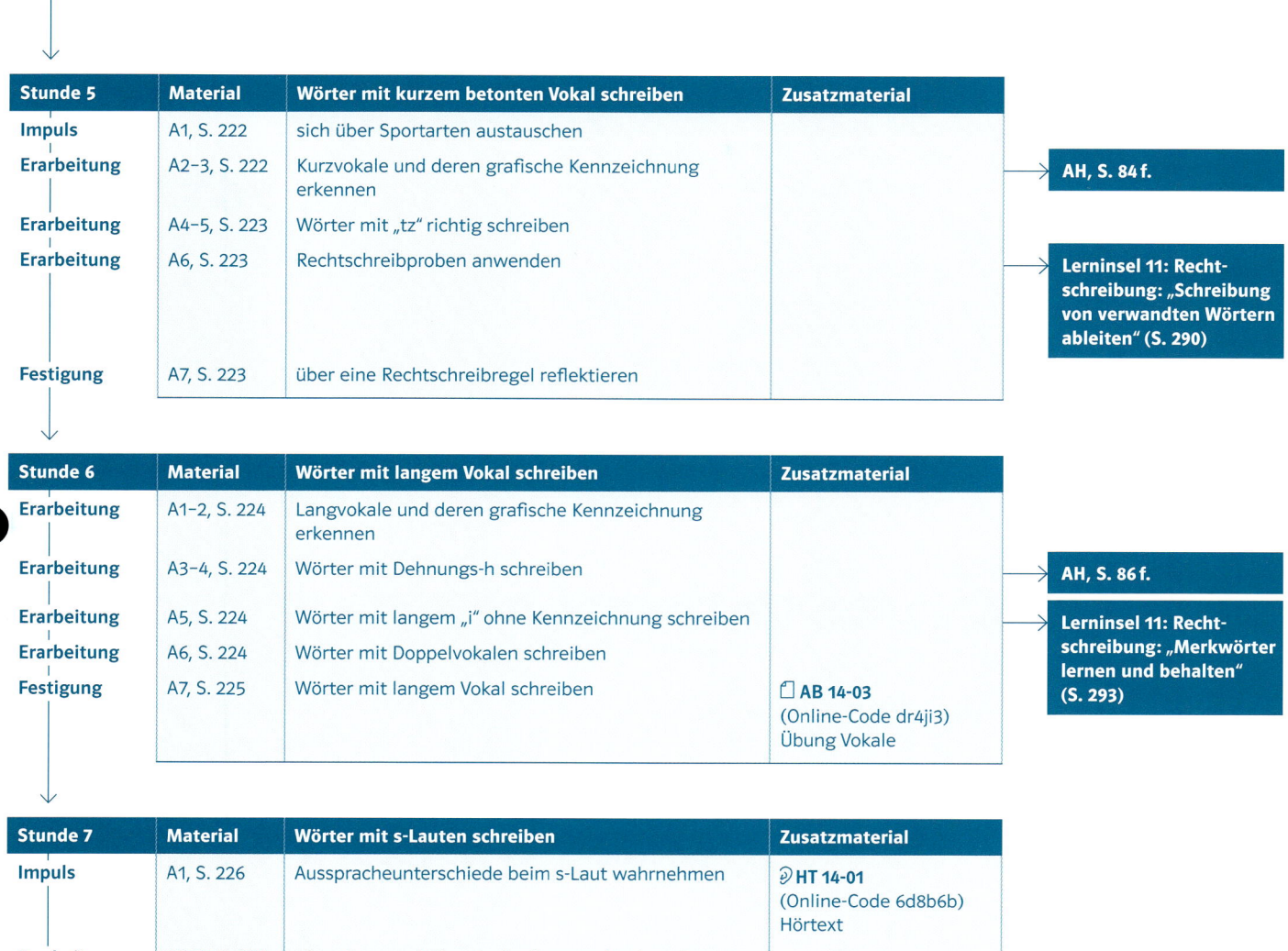

Stunde 6	Material	Wörter mit langem Vokal schreiben	Zusatzmaterial	
Erarbeitung	A1–2, S. 224	Langvokale und deren grafische Kennzeichnung erkennen		
Erarbeitung	A3–4, S. 224	Wörter mit Dehnungs-h schreiben		→ AH, S. 86 f.
Erarbeitung	A5, S. 224	Wörter mit langem „i" ohne Kennzeichnung schreiben		→ Lerninsel 11: Rechtschreibung: „Merkwörter lernen und behalten" (S. 293)
Erarbeitung	A6, S. 224	Wörter mit Doppelvokalen schreiben		
Festigung	A7, S. 225	Wörter mit langem Vokal schreiben	AB 14-03 (Online-Code dr4ji3) Übung Vokale	

Stunde 7	Material	Wörter mit s-Lauten schreiben	Zusatzmaterial	
Impuls	A1, S. 226	Aussspracheunterschiede beim s-Laut wahrnehmen	HT 14-01 (Online-Code 6d8b6b) Hörtext	
Erarbeitung	A2–3, S. 226	stimmlose und stimmhafte Aussprache des s-Lautes unterscheiden		
Erarbeitung	A4, S. 226	Rechtschreibprobe Verlängerung anwenden		→ Lerninsel 11: Rechtschreibung: „Schreibung von verwandten Wörtern ableiten" (S. 290)
Erarbeitung	A1–3, S. 227	stimmlosen s-Laut wahrnehmen und nach Lang- und Kurzvokalen richtig schreiben		
Erarbeitung	A4, S. 227	Rechtschreibregeln zur Schreibung des stimmlosen s-Lautes formulieren		
Erarbeitung	A5, S. 227	Schreibwechsel im Wortstamm erkennen		→ Teilmodul „Wortbildung durch Ableitung" (S. 162 f.)
Festigung	A6, S. 228	s-Laute richtig schreiben	AB 14-04 (Online-Code 777u3r) Übung s-Laute	→ AH, S. 88 ff.

Auf die Plätze, fertig, los … · Regeln und Verfahren der Rechtschreibung anwenden

Verknüpfungsmöglichkeit

weiterführende Hinweise

Stunde 8	Material	Worttrennung/Nachschalgen und Rechtschreibprüfung am Computer	Zusatzmaterial
Impuls	A1, S. 229	sinnentstellende Trennungen erkennen	
Erarbeitung	A2–3, S. 229	am Zeilenende richtig trennen	
Erarbeitung	A4, S. 229	sinnentstellende Trennungen vermeiden	
Impuls	S. 230	Wörterbuchauszug	
Erarbeitung	A1, S. 230	einem Wörterbucheintrag gezielt Informationen entnehmen und diese wiedergeben	
Erarbeitung	A2, S. 231	Schreib- und Sprachvarianten wahrnehmen	
Erarbeitung	A3, S. 231	sich über Schreibgepflogenheiten austauschen	
Erarbeitung	A4–7, S. 231	Möglichkeiten und Grenzen der Rechtschreibprüfung am Computer erkunden	
Festigung	A8, S. 231	Rechtschreibprüfung durch die Textverarbeitung am Computer kontrollieren	

→ **AH, S. 91**

→ **Lerninsel 11: „Im Wörterbuch nachschlagen" (S. 292)**

Stunde 9/10	Material	Lernerfolge sichern und ggf. bewerten	Zusatzmaterial
selbstständige Lernkontrolle	A1–10, S. 232 f.	Regeln und Verfahren der Stammschreibung	⊕ TR (Online-Code 62e49h)
Klassenarbeiten	KA 14-01 bis KA 14-03 LB, S. 297 ff.	Regeln und Verfahren der Stammschreibung	

5. Kommentare zu den Aufgaben

5.1 Kapitelauftaktseite – Vorwissen aktivieren

S. 214–215

Welche Sportarten sind das? Schreibt sie richtig auf. — A1 | S. 214

Wasserskifahren, Schwimmen, Klettern, Tischtennis, Eisschnelllauf

Lösungsvorschlag

Ergänzt die fehlenden Buchstaben und schreibt die Wörter auf. — A2 | S. 214

Ältere, jährigen, besser, Wänden, kennt, ängstlich, Meter, Hallendecke, gefährlichsten, Welt

Lösungsvorschlag

Ergänzt die fehlenden Buchstaben und schreibt die Wörter auf. — A3 | S.214

hab, sagt, bald, Tag, geprobt, geübt, niemand, langweilig, Musik, Vordergrund

Lösungsvorschlag

Welche Schreibung ist richtig? Notiert die Wörter. — A4 | S. 215

Fahrrad (1), Training (1), Mannschaft (2), Wettkampf (3), Disziplin (2)

Lösungsvorschlag

Hier wurden die Nomen (Substantive) kleingeschrieben. Schreibt sie richtig auf. — A5 | S. 215

Informationen über die Trendsportart: kurze Filme auf youtube oder anderen Websites, z. B. http://www.suite101.de/content/rope-skipping-a44436

Info

Synchronspringen, Kunststücke, Stelle, Sprung, Arme, Körper, Seil, Zirkusvorführung, Beifall, Nummer

Lösungsvorschlag

Zählt alle Punkte zusammen und stellt fest, wie sicher ihr in der Rechtschreibung seid. — A6 | S. 215

 0 – 15 Punkte → Anfänger   26 – 35 Punkte → Fortgeschrittener   46 – 50 Punkte → Vollprofi
 16 – 25 Punkte → Amateur   36 – 45 Punkte → Profi

Die Schüler sollten sich darüber hinaus über ihre individuellen Fehlerschwerpunkte klarwerden, ggf. kann eine Merkwortkartei (vgl. S. 293) angelegt werden.

Info

5.2 Modul 1: Auf den Rollen nicht zu bremsen – Nomen und Nominalisierungen großschreiben

S. 216–219

Nomen (Substantive) erkennen und großschreiben

Skaten – eine gefährliche Sportart? Was meint ihr? Begründet. — A1 | S. 216

Hier kommt es v. a. darauf an, dass die Schüler ihre Meinung begründen.

Info

Auf die Plätze, fertig, los ... · Regeln und Verfahren der Rechtschreibung anwenden

---

S. 216 | A2 Schreibt den Text in richtiger Groß- und Kleinschreibung ab.

Die Satzanfänge sind, vgl. A3–4, kursiv gedruckt, die Nomen unterstrichen.

Lösungsvorschlag *Im* Rausch der Geschwindigkeit – *Wenn* Alexander in voller Fahrt ist, kann niemand ihn mehr bremsen, manchmal wundert er sich, wieso er nicht vor zehn Jahren mit Inlineskates auf die Welt gekommen ist. *Jedenfalls* kann er sich nicht vorstellen, auf die geliebten Flitzer zu verzichten. *Im* Alter von vier Jahren hat er das erste Paar bekommen. „*Natürlich* war auch die komplette Schutzausrüstung dabei", betont der Junge, denn ohne Schutz geht er nicht auf die Piste, um auf seinen Rollen zu rollen.

S. 216 | A3 Überprüft, welche Wörter ihr großgeschrieben habt. Unterstreicht die Satzanfänge blau.

Lösungsvorschlag vgl. A2: Satzanfänge dort kursiv, Nomen unterstrichen

---

S. 216 | A4 Unterstreicht in eurem Text alle Nomen (Substantive) rot. Woran habt ihr sie erkannt?
Wenn ihr weniger als 16 Nomen entdeckt habt, verwendet die Proben aus der blauen Box, um sie zu finden.

Lösungsvorschlag vgl. A2: Nomen dort unterstrichen

S. 217 | A5 Erklärt die Unterschiede.

Lösungsvorschlag
- bremsen (= Infinitiv) – Bremsen (= Plural von *die Bremse*)
- paar (= Indefinitpronomen) – Paar (= Nomen)
- rollen (= Infinitiv) – Rollen (= Plural von *die Rolle*)

S. 217 | A6 Begründet, welche der folgenden Wörter großgeschrieben werden.

Info Grundsätzlich sind alle Nomen artikelfähig. Vielleicht helfen den Schülern auch die Bedeutung, die Nachsilben (im Falle von *Jugendlicher, Skaterin, Erlebnis, Achtung* und *Schnelligkeit*) oder die Artikelprobe.

Lösungsvorschlag Skaterin – Erlebnis – Schützer – Bäume – Tempo – Hunde – Helm – Gefahr – Achtung – Schnelligkeit – Jugendlicher – Freude

---

S. 217 | A7 Manchmal drängen sich Adjektive zwischen Begleiter und Nomen. Es entsteht eine Nominalgruppe. Schreibt die entsprechenden Beispiele aus dem Text heraus.

Info Die Aufgabe kann in Partnerarbeit bearbeitet werden: Die Schüler sollten das eingefügte Adjektiv unterstreichen.

Lösungsvorschlag
aus passenden Knie-, Ellenbogen- und Handgelenkschonern (Z. 1 f.)
einen sicheren Helm (Z. 3)
aus hartem Plastik (Z. 5)
von normalen Stürzen (Z. 5 f.)
aus elastischem Stoff (Z. 7)
deine zukünftigen Protektoren (Z. 9)
ohne größere Probleme (Z. 9 f.)
vor gefährlichen Schäden (Z. 10 f.)
seiner wertvollen Gesundheit (Z. 13)
auf hohe Qualität (Z. 13)
Ein optimaler Schutz (Z. 14)

Ein Artikel kann sich in einer Präposition „verstecken". – Findet im Text die Nomen, vor denen ein „versteckter Artikel" steht, und schreibt die Wortgruppe heraus. – Macht anschließend den Artikel durch Umschreiben sichtbar.		**A8** **S. 217**
Auch diese Aufgabe kann zu zweit bearbeitet werden.		Info
zum Abfangen (Z. 5): zu dem Anfangen beim Kauf (Z. 12): bei dem Kauf zum Erhalten (Z. 12): zu dem Erhalten	im Laden (Z. 13 f.): in dem Laden beim Skaten (Z. 14): bei dem Skaten	Lösungsvorschlag

Die markierten Wörter zeigen euch andere Begleiter des Nomens. Bestimmt diese Wortart.	**A9** **S. 217**
Die Schüler können bei Schwierigkeiten selbstständig auf die Lerninsel 10: Grammatik: „Wortarten unterscheiden" (S. 281 ff.) zurückgreifen.	Info
Es handelt sich um Possessivpronomen.	Lösungsvorschlag

Nominalisierungen erkennen und großschreiben

Schreibt den Satz zweifarbig ab: – Verwendet eine andere Farbe für die Verben, die wie Nomen (Substantive) aussehen. – Unterstreicht die Artikel und die Wörter, in denen sich ein Artikel versteckt.		**A1** **S. 218**
Die Aufgabe bietet sich zur Partnerarbeit an (leistungsstärkere und leistungsschwächere Schüler mischen).		Info
Nominalisierungen kursiv gedruckt: „Inline-Skating" – Dieses Buch beleuchtet alle Einzelheiten des *Skatens*, *vom Balancehalten* über das saubere	*Abstoßen* und *Gleiten*, das *Abbremsen* und das verletzungsfreie *Fallen* bis *zum Überwinden* von Hindernissen.	Lösungsvorschlag

Auch Adjektive schreibt man dann groß, wenn sie wie ein Nomen verwendet werden. Das ist der Fall, wenn man einen Begleiter oder eine Mengenangabe davorsetzt. Bildet aus den Wörtern in den gelben Kästen und den Adjektiven in den blauen Kästen Wortgruppen. Achtet auf die Großschreibung.	**A2** **S. 218**
Die Schüler könnten zu den Wortgruppen (mündlich) jeweils einen Satz bilden.	Info
Beispiele: etwas Neues, das Nützliche, nichts Schwieriges, alles Leichte, manches Alte, dieses Gute, viel Fantasievolles	Lösungsvorschlag

Setzt die Wörter der linken Spalte richtig geschrieben in die Sätze ein.		**A3** **S. 218**
– Man braucht gute Knieschützer zum Skaten. Nachmittags versucht Alex, oft zu skaten. – Es ist nötig, das Stehen zu üben. Durch Üben lernen die Skater schnell zum Stehen zu kommen.	– Ein geschickter Skater kann Figuren hintereinander ausführen. Bei schwierigen Figuren zeigt sich, wer der Geschickteste ist. – Für alles Neue muss man den Mut haben zum Ausprobieren. Figuren, die neu sind, muss man zuerst ausprobieren.	Lösungsvorschlag

Auf die Plätze, fertig, los ... · Regeln und Verfahren der Rechtschreibung anwenden

---

S. 218 | A4 Sucht in den folgenden Sätzen Verben und Adjektive, die wie Nomen gebraucht werden. Schreibt die Sätze in richtiger Groß- und Kleinschreibung ab.

Info Die nominalisierten Verben und Adjektive können unterstrichen werden (siehe Lösungsvorschlag).

Lösungsvorschlag Nichts Hohes eignet sich so gut zum Messen der Kräfte wie Hochhäuser. Für das rasche Erklimmen der 86. Etage brauchen die besonders Schnellen weniger als zehn Minuten. Beim Springen mit Känguru-Schuhen fällt das Treppensteigen besonders leicht. Alles Gefährliche, wie das Überhüpfen von Autos, sollte man aber besser unterlassen.

S. 219 | A5 **Zum Differenzieren**
A Schreibt den folgenden Text in richtiger Groß- und Kleinschreibung auf. Wenn ihr nicht sicher seid, nehmt die blauen Boxen auf Seite 216 und 219 zu Hilfe.
B Diktiert euch den folgenden Text als Partnerdiktat. Untersucht eure Fehler. Welche könnt ihr mit den Regeln der blauen Boxen auf Seite 216 und 219 vermeiden?
C Schreibt den folgenden Text in richtiger Groß- und Kleinschreibung auf. Prüft euer Ergebnis mithilfe der blauen Boxen auf Seite 216 und 219.

Info weitere Übungen zu „Großschreibung": AB 14-01 (Online-Code r5p2cn)

Lösungsvorschlag **A:**
1. Alexander nimmt an einem Skatingkurs für Fortgeschrittene teil.
2. Er will seine Fahrtechnik verbessern und das richtige Fallen üben.
3. Außerdem will er beim Bremsen sicherer werden.
4. Zum erfolgreichen Bestehen des Kurses hat ihm seine Mutter den Besuch eines aufregenden Skater-Parks versprochen.
5. „Warum sind Mütter nur immer gegen alles Gefährliche?", seufzt Alex.

C: Alexanders Großmutter schüttelt beim Zuhören entsetzt den Kopf, als sie sich alles Gefährliche und Schwierige vorstellt, was ihr Enkel erzählt: „Zu meiner Zeit brauchte man keine Schutzkleidung zum Ausüben dieses Hobbys, das damals noch Rollschuhlaufen hieß. Die vier Rollen waren in Form eines stabilen Vierecks angebracht. Auch damit konnte man wunderschöne Küren laufen", erklärt sie.
Das Alte interessiert den Jungen zwar schon, aber er gibt zu bedenken: „Wir laufen auch zur Musik, im Übrigen sind die Inliner einfach schneller als eure komischen rollenden Schuhe damals. Das bedeutet, ich brauche zum Einkaufen der leckeren Brötchen viel weniger Zeit als du früher."
„Na ja, du bist wohl ziemlich stolz auf deine Roller", schmunzelt die Großmutter. Diese merkwürdige Formulierung bringt Alexander zum Lachen.

S. 220–221 5.3 Modul 2: Im Höhenrausch – Wörter mit gleich und ähnlich klingenden Lauten schreiben

S. 220 | A1 Lest den Text und denkt euch eine passende Überschrift aus.

Info Die Aufgabe soll sicherstellen, dass der Text inhaltlich erfasst wurde.

Lösungsvorschlag mögliche Überschrift: Jeder Schritt ein Kampf

Diktiert einem Partner den Text. Sagt die Kommas an. Bei der Hälfte wechselt ihr euch ab. Kontrolliert eure Texte und untersucht eure Fehler.	A2	S. 220

Wurde bereits eine Merkwortkartei (vgl. S. 293 sowie die Hinweise zur Auftaktseite) angelegt, könnte diese hier entsprechend ergänzt werden. — Info

Schreibt die Wörter mit den markierten Buchstaben untereinander auf. Findet mithilfe der blauen Box die richtige Schreibweise heraus.	A3	S. 220

Vor der Bearbeitung könnten die Schüler die blaue Box lesen und die Proben mit ihren eigenen Worten erläutern. — Info

Lösungsvorschlag

Probe 1:	Berg, Welt, wenig, Weg, Gipfelerfolg, übermäßig, schwierig, unglaublich, anstrengend, Bergsteiger, Hundertmetersprint, Zeit, Zeltlagern, endlich, Bergsteigervolk, Aufstieg, bereit
Probe 2:	ragt, gibt, wird, gibt, erlaubt, wird
Probe 3:	übermäßig, fällt, Kräfte, neu, alljährlich, unzählige, Leute, geträumt, kämpfen

Zum Differenzieren

A Schreibt den folgenden Text ab und ergänzt die fehlenden Buchstaben.
B Sucht mindestens zehn Wörter aus und schreibt Sätze mit diesen Verben in der zweiten oder dritten Person auf.
C Benutzt die Rechtschreibproben in der blauen Box auf Seite 220, um die Wörter mit den Lücken richtig zu schreiben. Schreibt die Wörter auf.

A4 — S. 221

Teilaufgabe C integriert die beiden Digrapheme <ng> und <nk>, die im Deutschen den sth. velaren Nasallaut wiedergeben. In der Verlängerung oder Ableitung ist jedoch nie das [g], sondern nur das [k] zu hören, d.h., dass die Probe bei <ng> nur indirekt angewandt werden kann (bang > bange: kein [g] hörbar, aber: Bank > Banken: [k] ist hörbar). – weitere Übung „Gleiche und ähnliche Laute": **AB 14-02** (Online-Code s8j2em). — Info

Lösungsvorschlag

A: Abstiegsrekord (Z. 1), Zeltlager (Z. 2), Südsattel (Z. 3), hält (Z. 4), schwindelerregend (Z. 5), Schneehänge (Z. 6), Typ (Z. 8)

C: Bergwandern (Z. 1); bringt, zählt (Z. 2); Sportkletterer, begnügt, Wand (Z. 3); Abhang (Z. 4); unbedingt, erdenklichen (Z. 5); Werkzeug (Z. 6); unwegsamen (Z. 7); entstand, Jahrhundert, geriet (Z. 8); Deutschland, heute, Trend (Z. 10)

5.4 Modul 3: Die Qual der Wahl – Wörter mit kurz und lang gesprochenem Vokal schreiben

S. 222–225

Wörter mit betontem kurzen Vokal richtig schreiben

Welche Sportart interessiert euch, welche betreibt ihr aktiv? Begründet eure Auswahl.	A1	S. 222

Abbildungen: Auswahl aus den Piktogrammen der Olympischen Sommerspiele 2008 in Peking (Grundlage: chinesische Siegelschrift). Zur Unterstützung ihrer Argumentation können die Schüler auf den Text zurückgreifen. Das Gespräch muss aber nicht textgestützt verlaufen, sondern kann sich auch frei entfalten. — Info

○ ◐ ● leicht – mittel – schwer   ■ analytisch   ✤ handlungs- und produktionsorientiert

Auf die Plätze, fertig, los ... · Regeln und Verfahren der Rechtschreibung anwenden

---

S. 222 | A2 Sucht aus dem Text alle Bezeichnungen für Sportarten heraus, bei denen der betonte Vokal kurz gesprochen wird. Tragt sie in die richtige Spalte der folgenden Tabelle ein. Übernehmt dazu die Tabelle in euer Heft.

Info In der Tabelle ist die Lösung zu A3 integriert: Konsonanten nach dem betonten Vokal sind unterstrichen.

Lösungsvorschlag Werfen, Hammerwerfen, Eisschnelllauf, Tennis, Fechten, Kampfsport, Ringen, Klettern, Gewichtheben, Turnen, Wasserspringen, Skispringen, Eiskunstlauf, Joggen, Langlauf, Rollsport, Mehrkampf, Volleyball, Handball, Fußball, Eishockey

Verdopplung ein und desselben Buchstabens sowie tz, ck	zwei oder mehr verschiedene Buchstaben
Hammerwerfen, Eisschnelllauf, Tennis, Klettern, Wasserspringen, Joggen, Rollsport, Volleyball, Handball, Fußball, Eishockey	Werfen, Fechten, Kampfsport, Ringen, Gewichtheben, Turnen, Wasserspringen, Skispringen, Eiskunstlauf, Langlauf, Mehrkampf, Handball,

---

S. 222 | A3 Setzt unter den betonten Vokal der Wörter in der Tabelle jeweils einen Punkt. Markiert die Konsonanten nach dem betonten Vokal farbig.

Info siehe Lösungsvorschlag unter A2.

S. 223 | A4 Die Wörter im gelben Kasten haben etwas gemeinsam. Formuliert die dazu passende Schreibregel.

Info Die Schüler können ihr Arbeitsergebnis mithilfe der blauen Box selbst überprüfen.

Lösungsvorschlag Schreibregel: Bei Wörtern mit einem „z" wird nach einem kurzen betonten Vokal nicht „zz", sondern „tz" geschrieben.

S. 223 | A5 Bildet Sätze aus den Wörtern mit *tz* im gelben Kasten. Versucht möglichst viele Wörter in einem Satz unterzubringen. Beispiel: *siehe Schülerbuch.*

Info Im Zentrum steht das Verinnerlichen von bestimmten Schreibungen.

S. 223 | A6 Erklärt, wie ihr die richtige Schreibweise bei folgenden Wörtern herausfindet. Die blaue Box hilft euch dabei.

Info Vgl. zu dieser Aufgabe die Darstellung der Lerninsel 11: Rechtschreibung: „Schreibung von verwandten Wörtern ableiten" (S. 290).

Lösungsvorschlag In allen Fällen muss man zunächst nach Silben sprechen. So wird die Verdopplung der Konsonanten hörbar (*Hammer, Patzer, Strecke*). Die Wörter *Eckball, Satzball, Schutzkleidung, Brettspiel, Rennfahrer, Pass, schwimmt, nützt, joggt, misst, passt* müssen zusätzlich abgebleitet (verlängert) werden.

S. 223 | A7 Erklärt, was der Junge mit „doppelt gemoppelt" meint.

Lösungsvorschlag Wenn vor dem „k" bzw. dem „z" noch ein weiterer Konsonant steht, dann befinden sich bereits zwei Konsonanten hinter dem kurzen betonten Vokal. Da zwei Konsonanten zur Kennzeichnung des Kurzvokals ausreichen, wäre jede weitere Verdopplung „doppelt gemoppelt".

Wörter mit lang gesprochenem Vokal richtig schreiben

A1 S. 224

Sucht aus dem Text auf Seite 222 alle Bezeichnungen für Sportarten mit langen Vokalen heraus und ordnet sie in einer Tabelle.

Info

Der Lösungsvorschlag enthält bereits die Lösung zu A2.

Lösungsvorschlag

Dehnungs-h	langes betontes „i" = ie	Vokalverdopplung	kein besonderes Dehnungszeichen
Radfahren, Mehrkampf, Zehnkampf, *wahr, Wahl, Ohr, ihm, sehr*	Schießen, Siebenkampf, *Wiese, Liebe, Sieb, Dieb, Niete*	Speerwerfen, *Moos, Meer, Paar, Fee, Seele*	Segeln, Judo, Gewichtheben, Skispringen, Radfahren, Rudern, *Rose, Sage, Nebel, Regel, wagen*

A2 S. 224

Welche Überschriften müssen in der Tabelle stehen? Sucht für jede Spalte mindestens fünf weitere Wörter. Sprecht die Wörter bewusst und dehnt euch dazu.

Lösungsvorschlag

● vgl. A1: Weitere Beispiele sind kursiv gedruckt.

A3 S. 224

Die Wörter in dem gelben Kasten sind alphabetisch geordnet. Ordnet sie neu.

Lösungsvorschlag

Wörter mit
- hl: hohl, kahl, Kohl, kühl, Mehl, Pfahl, Stahl, Strahl, Wahl, wohl, Zahl
- hm: ihm, lahm, Lehm, Rahm, zahm
- hn: Bahn, Föhn, Hahn, Huhn, ihn, Kahn, kühn, Lohn, Mohn, Sohn, Zahn, zehn
- hr: ihr, Jahr, mehr, Ohr, Rohr, sehr, Uhr, wahr

A4 S. 224

Untersucht, vor welchen Buchstaben das Dehnungs-h jeweils steht.

Lösungsvorschlag

vgl. A3: l, m, n, r

A5 S. 224

Prägt euch die Schreibweise der folgenden Wörter ein. Diktiert.

Info

● Haben die Schüler eine Merkwortkartei (vgl. S. 293) angelegt, könnte diese hier entsprechend ergänzt werden.

A6 S.224

Erkennt ihr diese Wörter? Ordnet sie in einer Tabelle. Drei Wörter könnt ihr zweimal in die Tabelle eintragen.

Info

nach A1–6 Einsatz von ▢ **AB 14-03** (Online-Code dr4ji3) möglich

Lösungsvorschlag

Die Konsonantengruppen, in die unterschiedliche Langvokale passen, sind unterstrichen:

aa	ee	oo
Saal, Aal, Paar, Haar, Waage, Saat, Staat	Beet, Tee, Beere, Klee, Kaffee, Fee, Schnee, Heer, See, Meer, Teer, Speer	Boot, Zoo, Moor, Moos

Auf die Plätze, fertig, los ... · Regeln und Verfahren der Rechtschreibung anwenden

---

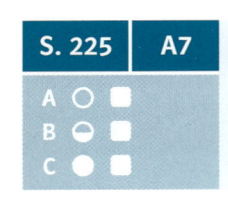

S. 225 | A7

A ○ ■
B ◐ ■
C ● ■

Zum Differenzieren
A Schreibt diese Wörter richtig auf. Setzt Silbenbögen, zum Beispiel: *Schiff-fahrt*.
B Schreibt die Sätze auf und setzt das richtige Wort ein.
C tz oder z? Setzt ein und schreibt die Wörter auf.

Info weitere Übung „Vokale": 🗎 **AB 14-03** (Online-Code dr4ji3)

Lösungsvorschlag
A: Fitness-studio, Schwimm-meister, Schnell-läufer, Ballett-truppe

B: 1. Er lehrte sie das Schwimmen./Er leerte das Schwimmbecken.
2. Er stand in einem Meer von Blumen./Zur Siegerehrung kamen mehr als erwartet.
3. Sie fragte nach der Uhrzeit./Die Frage gibt es seit Urzeiten.
4. Das war das Ende der Wahl./Am Strand fand der Wal sein Ende.

C: seit Kurzem, Sein Spitzname ist Pfütze (Z. 1); geizt (Z. 2); blitzen plötzlich, Sätze platzen (Z. 3); Schutzkleidung, Kreuz (Z. 5); jetzt, stürzen (Z. 6); Tribünenplatz, sitzen (Z. 7); verletzt, Verletzung, entsetzlich, schmerzt (Z. 8); fetzige, lostanzen, glänzen (Z. 9)

S. 226–228 5.5 Modul 4: Schuss – Tor – Sieg – Wörter mit s-Lauten schreiben

s-Laute bewusst hören und unterscheiden

S. 226 | A1 Hört euch den Text an. Achtet dabei auf die Aussprache der s-Laute.

Info Bewusst wahrgenommen werden soll die stimmhafte Aussprache des „s" am Wort und Silbenanfang (vgl. A3)

S. 226 | A2 Ordnet die Wörter aus dem Text „Nach dem Fußballturnier" in eine Tabelle ein.

Lösungsvorschlag

stimmhaftes *s*	stimmloses *s*
sich, Nase, sah, Hose, Sie, Rasen, riesigen, sagte, sie, gesiegt	Fußballturnier, fasste, Riss, Schlusspfiff, nassen, ausgerutscht, es, Spaß

S. 226 | A3 In manchen Teilen Deutschlands, besonders in Süddeutschland, wird das stimmhafte *s* häufig stimmlos ausgesprochen, sodass man den Unterschied nicht hört.
  – Sprecht die folgenden Wörter einmal ganz deutlich mit stimmhaftem *s*.
  – Prüft, indem ihr ein paar Finger an den Hals haltet: Das stimmhafte *s* spürt man, das stimmlose nicht.

Info Mit Hals ist der Kehlkopf gemeint: Wenn man mit Daumen und Zeigefinger den oberen Teil des Kehlkopfes umfasst oder leicht drückt, kann man das Vibrieren der Stimmlippen fühlen. – Im Kontext kann man die Schüler darauf hinweisen, dass die Stimmhaftigkeit beim s-Laut intravokalisch distinktiv ist. Zum Beispiel „Reise": reisen/reißen; zum Beispiel „beweisen": weise – weiße (Farbe).

S. 226 | A4 *Kreis, Glas, Beweis* – Verlängert diese Wörter, indem ihr jeweils den Plural bildet:
Dann sollte der s-Laut stimmhaft werden.

Lösungsvorschlag Kreis: die Kreise/Glas: die Gläser/Beweis: die Beweise

Welche Buchstaben: ss oder ß?

A1 S. 227

Ordnet die Wörter nach langen und kurzen Vokalen. Was fällt euch auf?

Info

Den Schülern soll klar werden, dass der stimmlose s-Laut nach kurzem Vokal mit „ss", nach langem Vokal jedoch mit „ß" geschrieben wird.

Lösungsvorschlag

Wörter mit kurzem Vokal/mit *ss*	Wörter mit langem Vokal/mit *ß*
Schuss, Schluss, wisst, lässt, schoss, muss	heißt, Fuß, groß, heiß, Stoß, Grüße, weiß

A2 S. 227

Schreibt aus dem folgenden Text alle Wörter mit *ss* oder *ß* heraus. Unterstreicht die kurzen und langen Vokale vor den s-Lauten mit zwei verschiedenen Farben.

Info

Deutlich werden sollte, dass Diphthonge denselben Status haben wie Langvokale, wenn es um die Schreibung des ß geht.

Lösungsvorschlag

Wörter mit *ss*	Wörter mit *ß*
Schuss, Ass, musste, Pass, Schuss, passiert, schoss	draußen, Straße, Fußball, Spaß, dreißig, Schließlich

A3 S. 227

Sprecht die Wörter mit ß bewusst aus. Wenn ihr dabei die Finger an den Hals haltet, solltet ihr nichts spüren.

Info

Vgl. die Hinweise zu A3 auf S. 292.

A4 S. 227

Ergänzt die folgenden Rechtschreibregeln zu den s-Lauten:

Info

Die Schüler können ihr Arbeitsergebnis mithilfe der blauen Box auf Seite 228 selbst überprüfen.

Lösungsvorschlag

Nach einem kurzen Vokal steht immer ss.
Nach einem langen Vokal steht ß, sofern der s-Laut stimmlos ist.
Nach den Diphthongen *au, ei, ai, äu* und *eu* steht ß, wenn der s-Laut stimmlos ist.

A5 S. 227

Übernehmt folgende Tabelle und füllt sie nach dem Muster aus. Findet Überschriften für die einzelnen Spalten.

Info

Die Aufgabe kann in Partnerarbeit erfolgen (leistungsstärkere und leistungsschwächere Schüler mischen).

Lösungsvorschlag

Nomen	Infinitiv	Präsens	Präteritum	Partizip II
Maß	*messen*	*misst*	*maß*	*gemessen*
Floß/Fluss	*fließen*	*fließt*	floss	*geflossen*
Riss	reißen	reißt	*riss*	gerissen
Schloss	schließen	schließt	schloss	*geschlossen*

Auf die Plätze, fertig, los ... · Regeln und Verfahren der Rechtschreibung anwenden

---

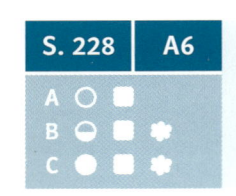

S. 228 | A6

Zum Differenzieren

A *s* oder *ß*? Entscheidet mithilfe des Verlängerns.
B *ss* oder *ß*? Setzt ein und schreibt auf.
C Schreibt die folgenden Wörter mit den Lücken in richtiger Rechtschreibung auf.

Info weitere Übung „s-Laute": AB 14-04 (Online-Code 777u3r)

Lösungsvorschlag

A: Flei...arbeit > fleißig > also: Fleißarbeit – Gefä...krankheit > Gefäße > also: Gefäßkrankheit – Ma...krug > Maße > also: Maßkrug – Ei...keller > eisig > also: Eiskeller – Paradie...vogel > Paradiese > also: Paradiesvogel – Auswei...hülle > Ausweise > also: Ausweishülle – Schwei...naht > schweißen > also: Schweißnaht – Schlie...fach > schließen > also: Schließfach – Ga...leitung > Gase > also: Gasleitung

B: er schießt – sie lässt – er passt – er vergaß – sie heißt – er schließt – es sprießt – er schweißt – er verpasst – es gießt – er fasst – sie beißt

C: Fehlpass, Pfostenschuss (Z. 1); Platzverweis, dreißig (Z. 2); Torschuss, Tosender, klasse, Schuss (Z. 3); verließen, Pause (Z. 4); Strafstoß, Doppelpass, Pfostenschuss (Z. 5); Spaß, Fußtritt (Z. 6); mussten, Nase, fassen (Z. 7); Schlussstand (Z. 8)

S. 229 5.6 Modul 5: Ab-flug-ge-schwin-dig-keit – Worttrennung am Zeilenende anwenden

S. 229 | A1

Stellt fest, was das Textverarbeitungsprogramm des Computers in dem Zeitungstext falsch gemacht hat.

Lösungsvorschlag Das Programm hat sinnentstellend getrennt. Besser wäre bzw. richtig ist:
Altbau-erhaltung, Staub-ecken, Ur-instinkt, Wach-stube

S. 229 | A2

Knickt eine Heftseite zweimal der Länge nach, sodass drei gleich große Spalten entstehen.
Schreibt die drei folgenden Sätze (vgl. Lösungsvorschlag) in die Spalten. Am Zeilenende darf kein Wort gequetscht geschrieben werden.

Lösungsvorschlag

1. 78,6 Me-ter be-trägt die Flug-wei-te ei-nes Fuß-balls, der mit ei-ner Ab-flug-ge-schwin-dig-keit von 100 Stun-den-ki-lo-me-tern und ei-nem Ab-schuss-win-kel von 45 Grad ge-tre-ten wird.

2. Kör-per-be-herr-schung, Re-ak-ti-ons-schnel-lig-keit so-wie ein Höchst-maß an Kör-per-kraft be-nö-tigt ein Fuß-ball-tor-wart, denn er muss bei ei-nem Elf-me-ter et-wa 80 Ki-lo-gramm fan-gen.

3. Die „häss-lichs-te Sa-lat-schüs-sel der Welt" – so wird die Meis-ter-scha-le frech, aber lie-be-voll ge-nannt – wird je-des Jahr dem Deut-schen Fuß-ball-meis-ter als Wan-der-po-kal über-reicht.

S. 229 | A3

Trennt folgende Wörter und formuliert jeweils die Trennungsregel *(vgl. Lösungsvorschlag)*.

Info Lernschwächeren Schülern kann die zentrale Regel (vgl. Lösungsvorschlag) auch vor der Bearbeitung der Aufgabe an die Hand gegeben werden.

Lösungsvorschlag 1. Mann-schafts-ka-pi-tän; 2. Sta-di-on-ärz-te; 3. Fuß-ball-trai-ning; 4. Phy-sio-the-ra-peut; 5. Schutz-aus-rüs-tung; 6. Übungs-pro-gram-me

Zentrale Trennungsregel: Steht in nicht zusammengesetzten Wörtern zwischen zwei Vokalen ein einzelner Konsonant, so kommt er bei der Trennung auf die neue Zeile; stehen mehrere Konsonanten dazwischen, so kommt nur der letzte auf die neue Zeile.

| | A4 | S. 229 |

Berichtigt die Computertrennungen so, dass Missverständnisse vermieden werden.

Worttrennung am Zeilenende richtig anwenden — *Info*

1. Auto-rennen; 2. Bäcke-rei; 3. Spar-gelder; 4. Druck-erzeugnis; 5. Eier-uhr; 6. Alpha-bet; 7. Zwerg-ente; 8. Senf-eier — *Lösungsvorschlag*

5.7 Modul 6: Gewusst, wo … – Nachschlagen und Rechtschreibprüfung am Computer
S. 230–231

A1 | S. 230

Schreibt einen ähnlichen Informationstext zu dem Wort *joggen*.

Die Schüler sollen sich bewusst machen, welche Informationen in einem Wörterbuchartikel enthalten sind (Partnerarbeit sinnvoll). — *Info*

- Das Wort kommt aus dem Englischen.
- Das j wird „dsch" ausgesprochen.
- Danach folgt die Personalform 2. Person Singular Präsens.
- Es folgen Personalformen im Perfekt und Präteritum.

Lösungsvorschlag

A2 | S. 231

Für das Wort „Joghurt" sind im Wörterbuch auf Seite 230 zwei Artikel und zwei Schreibweisen angegeben. Welche benutzt ihr? Achtet einmal gezielt auf die Schreibung dieses Wortes, zum Beispiel im Supermarkt oder in einer Fernsehwerbung.

Die Schüler sollen sich der Existenz von Schreibvarianten bewusst werden. Es gibt manchmal kein Richtig oder Falsch: *Soße* und *Sauce*. — *Info*

A3 | S. 231

Besprecht, wann ihr lieber mit der Hand schreibt und wann lieber am Computer.

Abgesehen von den persönlichen Vorlieben der Schüler wäre zu beachten, dass es bestimmte Schreibkonventionen gibt (etwa einen persönlichen Brief eher per Hand, einen offiziellen Geschäftsbrief eher mit dem Computer zu schreiben). Grundsätzlich ist es so, dass v. a. Entwürfe bzw. Texte, bei denen man mit einer späteren Überarbeitung rechnet, besser am Computer geschrieben werden, da hier die Korrektur wesentlich einfacher ist (z. B. kann man ganz unproblematisch ganze Absätze verschieben). — *Info*

A4 | S. 231

Die meisten Textverarbeitungsprogramme haben eine Rechtschreibprüfung. Erklärt, was das ist und wie man sie benutzen kann.

Die Rechtschreibprüfung bei den meisten Textverarbeitungsprogrammen gleicht eingegebene Buchstabenkombinationen mit einem in das Programm integrierten Lexikon ab und markiert die Buchstabenkombinationen, die nicht in diesem Lexikon enthalten sind. Bessere Rechtschreibprogramme ziehen ergänzend weitere hinterlegte Textdateien zur Prüfung heran, um falsche Wortverbindungen zu finden. — *Info*

Auf die Plätze, fertig, los ... · Regeln und Verfahren der Rechtschreibung anwenden

S. 231 | A5 Arbeitet am Computer (in der Schule oder zu Hause).
- Öffnet das Textverarbeitungsprogramm und schreibt einen kurzen Text.
- Wo aktiviert ihr in eurem Programm die Rechtschreibprüfung?
- Überprüft euren Text mithilfe der Rechtschreibprüfung am Computer.

Info Eine Rechtschreibprüfung bezieht sich entweder auf das ganze Dokument oder auf einen zuvor markierten Teil des Dokuments. Gewöhnlich ist sie über die Menü-Leiste (unter „Extras") zu aktivieren. Wenn es kein Menü „Extras" gibt oder sie dort nicht zu finden ist, kann über die „Hilfe"-Funktion des Programms gesucht werden: Doppelklick auf das „Hilfe"-Symbol, Eingabe „Rechtschreibung" in das Suchfeld, ENTER und dann weiter nach der Navigation des Hilfeprogramms.

S. 231 | A6 Die meisten Textverarbeitungsprogramme haben auch eine automatische Rechtschreibkontrolle während der Eingabe. Findet heraus, wie ihr diese Kontrolle ein- und ausschaltet.

Lösungsvorschlag Wenn die automatische Rechtschreibkontrolle nicht über die Menü-Leiste zu finden ist, bietet sich die Suche mit der „Hilfe"-Funktion des Programms (vgl. Lösungsvorschlag A5) an.

S. 231 | A7 *Mein Hobbi: Ich fahre sehr gerne Rat.* Gebt den Text ein. Probiert aus, ob der Computer alle Fehler findet. Was stellt ihr fest?

Lösungsvorschlag Der Computer findet den Fehler „Hobbi" (statt „Hobby"), da dieses Wort nicht im hinterlegten Lexikon aufgeführt ist. Er findet aber nicht den Fehler „Rat" (statt „Rad"), denn das Wort „Rat" gibt es.

S. 231 | A8 Probiert aus, ob die Rechtschreibprüfung bei folgenden Sätzen die fünf Fehler findet: *siehe Lösungsvorschlag*

Lösungsvorschlag Folgende Fehler sind enthalten:
Das sind Laufschuhe zum joggen (Joggen).
Im Fitnesstudio (Fitnessstudio) ist Max der beste (Beste).
Ich habe ein neues Farrad (Fahrrad) bekommen.
Das fährt Tierisch (tierisch) gut!

Klassenarbeit zum Kapitel:
Auf die Plätze, fertig, los … • Regeln und Verfahren der Rechtschreibung anwenden

KA 14-01

Name: Klasse: Datum:

1 Im folgenden Text finden sich sechs Fehler. Finde die Fehler. Streiche die falsch geschriebenen Wörter im Text durch und schreibe sie anschließend richtig auf.

Achtung: Fehlertext

Der Uhrsprung der Olympischen Spiele der Antike liegt vermutlich im 2. Jaartausend vor Christus. In der Anfangszeit gab es nur einen Wettlauf über die Distanz des Stadions (192,24 Meter). Die Spiele erhielten mit der Zeit eine immer grössere Bedeutung. Sie waren aber keine Sportveranstaltung in unserem heutigen Sinne, sondern ein religiöses Fest zu Ehren des Göttervaters Zeus. In ihrer Blütezeit
5 dauerten die Spiele fünf Tage. Die Sieger von Wettkämpfen wurden als „von den Göttern begünstigt" angesehen, mann verewigte sie mit Gedichten und Statuen. Die antiken Spiele waren aber auch aus heutiger Sicht auserordentlich brutal, jeder Teilnehmer in den klassischen Kampfsportarten (z.B. Boxen oder Stokfechten) musste auch mit dem Tod rechnen.

2 Erkläre, wie du herausfinden kannst, ob die folgenden Wörter richtig geschrieben sind.

a) We<u>tt</u>kämpfen   b) Wettk<u>ä</u>mpfen   c) Tod

3 In dem folgenden Text kommen zwei Nominalisierungen vor. Markiere sie.

Pankration

Zu den klassischen Kampfsportarten zählt auch das Pankration. Der Sieg beim Pankration führte nur über K.O., Aufgabe oder den Tod des Gegners. Es waren sowohl Schläge und Tritte, Knie- und Ellenbogenstöße als auch Würfe, Hebel und Würgegriffe erlaubt, nur das Beißen des Gegners und das Eindrücken der Augen waren verboten.

4 Nenne die Regeln, nach der „klassisch" mit ss und „Beißen" mit ß geschreiben werden müssen.

5 Schreibe die folgenden Wörter aus den beiden Texten ab und gib mit Trennungsstrichen jede Trennmöglichkeit an (z.B. Wort-tren-nung).

a) Blütezeit   b) klassisch   c) Kampfsportarten

d) rechnen   e) Olympischen Spiele   f) Pankration

Erwartungshorizont/Korrekturhilfe

Auf die Plätze, fertig, los … · Regeln und Verfahren der Rechtschreibung anwenden

KA 14-01

(vgl. Lehrerband, S. 297)

Aufgabe	Anforderung /Lösung	Anforderungs-bereich	Punkte
1	**Fehlerkorrektur** Der ~~Uhrsprung~~ (Ursprung) der – im 2. ~~Jaartausend~~ (Jahrtausend) – immer ~~grössere~~ (größere) Bedeutung – ~~mann~~ (man) verewigte sie – ~~auserordentlich~~ (außerordentlich) brutal – ~~Stokfechten~~ (Stockfechten)	2	6
2	**Rechtschreibproben** a) Wettkämpfen: Verlängerung/Ableitung + deutliche Aussprache (Wet-te) b) Wettkämpfen: stammverwandtes Wort suchen (z.B. Kampf) c) Tod: Verlängerung (To-de)	2	6
3	**Nominalisierungen** nur das Beißen des Gegners und das Eindrücken der Augen	1	4
4	**s-Schreibung** klassisch: Nach einem kurz gesprochenen Vokal wird der stimmlose s-Laut als ss wiedergegeben. – Beißen: Nach au, ei, ai, äu und eu schreibt man für einen stimmlosen s-Laut ß.	1	4
5	**Worttrennung** a) Blü-te-zeit; b) klas-sisch; c) Kampf-sport-ar-ten; d) rech-nen; e) Olym-pi-schen Spie-le; f) Pan-kra-ti-on	1	6
	ggf. Sprachliche Darstellungsleistung	Fehlerquote	Punkte

Klassenarbeit zum Kapitel:
Auf die Plätze, fertig, los ... • Regeln und Verfahren der Rechtschreibung anwenden

KA 14-02

Name: Klasse: Datum:

1   Schreibe den 1. Absatz des folgenden Textes in der richtigen Groß- und Kleinschreibung auf.

Neu im Sportunterricht: Parkour

1. parkour ist vor allem in frankreich eine trendsportart. die sportler bewegen sich wie auf einer unsichtbaren linie durch das gelände. sie springen und klettern, robben und hangeln. geländer, mauern, dächer, zäune oder treppen sind willkommene herausforderungen. parkour ist mittlerweile in deutschland angekommen und soll nun unterrichtet werden.

2. In den Turnhallen springen die Schüler über Matten, das Reck, Holzkisten und andere Hindernisse. Bei einem echten Straßenparkour dagegen jumpen die Sportler *waghalsig* von Gebäude zu Gebäude. Das ist *riskant* und gefährlich, aber genau darum geht es! Die Sportler überwinden Abgründe und laufen buchstäblich die *Wände* hoch.

3. Wie kann man das im Sportunterricht trainieren? In den Turnhallen werden Re___stangen (k/ck) mit unterschiedlichen H___en (ö/öh) aufgeste___t (l/ll). Große Hol___kisten (z/tz) kommen dazu und nat___rlich (ü/üh) liegen Turnma___en (t/tt/dt) aus, damit sich niemand verletzt. Ein Parkour-Traceure, wie diese Sportler heißen, braucht einen au___ergewöhnlich (s/ss/ß) guten Gleichgewichtssinn. Die Traceure drau___en (s/ss/ß) trainieren ihr Gleichgewicht auf Gel___ndern (e/ä). In der Turnhalle genügt ein Schwebebalken. Er wird so aufgestellt, dass er aus einer gewi___en (s/ss/ß) Hö___e (ö/öh), schrä___ (g/k/ck) hinunterf___rt (ü/üh) auf den Boden.

2   Erkläre, warum diese drei Wörter aus dem 2. Absatz richtig geschrieben sind.

    a) wa**g**halsig   b) riskan**t**   c) W**ä**nde

3   Schreibe den 3. Textabsatz ab. Ergänze die richtigen Schreibungen.

4   In zwei der drei folgenden Sätze kommt jeweils eine Nominalisierung vor. Markiere sie.

    a) Das Schöne an diesem Sport ist, dass man ihn fast überall betreiben kann.

    b) Vielen fällt das Klettern anfangs schwer, doch nach und nach lernt man es dann.

    c) Für Kinder ist die Sportart sogar besonders geeignet, da sie dadurch ihr Gefühl für Gleichgewicht verbessern können.

5   Schreibe die folgenden Wörter aus dem Text ab. Gib mithilfe von Trennstrichen jede Trennmöglichkeit an (z.B. Wort-tren-nung).

    a) Turnhallen   c) Hindernisse   e) jumpen

    b) springen   d) Straßenparkour   f) Wände

Erwartungshorizont/Korrekturhilfe

Auf die Plätze, fertig, los … · Regeln und Verfahren der Rechtschreibung anwenden

KA 14-02

(vgl. Lehrerband, S. 299)

Aufgabe	Anforderung/Lösung	Anforderungs-bereich	Punkte
1	Parkour ist vor allem in Frankreich eine Trendsportart. Die Sportler bewegen sich wie auf einer unsichtbaren Linie durch das Gelände. Sie springen und klettern, robben und hangeln. Geländer, Mauern, Dächer, Zäune oder Treppen sind willkommene Herausforderungen. Parkour ist mittlerweile in Deutschland angekommen und soll nun unterrichtet werden.	2	6 (pro Fehler ein Punkt Abzug)
2	**Rechtschreibproben** a) waghalsig: Verlängerung/Ableitung + deutliche Aussprache (wa-gen) b) riskant: Verlängerung (riskan-te) c) Wände: stammverwandtes Wort suchen (z. B. Wand)	2	6
3	Reckstangen – Höhen – aufgestellt – Holzkisten – natürlich – Turnmatten – außergewöhnliches – draußen – Geländern – gewissen – Höhe – schräg – führt	2	6 (pro Fehler ein Punkt Abzug)
4	**Nominalisierungen** a) Das Schöne an diesem Sport ist, dass man ihn fast überall betreiben kann. b) Vielen fällt das Klettern anfangs schwer, doch nach und nach lernt man es dann.	1	4
5	**Worttrennung** a) Turn-hal-len; b) sprin-gen; c) Hin-der-nis-se; d) Stra-ßen-par-kour; e) jum-pen; f) Wän-de	1	6
	ggf. sprachliche Darstellungsweise	Fehlerquote	Punkte

Klassenarbeit zum Kapitel:
Auf die Plätze, fertig, los … • Regeln und Verfahren der Rechtschreibung anwenden

KA 14-03

Name: _____ Klasse: _____ Datum: _____

1 Lies den Text. Schreibe den ersten Absatz in der richtigen Groß- und Kleinschreibung ab.

Was sind Extremsportarten?

1. sport ist von nutzen, bis deine wangen sich röten. danach ist er schädlich und zerstört den verstand. wusste schon der altgriechische philosoph und satiriker diogenes von sinope, einige hundert jahre vor christus geburt. wer heute sport treibt, hört meist nicht auf, wenn sich die wangen gerötet haben. allerdings sagt man auch, sport soll spaß machen, und dies tut er – anscheinend. aber manche sportler brauchen ein bisschen mehr, um spaß zu haben, und so entwickeln sich mehr und mehr extremsportarten.

2. Heutzutage kann selbst normaler Sport zum Extremsport werden, wenn man die Grenzen nicht sieht oder nicht sehen will – oder vielleicht gerade das Übertreten dieser Grenzen den Spaß vergrößert. Denn eigentlich haben sich doch die meisten Extremsportarten aus normalen Sportarten entwickelt, weil der Mensch immer mehr wollte, weil der Mensch seine Grenzen austesten wollte.

3. Manche Menschen brauchen diesen spezie__en (l/ll) Ki__ (k/ck), warum auch immer, und müssen immer mehr w__gen (a/aa/ah), um diesen zu erleben. Aber wo hört nun normaler Sport auf, und wo f__ngt (e/ä) der Extremsport an? Manchmal ist es wirklich schwieri__ (k/g/ch) eine klare Grenze zu z___en (i/ie/ieh), oftmals ist es auch Ansichtssache. Was dem einen extrem erscheint, erscheint dem anderen als absolu__ (t/d/dt) normal.

Was sind nun eindeutige Extremsportarten, welche Extremsportarten gibt es?
Skydiving – Klippenspringen – Freeclimbing – Apnoetauchen –
Ultramarathon – Canyoning – Downhill
Und bestimmt gibt es noch jede Menge Sportarten mehr, die man bis an die Grenze des Gefährlichen ausüben kann, bis sie zu den Extremsportarten gezählt werden können.

— (Quelle: http://www.wissen-24.org/welche-extremsportarten-gibt-es_10180/ (aufgerufen am 8.3.2013; Text leicht verändert)

2 Nenne die Regeln, nach der „wusste" mit *ss* und „Spaß" mit *ß* geschrieben werden muss.

3 Im Text befinden sich zwei Nominalisierungen (ein nominalisiertes Verb und ein nominalisiertes Adjektiv). Schreibe sie mit ihrem Begleitwort heraus.

4 Schreibe den dritten Textabsatz ab und ergänze die richtigen Schreibungen.

5 Schreibe die folgenden Wörter aus dem Text ab. Gib mit Trennungsstrichen jede Trennmöglichkeit an (z.B. Wort-tren-nung).

a) heutzutage   c) Extremsport   e) Ansichtssache

b) normaler   d) wirklich   f) eindeutige

Erwartungshorizont/Korrekturhilfe

Auf die Plätze, fertig, los ... · Regeln und Verfahren der Rechtschreibung anwenden

KA 14-03

(vgl. Lehrerband, S. 301)

Aufgabe	Anforderung/Lösung	Anforderungs-bereich	Punkte
1	Sport ist von Nutzen, bis deine Wangen sich röten. Danach ist er schädlich und zerstört den Verstand. Wusste schon der altgriechische Philosoph und Satiriker Diogenes von Sinope, einige H/hundert Jahre vor Christus Geburt. Wer heute Sport treibt, hört meist nicht auf, wenn sich die Wangen gerötet haben. Allerdings sagt man auch, Sport soll Spaß machen, und dies tut er – anscheinend. Aber manche Sportler brauchen ein bisschen mehr, um Spaß zu haben, und so entwickeln sich mehr und mehr Extremsportarten.	2	6 (pro Fehler ein Punkt Abzug)
2	**s-Schreibung** **wusste:** Nach einem kurz gesprochenen Vokal wird der stimmlose s-Laut als *ss* wiedergegeben. **Spaß:** Nach langem Vokal schreibt man für einen stimmlosen s-Laut ß.	1	4
3	**Nominalisierungen** (gerade) das Übertreten (dieser Grenzen) (Z. 8) (an die Grenze) des Gefährlichen (Z. 19 f.)	2	4
4	**Richtige Schreibungen:** speziellen – Kick – wagen – fängt – schwierig – ziehen – absolut	2	4 (pro Fehler ein Punkt Abzug)
5	**Worttrennung** a) heut-zu-ta-ge; b) nor-ma-ler; c) Ex-trem-sport; d) wirk-lich; e) An-sichts-sa-che; f) ein-deu-ti-ge	1	6
	ggf. sprachliche Darstellungsweise	Fehlerquote	Punkte

Arbeitsblatt zum Kapitel:
Auf die Plätze, fertig, los ... • Regeln und Verfahren der Rechtschreibung anwenden

AB 14-01

Großschreibung von Nomen und Nominalisierungen

1 Bis auf die Überschrift, die Satzanfänge und die Eigennamen sind in dem Text alle Nomen und Nominalisierungen kleingeschrieben. Unterstreicht alle nominalisierten Verben blau.

Sturz in den Kristallspiegel – Die Anfänge des Inlineskatens

Alexander hat sich im internet über die anfänge des inlineskatens informiert und erzählt seiner großmutter von seinen recherchen:
„Oma, wusstest du, dass die ersten inlineskater bereits 1760 von einem belgier namens Joseph Merlin entwickelt wurden? Der montierte einfach die kufen von seinen alten schlittschuhen ab und befestigte stattdessen an der sohle der schuhe zwei kleine räder. Er nannte seine erfindung *„rollschuhe mit rollen in einer reihe"*, was auch den späteren namen „Inline" erklärt. Stell dir vor, Merlin durfte seine erfindung sogar am englischen königshof vorführen und glitt während eines maskenballs elegant über das parkett des tanzsaals. Seine anmut und sein gleiten wurden jedoch sehr plötzlich beendet, denn er stürzte wenig graziös in einen großen kristallspiegel und verletzte sich – die technik des bremsens beherrschte Merlin nämlich nicht richtig. Und so konnte sich seine erfindung erst über 200 jahre später durchsetzen."
„Und was lernen wir daraus?", schmunzelt die großmutter.
„Dass man neben guten ideen auch einen guten geschäftssinn, glück und die richtige vermarktungsstrategie braucht", entgegnet Alexander.
„Das auch", meint die großmutter, „aber an diesem beispiel siehst du eindrücklich, wie wichtig es ist, dass du die technik des gleitens und bremsens beherrschst und richtiges fallen lernst".
„Oma, das habe ich doch bereits in dem skatingkurs für fortgeschrittene gelernt. Du musst dir wirklich keine sorgen machen!"

2 Unterstreicht die Nomen im Text rot. Schreibt sie zusammen mit den Nominalisierungen aus Aufgabe 1 richtig auf.

_____

_____

_____

_____

_____

_____

_____

_____

Inhalt des Gesamtdownloads

Materialien als PDF-Datei und Worddokument
- PDF zum Ausdrucken auf Papier oder Folie
- Worddokument editierbar für den passgenauen Einsatz im Unterricht und für den Einsatz am Computer

Tests zum Übergang von der Grundschule zu Klasse 5 mit Lösungen

Dateiname	Code	Seite im SB	Inhalt
TE 01-01	j6c3g8	9	– Allgemeiner Eingangstest zu den Bereichen des Deutschunterrichts
TE 03-01	295g7b	39	– Mündlich und schriftlich erzählen
TE 04-01	9y74cf	61	– Tiere, Gegenstände und Wege beschreiben
TE 05-01	9yb24u	79	– Kinderbücher und ihre Verfilmungen entdecken
TE 06-01	cg99en	97	– Erzählende Texte untersuchen
TE 07-01	2w3s3m	125	– Gedichte untersuchen
TE 10-01	d8s46a	159	– Wörter bilden, Wörter erkunden
TE 11-01	y96t7e	169	– Wortarten unterscheiden
TE 12-01	a4ut6u	191	– Satzglieder untersuchen und verwenden
TE 13-01	q5qg2p	203	– Sätze untersuchen und Satzzeichen setzen
TE 14-01	d3r38v	215	– Regeln und Verfahren der Rechtschreibung anwenden

Arbeitsblätter mit Lösungen zur Differenzierung und Festigung des Gelernten

Dateiname	Code	Seite im SB	Inhalt
AB 01-01	26v3su	19	– Guido Kleinhubbert: Hahaha. Einen Text im Überblick lesen
AB 01-02	26v3su	19	– Barbara Lich: Schnickschnack! Einen Text markieren
AB 01-03	26v3su	19	– Verena Linde: Seeräuber heute. Einen Kurzvortrag über einen Text halten
AB 01-04	26v3su	19	– Boris Breyer: Kung Fu. Die Kampfkunst der Mönche. Einen Kurzvortrag über einen Text halten
AB 02-01	b2pd3j	28	– David Henry Wilson: Jeremy James. In Rollen schlüpfen und Gespräche führen
AB 02-04	x6vu4z	35	– Elke Bräunling: Supermarkt oder Fußballwiese. Ein Gespräch untersuchen
AB 03-01	7nb7pt	45	– Mündlich erzählen
AB 03-04	pr4g6p	55	– Alexander Wolkow: Der schlaue Urfin und seine Holzsoldaten. Merkmale einer Fantasieerzählung erkennen
AB 03-05	yy95kq	53	– Alexander Wolkow: Der schlaue Urfin und seine Holzsoldaten – Merkmale einer Fantasieerzählung erkennen
AB 04-01	c4628b	67	– Eine Tierpatenschaft übernehmen. Tiere beschreiben
AB 04-02	p84j8d	69	– Gegenstände beschreiben
AB 04-03	k5uw9j	71	– Wege beschreiben
AB 05-04	wf7nf6	87	– Unterschied Lesung/Hörspiel anhand von „Hände weg von Mississippi"
AB 06-02	9b92yt	100	– Dagmar Chidolue: Lieber, lieber Toni. Spannungsaufbau erkennen
AB 06-03	275k6b	105	– Kurt Held: Die rote Zora und ihre Bande. Figuren verstehen
AB 06-05	h6r7tr	110	– Janosch: Der Riese und der Schneider. Merkmale von Märchen erkennen
AB 06-10	36ne3x	113	– Stefan Heym: Wie ging es mit Rotkäppchen weiter? – Märchen weitererzählen
AB 06-14	my54y8	117	– Räderberg – Eine hessische Sage untersuchen
AB 06-15	my54y8	117	– Die Zwerge von Hitzacker – Eine niedersächsische Sage untersuchen
AB 06-16	my54y8	117	– Die Teufelsküche. Merkmale einer Ortssage erkennen
AB 06-17	my54y8	117	– Erich Bockemühl: Die Weiber von Weinsberg. Eine baden-württembergische Sage nacherzählen
AB 06-18	my54y8	117	– Eine Maus verhilft einem Bergmann zu Reichtum. Eine baden-württembergische Sage untersuchen
AB 07-01	w98h6p	129	– Eduard Mörike: Zitronenfalter im April. Ein Gedicht inhaltlich verstehen
AB 07-02	r94q9j	131	– Joachim Ringelnatz: Frühling. Die Form von Gedichten untersuchen
AB 07-03	67xm2j	133	– Nikolaus Lenau: Das Veilchen und der Schmetterling. Sprachliche Bilder entschlüsseln
AB 08-01	bw9n9y	143	– Till Eulenspiegel an der Universität. Unterschiedliche Sprechweisen nutzen
AB 09-01	q9qq4d	155	– Die große Katastrophe. Einen Leserbrief schreiben
AB 10-01	64b4cu	161	– Zusammengesetzte Wörter untersuchen
AB 10-02	cw8i4j	163	– Abgeleitete Wörter untersuchen
AB 10-04	5s48nv	165	– Wortfelder bilden und nutzen
AB 11-01	8p5my9	175	– Plusquamperfekt bilden und verwenden
AB 11-02	m6r5rk	179	– Nomen im Satz verstehen
AB 11-03	n88vi9	184	– Adjektive deklinieren und steigern
AB 11-04	z62b74	186	– Präpositionen richtig verwenden
AB 12-01	9mj3d3	193	– Satzarten bestimmen
AB 12-02	c28w7f	194	– Umstellprobe anwenden
AB 12-03	995s84	196	– Satzglieder erkennen/Subjekt und Prädikat untersuchen
AB 12-04	ab6a33	198	– Objekte bestimmen
AB 12-05	8nb4s5	199	– Adverbialbestimmungen erkennen
AB 13-01	u3q2w8	205	– Satzarten unterscheiden
AB 13-02	y8w26e	207	– Kommas bei Aufzählungen richtig setzen
AB 13-03	r6mb22	209	– Satzzeichen bei der wörtlichen Rede richtig setzen
AB 13-04	z8d3vc	211	– Zusammengesetzte Sätze bilden und untersuchen
AB 14-01	r5p2cn	219	– Großschreibung von Nomen und Nominalisierungen
AB 14-02	s8j2em	221	– Wörter mit gleich und ähnlich klingenden Lauten richtig schreiben
AB 14-03	dr4ji3	225	– Wörter mit kurz und lang gesprochenem Vokal richtig schreiben
AB 14-04	777u3r	228	– Wörter mit s-Lauten richtig schreiben

Klassenarbeitsvorschläge mit Erwartungshorizonten als Korrekturhilfe

Dateiname	Seite im LB	Inhalt
KA 01-01 bis KA 01-03	23-25	– Sich und andere informieren
KA 03-01 bis KA 03-04	59-65	– Mündlich und schriftlich erzählen
KA 04-01 bis KA 04-04	81-87	– Tiere, Gegenstände und Wege beschreiben
KA 05-01	106	– Kinderbücher und ihre Verfilmungen entdecken
KA 06-01 bis KA 06-03	128-133	– Erzählende Texte untersuchen
KA 07-01	161	– Gedichte untersuchen
KA 08-01	172	– Szenisch spielen
KA 09-01 bis KA 09-03	185-189	– Zeitschriften untersuchen und Leserbriefe schreiben